本书为教育部人文社科规划青年基金项目
（编号：12YJC740139）的结项成果

Xinshiji Qianshinian Hanyu Ciyu
Shiyong De Shitai Jiqi Yingyong

新世纪前十年汉语词语使用的实态及其应用

张 平◎著

人民出版社

目　录

自　序

　　语言实态研究的核心理念有二：一是对真实使用中的语言的关注，二是对语言在实际使用中呈现出的真实状态的关注。这两点决定了语言实态研究的性质是基于大规模动态流通语料库的实证性研究，也决定了语言实态研究的内容包括共时、历时维度下的语言使用稳、动两态。

　　与汉语实态研究相关的成果，国家语委自 2005 年开始一直持续发布的《中国语言生活状况报告》很具有代表性。该报告客观呈现了各年度多个媒体的语言文字使用实态，为语言生活的健康发展和语言政策的制定、相关的学术研究提供了有力支持，对本书的写作有很大的启发作用。该报告的一个显著特点是以年度为单位，主要围绕高频词和特定词语如年度流行语等展开，这一特点使得自 2005 年以来的词语使用实态信息带有较明显的年度分割性。当前，我们既不知道 2001 年至 2005 年间的词语使用情况，也不能很好了解 2005 年至今的连续时段里，共时视角下的词语使用总貌和历时视角下词语使用的连续变化情况。为了补充这两方面的信息，同时考虑到规模可控，本书选择了开一个十年的窗口，着力观察和描写新世纪最初十年的词语使用实态。

　　本书主要采用基于语料库和语料库驱动相结合的研究方法，自建了新世纪最初十年汉语动态流通语料库，并从词语作为形义结合的语言单位和词语作为基本的造句单位这两大属性出发，结合共时、历时的稳、动二态理念，将词语的实态考察分解为三大方面：一是侧重词形统计分析的词语使用实态，二是侧重词义统计分析的词语使用实态，三是侧重词语作为句法单位的使用实态。侧重词形的使用实态主要通过考察词语的常用性、稳固性和能产性等体现；侧重词义的使用实态主要依靠统计分析词语各义项的共时、历时使用情况获得；侧重句法功能的使用实态以搭配计算为基础，通过对词语的搭配词、所处的句法位置以及充当的句法成分等信息的统计分析来揭示。回顾以往与词语实态相关的研究，目光多聚集在词语的常用性上。本书在常用性之外，还关注了词语的稳固性和能产性，以及词语的义项使用实态和句法功能实态。就词语实态研究框架而言，本书相对于以往有所扩展。

词语实态研究除了为语言理论的发展提供语言使用数据的支持外，另一个重要价值在于为语言应用服务。为了让词语使用实态能真正被语言应用领域所用，本书提取了高常用度词表、高稳固度词表、高能产度词表，通过计量手段揭示了词语的常用度、稳固度和能产度之间的量性关联特征，以此为基础提取了十年基本词表，进而描述了基本词的句法、语义功能。最后，将这些词表与已出版的指导性词表和词典进行比较，探讨指导性词表和词典的词语选择、分级、排序、释义及用法示例等问题，并借助汉语中介语语料库了解汉语非母语习得者的基本词习得情况，就外向型词典的词条信息编写以及对外汉语基本词的课堂教学开展讨论。

放在汉语学界，本书是综合词形、词义、词的句法功能三大方面系统揭示汉语词语使用实态的首次尝试，这也意味着没有成熟的经验可以借鉴。本研究要处理的语料规模巨大，可用的语料库信息自动提取软件，尤其是句法、语义信息自动提取软件还很不完善，我们花了不少时间改进算法，投入了大量精力进行人工校对，但我们仍难以保证所有数据都准确无误。尽管如此，我们始终相信，通过超大规模数据分析得到的结论，应当是可以反映词语使用的趋势性特征的，而基于这些趋势性特征所归纳的词语使用实态，应当是具有良好的可靠性的。

第一章　语言实态理论与词语使用实态研究体系

　　词语使用实态即词语在实际使用中呈现出的真实状态，是语言实态在词语这一级语言单位上的体现。本章首先基于学界已有研究成果，就语言实态理论展开讨论，而后从方法、框架和核心内容几个方面入手，探讨词语使用实态研究体系，为全书打下理论基础。

第一节　语言实态理论

　　关于语言实态，王铁琨站在语言规划的角度，认为它涉及各种语言文字（如法定官方语言文字，少数民族语言文字，各种方言，盲文、聋哑语，外语等）使用的人数、媒体、领域、地区、场合等基本情况及其变化，以及各种语言文字之间的关系，使用中出现的问题，语言政策法规和语言文字规范化、标准化工作的进展情况等多个方面①。张普从动态更新的角度，提出了语言实态包括语言的稳态和动态且二者相对相生的观点，认为稳态是语言应用中的常态

---

① 参见王铁琨：《语言使用实态考察研究与语言规划——发布年度语言生活状况报告的思考》，《语言文字应用》2008 年第 1 期。

和健康态，动态是语言的恒态和生态，社会使用中的语言，总是在稳态的基础上不断动态更新，在动态更新的基础上又不断形成新的稳态①。侯敏从语言生活监测出发，认为实态、动态和稳态是语言监测理论的三个核心概念②。稳态体现的是语言系统中相对稳定的状态，既可指相对稳定的语言成分，也可指缓慢的、有规律的语言演变及其特征，它们都会表现出共同存在、稳定少变的特点。动态是在一定时期内语言成分的变化，这种变化包括新成分的出现，旧成分的重组或隐退。稳态是语言具有生命力和稳固性的基础，掌握了语言的稳态，就掌握了语言的主体。动态是语言具有创造力和活力的根源，掌握了语言的动态变化，就掌握了语言的发展方向。

语言实态包括语言稳态和动态的观点，搭建了语言实态研究的核心框架，明确了语言实态研究的核心任务是揭示语言在某一媒体、领域或地区一定时期内的稳定性与变动性表现。语言稳态和动态关系的辩证阐述，推进了语言实态研究的理论化，揭示了稳态寓于动态之中，可以通过动态流通语料库的计量分析观察语言动态和稳态的研究路径。动态流通语料库（Dynamic Circulating Corpus）是与静态语料库和共时语料库相对的历时语料库，可用于观察语言现象的产生、发展、消亡，是对语言的变化进行检测和监测的语料库③。张普将动态流通语料库中计算获得的语言稳定度视为语言稳态和动态的主要测量手段，明确了分离语言的稳态与动态的基本参数④，为语言实态研究奠定了坚实的理论基础。

语言理论的成熟往往是一个不断尝试和完善的过程。已有研究对语言稳

① 张普：《论语言的动态》，《长江学术》2008年第1期；《论语言的稳态》，《郑州大学学报》（哲学社会科学版）2008年第2期。

② 侯敏：《语言监测与词语的计量研究，中文信息处理前沿进展——中国中文信息学会二十五周年学术会议（CIPS2006）论文集》，2006年，https://cpfd.cnki.com.cn/Area/CPFDCONFArticleList-ZGZR200611002.html。

③ 张普：《基于动态流通语料库的语感模拟和新词语提取研究》，《外国语言文学研究》2004年第2期。

④ 张普：《论语言的稳态》，《郑州大学学报》（哲学社会科学版）2008年第2期。

定度的测量，通常都是持历时视角，聚焦语言在时间轴上的变化曲线。这样的研究模式与张普将历时性置于首位的思想一致。语言的历时变化情况是语言稳态与动态的基本考察项目，这是毋庸置疑的。我们想要讨论的是，语言的实态，除了时间维度上的稳态与动态之外，共时空间上的平衡性是否也有必要纳入考察的视野。某一语言或语言的某些成分，它们在同一时期的不同地区、不同媒介、不同语体、不同领域中的分布，有的相对平衡，体现出了地区、媒体、语体、领域分布上的稳定性；有的则在部分地区、部分媒体、部分语体或部分领域中常用，在另一部分地区、媒体、语体或领域中不常用，在空间分布上表现出不稳定的特征。历时动态更新角度的稳态和动态，表达的是时间分布上的平衡与不平衡，空间分布上的平衡性与时间分布上的平衡性内在相通，同为语言使用中呈现出的真实状态。就语言生活监测和语言规划而言，揭示语言在空间上的平衡状态，有利于辨别哪些语言或语言的哪些成分为不同地域、领域和语体所通用，哪些语言或语言成分为某个或某些地域、领域、语体专用。通用和专用的区分，不仅为语言的规划提供依据，也能直接应用于汉语的信息提取和分析，比如领域词的自动提取、文本的自动分类、专业信息的自动抽取等。可见，将语言空间上的平衡性纳入语言的实态，不仅是语言实态概念的应有之义，还能对语言应用起到促进作用。

平衡表现的是稳定性，我们主张，将空间分布上的平衡纳入语言的稳态，空间分布上的不平衡纳入语言的动态。这样，语言实态研究的框架可以由单一的基于时间维度扩展为时间和空间双维度。见图1—1：

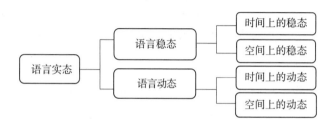

图1—1　语言实态研究框架

对于空间上的语言稳定度，学界已有一定的研究基础。在以往的词语使用计量研究中，它通常被作为词语使用度的一个参数，通过计算散布系数来进行量化评估①。

曾多次聆听张普师有关语言共时和历史相互包蕴关系的见解。语言空间分布上的平衡性与时间分布上的平衡性就和语言的稳态与动态一样，相互依存、辩证相生。语言空间上的平衡与不平衡会随着时间的变迁而发生变化，某一时期的地区、领域或语体中的专用词，会因为使用的扩张而成为另一时期的通用词，同样地，某一时期的地区、领域或语体的通用词，也会因使用的萎缩而成为另一时期的专用词，甚至是罕用词。将语言空间上的平衡性纳入语言实态的考察，是语言空间和时间包蕴观在语言实态研究中的落地。

语言的稳态和动态本质上不能截然分开的观点已有多位学者论证，二者对语言本身和语言应用发挥着不一样的作用。稳态是保证语言作为最重要的交际工具和文化传承工具的基本前提。在语言的应用领域，稳态对语言教学、语言规范，以及语言的机器处理等有直接且重要的影响。在语言教学，包括母语教学和第二语言教学中，教学内容和教学顺序的安排需要优先考虑语言系统的稳态部分；语言规范的制定，标准也应来源于对语言稳态部分的观察和总结；语言的机器处理，首先要研究解决的是对语言单位和语言规则的稳态部分的识别和理解。与稳态相对应，语言的动态则是为语言引入活水的源头，是语言对社会新事物新变化的直接反映，是使用者求新求异心理在语言中的实现，更是语言系统自我调节以更好地发挥其功能的根本机制。如果没有动态部分，新事物新变化将无法用语言来表达。除了作为交际和文化传承工具，语言还具有人际协调、审美、娱乐等功能。如果没有动态，通过创新性表达实现言语的礼貌、修饰、美化以及言语游戏等将无所依凭。可见，动态同样对语言应用产生重要影响。

尽管语言的稳态和动态难以截然分开，但更深入的研究和更精准的应用要

---

① 参见陈原主编：《现代汉语定量分析》，上海教育出版社 1989 年版，第 33、67 页。

求对二者作出区分。张普认为稳定度的计算是有效分离二者的前提①。稳定度究竟如何科学计算，学界目前仍在探索之中。受已有研究成果的启发，我们认为，如果弄清楚了语言稳定性的典型特征和典型表现，度的问题也会迎刃而解。运用原型范畴理论，我们可以通过连续统的观念来观察和解决语言稳态和动态的关系以及稳定度的计算问题。

现代哲学、人类学和认知心理学背景下产生的原型范畴理论认为：事物属性是划分范畴的基础，确定一个事物是否属于某个范畴，不是看此事物是否具有这一属性，而是看此事物在多大程度上接近一个"最佳尺度"②。具有"最佳尺度"的即为范畴的原型，也就是一个范畴当中最典型、最具代表性的成员。同一个范畴里面的成员具有家族相似性，成员和成员的关系不平等，离"最佳尺度"越近的成员，其典型性越强，越居于该范畴的核心位置，反之，则典型性越弱，越居于该范畴的边缘位置，而且，越是居于边缘位置的成员，带上的其他范畴的特点就越多，相邻的范畴与范畴之间边界模糊，于是，一个范畴的内部成员处于连续统当中，相邻的范畴也呈现出连续统状态。"连续统"原是数学和哲学领域的概念，它反映的是具有量变关系的、非离散性的一组元素构成的集合。认知语言学常把"原型"和"连续统"结合起来，屈承熹曾在汉语的认知研究中明确表示："'连绵性'与'原型'实是一物的两面，由于承认有原型与非原型之存在，而且非原型是以不同程度出现的，所以很多范畴的内部成员之间，呈现的形态是渐次重叠而渐进的连绵状态。"③可见，原型是连续统中最具典型性和代表性的元素。

回观语言的稳态和动态，它们可以看作是处于同一个连续统当中的两个相邻范畴。尽管难以对这两个范畴的边界作出绝对切分，但它们的原型，也就是具有典型特征的典型表现形式，是可以通过计算和分析获得的。

依据上文的讨论，理论上看，语言的稳定性既表现在时间分布上的相对稳

---

①　参见张普：《论语言的稳态》，《郑州大学学报》（哲学社会科学版）2008 年第 2 期。

②　Taylor John. *Linguistic Categorization：Prototypes in Linguistic Theory*.OPU，1989.

③　屈承熹：《汉语认知功能语法》，黑龙江人民出版社 2005 年版，第 9 页。

定，又表现在空间分布上的相对稳定，但本质上，它最终都可以表现为量变的相对稳定。运用质变与量变关系原理，当量变达到一定的程度，突破一定的界限，即会发生质变。质变自然是突破了稳定的相对性的显著动态变化。就语言而言，从有到无或从无到有的变化，自然是质的变化。但这里，有必要区分两种情况：一种是罕见语言成分或用法，这种情况因"罕"的特点而使得其有无变化的量值很小；另一种是非罕见语言成分或用法，与前者相反，它的有无变化表现为使用量上的值大幅改变。这两种情况对语言系统和语言生活影响很不一样，前者是语言系统中昙花一现的过客，未能走入大多数人的视野，自然不能像后者一样产生大的影响。所以，对语言稳定性的观察，更应该重视非罕见语言成分或用法。此外，我们认为，语言稳定性还应该关注从一种属性的语言使用状态到另一种属性的语言使用状态的变化。某些语言成分或某些用法尽管未发生有无变化，但它们从原来的高频使用变成低频使用，从高通用变成低通用，或者相反，这也是质变的一种表现。比较非罕见语言成分或用法的有无变化和属性变化，它们不稳定时都具有大幅度量变的特点，语言动态范畴可由该特点来界定。与之相对，语言的稳态，则由两个维度的小幅度量变来界定，当幅度值小到零时，可以视作最为典型的稳态表现，即稳态的原型。相应地，当幅度值大到引起了质变，则进入典型的动态范畴。用图1—2来表示语言稳态和动态连续统，即：

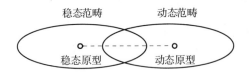

图1—2 语言稳态范畴与动态范畴连续统

基于此，计算某语言成分或用法的稳定度，可以通过计算该语言成分或用法在多大程度上接近"最佳尺度"来实现。换而言之，我们可以从该语言成分或用法与语言稳态原型之间的距离入手。如果某语言成分或用法在一定时间、空间使用所表现出来的波动值与稳态原型在相应的时间和空间使用表现出来的波动值之间差距越小，则其稳定值越大，表明其动态变化越不显著；若某语言成分或用法在一定时间、空间使用所表现出来的波动值与稳态原型在相应的时间和空间使用表现出来的波动值之间差距越大，则其稳定值越小，表明其动态变化越显著。用算式表达为：

$$ST=（Y-W）^{-1}$$

（"ST"，stability，表示某语言成分或用法稳定度，"W"表示稳态原型在时间或空间上使用的波动值，"Y"表示某语言成分或用法在时间或空间上使用的波动值）

　　根据上文的分析，语言稳态的原型，也就是最具典型性的稳态表现，在理想状态下没有时间或空间上的波动，即其波动值为"0"，所以：

$$ST=（Y）^{-1}$$

　　算式中的"Y"，其值取决于语言成分或用法在时间和空间上波动的大小，我们分别用时间分布数据的标准差和空间分布数据上的标准差来观察波动情况：

$$Y_t=\sqrt{\frac{\sum_{i=1}^{n}\left(t_i-\bar{t}\right)^2}{n}}$$

（Y_t：表示使用中的某语言成分或用法时间维度上的波动值，n：所取时点的数目，
t_i：某一时间点语言使用情况的值，$\bar{t}$：各时点语言使用情况的均值）

$$Y_k=\sqrt{\frac{\sum_{i=1}^{n}\left(k_i-\bar{k}\right)^2}{n}}$$

（Y_k表示使用中的某语言成分或用法空间维度上的波动值，n：所取空间点的数目，
k_i：某一空间点语言使用情况的值，$\bar{k}$：各空间点语言使用情况的均值）

　　将这两个公式代入上面的稳定度计算公式，得到时间稳定度的计算公式：

$$St_t=\left(\sqrt{\frac{\sum_{i=1}^{n}\left(t_i-\bar{t}\right)^2}{n}}\right)^{-1} \qquad （公式1）$$

空间稳定度的计算公式：

$$St_k = \left(\sqrt{\frac{\sum_{i=1}^{n}\left(k_i - \overline{k}\right)^2}{n}} \right)^{-1} \qquad （公式2）$$

对于这两个公式，需要特别说明的是，Y_t 和 Y_k 的值有可能为零。当它们为零时，无法也无须使用这两个公式进行稳定度计算，因为零值就意味着在时间分布或空间分布上没有波动，即它们的稳定度最大。

综上所述，语言的实态，即语言在实际使用中呈现出的真实状态，表现为时间和空间上的稳态和动态，二者相对而生，辩证存在。语言的稳态和动态有不同的表现，作用于语言应用的不同方面，有必要对二者进行区分。区分的前提是计算稳定度，而稳定度的计算，可借助于原型范畴理论的连续统，通过计算时空维度上距离"最佳尺度"的程度来实现。

第二节 词语使用实态研究体系

词语使用实态，作为语言使用在词语这一级单位表现出的真实状态，同样包括稳态和动态。词语是语言中最为活跃的要素。语音，特别是语法，显著的动态变化往往需要较长时间才能体现，但词汇的显著性动态变化在相对较短的时间内就能显现。所以，词语的实态可以在相对较小的时间窗口内观察。国家语委自 2005 年开始，一直持续发布反映年度语言使用情况的《中国语言生活状况报告》，该报告分上、下两编，对当年语言生活的若干方面所做的调查以及当年语言文字使用状况进行监测得到的统计数据进行分析，客观呈现了该年度多个媒体，包括平面媒体、有声媒体和网络媒体语言文字的实态，其中绝大部分是围绕词语的高频使用揭示的实态及其基础之上特定词语（如流行词语）的提取。该报告的发布为语言生活的健康发展和语言政策的制定、相关的学术研究提供了有力支撑，证明了小时间窗口观察词语实态的有效性和必要性。一年是一个时间窗口，十年也是一个时间窗口。尽管《中国语言生活状况报告》已经连续发布了近二十年，但其数据多按年度分割。语言在不同时段中稳定度不完全一样①，以十年为窗口来观察词语，自然会看到不一样的词语实态。

　　语言的实态以稳定度为基本观察项，词语实态与之一致。上文分析了计算稳定度的核心参数，落在词语这一级语言单位上，就是词语及其用法在时间和空间上的使用波动值。这需要测量词语在不同时间点和空间点的使用波动。要实现这些测量，少不了语料库的参与。张普明确了动态流通语料库在语言稳态考查中的重要作用②。就方法而言，词语的实态研究需要在语料库语言学的理论背景下开展。

　　语料库语言学是一种基于经验主义的实证性研究理论。该理论于 20 世纪中期在欧美国家兴起，在弗斯、辛克莱等一批语料库语言学研究者的推动下逐步发展成熟。语料库语言学的基本研究路径可以归纳为：提取—观察—概括—解释③。提取即从语料库中获得所需的研究数据。语料库的构建是语料库语言学研究的起点，它必须以研究者的动机和目的为基本出发点。语料库无论多大，终归只是样本，不同的研究目的决定着对样本的选择。词语实态研究的目的是观察时空视角下词语使用的实际状态，这就决定了它所依托的语料库必须具有跨时间、空间的动态特征。关于语料库的分类，按照时间维度，有历时和共时之分；按照空间维度，有专用和通用之分；按照更新情况，有动态和静态之分。对一个民族共同语的词语实态进行全面研究所需的语料库应该具备历时性、通用性和动态更新三个方面的特点。

　　语料库语言学的研究有基于语料库和语料库驱动两种范式④，无论哪一种

---

① 参见侯敏：《语言资源建设与语言生活监测相关术语简介》，《术语标准化与信息技术》2010年第 2 期。

② 参见张普：《论语言的稳态》，《郑州大学学报》（哲学社会科学版）2008 年第 2 期。

③ 参见卫乃兴：《语料库语言学的方法论及相关理念》，《外语研究》2009 年第 5 期。

④ 参见梁茂成：《语料库语言学研究的两种范式：渊源、分歧及前景》，《外语教学与研究》2012 年第 3 期。

范式，基本研究方法都是以计量为基础。使用频度在语料库语言学研究当中至关重要 Tottie[1]、Bybee[2] 等学者的研究论证了使用频度在语言的各级语言单位、各个要素以及各个层面广泛起作用的观点。对语言实态的观察和描写，频度是一个基本的统计项。具体到词语的实态，词频，包括词语的使用频次或频率是基本的统计数据。对词语实态的观察，需要重点关注词语的使用频度在时间和空间上的波动值。而词语的使用，我们认为，其观察的角度可包括以下三个方面：

（一）词语作为一个形义结合体，其语符形式的使用情况；

（二）词语作为一个形义结合体，其语义功能的使用情况；

（三）词语作为一个语法单位，其语法功能的使用情况。

第一方面的使用频度，需要统计词形本身出现的频次和频率。进一步分解，又包括两种情况：一是本身作为词语使用的形式，二是作为构词成分使用（如单音节词"电"在"电话""电报""电表""电波""电池""电器"等词语中作为构词成分使用）的形式。

第二方面的使用频度，需要统计词语各义项在实际使用中出现的频次和频率。

第三方面的使用频度，不仅需要统计词语的词性使用频次和频率，还要统计词语的语法功能（如充当某一句法成分，与某一特定词类组合）的频次和频率。

到目前为止，已有的汉语词语使用实态研究关注的主要是第一方面的第一种情况，即统计语料库中词形的使用频度。要实现第一方面第二种情况的频度统计，需要采用同素系联的方法在词库中进行，而词语后两大方面的频度统

① Tottie，Gunnel. Lexical diffusion in syntactic change：Frequency as a determinant of linguistic conservatism in the development of negation in English. In *Historical English Syntax*，ed. Dieter Kastovsky，439–467. Berlin：Mouton de Gruyter，1991.

② Bybee. *Frequency of use and the organization of language*. New York：Oxford University press，2007.

计，语料库中搭配（collocation）的识别和提取是关键。

搭配是词语语法功能的重要观察项，同时也是观察词语意义使用情况的重要桥梁。词语搭配研究之父弗斯认为：词的意义从与它结伴同现的词中体现出来①。所以，词语第二个和第三个方面使用情况的频度，需要建立在搭配频度的统计基础之上。作为语言库语言学核心研究内容的搭配，在词语实态研究中也起着枢纽性的作用。

纵观国际语言实态研究成果，运用语料库方法且面向应用是其重要标签。早在 20 世纪 80 年代，Collins 出版社以基于 COBUILD 语料库所做的词语实态研究成果为依据，成功出版了一系列英语词典和英语课程教科书，其中的词语信息，均来自对真实语料的统计和分析，这大大增强了选词和词语注释的客观性和代表性，带来了语言教材和词典编写上的革命。基于同时代的 BNC 英国国家语料库、Longman 语料库，以及以多语种、深加工和超大规模为特点的后起语料库，多国的语言学者已经就多种语言的词语实态进行了广泛而深入的研究，其成果均直接应用并大力推动了语言工具书的编写、语言教学以及语言信息处理等工作。可以说，依靠大规模真实文本语料库，通过词语实态研究，为语言应用服务，是当前国际上词语实态研究的大趋势。

综上所述，词语实态研究的内涵可界定为，主要面向辞书编写、语言教学、语言信息处理和语言政策、语言规划等应用领域，运用语料库语言学的理论方法，以词语实际使用状态的观察、描写与分析为基本研究内容的实证性研究。

从词语实态这一内涵出发，搭建其研究框架，有必要抓住两个维度：历时和共时，即词语在历时和共时两个维度上的使用分布；扣住两个关键指标：词语使用的频度和使用中的词语搭配；盯住一个面向：应用领域对词语实态的需求。概括起来，即"2—2—1"框架。

---

① Firth，J. R. *Papers in linguistics*. London，England：Oxford University Press，1957.

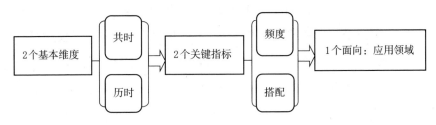

图 1—3　词语实态研究的"2—2—1"框架

与共时实态直接相关的，主要是专用词语和常用词语等；与历时实态直接相关的，主要有新词新语、流行词语、历史词语、稳固词语①和能产词语等。新词新语和流行词语的自身特点决定了它们更适合在短时间而不是十年的窗口内观察，历史词语则适合在更长时间同样不是十年的窗口内观察。在词汇系统当中，基本词是"最主要的部分"，它的"稳固性、能产性、全民常用性"②三性直接指向词语实态当中的历时稳态和共时稳态，对应的分别是稳固词、能产词和常用词。其中，稳固词直接对应历时的稳定性；能产性体现词的构词能力，也体现词汇系统发展过程中的"基因"传承③，对词汇系统稳定有序发展十分重要，所以能产词和稳固词一样体现历时的稳态。目前常用词的界定依据的主要是其使用度，而词语使用度的计算，既考虑到了频度，也考虑到了反映共时稳态的文本分布平衡性，可见，常用词中体现了共时的稳态，本研究将延续这一思想。

不同的应用领域对词语实态不同角度的各项数据和规律的获取有不同的需求，相应地，词语实态研究的具体细节和内容会呈现出一定的差异，比如语言教学领域更需要的是词语的常用性、稳固性和能产性分级，以及基于分级的常用词表、稳固词表、能产词表和基于三性综合的基本词表的提取，基本词语的义项分布和显著搭配等；而语言信息处理除了这些实态信息之外，还对词语

---

① 黄廖版的《现代汉语》将历时稳定性称作词语的稳固性，本书借此用法，将历时稳定词称作稳固词。

② 黄伯荣、廖旭东：《现代汉语上册》，高等教育出版社 2007 年版，第 258—259 页。

③ 参见张普：《论语言的动态》，《长江学术》2008 年第 1 期。

常用性、稳固性、能产性之间的量性关联特征有自己的需求。若以基本词为核心，词语实态研究的重心主要就落在了稳态上，在"2—2—1"模式之下，其研究体系可大致搭建为：

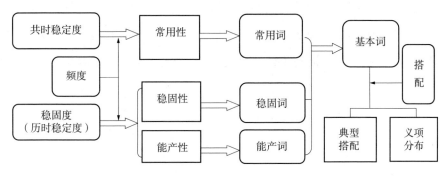

图 1—4　词语实态研究体系

对词语的常用性、稳固性和能产性进行考察，其结果可将词语分成常用词与非常用词、稳固词与非稳固词、能产词与非能产词几类。由于常用词、稳固词和能产词是基本词提取的基础，而基本词又是词语系统的核心成员，有突出的应用价值，所以，图1—4第三列只列了常用词、稳固词和能产词这三项。依据共时空间分布的稳定度高低，词语可分为共时通用词和非通用词，与特定的领域相结合，从共时的非通用词当中可以分离出特定的专用词汇。本书重点关注基本词有关的使用实态，故暂不对各领域专用词进行提取与分析。后文的章节安排，将以此体系为主要的逻辑线索和行文框架。

受已有研究成果的启发，我们主张把空间上的分布平衡性纳入考察视野，将语言实态研究的框架由单一基于时间维度上的稳态和动态扩展为时间和空间双维度上的稳态和动态。从有利于语言应用的角度，论证了量化稳态与动态的必要性，借用现代范畴理论的连续统概念，探讨了量化稳态与动态的可能性，阐述了基于"最佳尺度"计算稳定度，由此实现对语言实态量化观察的思想。

在语言实态理论框架之下，我们从研究内容、研究方法、研究目标三个方面界定了词语实态研究的内涵，讨论了词语作为语形单位、语义单位和语法单位在语言使用中其稳定度观测所依赖的核心计量项目，认为：使用频度是通用于词语作为三种单位使用的基本观测项，搭配是词语作为语义单位和语法单位使用的枢纽性观测项。

　　本章的最后提出了词语的实态研究体系：从时空两个维度展开，围绕稳态和动态，以频度和搭配为基本测量项，通过计算到"最佳尺度"的距离来衡量稳定度，基于稳定度对词语实态进行定量与定性相结合的分析与描写。

第二章 通过十年（2001—2010 年）语料观察词语的使用实态：方法与路径

第一章阐述了以十年为窗口观察词语使用实态的意义。2001—2010 年是进入新世纪后的第一个十年，本研究择此窗口，意在揭示现代汉语词汇在 21 世纪最初十年的实际使用状态。语言实态研究离不开大规模动态流通语料库的支持，如何选择观察样本构建适用的语料库？有了适用的语料库后，又该从中提取哪些类型的数据以及如何提取这些数据？如何围绕研究目标设计有效的技术路线或研究路径？回答好以上问题，是本研究开展的第一步。

第一节 观察样本的选择和语料库的构建

词语使用实态的考察对象理应包括口语和书面语，由于口语语料难以收集，要建设一个口语、书面语平衡，且具有良好的通用性和代表性的十年动态流通语料库，难度很大。受限于此，本研究获得的词语使用实态数据，主要来自对书面语情况的观察，依据的语料库是偏重于书面语的动态流通语料库。

国家语言资源监测与研究平面媒体分中心的动态流通语料库与我们的研究目标较为接近。该语料库自 2001 年以来，每年根据发行量、发行地域、媒体价值、阅读率等因素，选择15种网络版报纸的内容，不断动态更新语料①。从该语料库中截取2001—2010年十年的语料，能够很好地反映21世纪最初十年报纸上的词语使用实态。但报纸上的文章，新闻语体所占比重大，就我们的研究目标而言，在语体覆盖上存在局限。

本研究运用张普提出的流通度计算理论②，从入选平面媒体动态流通语料库的15份报纸中抽取出《人民日报》，采集其从2001—2010年的所有语料。又基于文艺语体对大众语言生活影响相对突出，向来在各大语料库建设中所占比例重的特点，从公开出版发行的刊物中选取了3份阅读率高、内容以文艺语体为主的杂志：《读者》《青年文摘》《小说月报》，采集其从2001—2010年的所有语料，和《人民日报》的十年语料一起构建成2001—2010年十年汉语动态流通语料库（下文简称"十年语料库"）。对该语料库的文体、话题等覆盖情况进行调查，结果显示：该语料库涵盖了书面语的文艺、科技、公文、政论、新闻报道等各种语体，以及政治、经济、军事、教育、科技、体育、文化、娱乐、政法、社会、生活等各大领域，具有较好的平衡性和代表性。

第二节　词语使用实态的观察项目和测量方法

分析和描写词语实态的前提是从核心概念的内涵和外延出发，找准观察项目并在大规模动态流通语料库中对各项目进行测量和提取。综合考虑词语作为语形单位、语义单位和语法单位使用的三个角度以及时间、空间两大维度，本研究将词语使用实态细化为词语的常用态、稳固态、能产态，以及词语在使用

---

① 参见何婷婷、杨尔弘、侯敏：《国家语言资源监测语料库介绍》，《中国中文信息学会成立二十七周年学术会议（CIPS2008）论文集》，2008年，https://d.wanfangdata.com.cn/conference/ChZDb25mZXJlbmNlTmV3UzIwMjMwOTAxEgc3MTY0Njg2Gghid3BwdW84dw%3D%3D。

② 参见张普：《关于语感与流通度的思考》，《语言教学与研究》1999年第2期。

中呈现出的句法、语义功能实态等几个方面，相对应的观察项目，分别是词语的常用性、稳固性、能产性以及基于搭配和义项分布特征的句法语义功能。

一、常用性的测量

常用性考察历来是词语计量研究的焦点，它是观察词语使用实态的基础，也是词语应用研究所依赖的基本数据。词语常用性最为基本的测量项目是词语的使用频度，包括使用频次和频率。词语的使用频次通常测量的是词语在调查语料库中出现的次数。词语的使用频率则是词语在调查语料库中出现的次数与调查语料库所有词语总频次的比值，计算公式为：

$$F_i = n_i / N \times 100\%$$

（F_i 为词语 i 的频率，n_i 为该词语 i 在调查语料库中出现的次数，
N 为调查语料库所有词语的总频次）

使用频次和频率来衡量词语使用的常用程度，在相当长的一段时间内被认为是客观合理的，但随着词汇统计研究的发展，有学者认为，频次和频率是衡量词汇常用程度的重要但非唯一指标[1]。分布率、使用率等逐渐被研究者们纳入词汇常用性考察的范围。词语在共时平面上的分布率是指该词语所出现的文本数与调查语料库总文本数的比值，计算公式为：

$$D_i = t_i / T$$

（D_i 表示词语 i 的分布率，t_i 表示词语 i 出现的文本数，
T 表示调查语料库总文本数）

单纯依靠分布率来判定词语的常用性显然是不可取的，使用率的计算将频率和分布率结合起来，常宝儒等在《现代汉语频率词典》中用频率和分布率的乘积来表示词语的使用率，即：

---

[1]　参见常宝儒：《现代汉语频率词典的研制》，陈原主编：《现代汉语定量分析》，上海教育出版社 1989 年版。

$$U_i = F_i \times D_i \qquad\qquad \text{（公式 1）}$$

（U_i 表示词语 i 的使用率，F_i 表示词语 i 的频率，

D_i 表示词语 i 的分布率）

  侯敏认为上述公式的计算结果会使得所有词的累加使用率小于 1，各数值与总数之间不具有可比性，为了归一化的方便，使用度的公式改造为：

$$U_i = \frac{F_i \times D_i}{\sum_{J \in V}(F_i \times D_i)} \text{①} \qquad\qquad \text{（公式 2）}$$

（F_i 为词语 i 的频次而非频率，分母为归一化项，V 表示所有词种）

  相对于单纯看词频的高低，公式 1 和公式 2 更为全面地反映了词语共时使用中的实态。但若仔细观察，就会发现，以上算法计算分布率时，只关注了词语是否出现于语料库的各文本，并未考虑词语在各文本里的出现频度，如此计算的结果，还不能细致地反映词语在各文本中因出现频度不同而造成的使用差别。

  结合具体的数据来看，若有词语 A 和 B，它们在十个文本中的使用频次分布情况见表 2—1。

表 2—1 词语 A、B 在十个文本中的频次分布

	文本 1	文本 2	文本 3	文本 4	文本 5	文本 6	文本 7	文本 8	文本 9	文本 10	汇总
词语 A	132	230	161	391	303	121	195	219	385	143	2280
词语 B	525	12	190	1	3	669	381	1	1	497	2280

  A 和 B 两个词语在各个文本中的使用频次差别较大，但在 10 个文本中的使用总频次都是 2280，若按上面的分布率计算公式（即：$D_i = t_i / T$）进行计算，两个词语在 10 个文本中的分布率却是相等的，以此为基础计算这两个词语在

---

① 参见侯敏：《语言监测与词语的计量研究》，《中文信息处理前沿进展——中国中文信息学会二十五周年学术会议（CIPS2006）论文集》，2006 年，https://cpfd.cnki.com.cn/Area/CPFD-CONFArticleList-ZGZR200611002.html。

十个文本中的使用度，由于它们在相同的调查语料中使用频次相等，使用频率一致，所以，无论是选用上述公式 1 还是公式 2，结果都一样。但若从语感上判断，A 在 10 个文本中的使用均衡性明显高于 B。

语料库因其仅仅是语言的样本而非全体的特点，决定了我们基于语料库所统计到的分布率和使用度不能完全真实地反映语言的全貌。在这样的情况下，尽可能揭示具有趋势性的特征更有利于让来源于语料库的数据接近语言的真实情况。就 A、B 两个词语的文本分布数据来看，词语 A 在 121 至 391 的区间波动，词语 B 则在 1 至 669 的区间波动，两相比较，A 的波动幅度远小于 B。由此可以预测，在语料库所没有采集到的文本中，A 词语被使用到，尤其是在 100 至 400 的频次区间被经常使用到的概率会比 B 词语高，换而言之，对于使用总频度相等的词语 A 与词语 B，前者比后者的常用性更为稳定。可见，对词语共时平面上的常用度计算，有必要引入新的参数。

我们对语料库数据做了多次测试，结果表明，除了频度这一基本参数外，中值、离散度、频序也对词语的常用性产生直接影响。

先说频度。频度可以是频次，也可以是频率。使用频率能够有效平衡语料库中各文本在规模上的差异。常用度本身要求考虑词语的共时稳定性，若采用频次，文本规模上的差异会带来很大的干扰。在词语常用度计算模型的构建过程中，我们对使用频次和频率进行了对比性测试，结果表明，使用频率计算的词语常用度与语感更契合。本研究的词语常用度计算，频度均采用频率。

再说中值。中值或称作中位数，它和均值都常作为一组数据集中趋势的代表，用于反映这组数据的整体情况。一个词语的常用性除了和它在语料库当中的总频度直接相关外，还与它在各个具体文本当中的使用情况关系密切。在文本数量一致的情况下，一个词语的频度均值与总频度实质上是相通的，因为均值就是总频度与文本数量的比值。如上述词语 A 和词语 B 在十个文本当中的使用频次的均值都是 228，频率均值也都是 0.0013。但中值并非必然如此，在非正态分布的一组数据中，中值与均值不会重合，尤其是在数列中出现极端变量值的情况下，中值比均值更适合作为反映数据整体集中趋势的代表值。如上述词语 A 和 B 在十个文本中使用的频次中值分别是 207 和 101，A 远大于 B，且 A 的中值与均值较为接近，B 的中值远小于它的均值。计算 A、B 两词语在十个文本中的使用频率，再计算十个频率的中值，前者 0.0015，后者 0.0009，仍然是前者大于后者。这说明，词语 A 比词语 B 在趋势上更集中地在更常用的区间内以相对较小的幅度波动。十年语料库里词语在不同文本中的使用频度多呈现非正态分布特点，且有频度为 0 的极端情况出现，所以，从理论上看，中值比均值更适合作为常用性考察的参数。就中值与常用性的关系而言，中值越大，词语整体上越常用，二者呈正相关关系。

接下来说离散度。在词语常用性考察中关注离散度，是为了落实将空间稳态纳入常用性考察的思想，即常用词语不仅使用频度高，而且在不同地区、媒体、语体、领域当中的高频使用较为均衡与稳定，是带有空间通用性的词语。在一个考虑了地区、媒体、语体和领域分布平衡性的语料库中，词语在空间分布上的稳定性在很大程度上可以表现为它们在不同文本中的使用稳定性。上一章我们已经论证了空间稳定值的计算方法，即计算词语在各文本中使用的离散度，离散度可以用标准差来测量。空间分布的离散度可以很好地将使用总频度相同或相近的词语空间稳定性特征上的差异显示出来。如上述词语 A 和词语 B，总频次相等，但在十个文本中使用频次波动幅度（即在十个文本中分布的离散度）很不一样，词语 A 在十个文本中使用，用标准差公式计算其离散度，值约为 100，词语 B 离散度的值约为 265，A 远小于 B。分别计算两词语在十个文本当中的使用频率标准差，A 的值约为 0.0006，B 的值约为 0.0014，同样是 A 的离散度小于 B。一个词语在不同文本中使用的频度分布波动越大，越不均衡，它的标准差值就越大；相反，一个词语在不同文本中使用频度分布越均衡，波动值越小，它的标准差值就会越小。反映空间分布离散度的标准差值与常用度成反比关系。

最后说频序。空间分布的离散度考察，有必要结合频序值这个参项。所谓频序值，即按照词语的使用频度由高到低排列时，每个词语在其中所处的位置的值。之所以要在离散度的基础上结合考察频序，是因为若仅考虑频度（包括总频率和中值）与离散度来计算词语的常用度，意味着将三者对常用性的贡献视作均等，这与词语常用性的"常用"内涵不符。常用性首先要满足的是高频，而后在此基础上满足分布均衡的特点，即常用词语是在不同地域、媒体、语体和领域中都高频使用的词语。所以，高频是需要在常用度计算当中被强化的一个特征，这里引入频序值，就是一种强化的手段，这一手段会和前面说到的总频度和频度中值一起，保障提取出的常用词在高频的前提下照顾到文本分布均衡。在语料库的计量探索中，我们发现了如下三种情况：

（1）有些词语语在料库中的总频度低，同时在各文本中使用频度比较均衡，都是低频出现，这就意味着它们在不同文本间频度波动幅度小，离散度低；

（2）有些词语在语料库中的总频度高，同时在各文本中使用频度也比较均衡，都是高频出现，这也意味着它们在不同文本间频度波动幅度小，离散度低；

（3）还有一些词语在语料库中的总频度高，但在各个文本中的使用频度很不均衡，出现了在不同文本间频度波动幅度大，离散度高的情况。

若仅考虑频度和离散度，（1）和（2）在常用性上的差别能够区别，但（3）的存在让情况变得复杂了起来。

我们使用频度、中值和离散度三个参数对十年语料库中词语的常用性进行测试，结果出现了"蚊蝇""张挂""莅临""呈送""笔力"等词语的常用度大于"的""了""在""是""不"的情况。显然，这一情况不仅与我们的语感很不相符，和以往学界对常用词的认知也存在巨大差距。检查发现，"蚊蝇""张挂""莅临""呈送""笔力"等虽然使用总频度相对较小，但它们在各文本中分布均匀，即离散度的值很小，常用度与总频度和频率中值成正比，与离散度成反比，相对较小的总频度乘以相对较小的频率中值，再除以一个很小的离散度，得到的值对总频度的影响并不十分显著；"的""了""在""是""不"等虽然使用的总频度大，但它们在各文本中的使用频度分布并不均衡，即离散度的值大，用它们的总频度乘以一个相对较大的频率中值，再除以一个大的离散度，得到的值对总频度大的优势有较大的削弱作用。可见，在测量词语的常用性时，有必要对离散度计算作出限制。我们采取的限制方式是对词语在各文本中的使用频度取其序值而后求和，用这个序值的和乘以离散度的值。之所以取二者的乘积，是因为序值之和小的词语其使用频度一定比序值之和大的词语的使用频度更高，即序值之和的值与总频度成反比关系。用序值之和去乘以离散度，可以将离散度相同或相近的词语在频度分布上的差别显化，从而有效避免使用频度低但文本分布均衡的词语误入常用词行列的情况出现。

综合起来，从理论上看，如果一个词语的总频率越高，在各文本中使用频率的中值越大，在各个文本中按频率由大到小的排序越靠前（即频序值越小），同时满足在文本分布中的波动即标准差值越小，那么，这个词语在未被统计到的文本中大量使用的可能性就越大，在语言全体中的常用度就会越高。基于以上分析，我们把词语的常用度与其制约因素(总频率、各文本使用频率的中值、各文本频率的序值，以及各文本间频率的标准差值的关系）的关系用数学式表示为：

$$C_i = \frac{m_i \times f_i}{S_i \times \sum_{i=1}^{n} O_i}$$

（"f_i" 表示词语 i 的使用频率，"m_i" 表示词语 i 在各文本中使用频率的中值，"S_i" 表示词语 i 在各文本中使用频率的标准差值，它的计算公式见第一章的公式 2，"O_i" 表示词语 i 在各文本中频率由大到小排列的序值，"C_i" 表示词语 i 的常用度值）

使用该算式对十年语料库中词语常用度进行计算，将结果与单纯的频度计算结果进行比较，可以看到，一些使用频度高但从语感上即可判断带有一定领域性特征的词语，其常用度排序相对于高频排序有一定的下降，如"经济"的高频排序排在第 54 位，是一个绝对高频区的词语，但在常用度排序中，它排到了第 570 位，返回语料库中检查，发现，"经济"一词高频出现于《人民日报》的新闻语体经济领域文本中，但文艺语体文本中出现频度较小。与之类同的还有"发展""人民""建设"等，它们都是高频排序前 60 的词语，但常用度排序都在 500 之外。可见，以上常用度算法在词语的高频基础上对其空间稳定性特征有一定体现。

后文对 2001—2010 年十年词语常用性的观察与描写，将采用频度测量与考虑了总频率、各文本频率中值、各文本频率序值和文本间频率标准差值四个因素的常用度测量两种方式，并将使用两种方式提取出的常用词表进行对比分析，讨论两种方式各自的特点及基于这两种方式提取出的词表各自的适用情况。

二、稳固性的测量

第一章已经说明，本书所谓的稳固性，沿用了黄伯荣、廖序东的观点①，专指历时稳定性，侧重于考察词语在时间维度上的使用变化情况。稳固性的测量，理论上可以通过求取一段时期内每年词语的使用频度或频序的标准差，或者常用度或常用度序值的标准差来实现。对这四个参项进行对比测试，结果显示，若只关注词语高频特点的稳固性表现，可只考虑频度和频序，且使用频序标准差优于频度标准差；若兼顾到高频与文本分布平衡两个方面，则有必要考虑到词语的常用度，且使用常用度序值的标准差优于常用度标准差。究其原因，若使用频次的标准差看词语的历时频度变化，会受到各年间语料规模不平衡的干扰；若使用频率的标准差，虽在一定程度上克服了语料规模不平衡的局限，但由于词语的频率均为小数，这就使得十年词语的频率标准差值很小以至于区别不明显，所以频率也并非好的观察项，相对于频次和频率，计算频序的标准差能够更好地反映词语历时使用频度的波动情况。对词语的常用性稳固度进行测量，情况与之类似。我们对常用度的计算是基于频率的，得到的常用度值均为小数，这同样会因为十年间词语的常用度标准差值很小以至于区别不明显而无法成为一个很好的观察项，比较之后我们发现，常用度序值的标准差表现更好。以"的"为例，在语料库的十年数据当中，"的"十年间使用频次的波动远大于绝大部分词语，按不同年份间频次的标准差值来计算词语的稳固度

---

① 参见黄伯荣、廖序东：《现代汉语》（上册），高等教育出版社 2007 年版。

并以其高低进行排序，"的"的使用稳固性弱于绝大部分词语。但对每一年的频度和常用度统计数据由高到低排序，"的"都是排在第一位，其十年的频序和常用序均为 1，即十年频序和常用序的标准差值均为 0，在所观察的词语中标准差值最小，无论是从使用频度上看，还是从结合了频度和空间分布特征的常用度来看，"的"都是最为稳定的词语。可见，不同的参数带来了截然不同的结果。显然，使用频序值和常用度序值作为参数计算获得的词语稳固度更符合我们的语感。这就像有两个学生 A 和 B，A 每次期末考查的成绩都是班上的第一名，但每次成绩的分数会因试题的难易有较大的起伏，有的时候是 100 分，有的时候只有 85 分；B 学生的名次起伏较大，有时候是 25 名，有时候是 45 名，但每次的分数相对比较接近，总在 70 分至 60 分的区间内波动，通常情况下，我们会认为 A 的成绩一直稳居班级前茅，B 的成绩起伏较大，B 不及 A 成绩稳定。回到观察词语历时稳态的目标。在词语实态研究的大框架下观察词语的稳固性，是要从整体上认识 21 世纪最初十年间词语使用的历时变化特点和变化趋势，所以对各个词语的稳固性考察应该放在全体词语中去把握。这就要求我们对这一项目的计算和评测，从整体出发，建立在和别的词语进行比较的基础之上，而使用频度和常用度排序的序值，是各个词语相对于其他词语最为直观的表现，所以，对于词语稳态的测量，选择频序和常用度序更能满足研究目标。结合第一章阐述的稳定度公式，本研究使用如下两个公式分别计算基于频序标准差的稳固度和基于常用度序标准差的稳固度：

$$St_{频序} = \left(\sqrt{\frac{\sum_{i=1}^{n}\left(t_{频序i} - \bar{t}_{频序}\right)^2}{n}} \right)^{-1} \qquad \text{（公式 1：基于频序标准差的稳固度计算）}$$

$$St_{常用度序} = \left(\sqrt{\frac{\sum_{i=1}^{n}\left(t_{常用度序i} - \bar{t}_{常用度序}\right)^2}{n}} \right)^{-1} \qquad \text{（公式2：基于常用度序标准差的稳固度计算）}$$

三、能产性的测量

能产性体现的是词语的构词能力，要侧重考察词语转换身份用作构词语素的使用情况。词语的构词能力与音节多寡直接相关。现代汉语的词汇以双音节形式为主，无论是古汉语单音节词通过双音节化形成双音节词，还是新造的双音节词，主要方式都是以单音节基本词作为构词语素，所以，能产性集中体现于单音节词上。尽管也有双音节和多音节词作为构词语素产生新词的现象，如"细胞"作为语素构成"白细胞""红细胞""巨噬细胞"等，但这样的情况数量不多。本研究考察词语的能产性，主要关注单音节词。具体来说，就是主要基于单双音节同素词语的对应关系，通过计取与单音节词语具有同素对应关系的双音节词语的词种数（type）作为单音节词语的构词能产值（productivity）：

$$P_i = TYPE\,(\text{disyllable} \leftarrow i)$$

（P_i 表示单音节词 i 的能产值，"disyllable"表示与单音节词 i 具有同素对应关系的双音节，其中的对应关系以"←"表示，"$TYPE$"表示词种数）

一个单音节词语，如果与它具有同素对应关系的双音节词越多，也就是以它为词根构成的词越多，意味着其能产值越高，能产性越强。从词汇系统的稳定性角度来看，能产性越强的词语，在词语的发展过程中，作为一个稳态"基因"，它所起到的稳定作用也越强。后文对词语能产性的分析，首先通过同素对应关系求取单音节词的能产度，给出能产性分级，而后通过能产性与常用性、稳固性量性关系的分析，探索三者的互动规律，讨论十年间词语发展变化的"基因图谱"。

四、句法语义功能的测量

从名词、动词和形容词中各随机抽取 10 个词，在十年的时间窗口中观察它们的句法搭配和义项使用情况，发现其变化度相较于词语作为语符形式使用时要小很多。这证明学界关于词语历时发展中句法语义功能变化最为缓慢的认识是符合语言事实的，整体上它们的稳态表现更为突出。基于此，对于词语十年间的句法语义功能，我们将不对它们做历时变化的全面分析，只以基本词为对象，挖掘其使用中表现出的特征及蕴含的规律。

无论是词语的句法功能还是语义功能，都需要从搭配的语料库提取入手。语料库语言学中的搭配（collocation）由 Firth 首次提出，他认为搭配是词语在使用中的惯常性结伴共现。词语的意义实现于搭配之中，比如"night（夜）"的一个意义就在它与"dark（黑）"的搭配中实现①，所以，搭配不仅是一种句法行为，也是一种意义方式。以 Sinclair、Halliday 等为代表的新 Firth 学派继承并发展了搭配理论，认为搭配是词语和词语之间的一种心理期待和互相吸引，具有概率属性，表现为某种程度上具有显著临近关系的词语线性共现，这种显著的临近关系可以通过一定的尺度或至少是一个临界点来测量②，而这个尺度或临界点，则有赖于对大规模语料库数据进行统计而获得。

卫乃兴指出，在语料库语言学背景下开展的词语搭配研究相较于以往的传统研究，突出了对真实语言使用数据的重视，一切从数据出发，弱化了研究者对语感的依赖，引入概率的思想，通过一系列的数据提取、分析、检验等定量研究程序，强化了研究过程和研究结果的客观性③。当前学界依托语料库所进行词语搭配提取，大致有三种操作路径。一是利用词语索引证据，参照类联接（colligation），检查和概括词项的搭配行为。操作上以关键词为核心，从语料库中索引含关键词的语料，参照类联接的框架进行分析，从真实语料中概括出关键词的搭配行为。二是采用技术手段，从语料库中提取词丛（word cluster），即几个词语连续共现构成的语符序列，而后计算词丛在语料库中的期望频数与观察频数的比值，以此比值作为搭配是否典型的判断依据。三是采用统计测量手段，靠数据驱动获得词语的搭配形式。④前两种路径，尤其是第一种路径，

---

① Firth，J. R. *Papers in linguistics. London*，England：Oxford University Press，1957：181，196.

② Halliday，M. A. K. & Hasan，R. *Cohesion in English.* London：Longman，1976：75.

③ 参见卫乃兴：《词语搭配的界定与研究体系》，上海交通大学出版社 2002 年版，第 37 页。

④ 参见卫乃兴：《基于语料库和语料库驱动的词语搭配研究》，《当代语言学》2002 年第 2 期。

需要大量的人工参与，比较适合在语料规模相对较小的情况下使用，若语料规模大，通过抽样的方式进行，则可能会遗漏掉重要的搭配信息。十年语料库是一个超大规模语料库，考虑到可操作性，本研究主要采用第三种做法，依靠检索软件在语料库中详尽地搜索关键词的所有共现词项，统计各共现词项与关键词的共现次数以确定高频共现词，以及词项间在多大程度上存在着相互期待与吸引，从而分析概括关键词的搭配习惯与行为。这种做法中需要搭配词频、MI 值和 T 值的统计测量。

搭配词频的统计需要对含有关键词的语料库进行检索，确定跨距对该关键词的共现词项进行数量上的统计。关于跨距的确定，根据 Jones 和 Sinclair，英文的合适跨距一般是-4/+4 或-5 /+5 [①]。孙宏林在大规模汉语语料中统计了名词（"能力"）、动词（"培训"）、形容词（"广泛"）搭配词的分布情况，发现提取这三种词性的搭配词最佳跨距分别是：名词（-2，+1），动词（-3，+4），形容词是(-1,+2)[②]。可见，搭配跨距的确定要因语言、词性的差异而区别对待。

MI 值用来测量搭配词的显著性程度，计算公式如下：

$$MI\ (a.b)\ =\log_2\frac{P\ (a,b)}{P\ (a)\cdot P\ (b)}$$

[a 和 b 为语料库中的关键词与任意搭配词的词形，P（a）是词形 a 在语料库中的出现概率，P（b）为词形 b 在同一语料库中出现的概率，P（a，b）为两者共现的概率]

词语搭配研究中 MI 值大于或等于 3 的词通常被视作显著搭配词。[③] MI 值即互信息值，它计算的是一个词在语料库中出现的频数所能提供的关于另一个词出现的概率信息。MI 值可以表示词语间的相互吸引程度，但是 MI 值高

---

① Jones，S. & J. Sinclair. English lexical collocations：A study incomputational linguistics. *Cahiers de Lexicologie*，1974（24）：pp. 15-61.

② 参见孙宏林：《词语搭配在文本中的分布特征》，黄昌宁主编：《1998 年中文信息处理国际会议论文集》，北京大学出版社 1998 年版。

③ Church K，Hanks P. Word association norms，mutual information and lexicography. *Computational Linguistics*，1990（16）：pp. 22-29.

的共现词出现的频数不一定高。若一个词在语料库中只出现 3 次，且每次都与关键词共现，那么它与关键词的 MI 值必定会很高。这说明 MI 值对于低频词的信度低，需要 T 值来进行检验。T 值的计算公式是：

$$T= \frac{C_2 - E}{SD}$$

（C_2 为关键词与搭配词实际共现频数，E 为关键词与搭配词的共现期望频数，SD 为搭配词在整个语料中分布的标准差）

T 值用于测量搭配词对在语料库中出现概率的显著程度，是一个判断词语间相互预见和吸引程度的测量值，基于 T 值可以判断共现词语间在多大程度上存在显著的搭配关系。T 值越高，意味着共现词之间越有可能存在搭配关系。[1] 总体来看，采用搭配词的频度、MI 值与 T 值相结合的方法，能够比较客观地提取出关键词的显著搭配。

搭配词的频度、MI 值与 T 值相结合的操作，可以借助语料库常用软件 AntConc 来实现。Laurence Anthony 开发的 AntConc 在语料库语言学研究中得到了较为广泛的肯定和应用。王春艳通过与语料库权威软件 Wordsmith 的参照对比，使用统计软件 SPSS 验证了 AntConc 主要功能的可信度，结果表明，AntConc 不仅具有词语检索、生成词表和主题词三大主要功能，还可以提供检索词的上下文背景，检索词在文中出现的位置，提取词丛，利用频度、MI 值与 T 值计算搭配词的搭配力，并能对语法标注过的文本通过正则表达式实现对语法单位的检索，能为词法、句法研究提供有力的支撑[2]。本研究对搭配词对的提取，主要依据 AntConc 软件，并辅以人工筛选来实现。对语料库中获取的数据进行后期的排列、筛选、归类、相关性分析、效度检验等时，还会使用到 Excel、Access 和 SPSS 这三个软件工具。

---

[1]　参见卫乃兴：《词语搭配的界定与研究体系》，上海交通大学出版社 2002 年版，第 45—46 页。

[2]　参见王春艳：《免费绿色软件 AntConc 在外语教学和研究中的应用》，《外语电化教学》2009 年第 1 期。

第三节 词语使用实态的语料库提取路径

词语常用性、稳固性、能产性和句法语义功能相关数据的提取与分析，是一个前后相继的系统性操作过程。

词频统计是词语各使用实态观察的基础，高频词表直接在词频统计的基础上，通过覆盖率计算获得。所谓覆盖率，即词语的累加频率，它调查的是语料中特定范围内调查对象的频次占所有调查对象总频次的百分比，也就是将所有调查对象按频次高低排列，每一个调查对象的频次和它前面所有调查对象的频次进行累加所得到的和，再与所有语料中调查对象的总频次相除所得到的比值，计算公式为：

$$A_i = \sum_{k=1}^{i} n_k / N \times 100\%^{①}$$

（n_k 为调查对象 k 的出现次数，N 为所有语料中调查对象的总次数，
A 表示累加频率，A_i 为序列中到第 i 号调查对象时的累加频率）

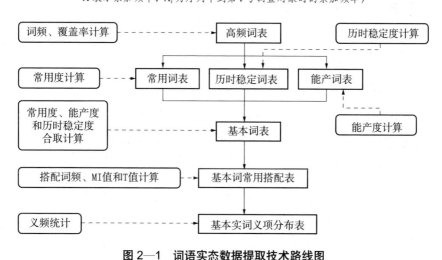

图 2—1 词语实态数据提取技术路线图

---

① 苏新春：《词汇计量及其实现》，商务印书馆 2010 年版。

提取出高频词表之后，在它的基础上，分别通过常用度计算、稳固度计算和能产度计算，可以提取出常用词表、稳固词表和能产词表，而后通过常用度、能产度和稳固度的合取计算，获得基本词表，最后，通过显著搭配词对的提取与义频的统计，得到基本词常用搭配表和基本词义项分布表。

对以上实态数据提取过程进行综合，技术路线如图 2—1 所示。

本章主要探讨了通过 2000—2010 年十年语料观察词语实态的方法和路径。首先介绍了作为观察样本的语料选择理由，而后着重阐述了词语实态的观察项目和测量方法。本着面下面向应用的宗旨，我们把词语实态分解成了共时常用性实态、历时稳定性实态、作为十年词语生态基因的能产性实态，以及词语作为语法单位和语义单位使用的句法功能与语义功能实态。常用性实态的观察与分析，以词语的常用度测量为基础。共时常用度的计算综合频度和共时分布的平衡度两大方面，以总频率、各文本使用频率的中值、各文本频率序值以及各文本间频率的标准差值为基本参数。历时稳定性实态的观察与分析，以词语在十年间的使用稳固度，即词语十年间的使用离散度的测量为基础，词语十年的使用离散度，测量的是十年里每一年常用度序值的标准差。词语能产性的测量，主要依据同素单双词语的对应值。词语的语法与语义实态的观察，以词语搭配的提取与分析为基础，词语搭配的计算综合共现词对的高频特征以及 MI 值和 T 值。各实态测量与分析是一个前后相继的过程，各实态测量与分析的结果，最终将落脚于应用性词表的制定和各实态性质的量性关系的探索上，本章最后采用图示归纳了通过 2000—2010 年十年语料观察词语实态的技术路线。后文各章的数据提取与分析大的操作路径都按此进行。

第三章　词语的常用态及其应用

　　词语常用态的核心测量指标是词语的常用性，词语常用性的主要观察数据又是词语的使用频度和常用度。本章将基于十年语料库对高频度和高常用度词进行计算、提取和对比分析，观察其呈现的常用态，同时借助数据进一步验证频度和常用度对于词语常用性测量的价值，在此基础上，对常用度分级词表进行面向应用的思考，将它与一部指导性的常用词表进行比较，就二者异同反映出的问题展开讨论。

第一节　词语的常用态概貌

　　使用第二章介绍的公式（$A_i = n_k / N \times 100\%$）计算十年语料库中各词语的使用覆盖率，用折线图表示其具体分布情况。

　　从图3—1折线的走势可以看到，在词频覆盖率的绝大部分区域内分布着数量很少的词语。这说明，十年语料库中高频词语占有词语总量的很小一部分，或者说，很小一部分词语的使用频度远远大于绝大部分词语的使用频度。看折线的走势，覆盖率大约前50%几乎是一条直立上扬的直线，约50%之后

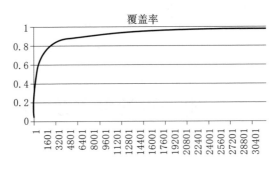

图 3—1   词语使用覆盖率分布折线图

向上右转，这个右转大约在 99% 完成，其中 50%—90% 的区域出现右拐弯，向上的坡度逐渐变缓，90% 以后坡度进一步平缓直至 99%，之后基本呈水平直线分布。据此，我们划分出四个频度区间：覆盖率 ≤ 50%，词种数 368 个，量最小，约占总词种数的 0.11%；50% < 覆盖率 ≤ 90，词种数 6410 个，约占总词种数的 1.95%；90% < 覆盖率 ≤ 99，词种数 79574 个，约占总词种数 24.22%；99% < 覆盖率 ≤ 100% 的区域，词种数 242200 个，量最大，约占总词种数的 73.71%。覆盖率反映了哪些词语在使用中占据多大的比重，常被用来作为词语分级的重要依据。覆盖率达 50% 的词语其词形使用占到了十年总语料库中所有词形的一半，从理论上推断，如果一个人掌握了这 368 个词，他就认识了十年语料库中所有文章中一半的词语，而掌握了覆盖率达 90% 的 6778 个词，他就能认识十年语料库中所有文章的绝大部分即 90% 的词语，如果一个人掌握了覆盖率达到 99% 的 86352 个词，那么，可以说，他几乎能认识十年语料库中所有文章的所有词语。基于这样的特点，我们把以上四个区间，分别界定为：绝对高频区、相对高频区、次相对高频区和低频区。

绝对高频区包含了 2000—2010 年十年使用频度最高的 368 个词，它们是高频词中最为核心的部分。对这 368 个词进行频度由高到低的排序，具体情况见表 3—1。

表3—1 基于十年语料库获得的汉语绝对高频词及其序值

1 的	31 你	61 国家	91 前	121 产	151 我们	181 像	211 研究
2 了	32 多	62 后	92 法	122 之	152 群众	182 头	212 要求
3 在	33 月	63 性	93 但	123 重要	153 管理	183 它	213 才
4 是	34 与	64 各	94 更	124 教育	154 成	184 代表	214 日报
5 一	35 她	65 而	95 政府	125 世界	155 名	185 部门	215 此
6 和	36 来	66 里	96 去	126 网	156 市场	186 开	216 制度
7 我	37 业	67 次	97 作	127 就是	157 可以	187 这样	217 至
8 不	38 都	68 员	98 本	128 十	158 关系	188 生	218 干部
9 他	39 出	69 时	99 过	129 服务	159 几	189 地区	219 没
10 人	40 人民	70 于	100 高	130 总	160 可	190 区	220 社
11 年	41 社会	71 以	101 想	131 电	161 活动	191 手	221 实现
12 这	42 等	72 没有	102 那	132 水	162 农	192 他们	222 些
13 有	43 新	73 化	103 记者	133 部	163 位	193 农民	223 环境
14 个	44 会	74 很	104 给	134 老	164 科学	194 生产	224 政策
15 上	45 进	75 最	105 所	135 每	165 加强	195 项	225 推
16 说	46 两	76 好	106 文化	136 国际	166 生活	196 级	226 一些
17 地	47 工作	77 自己	107 全	137 已	167 提	197 由	227 专
18 中	48 到	78 做	108 北京	138 二	168 报	198 点	228 四
19 就	49 还	79 得	109 子	139 中央	169 使	199 提高	229 副
20 对	50 第	80 种	110 入	140 组织	170 工	200 知道	230 安全
21 发展	51 小	81 被	111 合作	141 省	171 走	201 当	231 断
22 为	52 把	82 问题	112 长	142 只	172 改革	202 通过	232 因为
23 大	53 将	83 三	113 品	143 进行	173 领导	203 方面	233 车
24 也	54 经济	84 者	114 天	144 事	174 农村	204 心	234 型
25 中国	55 从	85 又	115 向	145 期	175 民	205 其	235 行
26 着	56 能	86 看	116 并	146 什么	176 技术	206 条	236 个人
27 国	57 建设	87 企业	117 学	147 主义	177 外	207 却	237 分
28 要	58 党	88 市	118 内	148 力	178 已经	208 美国	238 创新
29 们	59 下	89 让	119 起	149 万	179 亿	209 成为	239 权
30 日	60 用	90 家	120 元	150 公司	180 队	210 再	240 时间

241 积极	257 促	273 时候	289 观	305 保护	321 张	337 金	353 书记
242 开始	258 需要	274 作为	290 据	306 进一步	322 体	338 正	354 仅
243 城市	259 现在	275 工程	291 半	307 能力	323 实施	339 斯	355 协
244 全国	260 建立	276 有关	292 形	308 认为	324 打	340 支持	356 组
245 同	261 中心	277 项目	293 钱	309 主要	325 首	341 影响	357 台
246 政治	262 解决	278 务	294 办	310 学生	326 可能	342 面	358 责任
247 精神	263 增长	279 情况	295 如果	311 量	327 近	343 报道	359 及
248 院	264 比	280 表示	296 步	312 问	328 书	344 吃	360 收
249 发	265 会议	281 村	297 起来	313 努力	329 届	345 和谐	361 参加
250 受	266 今年	282 学习	298 全面	314 快	330 推动	346 低	362 水平
251 带	267 科技	283 吗	299 投资	315 提供	331 无	347 六	363 米
252 民族	268 五	284 基础	300 儿	316 思想	332 加	348 单位	364 自
253 历史	269 资源	285 同时	301 重	317 或	333 处	349 少	365 继续
254 委员	270 共	286 地方	302 共同	318 保障	334 谁	350 日本	366 信
255 美	271 目前	287 间	303 版	319 呢	335 号	351 规定	367 机制
256 坚持	272 局	288 该	304 开展	320 基本	336 必须	352 岁	368 强

　　高频词的提取范围常以覆盖率前90%为界[①]，在我们的划分中，十年语料库中提取出的高频词语包括了绝对高频和相对高频两个区域，共计6778个。受限于篇幅，同时考虑到高频词的提取方法相对简单，而且下一节将就这些高频词和使用常用度算法获得的高常用度词进行细致比较，结合全书后附的高常用度词表，读者当可获知这些高频词的概貌，故此不将6778个高频词一一列出。

　　使用基于频率、频率中位数、频率标准差、频序和等几个参数构建的算法（$C_i = \dfrac{m_i \times f_i}{S_i \times \sum\limits_{i=1}^{n} O_i}$），对十年语料库中的词语进行常用度计算，通过降序排列获得各词语的常用度序值。比照绝对高频区和相对高频区，我们提取出常用度前

[①] 参见王铁琨：《语言使用实态考察研究与语言规划——发布年度语言生活状况报告的思考》，《语言文字应用》2008年第1期。

368 区域的绝对常用词语和前 6778 区域的高常用度词。绝对常用词及其常用
度排序见表 3—2。

表3—2　基于十年语料库获得的汉语绝对常用词及其常用度序值

1 的	31 中	61 家	91 那	121 开始	151 座	181 谁	211 话
2 在	32 还	62 将	92 等	122 车	152 起	182 希望	212 少
3 是	33 好	63 又	93 者	123 个人	153 快	183 只有	213 之间
4 了	34 多	64 自己	94 工作	124 却	154 吗	184 无	214 总
5 一	35 用	65 地方	95 已	125 世界	155 元	185 如	215 根本
6 不	36 成	66 得	96 手	126 公司	156 水	186 应该	216 一直
7 我	37 后	67 一些	97 走	127 中国	157 学生	187 十分	217 有的
8 有	38 把	68 条	98 四	128 问题	158 认识	188 为了	218 一起
9 人	39 小	69 给	99 这样	129 万	159 第	189 许多	219 儿
10 上	40 你	70 看	100 生活	130 它	160 日	190 发现	220 西
11 这	41 种	71 向	101 当	131 路	161 医院	191 山	221 其他
12 要	42 做	72 点	102 出	132 讲	162 钱	192 半	222 放
13 和	43 时	73 之	103 才	133 需要	163 如果	193 六	223 必须
14 他	44 与	74 下	104 每	134 使	164 或	194 打	224 由
15 从	45 被	75 月	105 以	135 于	165 生	195 留	225 间
16 地	46 天	76 想	106 二	136 头	166 拉	196 花	226 而且
17 到	47 过	77 去	107 该	137 现在	167 件	197 没	227 一样
18 个	48 很	78 十	108 并	138 可能	168 出现	198 本	228 这里
19 对	49 三	79 只	109 位	139 知道	169 起来	199 或者	229 吃
20 也	50 为	80 就是	110 高	140 老	170 名	200 场	230 得到
21 就	51 里	81 字	111 心	141 请	171 一定	201 岁	231 过去
22 两	52 没有	82 可	112 再	142 五	172 发生	202 女	232 变
23 能	53 但	83 们	113 今天	143 新	173 离	203 其	233 所有
24 会	54 带	84 几	114 比	144 前	174 成为	204 千	234 活
25 着	55 而	85 长	115 像	145 书	175 认为	205 信	235 阿
26 来	56 让	86 作	116 时间	146 学校	176 看到	206 全	236 边
27 说	57 更	87 正	117 米	147 先	177 时候	207 特别	237 但是
28 都	58 最	88 已经	118 开	148 美	178 美国	208 决定	238 重要
29 年	59 次	89 事	119 所	149 因为	179 子	209 张	239 城市
30 大	60 她	90 可以	120 什么	150 正在	180 站	210 问	240 难

241 些	257 成功	273 准备	289 同时	305 利	321 约	337 加	353 设备
242 金	258 如何	274 甚至	290 社会	306 并不	322 作为	338 真正	354 家庭
243 明	259 比较	275 写	291 那么	307 断	323 大家	339 出来	355 怎样
244 则	260 期	276 北京	292 学	308 坐	324 极	340 教授	356 数
245 行	261 德	277 真	293 对于	309 因此	325 医	341 住	357 精神
246 靠	262 处	278 越来越	294 曾	310 门	326 发	342 原因	358 接受
247 回	263 另	279 继续	295 结果	311 送	327 达	343 份	359 东西
248 非常	264 越	280 之后	296 所以	312 层	328 麦	344 布	360 叫
249 见	265 斯	281 树	297 经过	313 自然	329 听	345 参加	361 觉得
250 进	266 声	282 到了	298 百	314 找	330 林	346 日本	362 强
251 分	267 告诉	283 海	299 能够	315 副	331 读	347 一切	363 电话
252 买	268 办法	284 段	300 连	316 关系	332 华	348 马	364 小时
253 双	269 便	285 最后	301 贫困	317 要求	333 国家	349 一般	365 不过
254 情况	270 因	286 完全	302 其中	318 任何	334 进行	350 画	366 方式
255 下去	271 七	287 太	303 由于	319 八	335 学习	351 外	367 来到
256 爱	272 呢	288 大学	304 步	320 同	336 拿	352 啦	368 克

分布于前 6778 区域的高常用度词语及其常用度排序见本书正文后的附录 1。

结合词频分布，从词长和词性两大角度对词语的常用性做计量分析，结果显示：

（一）音节分布上，越是常用和高频的区间内分布的词语音节数量越少，词长越短。对比统计不同音节的高常用度词、高频度词的分布情况（分布率 = 各音节词语数量 / 相应区域总词语数量）：

表 3—3 高常用度词和高频度词的音节分布情况

		单音节词		双音节词		三音节词		四音节词		五音节	
		数量	分布率(%)	数量	分布率(%)	数量	分布率(%)	数量	分布率(%)	数量	分布率(%)
高常用度词	前 368 区域	243	66.03	124	33.70	1	0.27	0	0	0	0
	前 6778 区域	1735	25.60	4806	70.91	161	2.38	75	1.11	1	0.01
高频词	前 368 区域	231	62.77	136	36.96	1	0.27	0	0	0	0
	前 6778 区域	1971	29.06	4603	67.93	166	2.45	38	0.56	1	0.01

　　高常用度词和高频度词的最大词长都是五个音节，我们重点关注单音节的分布情况。无论是高常用度词还是高频度词，在前 368 区域，单音节词所占比重都超过了 60%，而且，高常用度词前 368 区域分布的单音节词语数量要比高频度词的相应区域多出 3 个百分点。计量研究已经证明了词长与文本分布率之间呈现反向关联，即文本分布率越高、通用性越强的词，其长度越短①。高常用度词在前 368 区域分布了更多的单音节词，这在一定程度上说明了使用基于频率及其中位数和标准差以及频序和等几个参数构建的算法来计算词语的常用性，照顾到了词语在共时分布上的稳态，相比高频词，更能体现通用意义上的常用。

　　统计十年语料库中所有词语在相应音节里的分布，其中单音节词 6935 个，双音节词 58347 个，三音节词 11407 个，四音节词 8989 个，五音节词 448 个，另有其他音节词语少许。双音节词的数量最多，且远超第二位的三音节词，印证了学界关于现代汉语词汇系统里双音节词占优势的观点。总词语中单音节词的数量排在四音节词之后，仅占总词语的 8.03%。对比高频词和高常用度词里单音节词的占比，分别占到了 29.08% 和 26.6%，尤其是前 368 区域，占比分别是 62.77% 和 66.03%，在数量上占有绝对优势。这说明，汉语词汇的高频与常用两个属性都与词长反向关联，与 Zipf 提出的省力假说②一致。

　　（二）词性分布上，越是常用和高频的区间内分布的虚词数量越多，词语的常用和高频属性都与其虚词属性正向关联。先看高常用度词中的虚词分布情况。对于虚词，我们统计助词、介词、连词和副词四大类。关于副词，学界有归属于实词和虚词两种观点，本研究从其数量封闭和语义虚化两个特征出发，将其视作虚词。另有语气词，学界同样有两种观点：一种是将它独立为一类虚词，另一种是将它看作助词当中的一个小类，本研究将语气词处理成助词当中

---

① Köhler，R. *Zur Linguistischen Synergetik：Struktur und Dynamik der Lexik*，Bochum：rockmey-er，1986.

② Zipf，G. *The Psycho-biology of Language：An introduction to dynamic philology.* New York：Houghton Mifflin，1935.

的一个小类进行统计。除前368外，我们以1000为间距，分区间统计虚词的占比：

表 3—4　高常用度词的虚词分布情况

高常用度词		前 368	前 1000	前 2000	前 3000	前 4000	前 5000	前 6000	前 6778
虚词	数量 助词	12	14	16	22	22	23	25	25
	介词	18	30	32	33	38	37	38	39
	连词	19	30	40	48	52	58	61	70
	副词	40	68	117	162	183	216	239	254
分布率（%）		23.06	14.20	10.25	8.83	7.38	6.68	6.05	5.72

　　前368区间的虚词占比最为突出，比前1000区域多出了近9个百分点，之后的8个区间，虚词分布率随着常用度的降低逐渐减小，且减小的幅度基本上是越来越小。

　　再看高频词中的虚词分布情况。采取同样的分区方式，统计各区间的虚词占比：

表 3—5　高频词的虚词分布情况

高频词		前 368	前 1000	前 2000	前 3000	前 4000	前 5000	前 6000	前 6778
虚词	数量 助词	11	13	14	18	22	24	26	28
	介词	17	30	33	34	38	41	43	45
	连词	10	26	37	45	51	63	68	72
	副词	23	60	108	160	192	220	249	269
分布率（%）		15.80	12.90	9.60	8.57	7.58	6.96	6.43	6.11

　　和高常用度词的虚词分布格局一致，整体上，在高频词中，虚词分布率随使用频度的降低逐渐减小，减小的幅度基本上也是逐步减弱，高频前368区间的虚词分布率最高。这说明，无论是词语的常用性还是高频使用属性，与虚词属性都存在正向的协同互动，这为语法化理论当中的词语使用泛化促进词语虚化的论断提供了数据上的支持。

　　进一步比较分析高常用度词和高频度词中虚词分布上的细小差异，在最常用的前 368 区域，虚词的分布率比高频词高出了 7 个百分点，在前 3000 区域，高常用度词里的虚词分布率都要比高频词里的高，之后变得相反。结合词语使用泛化是词语虚化的促进因素的观点，不难发现，和上述音节分布情况一样，使用基于频率及其中位数和标准差以及频序和等几个参数构建的算法来计算词语的常用性，比单纯用使用频度衡量词语的常用性，能更好地体现"泛"用的共时稳态。

第二节　高常用度词与高频度词的比较

　　上文从词长和虚词分布两方面对比分析了前 6778 区域内的高常用度词和高频度词，揭示出词语的常用属性、高频属性与词长以及虚词属性之间存在同向的关联关系，但在作用强度上存在差别：常用属性对单音节词和虚词表现出了更强的选择倾向。这两方面的分析是从与其他属性的协同互动角度开展的，这一节将就高常用度词和高频度词本身进行比较，探讨其异同。

　　先比较绝对区域的高常用度词和高频度词。在前 368 区域，高常用度和高频度共有词语 215 个，重合率约为 58.4%。这些共有成员及其在两个区间分布的序值（第 1 个值是词语常用度由高到低排序的值，第 2 个是频度由高到低排序的值，如"在，2，3"表示"在"的常用度由高到低排序排在第 2 位，词频由高到低排序排在第 3 位）见表 3—6。

表 3—6　绝对常用和高频区共有词语及其序值

的，1，1	与，44，34	已经，88，178	使，134，169	张，209，321
在，2，3	被，45，81	事，89，144	于，135，70	问，210，312
是，3，4	天，46，114	可以，90，157	头，136，182	少，212，349

了, 4, 2	过, 47, 99	那, 91, 102	现在, 137, 259	总, 214, 130
一, 5, 5	很, 48, 74	等, 92, 42	可能, 138, 326	儿, 219, 300
不, 6, 8	三, 49, 83	者, 93, 84	知道, 139, 200	必须, 223, 336
我, 7, 7	为, 50, 22	工作, 94, 47	老, 140, 134	由, 224, 197
有, 8, 13	里, 51, 66	已, 95, 137	五, 142, 268	间, 225, 287
人, 9, 10	没有, 52, 72	手, 96, 191	新, 143, 43	吃, 229, 344
上, 10, 15	但, 53, 93	走, 97, 171	前, 144, 91	重要, 238, 123
这, 11, 12	带, 54, 251	四, 98, 228	书, 145, 328	城市, 239, 243
要, 12, 28	而, 55, 65	这样, 99, 187	美, 148, 255	些, 241, 222
和, 13, 6	让, 56, 89	生活, 100, 166	因为, 149, 232	金, 242, 337
他, 14, 9	更, 57, 94	当, 101, 201	起, 152, 119	行, 245, 235
从, 15, 55	最, 58, 75	出, 102, 39	快, 153, 314	进, 250, 45
地, 16, 17	次, 59, 67	才, 103, 213	吗, 154, 283	分, 251, 237
到, 17, 48	她, 60, 35	每, 104, 135	元, 155, 120	情况, 254, 279
个, 18, 14	家, 61, 90	以, 105, 71	水, 156, 132	期, 260, 145
对, 19, 20	将, 62, 53	二, 106, 138	学生, 157, 310	处, 262, 333
也, 20, 24	又, 63, 85	该, 107, 288	第, 159, 50	斯, 265, 339
就, 21, 19	自己, 64, 77	并, 108, 116	日, 160, 30	呢, 272, 319
两, 22, 46	地方, 65, 286	位, 109, 163	钱, 162, 293	北京, 276, 108
能, 23, 56	得, 66, 79	高, 110, 100	如果, 163, 295	继续, 279, 365
会, 24, 44	一些, 67, 226	心, 111, 204	或, 164, 317	同时, 289, 285
着, 25, 26	条, 68, 206	再, 112, 210	生, 165, 188	社会, 290, 41
来, 26, 36	给, 69, 104	比, 114, 264	起来, 169, 297	学, 292, 117
说, 27, 16	看, 70, 86	像, 115, 181	名, 170, 155	步, 304, 296
都, 28, 38	向, 71, 115	时间, 116, 240	成为, 174, 209	断, 307, 231
年, 29, 11	点, 72, 198	米, 117, 363	认为, 175, 308	副, 315, 229
大, 30, 23	之, 73, 122	开, 118, 186	时候, 177, 273	关系, 316, 158
中, 31, 18	下, 74, 59	所, 119, 105	美国, 178, 208	要求, 317, 212
还, 32, 49	月, 75, 33	什么, 120, 146	子, 179, 109	同, 320, 245
好, 33, 76	想, 76, 101	开始, 121, 242	谁, 181, 334	作为, 322, 274
多, 34, 32	去, 77, 96	车, 122, 233	无, 184, 331	发, 326, 249
用, 35, 60	十, 78, 128	个人, 123, 236	半, 192, 291	国家, 333, 61

续表

成, 36, 154	只, 79, 142	却, 124, 207	六, 193, 347	进行, 334, 143
后, 37, 62	就是, 80, 127	世界, 125, 125	打, 194, 324	学习, 335, 282
把, 38, 52	可, 82, 160	公司, 126, 150	没, 197, 219	加, 337, 332
小, 39, 51	们, 83, 29	中国, 127, 25	本, 198, 98	参加, 345, 361
你, 40, 31	几, 84, 159	问题, 128, 82	岁, 201, 352	日本, 346, 350
种, 41, 80	长, 85, 112	万, 129, 149	其, 203, 205	外, 351, 177
做, 42, 78	作, 86, 97	它, 130, 183	信, 205, 366	精神, 357, 247
时, 43, 69	正, 87, 338	需要, 133, 258	全, 206, 107	强, 362, 368

对比以上词语的常用序和高频序，有 4 个词的两个序值相等，66 个的常用度序值大于频序值，145 个的常用度序值小于频序值，这意味着两个区域都出现的词语中，约有 67.4% 的词语其常用度特征强于高频特征。进一步计算 215 个词常用度序值减去高频序值所得差值的均值，约为 –26.8，215 个差值的标准差约为 84。这些数据说明，在绝对高频区域内，常用度对高频词语有分类调整作用，整体上表现为对频度具有一定的降级调整趋势。

除 215 个共有词语外，常用度前 368 区域还剩下 153 个非绝对高频词，同样，绝对高频区也还剩下 153 个非绝对高常用度词。

表 3—7　绝对常用区和绝对高频区独有的词语及其序值

绝对高频区有但绝对常用区没有的词语及其序值								
	发展, 21	内, 118	加强, 165	提高, 199	全国, 244	工程, 275	主要, 309	单位, 348
	国, 27	产, 121	提, 167	通过, 202	政治, 246	有关, 276	量, 311	规定, 351
	业, 37	教育, 124	报, 168	方面, 203	院, 248	项目, 277	努力, 313	书记, 353
	人民, 40	网, 126	工, 170	研究, 211	受, 250	务, 278	提供, 315	仅, 354
	经济, 54	服务, 129	改革, 172	日报, 214	民族, 252	表示, 280	思想, 316	协, 355
	建设, 57	电, 131	领导, 173	此, 215	历史, 253	村, 281	保障, 318	组, 356
	党, 58	部, 133	农村, 174	制度, 216	委员, 254	基础, 284	基本, 320	台, 357
	性, 63	国际, 136	民, 175	至, 217	坚持, 256	观, 289	体, 322	责任, 358
	各, 64	中央, 139	技术, 176	干部, 218	促, 257	据, 290	实施, 323	及, 359
	员, 68	组织, 140	亿, 179	社, 220	建立, 260	形, 292	首, 325	收, 360

续表

绝对高频区有但绝对常用区没有的词语及其序值	化, 73	省, 141	队, 180	实现, 221	中心, 261	办, 294	近, 327	水平, 362
	企业, 87	主义, 147	代表, 184	环境, 223	解决, 262	全面, 298	届, 329	自, 364
	市, 88	力, 148	部门, 185	政策, 224	增长, 263	投资, 299	推动, 330	机制, 367
	法, 92	我们, 151	地区, 189	推, 225	会议, 265	重, 301	号, 335	
	政府, 95	群众, 152	区, 190	专, 227	今年, 266	共同, 302	支持, 340	
	记者, 103	管理, 153	他们, 192	安全, 230	科技, 267	版, 303	影响, 341	
	文化, 106	市场, 156	农民, 193	型, 234	资源, 269	开展, 304	面, 342	
	入, 110	活动, 161	生产, 194	创新, 238	共, 270	保护, 305	报道, 343	
	合作, 111	农, 162	项, 195	权, 239	目前, 271	进一步, 306	和谐, 345	
	品, 113	科学, 164	级, 196	积极, 241	局, 272	能力, 307	低, 346	
绝对常用区有但绝对高频区没有的词语及其序值	字, 81	只有, 183	有的, 217	回, 247	甚至, 274	能够, 299	达, 327	家庭, 354
	今天, 113	如, 185	一起, 218	非常, 248	写, 275	连, 300	麦, 328	怎样, 355
	路, 131	应该, 186	西, 220	见, 249	真, 277	贫困, 301	听, 329	数, 356
	讲, 132	十分, 187	其他, 221	买, 252	越来越, 278	其中, 302	林, 330	接受, 358
	请, 141	为了, 188	放, 222	双, 253	之后, 280	由于, 303	读, 331	东西, 359
	学校, 146	许多, 189	而且, 226	下去, 255	树, 281	利, 305	华, 332	叫, 360
	先, 147	发现, 190	一样, 227	爱, 256	到了, 282	并不, 306	拿, 336	觉得, 361
	正在, 150	山, 191	这里, 228	成功, 257	海, 283	坐, 308	真正, 338	电话, 363
	座, 151	留, 195	得到, 230	如何, 258	段, 284	因此, 309	出来, 339	小时, 364
	认识, 158	花, 196	过去, 231	比较, 259	最后, 285	门, 310	教授, 340	不过, 365
	医院, 161	或者, 199	变, 232	德, 261	完全, 286	送, 311	住, 341	方式, 366
	拉, 166	场, 200	所有, 233	另, 263	太, 287	层, 312	原因, 342	来到, 367
	件, 167	女, 202	活, 234	越, 264	大学, 288	自然, 313	份, 343	克, 368
	出现, 168	千, 204	阿, 235	声, 266	那么, 291	找, 314	布, 344	
	一定, 171	特别, 207	边, 236	告诉, 267	对于, 293	任何, 318	一切, 347	
	发生, 172	决定, 208	但是, 237	办法, 268	曾, 294	八, 319	马, 348	
	离, 173	话, 211	难, 240	便, 269	结果, 295	约, 321	一般, 349	
	看到, 176	之间, 213	明, 243	因, 270	所以, 296	大家, 323	画, 350	
	站, 180	根本, 215	则, 244	七, 271	经过, 297	极, 324	啦, 352	
	希望, 182	一直, 216	靠, 246	准备, 273	百, 298	医, 325	设备, 353	

　　比较表 3—7 中上下两大行，绝对常用区域没有但绝对高频区有的词语，大概分为两类。一类是"党""政府""政治""组织"等政治领域，"记者""日报""版""报道"等新闻领域，"经济""企业""市场""投资"等经济领域以及其他一些领域性、专业性强的名词或动词。返回到语料库中去考察，发现它们主要是报纸，尤其是新闻语体的语料中高频出现的词语，在三份杂志和报纸其他语体的语料中使用频度并不高。由于在报纸的语体分布中新闻语体的语料在数量上占绝对优势，所以，这些词语在十年语料库中，无论是文本分布还是语体分布都很不平衡，尽管它们的总频度高，但综合了文本覆盖率的常用度并不突出。若从文本分布、语体分布的广泛性和词语使用的高频特征相结合的角度来看，这些词语的常用性自然要比既具有高频特征又具有文本分布和语体分布平衡特征的词语低，因此，将这一部分词语排除在高常用度词的前 368 区域是合理的。另一类是从词语意义上看领域特征不突出，但媒介分布却不太平衡的词语，如"性""各""人"等。回到原始语料中观察，发现它们尽管在十年语料库的总频度排序上靠前，但具体到各家报纸和各家杂志，频度分布却不太平衡，"性"在报纸中的频序是 44 位，在三家杂志中的排序分别是 1052 位、1240 位、827 位；"各"在报纸中的频序是 51 位，在三家杂志中的排序分别是 634 位、914 位、666 位；"人"在报纸中的频序是 79 位，在三家杂志中的排序分别是 1331 位、1806 位、1393位。两类词语中，第一类比第二类更多，即强领域特征的词语在数量上占有优势。绝对常用区域有但绝对高频区没有的 153 个词语，它们的共时稳定性都较为突出，这一点不仅从语感上可判定，返回十年语料库逐一检查，文本分布数据也证明了它们是日常的语言生活中常用而非某特定领域专用的词语。

　　再比较序值 369—6778 区间的高常用度词和高频度词。6410 个词语中共有成员 4674 个，重合率约为 72.9%，比前 368 区域的重合率高出了 14.5个百分点。进一步比较这 4674 个词的两个序值，1 个词语的使用度序值与频序值相等，1523 个词语常用度序值大于频序值，3152 个词的常用度序值小于频序值，这意味着就词语的数量而言，两个区域都出现的词语中，约有67.4%的词语的常用度特征强于高频特征，这一点与前368区域一致。进一步计算4674个词常用度序值减去高频序值所得差值的均值，约为−336.2，远小于绝对高频区的−26.8，4674个词语的常用度序值减去高频序值所得差值的准差为1591.6，远大于绝对高频区的84。这一方面说明，和绝对高频区域一样，常用度对高频词语具有分类调整功能，这种功能更倾向于对高频词语在常用度词表中的降级处理；另一方面说明，尽管绝对数量上相对高频区与相对应的常用度区域的重合度更高，但由于相对高频区的词语数量基数远大于绝对高频区，它们容纳重合的跨度更大。如果对两个区域内的重合率进行一个比率计算，绝对高频区的重合率为0.27%，相对高频区重合率为0.02%，绝对高频区大于相对高频区。再结合均值和离散度的比较结果，不难发现，相对高频区词语的频度和常用度之间的偏离程度更大。

返回语料库中观察常用度序值与高频序值的差值呈现负数的3152个词语和呈现正数的1523个词语，它们在文本分布均衡性上的差异较为显著。呈现负数的这一组词语（如"其实"，常用度序382，频序835；"刚"，常用度序478，频序918；"终于"，常用度序488，频序939等）整体上空间分布的稳定性要大于序值差呈正数的词语（如"落实"，常用度序6165，频序384；"监督"，常用度序4134，频序486；"人大"，常用度序6464，频序590等）。这一点与前368区域一致。进一步对比观察高频369—6778区域有而高常用度相应区域无，以及高常用度369—6778区域有而相应高频区域无的各具体词语，呈现出的特点同样和前368区域的情况一致，高频369—6778区域有而高常用度相应区域无的词语，使用频度相对较高，但文本分布的波动较大，稳定性相对较弱；高常用度369—6778区域有而相应高频区域无的词语与之相反，文本分布波动值相对较小，稳定性相对较强，但总频度相对较低。

比较高常用度和前高频6778区域的两大组词语，可以得到关于两种算法各自适用情况的启示：如果用于统计的语料来源于同一地域、领域、语体，词语常用性观察与分析可以采用频度统计的方法；如果用于统计的语料库文本来源于多地域、领域和语体等，数据提取的目标是通过观察语料库中词语使用的常用性，以及以此为样本推测某一时期内汉语词语的常用性，则更适合使用兼顾到高频与空间稳定性的常用度算法。

第三节　高频度词和高常用度词在指导性常用词表中的应用

商务印书馆 2008 年出版的《现代汉语常用词表（草案）》（下文简称《草案》）是国家语言文字工作委员会批准立项的《现代汉语通用词表》和《现代汉语通用词量与分级》两个连续性课题研究的成果。该词表总规模 56008 词，是通过对三个语料库（国家语委研制的"现代汉语通用语料库—标注语料库"、《人民日报》2001—2005 年分词语料库、厦门大学现当代文学作品语料库）的计量分析，提取获得常用词语，并将这些常用词语和《现代汉语规范词典》《现代汉语词典（第 5 版）》《新华词典》等所收词条进行比对、删减、增添而成。据《草案》说明，该词表所收录的常用词在现代汉语普通话范畴中使用频率高，适用范围广，可供中小学语文教学、扫盲教育、汉语教育、中文信息处理和辞书编纂等方面参考、采用①，对语言文字应用具有一定的指导性。我们选择将十年语料库中提取出的高频词表和高常用度词表与《草案》进行比较，一方面，它们都是从大规模现代汉语真实语料中提取出来的，都关注现代汉语的常用词，具有一定的可比性；另一方面，两个来源语料库有部分重合（都有《人民日报》2001—2005 年的语料），同时又存在一定的差异，如语料覆盖的时间不完全重合，而且，从两个来源语料

---

① 《现代汉语常用词表》课题组：《现代汉语常用词（草案）》，商务印书馆 2008 年版，第 1 页。

库中提取常用词语的算法也存在差异，这些差异，可以在一定程度上检验语料库的代表性、算法的有效性以及从相应语料库中提取出的常用词语的合理性。

首先比较前 368 区域的词语。

绝对高频区和《草案》相对应区域，二者共有词语 214 个，共有率为 58%，共有词语的序值变化，《草案》序值小于高频序值 143 个，大于高频序值的共 69 个，等于高频序值的 2 个，《草案》序值减去高频序值的差值均值为 –26.6，差值的标准差为 87.9。

高常用度前 368 区域与《草案》前 368 区域，二者共有词语 252 个，共有率约为 68%，比绝对高频与《草案》前 368 区域的共有词语多出了 38 个，共有率高出 10 个百分点，说明高常用度词相较于高频词语，与《草案》重合率更高。进一步看共有词语的序值变化，《草案》序值小于常用度序值的共 158 个，大于高常用度序值的 90 个，等于高常用度序值的 4 个，常用序值减去高常用度序值差值的均值约为 –12.7，差值的标准差值约为 74.6。

将绝对高频和《草案》常用前 368 区域共有词语的序值变化情况与高常用度 368 区域和《草案》常用前 368 区域共有词语的序值变化情况进行对比，可以看到：

(1) 序值相等的词语数量，计算常用度的比计算频度的高；

(2) 序值差均值的绝对值，计算常用度的比计算频度的小（小了 13.9）；

(3) 序值差的离散度，计算常用度的比计算频度的低（低了 13.3）。

以上数据说明，高常用度词与《草案》中的词语无论是词种数还是相同词种数的位序分布都更为接近，就现代汉语的常用词计算与提取而言，使用上一章探索的常用度算式较计算频度更合理。

进一步比较常用度前 368 区域与《草案》前 368 区域不重合的词语。

表3—8 高常用度词和《草案》在前368区域独有的成员及其序值

前368区域高常用度词有但《草案》无的成员语及其序值	了, 4	看, 70	生, 165	儿, 219	期, 260	百, 298	林, 330	数, 356
	和, 13	只, 79	拉, 166	西, 220	德, 261	贫困, 301	读, 331	精神, 357
	地, 16	们, 83	离, 173	放, 222	处, 262	步, 304	华, 332	接受, 358
	着, 25	几, 84	看到, 176	间, 225	斯, 265	利, 305	加, 337	东西, 359
	都, 28	长, 85	子, 179	过去, 231	声, 266	并不, 306	出来, 339	觉得, 361
	中, 31	正, 87	谁, 181	活, 234	告诉, 267	断, 307	教授, 340	电话, 363
	还, 32	那, 91	山, 191	阿, 235	七, 271	坐, 308	原因, 342	小时, 364
	好, 33	当, 101	打, 194	边, 236	呢, 272	层, 312	份, 343	不过, 365
	种, 41	高, 110	留, 195	难, 240	越来越, 278	自然, 313	布, 344	方式, 366
	与, 44	米, 117	没, 197	些, 241	树, 281	作为, 322	马, 348	来到, 367
	过, 47	车, 122	或者, 199	金, 242	到了, 282	极, 324	画, 350	克, 368
	为, 50	世界, 125	场, 200	明, 243	海, 283	医, 325	啦, 352	
	将, 62	吗, 154	千, 204	行, 245	大学, 288	发, 326	设备, 353	
	地方, 65	第, 159	信, 205	双, 253	曾, 294	达, 327	家庭, 354	
	得, 66	医院, 161	少, 212	下去, 255	结果, 295	麦, 328	怎样, 355	
前368区域《草案》有但高常用度词无的成员及其序值	我们, 20	党, 147	政治, 194	部, 235	解决, 281	感到, 310	环境, 337	类, 357
	他们, 31	孩子, 152	干部, 197	影响, 236	经, 284	怎么, 311	了解, 338	共, 358
	这个, 70	文化, 167	研究, 201	先生, 240	或考, 287	表现, 314	搞, 339	意见, 359
	高, 76	同志, 170	虽然, 211	主要, 243	时代, 288	反, 315	力量, 340	死, 360
	这些, 85	发展, 171	相, 212	革命, 246	作品, 290	存在, 316	不仅, 341	民族, 361
	各, 92	即, 172	组织, 218	上海, 251	不断, 291	然而, 317	目前, 342	块, 362
	第一, 105	领导, 177	法, 222	低, 254	以后, 292	书记, 322	经验, 343	只要, 363
	内, 110	既, 179	表示, 223	仍, 260	关于, 293	单位, 324	产生, 344	文学, 364
	人们, 112	白, 182	活动, 225	办, 261	青年, 294	群众, 325	队, 347	变化, 366
	思想, 117	政府, 183	教育, 227	代表, 263	各种, 295	应当, 326	有关, 348	句, 367
	至, 118	非, 185	据, 229	较, 272	农民, 298	王, 327	会议, 350	管, 368
	此, 119	还是, 188	道, 231	有些, 275	那些, 299	早, 328	生命, 351	
	人民, 136	受, 189	艺术, 232	未, 276	余, 300	全国, 333	今年, 352	
	历史, 142	国, 190	经济, 233	通过, 277	县, 305	意义, 334	努力, 353	
	方面, 144	近, 192	以及, 234	按, 279	作者, 306	条件, 336	市, 356	

对比以上两组数据，像常用度排在前30的"了、和、地、着、都"等虚词给大众的感觉是都很常用且空间分布稳定，但未进入《草案》的前368区域，

似乎有悖于语感。核查了《草案》，发现"了(le)"排在《草案》的第590位，"和(hé)"排在第373位，"地(de)"排在第1382位，"着(zhe)"排在第556位，"都"排在第1244位。出现这种情况，一方面与《草案》统计词频时区分同形词有关，如《草案》区分了"地（de）"和"地（dì）"，二者的排序分别为1382和1907，区分同形词后的排序，相当于把我们统计的"地"的常用度分成了两个部分，这样的做法必然会让这部分词语的序值比我们统计的序值大，也比我们仅从词形上做统计更精准。但是，《草案》的排序依据仍有可商榷之处。

本词表确定词语的使用频度顺序使用的是"词频频级排序法"。由于词语的来源面比较宽，各种语料都有自己的覆盖面与构成特点，词表中的词语不能在每种语料库中都得到全面显现。同一个词语在不同语料库中的频次也可能相差较大，因而不同语料库中的具体频次之间缺乏严格的可比性。用频级统计则能较客观地显示每个词语的使用情况。频级排序法就是同一语料库中所有词语按频次数的多少进行的一种排序法。相同频次的为一个频级。频级统计分两步施行。第一步形成不同类型语料的频级。检测语料有"通用语料库""人民日报""文学作品"三种，这样每一个词语就有了三个不同的原始频级。第二步形成语料的频级，就是将每个词语的三种语料的频级之和除以三。①

《草案》的"词频频级排序法"是基于频次定频级且取三个语料库频级均值的算法。查看了这三个语料库，规模上相差悬殊（"通用语料库标—注语料库"4500万字，《人民日报》2001—2005年约1.35亿字，厦门大学现当代文学作品语料库约7000万字），采用计算频次的方法，会对词语的常用性比较产生影响，基于频次定级取均值的方法，不能很好地克服语料不均衡的问题，会对词语使用的共时稳定性测量产生影响。以"都"为例，在我们统计的十年语

---

① 《现代汉语常用词表》课题组：《现代汉语常用词（草案）》，商务印书馆2008年版，第668页。

料库中，"都"的频度序值38，常用度序值28，但在《草案》中序值为1224，尽管《草案》和我们使用的语料库不一样，但作为现代汉语的常用词，而且是最常用的词语，这样的差距显然是有些大了。拿同是《草案》当中的词语比，"都（1224）"比"篇（621）""树（645）""军（650）"等常用性在语感上明显要小很多的词语的序值都大，像"地"这种区分了多音词的情况，两个序值也仍显得有些大了，说明基于频次的常用度计算存在一定的局限。

对比我们提取出的常用度前6778区域的词语、高频前6778区域的词语，以及《草案》相对应区域的词语，三者之间呈现出以下趋势性特征：

（1）《草案》对高频词语的序值调整力度略小于我们的常用度计算对于高频词语的序值调整力度；

（2）返回语料库核查的结果表明，《草案》和我们的常用度计算对高频词语的序值调整方向一致，都是在频度的基础上增加了空间分布的稳定性这一维度；

（3）常用度计算相对于《草案》更突出了对语料的平衡性和词语空间分布稳定性的关注，词语的频率序值这一参数既体现了它的高频特征，也体现了空间上的稳态特征。

指导性常用词表在汉语教学、汉语信息处理、多类辞书编纂等领域有着重要的应用价值。进一步比较《草案》收录的常用词语和我们提取出的常用度前56008区域的词语的有无，可以为指导性常用词表的改进提供一些启发，同时引发对机器分词的一些思考。

综合起来，常用度前56008区域中有而《草案》中没有的词语，主要有五类：一是人名、地名、专名以及行业语，二是重叠形式，三是机器自动分词所产生的与语言学传统所界定的词不一致的语言单位，四是缩略语，五是语言学传统也界定为词或成语的语言单位。

《草案》没有收录第一类词语，是因为它在选词时已经明确规定了人名、地名等"原则上不予收录"，但有比喻、借代等引申意义且稳定而高频的人名，使用频度相对较高的我国各省（及其省会）、自治区（及其首府）、直辖市名称，以及它们的常用的别称或简称等予以收录①。所以尽管有些地名，如"深圳""厦门""洛阳""延安"等常用度相对较高（其常用度序值分别为：781，2204，7989，7991），但没有在《草案》中出现。从《草案》的收词目标"给现当代社会语文生活中通用的、稳定性较强、使用频率较高的汉语普通话词语划出一个范围，作为现代汉语词汇系统中的基干部分，从而为语言应用和有关语言文字政策的制定提供科学的词汇依据"②来看，这里似乎可以商榷，高常用度特征在这类常用词语的筛选中有必要被重视和强化。

第二类，常用度前56008词语中出现的词语重叠形式，如"牢牢""满满""紧紧""实实在在""懵懵懂懂""干干净净"等，机器分词时将它们处理成了一个词语。这些重叠是词的一种形态变化式，《草案》不把它们收入其中是合理的，这里反映出了机器自动分词存在的不足。

第三类有两种情况：一种情况是机器分词错误造成的，将一个语素而不是词的成分误判成了词，如："衡""坦""辛"等，或把词组误判成了词，如："很多""那是""不太"等，这一些因机器自动分词错误而产生的且有高常用度的语言单位，应该被语言信息处理领域做词语自动切分的研究者重视，它们不被《草案》收录有合理性。另一种情况是不仅常用度高，而且具有一定的语义凝固性的语言单位，如"手里""板着脸""一开始"等，这类凝固性的词语《草案》是否应该收录，值得探讨。

首先，这些凝固性短语不同于一般词组，其意义不等同于构成单位意义的简单加合，如"手里"并非单纯表示"手的里面"，而是有"管辖、掌控之中"的意思。例如：

（1）这样一个"老大难"村，硬是在一个女支书手里变了样。（何勇：《办实事建机制》，《人民日报》2006年2月14日）

---

① 《现代汉语常用词表》课题组：《现代汉语常用词（草案）》，商务印书馆2008年版，第666页。
② 《现代汉语常用词表》课题组：《现代汉语常用词（草案）》，商务印书馆2008年版，第667页。

（2）要是别的学校从你们**手里**把她挖走了，你可要付违约金啊。（罗伟章：《奸细》，《小说月报》2006年第11期）

（3）生物教师还说，我爱动物，我爱一切动物，即使是那只瞎了一只眼睛的独眼猴，当然独眼总是个遗憾，假如它在我**手里**，我也会让它变得漂亮一些，完美一些。（苏童：《世界上最荒凉的动物园》，《读者》2006年第3期）

（4）然而仅仅三年过去后，信息传播的主动权就迅速被下放到了我的**手里**。（黄继新：《我的信息焦虑症》，《青年文摘》2006年第1期）

以上四个例句中的"手下"都已因转喻而凝固成一个具有整体引申义的词了。这一用法在十年语料库中已经十分常见，且具有较为均衡的文本分布特点，表现出了良好的通用性。

其次，综观《草案》的收词，其中不乏凝固性短语的身影，如"好一会儿""免不得""可不是"等，《草案》收词原则里明确指出了对于使用频度较高的缩略语、成语、惯用语等熟语以及表达整体概念的固定短语予以收录。按此原则，将常用度高的凝固性短语收入指导性词表是必要的。不仅如此，将第四类缩略语中常用度高的，如"世贸""安保""世博会""居委会"等，收入《草案》也符合其收词原则。

第五类不仅具有高常用度的特点，而且也符合语言学本体研究领域对词语、成语界定的标准，这些词语或成语，如"们""第""渐""引领""互联""高新""标识""搞定""不要""坚持不懈""竭尽全力""不顾一切""别无选择""神采飞扬"等，理应收入《草案》。

综上所述，基于常用度词表的数据，我们认为，《草案》有必要关注并增加四类词语：第一类是常用度高且具有凝固性的短语，第二类是常用度高的缩略语，第三类是高常用度的词和成语，第四类是常用度高的地名、专名、机构名等。

再观察《草案》有而常用度前56008词中没有的词语，主要是两种情况。

一是由计算方式和提取方式不一样带来的差异。我们在计算和提取常用度词表时对文本分布的集中性、均衡性进行了量化，将量化后的指标与频度指标整合在一起设计数学算式。所以运用该数学式提取的高常用度词不包含领域特征十分突出，文本分布均衡度特别低的词语，尽管这些词语中的有一些在某些类型的文本中出现频次较高。《草案》的制定目标之一是要给现当代社会语文生活中通用的、稳定性较强、使用频率较高的汉语普通话词语划出一个范围，为了实现这一目标，《草案》制定者在语料库的选择上考虑了语体、领域等的分布均衡，并且采用了对三个语料库提取出的词语频次数据求均值的操作，这在一定程度上保障了《草案》常用词语空间分布上的稳定性。但每一个尝试过建立具有好的代表性和平衡性的超大规模真实文本语料库的研究者都知道，要真正做到语料分布的均衡是多么困难。把词语的通用性观察依赖于很难达到真正平衡的语料库，再加之上文已经分析过的基于频次求均值以计算词语空间稳定性的做法存在一定的局限，这就使得《草案》所收录的有些词语，如"作艺""坐商""坐堂""公诉人"等并不在我们的常用度前 56008 区域之内。另一种情况，估计是受了机器自动分词精度不够的影响，《草案》收录了一些如"乒""芦""掣"等非独立成词的语素，还收录了一些诸如"这个""警种""而言""一家人"等本身是短语的语言单位。这两种情况的语言单位，不宜收录在指导性常用词表当中。

整体上看，《草案》所列词语绝大部分都是科学合理的，具有很高的应用价值，反映出《草案》在确定选词标准、提取现代汉语常用词上已经做得非常细心和细致。众所周知，一部精确的大型词表的研制要面对多方面的挑战，它需要学界不断探索可能存在的各种影响因素，研究更周密的算法，投入更多的专家人力去对机器处理的结果进行纠错。我们提出新的常用度算法，从 2000—2010 年十年语料中提取出汉语高频分级词表和常用度分级词表，希望能为常用词表的研制起到推动作用。

本章主要基于 2000—2010 年十年语料的计量分析，探讨了汉语的词语常用态及其在指导性常用词表研制当中的应用。使用两种算法，我们提取出了高频词表和高常用度词表，通过量性与质性相结合的分析，揭示出汉语词语在常用性上呈现如下面貌：

（1）频度越高的区域，词语的数量越少，频度越低的区域，词语的数量越多，少量的高频词语贡献了绝大多数的覆盖率。在十年语料库中，词语的使用情况总体呈现出"长尾效应（Long Tail Effect）"，符合齐普夫定律（Zipf's law）；

（2）在词长分布上，词语的频度和常用度与词长呈现出反向关联的关系，越是常用和高频的区间内分布的词语音节数量越少，词长越短，在绝对高频区域和绝对常用度区域，单音节词所占比重最大，整体上符合齐普夫提出的"省力原则"。

（3）在词性分布上，词语的使用频度和常用度与虚词属性之间成正向关联，尤其是在绝对高频区域和绝对常用度区域，虚词数量最多。

高频词表和高常用度词表的对比分析表明，综合频度和共时分布平衡度的算法在揭示词语的常用性上更有优势。高频词表、高常用度词表与《草案》进行比较的结果表明，指导性常用词表的改进既需要机器自动分词技术的进一步发展，同时在常用度计算当中，有必要重视语料分布不平衡等因素对词语常用度计算可能造成的不利影响，通过改进算法提高常用度词提取的精度，在指导性常用词表的常用词筛选中，有必要贯彻好常用度优先的原则，重视带有语义凝固性且常用度高的语言单位。

第四章　词语的稳固态以及词语稳固性与常用性的量性关联

　　语言是一个在使用中不断动态更新的系统。稳定性是各种动态系统中最基本，也是最重要的属性，它直接关乎系统运行的有序和可控。本章主要通过十年语料库观察词频和常用度的年度分布变化，揭示词语在 2000—2010 年历时稳定性即词语稳固性方面的表现，提取基于频度历时变化和基于常用度历时变化的高稳固度词表，为语言应用提供历时稳态词方面的相关数据。为了更细致地观察词语十年间的变动趋势和变化特点，在总体展示词语的历时稳定状况之后，将对高稳固词进行分等级、分词性的比较分析，思考词语的历时稳定性与共时常用性之间协同互动的问题。

第一节　词语稳固性概貌

　　讨论词语的稳态有必要区分罕用语言成分和非罕用语言成分，并把关注的焦点放在非罕用语言成分上。据此，本章在考察词语的稳固性时排除掉了十年里总频次小于等于 10 且十年当中每一年的使用频次小于等于 1 的罕用词语。

使用第二章已经阐述过的公式 1：$St_{频序} = (\sqrt{\dfrac{\sum_{i=1}^{n}\left(t_{频序i} - \bar{t}_{频序}\right)^2}{n}})^{-1}$ 和公式 2：

$St_{常用度序} = (\sqrt{\dfrac{\sum_{i=1}^{n}\left(t_{常用度序i} - \bar{t}_{常用度序}\right)^2}{n}})^{-1}$，计算词语的十年稳固度。首先对十年语料库中每一年的语料进行词语频度和常用度统计，获得各词语各年的频度和常用度值并做降序排列，得到各词语各年的频度序值和常用度序值，而后分别计算各词语十年频度序值和常用度序值的标准差，再取其倒数，得到各词语基于十年频度变化的稳固度值和基于十年常用度变化的稳固度值。一个词语的稳固度值越大，代表它的历时稳定性越好。

采取从整体再聚焦到核心部分的方式观察词语在 2000—2010 年十年间的历时稳定性。整体考察侧重于各非罕用词语在多个稳固度区间里的分布特征。使用上述公式 1 和公式 2 得到各词语的稳固度值，这些值均分布在 0—1 区域内，我们以 0.1 为间隔将两类稳固度分成 10 个区间，统计各区间分布的词种数（type）及其在十年语料库中总的词种数里所占的比率：

表 4—1　词语各稳固度区间的分布情况

稳固度区间		0—0.1	0.1—0.2	0.2—0.3	0.3—0.4	0.4—0.5	0.5—0.6	0.6—0.7	0.7—0.8	0.8—0.9	0.9—1
基于频度历时变化	词种数	2716	3204	3645	4055	4496	4991	5613	6515	8181	17836
	占比	4.43%	5.23%	5.95%	6.62%	7.34%	8.15%	9.16%	10.6%	13.4%	29.1%
基于常用度历时变化	词种数	2679	3113	3528	3955	4414	4953	5634	6628	8399	17949
	占比	4.37%	5.08%	5.76%	6.46%	7.21%	8.09%	9.20%	10.8%	13.7%	29.3%

比较表 4—1 十个区间里所分布的基于频度历时变化和基于常用度历时变化的高稳固词的词种数及其占比，可见两个显著特点：一是基于频度历时变化和基于常用度历时变化的两个大类在各稳固度区间所分布的词种数十分接近，就连差别最大的 0.9—1 区间，词种数仅差 113，比率差值仅为 0.2%，差值最

小的 0.6—0.7 区间，词种数相差 21，比率差仅为 0.04%，总体上，0—0.6 之间的 6 个区间，基于频度历时变化计算稳固度得到的词种数都要大于基于常用度历时变化计算得到的词种数，0.6—1 之间的 4 个区间情况相反，基于常用度历时变化计算得到的词种数都大于基于频度历时变化计算得到的词种数。二是无论基于频度历时变化还是基于常用度历时变化计算词语的稳固度，总体上都表现出了稳固度越高区间分布的词种数越多这一量性趋势。用折线图直观呈现这两个特征：

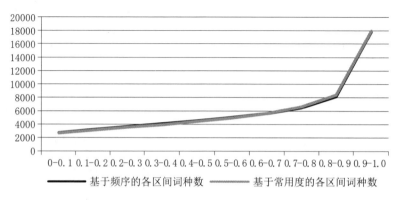

图 4—1　两类稳固度区间的词种数分布折线图

图 4—1 的两条折线几乎重合，体现了 2000—2010 年十年里词语基于频度历时变化和基于常用度历时变化的稳固度分布基本一致的特点。两条折线都在 0—0.1 区间于 2700 左右的词种数开始一路抬升，直到 0.9—1 区间接近 18000 个词种数，尤其是在 0.9—1 区间发生了明显的翘尾现象，表明最高稳固度区间里词种数的分布优势尤为突出。细做比较，0.9—1 区间分布了超过总量 29% 的词语，是词种数分布第二多的 0.8—0.9 区间的近 2.2 倍。再看词语的覆盖率，在 0—0.7 共 7 个区间里，总词语覆盖率不足 50%，过半的词语都分布在 0.7—1 的三个稳固度区间内。由此不难看出，在 21 世纪的最初十年里，词语的历时稳态，无论是从基于频度的角度来衡量，还是从基于常用度的角度来衡量，都以稳定为主基调，越是稳固度高的区域，词语分布的数量越多。总体上，高稳固词语在数量上占优势。

体现历时稳态的词语应更多集中在高稳固词身上。0.9—1 是稳固值最高的区间，分布于其中的词语可称得上是高稳固词。如果把这个区间界定为高稳固区间，那么，基于频度历时变化的高稳固词共有 17836 个，基于常用度历时变化的高稳固词共有 17949 个。在上一章根据数据的分布特点，我们把序值前 6778 区域界定为高频区和高常用度区，前 368 区域界定为绝对高频区和绝对常用度区。为了方便对词语的历时高稳固度和共时高频度、高常用度进行比较，我们从高稳固区域里再提取出稳固度序值前 6778 的高稳固词，作为 21 世纪最初十年词语历时稳态考察的核心词汇，其中前 368 区域分布着稳固度最高的绝对高稳固词。以下是基于历时频度变化的绝对高稳固词语（表 4—2）和基于历时常用度变化的绝对高稳固词语（表 4—3）。

表 4—2　基于十年频度变化的汉语绝对稳固词及其稳固度序值

1 的	17 说	33 着	49 中	65 向	81 出	97 去	113 工作
1 了	18 大	34 把	50 第二	66 小	82 希望	98 证明	114 认识
1 一	19 到	35 但	51 没有	67 十	83 李	99 该	115 正
4 是	20 从	36 被	52 你	68 作	84 地方	100 表现	116 办法
5 在	21 地	37 好	53 年	69 为	85 出现	101 正在	117 亚
6 这	22 就	38 对	54 又	70 一些	86 看	102 公司	118 等
7 有	23 和	39 下	55 让	71 五	87 前	103 能够	119 可
8 不	24 后	40 多	56 四	72 给	88 于	104 许多	120 学校
9 他	25 一个	41 种	57 高	73 将	89 位	105 人们	121 们
10 我	26 用	42 三	58 与	74 里	90 张	106 其他	122 发生
11 上	27 都	43 会	59 之	75 可以	91 座	107 分	123 决定
12 我们	28 两	44 来	60 很	76 二	92 王	108 德	124 月
13 也	29 而	45 她	61 最	77 起	93 或	109 第一	125 学生
14 要	30 时	46 他们	62 家	78 得	94 已经	110 已	126 林
15 个	31 还	47 次	63 能	79 就是	95 几	111 不少	127 那
16 人	32 做	48 更	64 自己	80 生活	96 这些	112 条	128 每

129 开始	159 比	189 一定	219 第	249 才	279 还有	309 特	339 杨
130 水	160 之间	190 外	220 点	250 少	280 情况	310 主动	340 来到
131 也是	161 过	191 仍	221 件	251 罗	281 如今	311 但是	341 甚至
132 时间	162 为了	192 拉	222 成为	252 支	282 副	312 速度	342 一部分
133 所	163 使	193 它	223 此	253 处	283 看到	313 一直	343 强
134 路	164 场	194 现在	224 全部	254 发现	284 非常	314 九	344 如何
135 并	165 尤其	195 七	225 如果	255 所有	285 电视	315 停止	345 多年
136 需要	166 想	196 再次	226 十分	256 万	286 没	316 起色	346 一道
137 才能	167 海	197 改变	227 只	257 元	287 或者	317 角度	347 低
138 则	168 西	198 约	228 长	258 成熟	288 结果	318 不仅	348 最多
139 经过	169 原因	199 只有	229 走	259 有着	289 其中	319 继续	349 格
140 全	170 以	200 状态	230 必须	260 值得	290 阿	320 东	350 专门
141 刘	171 认为	201 至今	231 百	261 思考	291 拥有	321 本	351 生命
142 今天	172 这次	202 再	232 千	262 曾	292 事	322 事实	352 美
143 得到	173 比较	203 陈	233 当	263 选择	293 森	323 无疑	353 很多
144 者	174 受	204 龙	234 华	264 医院	294 站	324 城市	354 南
145 这样	175 大学	205 因	235 不是	265 孩子	295 中国	325 黄	355 巨大
146 不同	176 六	206 由于	236 起来	266 重	296 难以	326 加	356 年前
147 接受	177 真正	207 美国	237 周	267 金	297 而且	327 知道	357 线
148 文	178 对于	208 八	238 带来	268 克	298 人类	328 钱	358 办
149 斯	179 什么	209 因为	239 名	269 学	299 普通	329 发	359 胡
150 问题	180 成	210 面对	240 总	270 书记	300 复杂	330 进入	360 重要
151 结束	181 山	211 因此	241 最终	271 了解	301 利	331 既	361 城
152 特别	182 云	212 新	242 像	272 考虑	302 对象	332 明	362 问
153 天	183 数	213 同	243 米	273 由	303 空间	333 虽然	363 夫
154 更是	184 个人	214 越来越	244 应该	274 产生	304 生存	334 单	364 著名
155 根本	185 如	215 可能	245 有的	275 是否	305 谈	335 初	365 玉
156 按	186 成功	216 岁	246 日	276 马	306 时候	336 情	366 时代
157 世界	187 不能	217 英雄	247 还是	277 理解	307 过去	337 管	367 使得
158 难	188 却	218 老	248 无	278 这里	308 车	338 一起	368 街道

表4—3　基于十年常用度变化的汉语绝对稳固词及其稳固度序值

1 的	32 将	63 开始	94 也是	125 美国	156 前	187 一定	218 通过
2 在	33 从	64 很	95 让	126 过去	157 如此	188 陈	219 始终
3 了	34 但	65 可	96 出	127 之后	158 各种	189 只要	220 来自
4 是	35 来	66 自己	97 现在	128 得到	159 还有	190 断	221 非常
5 一	36 我	67 们	98 件	129 五	160 但是	191 不是	222 每
6 和	37 三	68 就是	99 这些	130 元	161 同时	192 发现	223 受到
7 上	38 种	69 已经	100 使	131 继续	162 开	193 斯	224 出现
8 有	39 月	70 会	101 得	132 特别	163 决定	194 过程	225 许多
9 多	40 后	71 能	102 这样	133 名	164 者	195 作为	226 什么
10 要	41 着	72 可以	103 次	134 过	165 第一	196 人们	227 甚至
11 对	42 之	73 需要	104 一些	135 必须	166 精神	197 岁	228 为了
12 这	43 大	74 日	105 作	136 二	167 意义	198 第三	229 方式
13 不	44 向	75 已	106 个人	137 副	168 如果	199 还是	230 长
14 中	45 他们	76 四	107 李	138 地方	169 更加	200 国家	231 周
15 也	46 等	77 只有	108 天	139 此	170 关系	201 老	232 努力
16 我们	47 时	78 不能	109 该	140 情况	171 看到	202 内	233 林
17 个	48 用	79 下	110 生活	141 条	172 或	203 自	234 参加
18 还	49 没有	80 被	111 六	142 却	173 点	204 建筑	235 强
19 年	50 并	81 里	112 时间	143 部	174 进行	205 带来	236 你
20 地	51 工作	82 全	113 最大	144 她	175 随着	206 低	237 由于
21 与	52 最	83 成	114 成为	145 重要	176 同	207 因为	238 最后
22 说	53 更	84 发生	115 城市	146 进入	177 第二	208 一直	239 曾
23 他	54 两	85 家	116 张	147 其中	178 发展	209 办法	240 刘
24 都	55 又	86 王	117 小	148 德	179 而且	210 只能	241 影响
25 为	56 十	87 所	118 其	149 近	180 公司	211 那	242 应该
26 人	57 好	88 万	119 本	150 以及	181 一起	212 事	243 虽然
27 就	58 问题	89 给	120 由	151 起	182 正在	213 第	244 水
28 做	59 中国	90 新	121 看	152 位	183 站	214 社会	245 正
29 把	60 世界	91 比	122 于	153 去	184 可能	215 记者	246 使用
30 到	61 高	92 认为	123 起来	154 北京	185 它	216 要求	247 不仅
31 而	62 以	93 几	124 再	155 才	186 连	217 所有	248 包括

249 根本	264 走	279 各	294 根	309 存在	324 而是	339 空	354 美
250 了解	265 钱	280 当时	295 学生	310 帮助	325 及	340 到了	355 人员
251 心	266 历史	281 既	296 爱	311 吴	326 重	341 花	356 才能
252 目的	267 难	282 企业	297 活动	312 完全	327 上海	342 山	357 城
253 拉	268 以后	283 研究	298 力量	313 产生	328 则	343 即	358 绿色
254 只	269 文化	284 任何	299 间	314 还要	329 提出	344 方面	359 不会
255 这里	270 接受	285 像	300 主要	315 经过	330 分	345 领导	360 教育
256 引起	271 之间	286 大学	301 马	316 期	331 之一	346 当	361 远
257 巨大	272 全部	287 表示	302 不到	317 市场	332 坚持	347 价值	362 首先
258 米	273 学习	288 带	303 经济	318 大家	333 报	348 医院	363 就要
259 希望	274 变化	289 对于	304 先	319 今天	334 巴	349 边	364 完成
260 时代	275 道	290 总	305 不同	320 肯定	335 环境	350 另	365 达
261 越	276 特	291 获得	306 机会	321 克	336 单位	351 解决	366 学校
262 如	277 其他	292 打	307 几个	322 认识	337 阿	352 政府	367 银行
263 未来	278 能力	293 变	308 金	323 放	338 严重	353 相	368 如何

基于常用度历时变化计算获得的 6778 个高稳固词将后附于正文之后（见附录 2），为节省篇幅，基于频度历时变化计算获得的 6778 个高稳固词本书将不一一列出，读者可通过本章第二节的两个高稳固词表比较了解其概貌。

第三章分析了高常用度前 6778 区域内词语的词长和虚词分布，揭示了汉语词语常用属性、高频属性均与词长反向关联，与虚词属性正向关联的趋势性特点。按照第三章的分析路径，下面继续对绝对高稳固词和高稳固度前 6778 区域词语的词长和虚词分布情况进行考察。

对十年语料库词语的使用情况做历时统计发现，整体上，无论是基于频度历时变化还是基于常用度历时变化的高稳固词，其历时稳定性与词长、虚词属性的关联关系同高频、高常用性与词长、虚词属性的关联关系类型一致，但具体的分布数据存在差别。

词长分布上，高稳固度前 6778 区域，基于常用度历时变化的词长类型比基于频度历时变化的词长类型更加丰富，前者一至七个音节的词语都有，后者只分布于一至五音节里。各音节分布的高稳固度词种数及其在相应区域中的分布率见表4—4：

表4—4　高稳固度词语的音节分布情况

		基于常用度历时变化		基于频度历时变化	
		前368区域	前6778区域	前368区域	前6778区域
单音节词	词种数	189	1553	208	1644
	分布率	51.36%	22.91%	56.52%	24.25%
双音节词	词种数	179	4812	158	4747
	分布率	48.64%	70.99%	42.93%	70.04%
三音节词	词种数	0	316	2	278
	分布率	0	4.66%	0.54%	4.10%
四音节词	词种数	0	86	0	108
	分布率	0	1.27%	0	1.59%
五音节	词种数	0	7	0	1
	分布率	0	0.10%	0	0.01%
六音节	个数	0	1	0	0
	分布率	0	0.01%	0	0
七音节	词种数	0	3	0	0
	分布率	0	0.04%	0	0

在绝对高稳固度区域，基于常用度历时变化和频度变化的高稳固词在单音节中的分布都占有绝对优势，其分布率均超过了50%。但与上一章讨论过的绝对常用度区域和绝对高频区域比，这一优势明显弱了一些（无论是高常用度词还是高频度词，在前368区域，单音节词所占比重都超过了60%）。

放到前6778区域里看各音节的分布情况，就绝对数量而言，无论是基于常用度历时变化还是基于频度历时变化的高稳固词里，双音节词的分布率都是最高，其次是单音节词，二者加起来超过了总量的90%，其他音节的分布率都很低。现代汉语的词汇本身就以双音节为主，所以，有必要与十年语料库总词语（非罕用总词语）中各音节的分布情况进行比较。

表4—5　总词语和高稳固度词语的音节分布对比

	单音节	双音节	三音节	四音节	五音节	六音节	七音节
前6778高稳固词基于常用度历时变化的分布率	22.91%	70.99%	4.66%	1.27%	0.10%	0.01%	0.04%
前6778高稳固词基于频度历时变化的分布率	24.25%	70.04%	4.10%	1.59%	0.01%	0	0
总词语的分布率	8.03%	67.55%	13.21%	10.41%	0.52%	0.19%	0.10%

由表4—5可见，单音节词在总词语中的分布率比在基于常用度历时变化和基于频度历时变化的高稳固度前6778区域分别少了14.88%和16.22%；双音节词在总词语中的分布率比在两类高稳固度前6778区域分别少了3.44%和2.49%；十年语料库中的单双音节词加起来，不到总词语的76%，其他五种音节合起来占比约为24%，而高稳固度前6778区域里单双音节词语的占比，两种算法都超过了93%，其他五种音节合在一起占比不足7%。单双音节词相对于另五种音节的词语，词长形式更短，以上数据比较的结果说明，词语的高稳固性与词长之间存在反向关联关系，稳固度越高的词语越倾向于选择短词形式。这与词语的高频和高常用性与词长之间存在的关联类型一致，但就互选的强度而言，高频和高常用度前6778区域里单双音节词语之和的占比分别是97%和96.5%，比高稳固度前6778区域多出了3至4个百分点，表明词语的高频和高常用度与词长之间的互选倾向略强于高稳固度与词长之间的互选倾向。

虚词分布上，基于常用度历时变化和基于频度历时变化的稳固性与虚词属性之间都存在正向的互动关系，稳固度越高的区域分布的虚词越多，这一点和高频、高常用度与虚词属性的互动类型一致。

详细分析绝对稳固词和前6778区域高稳固词中的虚词分布。将前6778区域以1000为间隔进行切分，加上前368绝对高稳固度区，共分成8个区间。统计各区间分布的助词、介词、连词和副词的词种数，取其和，再计算四类虚词在相应区间的分布率。

表 4—6　前 6778 区域高稳固词中虚词的分布情况

			前 368	前 1000	前 2000	前 3000	前 4000	前 5000	前 6000	前 6778
前 6778 高稳固词基于常用度历时变化中分布的虚词	词种数	助词	9	11	14	16	18	20	25	26
		介词	21	27	35	37	39	40	42	44
		连词	20	32	48	58	66	76	84	89
		副词	37	90	144	189	224	258	291	318
	分布率		22.54%	16%	12.05%	10%	8.68%	7.88%	7.37%	7.04%
前 6778 高稳固词基于频度历时变化中分布的虚词	词种数	助词	9	14	15	15	17	21	23	24
		介词	18	25	32	37	39	40	42	44
		连词	20	34	48	53	59	69	81	86
		副词	42	85	139	191	225	258	280	297
	分布率		23.06%	15.80%	11.70%	9.87%	8.50%	7.76%	7.10%	6.65%

　　从上表中可以看到，无论是基于常用度历时变化还是基于频度历时变化的前 6778 高稳固度区域，虚词的分布率都呈现出随稳固度降低而同步减少，或者说，随稳固度升高而同步增大的趋势，且二者的走向十分接近。用折线图直观呈现该趋势：

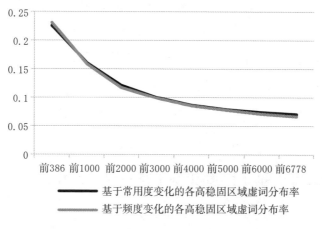

图 4—2　两类稳固度区间的虚词分布折线图

　　图 4—2 的两条折线基本重合，都是约从 0.23 的分布率开始，其走势都随着稳固度的减弱（即稳定序值的增加）而逐渐下降，且下降的幅度逐步减少。

这样的分布特点表明，在前 6778 区域里，稳固度越高的区域，虚词的分布优势越明显。

再扩展至十年语料库总词语中看词语的稳固性与虚词属性间的关联特点。统计助词、介词、连词、副词这四类虚词在总词语中的分布率，约为 1.3%，与表 4—6 中各高稳固度区间内虚词的分布率进行比较，基于常用度历时变化和基于频度历时变化的前 6778 个高稳固词里虚词的分布率比总词语中虚词的分布率分别高了 5.7% 和 5.4%，两种算法的绝对高稳固词中虚词的分布率比总词语中虚词分布率分别高了 21.2% 和 21.8%。这样的差距说明，虚词分布率随稳固度降低而减少的趋势不仅存在于高稳固度前 6778 区域，在十年语料的总词语中也存在，词语历时稳定性与虚词属性之间存在正相关关系，这种关联特点与第三章所揭示的词语常用和高频属性与虚词属性间的正相关特点一致。

综上，21 世纪最初十年的词语以历时稳固为主基调，在稳固值 0.7—1 区间，分布了总量过半的词种数，且在仅占总值域 1/10 的 0.9—1 这一最高稳固度区间，分布了接近总量 30% 的词种数。在与词语的其他属性协同互动关系上，这十年的词语其稳固性与词长之间存在反向互动关系，与虚词属性存在正向互动关系，高稳固度词语倾向于和短词形式以及虚词性质互选，所以更多的单音节词和双音节词以及更多的虚词分布在高稳固度区域，整体上，高稳固词表现出了一定的短词形效应和虚词效应，这与第三章所揭示的高频和高常用属性与词长和虚词属性之间的互动关系类型一致。

第二节　基于频度和基于常用度的高稳固词比较

上文的数据分析表明，基于频度历时变化和基于常用度历时变化的高稳固词在各稳固区间的词种数以及虚词分布上都比较接近，但二者包含的具体词语接近程度究竟怎样，还未被揭示。这一节重点关注该问题，比较分析两种算法获得的高稳固词更为细致的异同，探讨它们各自的适用方向。

先比较基于常用度和基于频度的前 368 区域绝对高稳固词。二者共有词语 249 个，重合率约为 67.7%。这些共有词语及其在两个绝对高稳固区域内的序值情况见表 4—7（第 1 个值表示基于常用度的高稳固度由高到低排序的值，第 2 个值表示基于频度的高稳固度序值）：

表 4—7 基于常用度和频度的绝对稳固词共有词语及其序值

的, 1, 1	都, 24, 27	时, 47, 30	会, 70, 43	几, 93, 95
在, 2, 5	为, 25, 69	用, 48, 26	能, 71, 63	也是, 94, 131
了, 3, 1	人, 26, 16	没有, 49, 51	可以, 72, 75	让, 95, 55
是, 4, 4	就, 27, 22	并, 50, 135	需要, 73, 136	出, 96, 81
一, 5, 1	做, 28, 32	工作, 51, 113	日, 74, 246	现在, 97, 194
和, 6, 23	把, 29, 34	最, 52, 61	已, 75, 110	件, 98, 221
上, 7, 11	到, 30, 19	更, 53, 48	四, 76, 56	这些, 99, 96
有, 8, 7	而, 31, 29	两, 54, 28	只有, 77, 199	使, 100, 163
多, 9, 40	将, 32, 73	又, 55, 54	不能, 78, 187	得, 101, 78
要, 10, 14	从, 33, 20	十, 56, 67	下, 79, 39	这样, 102, 145
对, 11, 38	但, 34, 35	好, 57, 37	被, 80, 36	次, 103, 47
这, 12, 6	来, 35, 44	问题, 58, 150	里, 81, 74	一些, 104, 70
不, 13, 8	我, 36, 10	中国, 59, 295	全, 82, 140	作, 105, 68
中, 14, 49	三, 37, 42	世界, 60, 157	成, 83, 180	个人, 106, 184
也, 15, 13	种, 38, 41	高, 61, 57	发生, 84, 122	李, 107, 83
我们, 16, 12	月, 39, 124	以, 62, 170	家, 85, 62	天, 108, 153
个, 17, 15	后, 40, 24	开始, 63, 129	王, 86, 92	该, 109, 99
还, 18, 31	着, 41, 33	很, 64, 60	所, 87, 133	生活, 110, 80
年, 19, 53	之, 42, 59	可, 65, 119	万, 88, 256	六, 111, 176
地, 20, 21	大, 43, 18	自己, 66, 64	给, 89, 72	时间, 112, 132
与, 21, 58	向, 44, 65	们, 67, 121	新, 90, 212	成为, 114, 222
说, 22, 17	他们, 45, 46	就是, 68, 79	比, 91, 159	城市, 115, 324
他, 23, 9	等, 46, 118	已经, 69, 94	认为, 92, 171	张, 116, 90

续表

小，117，66	其中，147，289	不是，191，235	你，236，52	既，281，331
本，119，321	德，148，108	发现，192，254	由于，237，206	像，285，242
由，120，273	起，151，77	斯，193，149	曾，239，262	大学，286，175
看，121，86	位，152，89	人们，196，105	刘，240，141	对于，289，178
于，122，88	去，153，97	岁，197，216	应该，242，244	总，290，240
起来，123，236	才，155，249	还是，199，247	虽然，243，333	学生，295，125
再，124，202	前，156，87	老，201，218	水，244，130	马，301，276
美国，125，207	还有，159，279	带来，205，238	正，245，115	不同，305，146
过去，126，307	但是，160，311	低，206，347	不仅，247，318	金，308，267
得到，128，143	决定，163，123	因为，207，209	根本，249，155	产生，313，274
五，129，71	者，164，144	一直，208，313	了解，250，271	经过，315，139
元，130，257	第一，165，109	办法，209，116	拉，253，192	今天，319，142
继续，131，319	如果，168，225	那，211，127	只，254，227	克，321，268
特别，132，152	看到，171，283	事，212，292	这里，255，278	认识，322，114
名，133，239	或，172，93	第，213，219	巨大，257，355	重，326，266
过，134，161	点，173，220	所有，217，255	米，258，243	则，328，138
必须，135，230	同，176，213	非常，221，284	希望，259，82	分，330，107
二，136，76	第二，177，50	每，222，128	时代，260，366	阿，337，290
副，137，282	而且，179，297	出现，224，85	如，262，185	山，342，181
地方，138，84	公司，180，102	许多，225，104	走，264，229	当，346，233
此，139，223	一起，181，338	什么，226，179	钱，265，328	医院，348，264
情况，140，280	正在，182，101	甚至，227，341	难，267，158	美，354，352
条，141，112	站，183，294	为了，228，162	接受，270，147	才能，356，137
却，142，188	可能，184，215	长，230，228	之间，271，160	城，357，361
她，144，45	它，185，193	周，231，237	全部，272，224	学校，366，120
重要，145，360	一定，187，189	林，233，126	特，276，309	如何，368，344
进入，146，330	陈，188，203	强，235，343	其他，277，106	

　　表4—7中，序值完全相等的词语2个，基于常用度历时变化的高稳固度序值小于基于频度历时变化的高稳固度序值的词语128个，大于基于频度历时变化的高稳固度序值的词语119个。用基于常用度历时变化的高稳固度序值减

去基于频度历时变化的高稳固度序值，得到各共有词语的序值差，这些差值分布于 −236 至 246 之间，其均值为 −4.8，中位数为 −2，说明就共有的绝对高稳固词而言，基于常用度历时变化的计算方式相对于基于频度历时变化的计算方式，词语的稳固度整体上略有提升。

基于常用度历时变化和基于频度历时变化的绝对高稳固区域各有独有词119 个。具体情况见表4—8：

表4—8　基于常用度历时变化和基于频度历时变化的绝对高稳固度区域独有的词语及其序值

基于常用度历时变化的绝对高稳固度区有但基于频度历时变化的绝对高稳固度区没有的词语及其序值	最大，113	断，190	影响，241	表示，287	还要，314	即，343
	其，118	过程，194	使用，246	带，288	期，316	方面，344
	之后，127	作为，195	包括，248	获得，291	市场，317	领导，345
	部，143	第三，198	心，251	打，292	大家，318	价值，347
	近，149	国家，200	目的，252	变，293	肯定，320	边，349
	以及，150	内，202	引起，256	根，294	放，323	另，350
	北京，154	自，203	越，261	爱，296	而是，324	解决，351
	如此，157	建筑，204	未来，263	活动，297	及，325	政府，352
	各种，158	只能，210	历史，266	力量，298	上海，327	相，353
	同时，161	社会，214	以后，268	间，299	提出，329	人员，355
	开，162	记者，215	文化，269	主要，300	之一，331	绿色，358
	精神，166	要求，216	学习，273	不到，302	坚持，332	不会，359
	意义，167	通过，218	变化，274	经济，303	报，333	教育，360
	更加，169	始终，219	道，275	先，304	巴，334	远，361
	关系，170	来自，220	能力，278	机会，306	环境，335	首先，362
	进行，174	受到，223	各，279	几个，307	单位，336	就要，363
	随着，175	方式，229	当时，280	存在，309	严重，338	完成，364
	发展，178	努力，232	企业，282	帮助，310	空，339	达，365
	连，186	参加，234	研究，283	吴，311	到了，340	银行，367
	只要，189	最后，238	任何，284	完全，312	花，341	

续表

基于频度历时变化的绝对高稳固度区有但基于常用度历时变化的绝对高稳固度区没有的词语及其序值	一个，25	受，174	十分，226	是否，275	主动，310	一部分，342
	座，91	真正，177	百，231	理解，277	速度，312	多年，345
	证明，98	云，182	千，232	如今，281	九，314	一道，346
	表现，100	数，183	华，234	电视，285	停止，315	最多，348
	能够，103	成功，186	最终，241	没，286	起色，316	格，349
	不少，111	外，190	有的，245	或者，287	角度，317	专门，350
	亚，117	仍，191	无，248	结果，288	东，320	生命，351
	路，134	七，195	少，250	拥有，291	事实，322	很多，353
	文，148	再次，196	罗，251	森，293	无疑，323	南，354
	结束，151	改变，197	支，252	难以，296	黄，325	年前，356
	更是，154	约，198	处，253	人类，298	加，326	线，357
	按，156	状态，200	成熟，258	普通，299	知道，327	办，358
	场，164	至今，201	有着，259	复杂，300	发，329	胡，359
	尤其，165	龙，204	值得，260	利，301	明，332	问，362
	想，166	因，205	思考，261	对象，302	单，334	夫，363
	海，167	八，208	选择，263	空间，303	初，335	著名，364
	西，168	面对，210	孩子，265	生存，304	情，336	玉，365
	原因，169	因此，211	学，269	谈，305	管，337	使得，367
	这次，172	越来越，214	书记，270	时候，306	杨，339	街道，368
	比较，173	英雄，217	考虑，272	车，308	来到，340	

比较表4—8中两类独有的绝对高稳固词，发现它们之间的差别与第三章分析过的绝对高频词与绝对高常用度词之间的差别不太一样，首先两类独有的绝对高稳固词在领域词上没有明显差异，无论是基于常用度历时变化的还是基于频度历时变化的绝对高稳固词，都以通用词为主体，少有领域性较为突出的词汇；其次，二者的音节分布差异较为突出。基于常用度历时变化的绝对高稳固区间独有词里，单音节词占比27.73%，双音节词占比72.27%，单双音节的占比差距大，单音节比双音节少了近45个百分点，但基于频度历时变化的绝对高稳固区间独有词里，单音节词占比43.7%，双音节词占比54.62%，单音节比双音节只少了约11个百分点。结合绝对高稳固词的整体情况来看，

基于常用度历时变化的绝对高稳固区域单音节词占比 51.36%，双音节占比 48.64%，单音节词多于双音节词，基于频度历时变化的绝对高稳固区域单音节词占比 56.52%，双音节占比 42.93%，同样是单音节词多于双音节词，由此看来，基于常用度历时变化的绝对高稳固区域独有词对双音节形式有强优选倾向。第三章分析过的绝对高常用区独有词和绝对高频区独有词也有一定的双音节优选倾向。绝对高常用区的独有词里单双音节占比分别为 49.02% 和 50.33%，单音节比双音节少，但它们之间的差距仅 1.31%；整个绝对高常用度区域的单双音节分布率分别是 66.03% 和 33.7%，单音节多于双音节；绝对高频区的独有词里单双音节占比分别是 41.18% 和 58.17%，双音节占优势，二者之间差了约 17 个百分点，但远小于基于常用度历时变化的绝对高稳固区间独有词里的单双音节之差。综上数据进行多个维度的比较，很明显，基于常用度历时变化的绝对高稳固区域独有词与双音节形式存在强互选关系。表 4—9 是对以上几组数据的集中对比展示。

表 4—9　四组绝对区域单双音节分布比较

		单音节分布率	双音节分布率	分布率单音节—分布率双音节
基于常用度历时变化的绝对高稳固区域	独有词	27.73%	72.27%	−44.54%
	总词语	51.36%	48.64%	2.72%
	总词语—独有词	23.63%	−23.63%	
基于频度历时变化的绝对高稳固区域	独有词	43.70%	54.62%	−10.92%
	总词语	56.52%	42.93%	13.59%
	总词语—独有词	12.82%	−11.69%	
绝对高常用区域	独有词	49.02%	50.33%	−1.31%
	总词语	66.03%	33.70%	32.33%
	总词语—独有词	17.01%	−16.63%	
绝对高频区域	独有词	41.18%	58.17%	−16.99%
	总词语	62.77%	36.96%	25.81%
	总词语—独有词	21.59%	−21.21%	

再扩展到高稳固度前 6778 区域，基于常用度历时变化和基于频度历时变化的两类高稳固度共有词语 4929 个，重合率 72.72%。其中，序值完全相等的词语 3 个，基于常用度历时变化的高稳固度序值小于基于频度历时变化的高稳固度序值的词语 2569 个，大于基于频度历时变化的高稳固度序值的词语 2357 个。用基于常用度历时变化的高稳固度序值减去基于频度历时变化的高稳固度序值得到各共有词语的序值差，这些差值分布于 –5361 至 5812 之间，其均值为 –2.3，中位数为 –38，由此可见，基于常用度历时变化的计算方式相对于基于频度历时变化的计算方式，不仅在绝对高稳固区域，就是在高稳固度前 6778 区域，对于共有词语，也起到了略微提升词语稳固度的作用。

使用基于频度历时变化和基于常用度历时变化这两种计算方式获得前 6778 区域独有的高稳固词，都是 1849 个。统计其中的单双音节词分布，基于常用度历时变化的 1849 个独有高稳固词中，单音节分布率为 9.63%，双音节分布率为 81.33%，双音节比单音节多出 74 个百分点；基于频度历时变化的 1849 个独有高稳固词中，单音节分布率为 11.85%，双音节分布率为 77.81%，双音节比单音节多出近 66 个百分点。在前 6778 区域的高稳固词中，无论是基于常用度历时变化的还是基于频度历时变化的，双音节的分布率也都比单音节高，基于常用度历时变化的单双音节分布率分别是 22.91% 和 70.99%，双音节比单音节高出 48 个百分点，基于频度历时变化的单双音节分布率分别为 24.05% 和 70.04%，双音节比单音节高 46 个百分点。可见，它们都比不上基于常用度历时变化和基于频度历时变化的 1849 个独有高稳固词中双音节与单音节分布率之间的差距。再看前 6778 区域高常用度词和高频词的情况。高常用度词和高频词独有词语各 1591 个，前者的单、双音节分布率分别是 10.81% 和 82.34%，双音节比单音节多出 71.5 个百分点；后者的单、双音节分布率分别是 25.46% 和 69.64%。而在整个前 6778 区域，前者的单、双音节分布率分别是 25.60% 和 70.91%，后者的单、双音节分布率分别是 29.08% 和 67.92%。比较这几组数据，独有词的双音节分布率相对于全体均有所增加，单双音节分布率之间的差距也都比全体词语中单双音节分布率差距大，显示出独有词语对双音节形式具有优选倾向，其中，基于常用度历时变化的 1849 个独有高稳固词中单双音节分布率之间的差距最大，表明了该类高稳固词对双音节形式的优选倾向最强，和绝对高稳固词的特征一致。表 4—10 将上述四组前 6778 区域的单双音节分布数据的对比情况做直观呈现。

表 4—10　四组前 6778 区域单双音节分布比较

		单音节分布率	双音节分布率	分布率单音节—分布率双音节
基于常用度历时变化的前 6778 高稳固区域	独有词	6.93%	81.33%	−74.40%
	总词语	22.91%	70.99%	−48.08%
	总词语—独有词	15.99%	−10.34%	
基于频度历时变化的前 6778 高稳固区域	独有词	11.85%	77.81%	−65.96%
	总词语	24.25%	70.04%	−45.78%
	总词语—独有词	12.40%	−7.78%	
前 6778 高常用区域	独有词	10.85%	82.34%	−71.49%
	总词语	25.60%	70.91%	−45.31%
	总词语—独有词	14.75%	−11.43%	
前 6778 高频区域	独有词	25.46%	69.64%	−44.18%
	总词语	29.08%	67.92%	−38.84%
	总词语—独有词	3.62%	−1.72%	

词语的常用度计算不仅考虑了使用频度，还考虑了词语在共时层面的文本分布平衡，所以，基于常用度历时变化的稳固度计算是在频度与共时稳定度两个参数的基础上再加入历时的稳固度，相对于只考虑词语使用频度和历时稳定性的稳固度计算方法，对词语稳态的体现更为全面。这一节主要从稳固度的高低和单双音节分布率大小两个方面对基于常用度历时变化和基于频度历时变化的高稳固词进行了比较分析。整体上看，相对于基于频度历时变化的稳固度计算方式，基于常用度历时变化的稳固度计算方式在高稳固度前 6778 区域对共有词语起到了整体上略加提升稳固度的作用，并且使独有词语表现出了较强的双音节优选倾向。

第三节　词语稳固性与常用性的相关性分析

十年的时间段，既可以视作由前后相继的时间点构成的一个历时发展序列，也可以放在更大的时间背景下，看作一个共时的横断面，就如同学界对"现代汉语"的认知，尽管时间跨度已有百年之久，但仍可以放在共时平面上探讨其性质。本节基于前面已经提取出的高稳固度词表和高频词表、高常用词表，探讨词语的历史稳定性与共时常用性之间的量性关联，希望为汉语在教学与信息处理等领域的应用提供一些启发性信息。

本章的第一、二节比较了两种算法提取出的高稳固度前 6778 区域词语，二者在各稳固区间的词种数分布、词长分布和虚词分布上较为一致，共有词语的覆盖率也在 70% 左右。具体的共有词在稳固度排序上存在些许差异，主要趋势表现为基于常用度历时变化的高稳固词其稳固度排序相对于基于频度历时变化的高稳固词略有提升。剩下约 30% 的独有词语，两者间的主要差异不在于领域词的有无，两种算法得到的独有词语都具有较好的通用性，而是在双音节词语的吸纳能力上，基于常用度历时变化的高稳固词表现出了更强的双音节优选倾向。出现这样的差异，与两种算法的参数设置有直接关系。基于常用度历时变化计算词语的历时稳定性，照顾到了共时的文本分布均衡性，比基于频度历时变化进行的计算更全面地考虑了词语的共历时稳态特征，所以，当考察的语料对象涉及多个地域、领域、语体或文本时，基于常用度历时变化的算法更为有效。下文对词语历时稳定性的考察，选择以基于常用度历时变化的稳固词表为观测对象。对词语常用性的考察，除了关注常用度外，考虑到高频特征在语言应用领域的重要作用，使用频度也会被关注。

先整体上考察十年语料库里非罕用总词语（type）的常用性和稳固性之间的量性关联。使用统计软件 SPSS 的斯皮尔曼（Spearman）相关性系数检验十年语料库中词语的稳固度序值分别与频度序值、常用度序值的相关性，结果见表4—11。

表4—11　总词语的稳固度与频度及常用度相关性分析

	稳固度序值—频度序值	稳固度序值—常用度序值
Correlation Coefficient	0.454**	0.461**
Sig.（2-tailed）	0.000	0.000
N	86381	86381

注：**Correlation is significant at the 0.01 level（2-tailed）。

表4—11 中显示，两对相关性检验的 p 值均为 0，小于 0.01，拒绝零相关假设。词语的稳固度序值与频度、常用度序值之间的相关性系数分别为 0.454和 0.461，二者接近，说明十年语料库里非罕用词语总的稳固度和频度以及常用度之间均存在中等略偏弱的显著正相关，且从整体上看，无论是以频度来衡量还是以常用度来衡量，都没有对词语共时常用性和历史稳定性之间的相关性关系产生显著影响。由于常用度的算法考虑到了词语共时分布的均衡性，常用度越高的词语不仅使用频度越高，它的文本分布均衡性也越好，所以，由上面两组相关性系数差异小的特点可以推断，词语的共时分布均衡性对词语整体上的常用性与稳固性关系影响有限，这似乎意味着，词语整体上的共时分布在十年这一时段中并未发生显著变化。

再进一步聚焦前 6778 高稳固区域词语的稳固性与常用性之间的量性关联。分别取前 6778 区高稳固词语的稳固度序值、频度序值和常用度序值，使用SPSS 的斯皮尔曼相关性系数做相关性检验，结果见表 4—12。

表4—12　前6778高稳固区域词语的稳固度与频度及常用度相关性分析

	稳固度序值—频度序值	稳固度序值—常用度序值
Correlation Coefficient	0.699**	0.572**
Sig.（2-tailed）	0.000	0.000
N	6778	6778

注：**Correlation is significant at the 0.01 level（2-tailed）。

两对相关性检验的 p 值均为 0，拒绝零相关假设。稳固度序值与频度序值之间的相关性系数 0.697，与常用度序值之间的相关性系数 0.572。由此可见，在前 6778 高稳固区域，词语的稳固度与频度及常用度之间均存在中等偏强的显著正向关联，其强度大于总词语的稳固度与频度及常用度之间的正向关联。

上面的四组数据呈现出了词语的频度及常用度与其稳固度的正向关联强度随稳固度增加而增加的特点。为了验证这一点，我们取稳固度前 368 区域继续做相关性分析，结果见表 4—13。

表 4—13　高稳固度前 368 区域词语的稳固度与频度及常用度相关性分析

	稳固度序值—频度序值	稳固度序值—常用度序值
Correlation Coefficient	0.665**	0.683**
Sig.（2-tailed）	0.000	0.000
N	368	368

注：**Correlation is significant at the 0.01 level（2-tailed）。

比较表 4—12 和表 4—13 可以看到，绝对高稳固度区域相对于前 6778 区域，词语稳固度序值与常用度序值的正相关强度有所增加，但词语稳固度序值与频度序值的正相关强度略有下降。进一步对历时绝对高稳固区域分段，细化成前 100 区间、前 200 区间、前 300 区间，仍使用 SPSS 的斯皮尔曼相关性系数做相关性检验，并与前 368 区域进行比较。

表 4—14　高稳固度前 368 区域词语的稳固度与频度及常用度相关性分段比较

	前 100 区域	前 200 区域	前 300 区域
稳固度序值—频度序值	0.764**	0.750**	0.675**
稳固度序值—常用度序值	0766**	0.766**	0.684**
Sig.（2-tailed）	0.000	0.000	0.000
N	100	200	300

注：**Correlation is significant at the 0.01 level（2-tailed）。

绝对高稳固区域，词语的稳固度与频度、常用度的相关性系数均随稳固度的上升而上升。前 300 区域和前 368 区域一样，稳固度与常用度之间的正向关联系数大于前 6778 区域，但稳固度与频度间的关联系数略小于前 6778 区域，到了前 200 区域，稳固度无论是与频度还是与常用度的正向关联系数都超过了前 6778 区域。这说明，词语的频度、常用度与其稳固度之间的中等程度正向关联关系广泛存在，虽然稳固度与频度间的关联系数在前 368 左右区域略有减小，但整体上仍呈现出词语的频度及常用度与其稳固度的正向关联强度随稳固度增加而增加的趋势，在稳固度最高的前 200 区域，词语表现出了最强的高常用和高频特点。

依据不同属性的量性特征提取不同的词表，用求交集的方式取其共有词语，观察这些共有词语不同属性上的量性异同，将"同中求异"作为相关性考察的又一重要角度。将前 6778 区域的高稳固词和高频词的共有词语（简称"高频高稳词"）以及高稳固词与高常用度词的共有词语（简称"高常用度高稳词"）作为观察对象，围绕它们的序值和词性开展比较分析。

前 6778 区域的高频高稳词共计 5129 个，约占该区域所有高稳固词的 76%，表明有超过四分之三的高稳固词同时具有高频属性，高频词和高稳固词在该区域有相当高的吻合度；高常用度高稳词共 4434 个，在前 6778 个高稳固词中所占比率约为 65%，表明有超过五分之三的高稳固词同时也是高常用度词，高常用度词和高频词的吻合率较高，但比高稳固度词和高频词的吻合率低了约 11 个百分点。这两组数据与上面所做的相关性计算结果契合，稳固度序值与频度序值的相关性系数为 0.699，与常用度序值的相关性系数 0.572，反映出在都具有中等偏强正向关联关系的同时，前者比后者的关联强度更高。

进一步比较前 368 区域。高稳固词与高频词共有词语 219 个，所占比率约为 60%，即五分之三的绝对高稳固词语同时也是绝对高频词，二者的吻合度不及前 6778 区域。高稳固词与高常用度词共有词语 252 个，占比约为 68%，二者的吻合度高于绝对高稳固词与绝对高频的吻合率，也高于前 6778 区域的高稳固词语高常用度词的吻合率。

为了解前 6778 区域里高稳固词与高频词、高常用度词的吻合率变化是否存在一定的规律性，我们以 1000 为间距，对高稳固度前 6778 区域进行分解，对高频高稳词和高常用度高稳词在各区间的分布情况进行统计分析。

表 4—15　高频高稳词与高常用度高稳词在前 6778 区域各区间的分布情况

		前 1000	前 2000	前 3000	前 4000	前 5000	前 6000
高频高稳词	数量	654	1420	2202	2985	3804	4547
	占比	65.40%	71%	73.40%	74.63%	76.08%	75.78%
高常用度高稳词	数量	662	1253	1891	2585	3298	3941
	占比	66.20%	62.65%	63.03%	64.63%	65.96%	65.68%

　　就高频高稳词而言，前 5000 区域呈现出稳固度逐渐减弱，高稳固词和高频词的重合率（即高频度高稳固词的占比）随之逐渐增大的趋势，其增幅随着稳固度的减弱逐步减小，但从前 5000 开始发生逆转，重合率随稳固度的减弱而略微减小。高常用词和高稳固词的重合率变化倾向略有不同，前 2000 区域，重合率随稳固性的减弱而减小，前 2000 至前 5000 区域，重合率随稳固度的减弱而增大，前 5000 至前 6000 区域，重合率又随稳固性的减弱略有减小，其变化似乎没有明显规律。但整体上看，无论是高频高稳词还是高常用度高稳词，在前 6778 区域的各区间，其分布率都超过了 60%，反映出十年语料库中高稳固词语和高频、高常用度词较高的重合率。

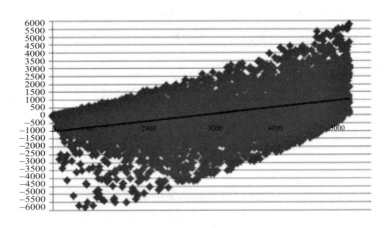

图 4—3　5129 高频高稳词频序与稳序差值散点分布

　　细致观察 5129 个高频高稳词的稳固度序值与频度序值之差，以及 4434 个高常用度高稳词的稳固度序值与常用度序值之差，通过散点图显示二者的分布特征并进行比较。

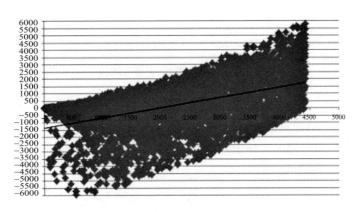

图 4—4　4434 高常用度高稳词常用度序与稳序差值散点分布

图 4—3 横轴表示 5129 个高频高稳词的稳序，纵轴表示其稳序与频序之差；图 4—4 横轴表示 4434 个高常用度高稳词的稳序，纵轴表示其稳序与常用度序之差。整体上看，两图的散点分布均呈现上扬带状，趋势线的斜率均小于 45 度，横轴附近区域散点密集度高，距离横轴越远的区域点的分布越松散，说明随着稳序的递升，即稳固度的下降，无论是稳序与频序之差还是与常用度序之差，都表现出了小幅度的同向增大的趋势，且高频高稳词和高常用度高稳词都是以两种性质吻合程度高的词语居多。

细看两图，其差异主要在散点分布范围和趋势线的位置和斜率角度两方面，图 4—3 的散点分布相对于图 4—4 略高，其趋势线的起点略高，倾斜度略小。图 4—3 纵向的分布区域为 [−5815，6041]，图 4—4 的纵向分布区域为 [−5930，5814]，相对于图 4—3 上下界点均提升了超过 100 的差值。图 4—3 的趋势线的起点和终点大约在 [−1000，500]，图 4—4 的趋势线的起点和终点大约在 [−1400，1400]，这样的差异反映出高频高稳词的高频属性和高稳属性的吻合度比高常用度高稳词的高常用度属性与高稳属性的吻合度更高。这一特点和上文相关性计算显示的前 6778 区域频度与稳固度的正向相关性强于常用度与稳固度的正向相关性一致。

比较横轴上下方，图 4—3 的 5129 个高频高稳词中，横轴上方的散点（频序值减去稳固度序值的差值为正的个数）共计 2638 个，零轴上的散点（差值等于零的个数）7 个，横轴下方的散点（差值为负数的个数）共计 2484 个，横轴上方的散点数目比下方多 153 个，说明高频高稳词整体上高频属性略强于稳固度属性；图4—4 4434 个高常用度高稳词中，横轴上方的散点共计 1967 个，零轴上的散点 4 个，横轴下方的散点 2466 个，横轴下方散点数目比上方多出502 个，说明高常用度高稳词中稳固度大于常用度的词语数量占优势。

频度和常用度都体现词语的共时常用性，综合起来看，前 6778 区域的共有词语，共时频度、常用度与历时稳固度的吻合程度整体上强过偏离程度，这一特点支持了词语共时常用性和历时稳定性正向关联，常用词具有更强的历时稳定性倾向的结论；同时也说明，高稳固度词语的高频、高常用和高稳固度三属性的优势顺序大概是：高频度 > 高稳固度 > 高常用度。

接下来分词性对前 6778 区域的高频高稳词和高常用度高稳词进行考察。同样使用 SPSS 的斯皮尔曼相关性系数分别对 5129 个高频高稳词各词类的频度序值和稳固度序值以及 4434 个高常用度高稳词各词类的常用度序值和稳固度序值做相关性检验，结果见表 4—16：

表4—16　高频高稳词和高常用度高稳词各词性的两种属性相关性分析

		动词	形容词	名词	数词	副词	介词	代词	连词	助词	量词
频序—稳序	r	0.67**	0.671**	0.678**	0.836**	0.85**	0.86**	0.88**	0.892**	0.9**	0.904**
	Sig.	0.000	0.000	0.000	0.000	0.000	0.000	0.000	0.000	0.000	0.000
常用度序—稳序	r	0.546**	0.575**	0.555**	0.818**	0.759**	0.902**	0.727**	0.814**	0.89**	0.878**
	Sig.	0.000	0.000	0.000	0.000	0.000	0.000	0.000	0.000	0.000	0.000

注：**Correlation is significant at the 0.01 level（2-tailed）。

各类词语的高频度属性与高稳固度属性以及高常用度属性与高稳固度属性之间均显著相关，相关性系数均大于 0.5，表明中等正向关联成立，与表 4—12 的相关性计算结果契合。

细看各词类，如果按照相关性系数的大小来分级的话，无论是频序与稳序的关联强度还是常用度序与稳序的关联强度，动词、形容词和名词三者与其他7类词之间明显出现了断层，应该划分为两个不同的层级。动词、形容词和名词是典型的实词，它们的频序与稳序以及常用度序与稳序之间的相关性系数相对于另7类词语，显然处在一个相对较低的量级上。较高量级上的7个词类，介词、连词、助词是典型虚词，副词、数词、量词和代词本身带有一定的虚词属性，这一点在早期的汉语语法论著中已有体现，如吕叔湘的《中国文法要略》将数词、量词、副词、代词视为与实义词相对的辅助词，吕叔湘、朱德熙的《语法修辞讲话》明确将副词、数词、量词、代词归入虚字（虚词）。这说明，词性的虚实虽不影响词语的稳固度与频度及常用度间的关联方向，但影响其关联强度，虚词的共时常用性和历时稳定性之间的正向相关性整体上强过实词。究其原因，大概与词类的封闭与否有关。典型的实词都是开放的词类，数词、量词、代词和副词因能够充当句法成分而被较多版本的《现代汉语》教材归入了实词，但它们都具有数量上的封闭性，这一点与介词、连词和助词等典型虚词内在相通，似乎指向了强封闭性词类其频度与稳固度以及常用度与稳固度之间的正相关联性大于弱封闭性词类这样的结论。为了进一步证明该结论，我们以名词和动词中的小类为例。时间名词相对于一般名词而言，具有较强的封闭性，趋向动词作为动词中的一个小类，其封闭性不仅强过一般动词，也比时间名词更强。使用 SPSS 的斯皮尔曼系数分别对趋向动词和时间名词的频度序值和稳固度序值、常用度序值和稳固度序值做相关性检验：

表4—17　名词、动词与其封闭性小类的两种属性相关性比较

	动词	趋向动词	名词	时间名词
频序—稳序	0.67**	0.900**	0.678**	0.777**
常用度序—稳序	0.546**	1.000**	0.555**	0.680**

注：**Correlation is significant at the 0.01 level（2-tailed）。

对比检验结果，趋向动词的两对相关性系数都大于动词，时间名词的两对相关性系数也都大于名词，且趋向动词的两对相关性系数都大于时间名词，明

确体现了封闭性越强的词类其共时常用性与历时稳定性的正向关联越强的互动倾向。这一特点启发我们，对于封闭性好的词类或小类，根据其频度或常用度的强弱可以大致地推知其稳固度强弱，或根据稳固度强弱可以大致推知其频度或常用度强弱，但开放性词类难以如此运用。

本章使用两种算法从2000—2010年十年的历时语料中提取出了基于频度历时变化的高稳固度词表和基于常用度历时变化的高稳固度词表，集中讨论了21世纪最初十年里词语的历时稳定性表现以及词语的稳固性与常用性之间的协同互动情况。

通过计量研究与比较分析发现：

（1）21最初十年词语的历史稳态以稳定为主基调，越是高稳固度区域，词语分布的数量越多，高稳固度词语在数量上占优势。

（2）词语的稳固性与词长之间存在反向互动，与虚词属性存在正向互动，高稳固度词语倾向于和短词形式以及虚词性质互选，更多的单音节词和双音节词以及更多的虚词分布在高稳固度区域。此特点与高频、高常用属性与词长、虚词属性之间的互动关系类型一致。

（3）基于频度历时变化和基于常用度历时变化这两种稳固度计算方式得到的高稳固词语有较高的吻合度，二者的区别性作用不在于分辨领域词汇，而在稳固性的调整和词长的选择偏好上。相对于前者，后者在绝对高稳固度区域和高稳固度前6778区域都起到了对共有词语的稳固度从整体上略加提升的作用，并且使独有词语表现出了强双音节优选倾向。

（4）词语的历时稳定性与共时常用性之间的中等强度正向关联关系广泛存在。在高稳固度区域，这种正向关联的强度有所增加，稳固度最高的词语较为集中地分布在频度和常用度最高的前200区域，换而言之，在稳固度最高的前200区域，词语表现出了最强的高常用度和高频度倾向。

（5）词语的共时分布均衡性整体上对词语共时常用性与历时稳定性关系影响有限，在高稳固度前6778区域影响力略有增加，高频高稳词的高频、高稳属性的吻合度比高常用度高稳词的高常用、高稳属性的吻合度更高，高稳固度词语的频度与稳固度之间的正向互动强度整体上高于常用度与稳固度之间的正向互动。

（6）高稳固度前 6778 区域词语，共时频度、常用度与历时稳固度的吻合率整体上强过其偏离率，且三种属性的优势顺序为：高频度 > 高稳固度 > 高常用度。

（7）高稳固词语具有一定的虚词选择倾向。词性的虚实不影响词语的稳固度与频度以及常用度间的关联方向，但影响其关联强度，虚词的共时常用性和历时稳定性之间的正向相关性整体上强过实词。

（8）词类的稳固度与其数量上的封闭程度正向关联。封闭性词类比开放性词类表现出了更强的历史稳固性，呈现出越封闭的词类，其共时常用性和历时稳定性之间正向关联越强的趋势性特征。

第五章　词语的能产态以及词语能产性与常用性、稳固性的量性关联

　　在语言发展演变过程中，一个词逐渐具备了转化为构词语素参与新词构造的性质，即为词语的能产性。不同词语的能产性强弱不一，一个词转化为构词语素后参与构成的新词越多，它的构词能力就越强，能产性也就越高。比如，在现代汉语中"电"是一个能产性很高的词，它转化为构词语素参与构成了"电灯""电话""电脑""电扇""电工""电动""电力""电信""电网""家电""水电""发电""手电""邮电""雷电""光电"等数量众多的词语，表现出了很强的构词能力。

　　词语的能产性本质上应是从历时发展角度来看待的问题，但从历时角度对词语的能产性进行计量研究的成果目前并不多见，主要原因大概是受到了所需语料规模过大和语料难以穷尽的限制。试想，如果要历时探寻词汇系统中到底有多少词语变成了构词语素？具备了构词能力的词语，又参与构造了多少新的词语？这些新词分别在什么时期构成？一个词语在哪个时期表现出了最强的构词能力？特定时期内一个词语作为构词语素构造而成的词语是否还在活跃使用中？诸如此类的问题，必须有非常庞大且详尽的历时语料以供调查统计。在历时角度的计量研究尚无完备语料支撑的大前提下，从共时角度另辟蹊径，或许可以就其中的某些问题开展有益探索。比如问题一和二，我们可以从具有良好代表性和平衡性的大规模共时语料库中提取出词语（type），通过对其中的单音节词和与之具有同素系联关系的多音节词进行计量分析获得答案。问题五，

82

同样可以通过特定时期的共时语料资源调查获得。

本章所谓的同素系联关系，是指某词语和以它为语素参与构造的其他词语之间的关系，如单音节词"电"和以"电"为语素参与构造的"电灯""电话""电脑""电视机"等多音节词之间的关系。一个词语同素系联的词语越多，表明其同素系联能力越强，反映了该词语的能产性越高。

能产性考察是词语实态研究的应有之义，张普曾论述了词的能产性在语言发展演变过程中作为稳态基因的重要作用[①]。了解词语的能产性，能够为词汇教学当中的语素系联法的实施提供数据支持。不仅如此，能产性与常用性、稳固性同属基本词的重要参项。基本词是词汇系统的核心，是词语教学、词典编写和语言信息处理的首要关注对象。此外，探索词语的能产性与共时常用性和历时稳定性之间的量性关联特征，对于词语实态的预测具有积极意义。

第一节　词语能产态概貌

在阐述词语的能产态概貌前，先说明我们所采取的同素词语提取方法和词语能产性计量操作步骤。

首先，汇总十年语料库中提取出的词语，建立总词表，并按音节多少对总词表进行分类，设立单音节词表、双音节词表、三音节词表、四音节词表等分词表。

其次，考虑到人名、地名、机构名及其他专名在词汇系统中的特殊性，就是否将这些词语纳入能产性考察范围，进行对比实验。现代汉语词汇系统中双音节词在数量上占有绝对优势，所以考察对象集中在单双音节词语。分别对人名、地名、机构名及其他专名剔除前和剔除后的词语进行同素系联统计，结果

[①]　张普：《论语言的动态》，《长江学术》2008 年第 1 期。

表明，剔除前后的差别不小。按照同素系联到的双音节词数量的多少，即单音节词的同素系联能力大小，也即单音节词的能产性大小，对单音节词进行排序，剔除人名、地名、机构名及其他专名前，排在前十位的分别是"家、山、会、村、国、上、于、路、王"，剔除后，排在前十位的分别是"上、出、子、人、下、大、水、中、到"，共有词语仅一个"上"。返回语料库中观察，剔除前除"上"外的其他9个单音节词"家、山、会、村、国、于、路、王"主要出现在人名、地名和机构名中，人名、地名、机构名及其他专名主要分布在低频区，且数量庞大，把这些词纳入词语的能产性考察范围，获得的词语能产性数据及高能产性词表和语感有较大出入，且难给词语教学、词典编写和语言信息处理等方面的应用提供多少有价值的信息，甚至有可能带来"信息噪音"。所以，本章对总词表和各分词表中的人名、地名、机构名及其他专名进行了剔除处理。

再次，以音节数量少的词形为匹配项，在音节比它多的各词表中逐一进行字符匹配。如，先以单音节词的词形为匹配项，在音节比它多的词表（包括双音节词表、三音节词表、四音节词表等）中逐一进行字符匹配，提取出包含了各单音节词形的多音节词语（包括两个及两个以上的音节的词语），形成"单音节—多音节"的字符匹配表；而后以双音节词的词形为匹配项，在三音节词表、四音节词表等当中逐一进行字符匹配，提取出包含了各双音节词形整体的词语，形成"双音节—两个以上音节"的字符匹配表；之后依此类推，提取出"三音节—三个以上音节""四音节—四个以上音节"等诸如此类的多个字符匹配表。

然后，对匹配表中的各项进行同素判定与筛选，剔除掉仅是字符相同但不具有同素关系的匹配词对。

最后，逐一统计各词同素系联的多音节词语数量，以系联数量为依据，判定各词的能产性强弱：一个词同素系联的多音节词语越多，它的能产性越强。对各词按系联词语数量由多到少排序，其序值即该词的能产度序值。

观察十年语料库中各词语的同素系联情况，整体上看，词语的能产性主

要体现在单音节词上。统计各单音节词所同素系联的多音节词语总量，共计
184486 个[①]；两个及两个以上音节的词同素系联的多音节词语总数量为 23043
个，二者数量悬殊。进一步细分单音节词同素系联的多音节词语情况，在被系
联的 184486 个多音节词语当中，双音节词语为 115766 个，三个或三个以上音
节的词语总计 68580 个。可见，从形式上分析，具备构词能力的词语绝大部分
都是字词合一的单音节词，而最能体现单音节词能产性的是与之具有同素关
联关系的双音节词语的数量。这既是古今汉语演变过程中词汇双音节化的结
果，也是语言经济性要求使然。有一部分多音节词也具有能产性，比如"红细
胞""白细胞""癌细胞""脑细胞""单细胞""多细胞""血细胞"等当中的"细胞"。
这部分多音节词数量不多，且三个及三个以上音节的语言单位，有很大一部分
究竟是词还是短语存有争议。所以，下文的统计分析以同素系联的单双音节词
语为主。

　　对十年语料库中提取出的单、双音节词语按照同素系联关系进行匹配与筛
选，得到各单音节词对应的双音节词语数量，根据对应的双音节词语数量由多
到少排序，得到各单音节词的能产度序值，序值越小的单音节词，其能产性越
强。虽相邻序值之间是等距离逐渐增大或缩小的关系，但不同序值上的单音
节词语其能产性并非随之等距离变化。为观察各序值上单音节词实际对应的
双音节词语数量，了解单音节词汇能产性强弱分布总况，下面以单音节词的
能产度序值为横轴，各单音节词同素系联的双音节词语数量为纵轴，作折线
图（见图 5—1）。

　　观察图 5—1 中的折线走势，可以看到：

　　（1）高能产性单音节词在所统计的单音节词全体中所占比重小，数量很少
的单音节词同素系联了绝大部分双音节词语。（2）能产性最高的单音节词同素
系联了近 700 个双音节词，能产性最低的单音节词没有同素系联到双音节词，

---

① 此处总量大于十年语料库的总词语数量，其原因在于，存在一个多音节词语被几个单音节
　 词同时系联的情况，例如"电脑"，既被"电"系联，又被"脑"系联，所以，在统计单音
　 节词所系联的多音节词语总量时，"电脑"会被计算两次。

且这部分没有同素系联能力的单音节词在单音节全体中所占比重大。

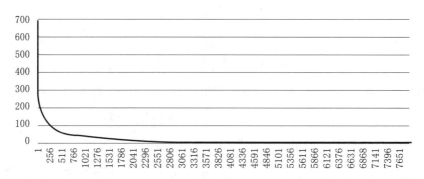

图 5—1　能产度序值所对应的同素系联双音节词语数量

十年语料库里共提取出单音节词 7903 个，按同素系联双音节词语数目的多少，对这些单音节词进行分类操作，将同素系联了相同双音节词语数目的单音节词归入同一个同素系联能力小类，得到 233 类。各小类里包含的单音节词数量、同素系联的双音节词词语数目以及该类单音节词的个数在所有单音节词语当中的占比情况见表 5—1。

表5—1　各类单音节词同素系联的双音节词语数量及其占比情况

A ← B, C①	A ← B, C	A ← B, C	A ← B, C	A ← B, C	A ← B, C
698 ← 1, 0.01%	215 ← 1, 0.01%	155 ← 2, 0.03%	108 ← 3, 0.04%	70 ← 14, 0.18%	32 ← 32, 0.40%
593 ← 1, 0.01%	211 ← 1, 0.01%	154 ← 1, 0.01%	107 ← 2, 0.03%	69 ← 9, 0.11%	31 ← 28, 0.35%
591 ← 1, 0.01%	209 ← 1, 0.01%	153 ← 3, 0.04%	106 ← 8, 0.10%	68 ← 7, 0.09%	30 ← 30, 0.38%
519 ← 1, 0.01%	208 ← 3, 0.04%	152 ← 2, 0.03%	105 ← 3, 0.04%	67 ← 4, 0.05%	29 ← 30, 0.38%
516 ← 1, 0.01%	206 ← 2, 0.03%	150 ← 1, 0.01%	104 ← 6, 0.08%	66 ← 11, 0.14%	28 ← 43, 0.54%
485 ← 1, 0.01%	204 ← 2, 0.03%	149 ← 3, 0.04%	103 ← 4, 0.05%	65 ← 16, 0.20%	27 ← 38, 0.48%

① 表中 A 表示被单音节词同素系联的双音节词语的个数，B 表示同素系联了这些双音节词语数的单音节词语的个数，C 表示同素关联了这些双音节词语数的单音节词个数在所有三音节词语数目当中所占的百分比，如"698 ← 1，0.01%"表示同素系联了 698 个双音节词语的单音节词有 1 个，这 1 个词在所统计的所有单音节词总数量中所占百分比为 0.01%；"0 ← 3149，39.84%"表示同素系联了 0 个双音节词语的单音节词共有 3149 个，这 3149 个词占到了统计范围内所有单音节词数量的 39.84%。

续表

A ← B, C	A ← B, C	A ← B, C	A ← B, C	A ← B, C	A ← B, C
398 ← 1, 0.01%	203 ← 1, 0.01%	147 ← 2, 0.03%	102 ← 1, 0.01%	64 ← 7, 0.09%	26 ← 40, 0.51%
381 ← 1, 0.01%	202 ← 1, 0.01%	145 ← 1, 0.01%	101 ← 3, 0.04%	63 ← 12, 0.15%	25 ← 43, 0.54%
364 ← 1, 0.01%	201 ← 1, 0.01%	144 ← 2, 0.03%	100 ← 5, 0.06%	62 ← 11, 0.14%	24 ← 34, 0.43%
357 ← 1, 0.01%	200 ← 2, 0.03%	143 ← 1, 0.01%	99 ← 5, 0.06%	61 ← 8, 0.10%	23 ← 44, 0.56%
348 ← 1, 0.01%	199 ← 3, 0.04%	142 ← 3, 0.04%	98 ← 2, 0.03%	60 ← 8, 0.10%	22 ← 53, 0.67%
347 ← 1, 0.01%	196 ← 1, 0.01%	141 ← 4, 0.05%	97 ← 3, 0.04%	59 ← 10, 0.13%	21 ← 29, 0.37%
333 ← 1, 0.01%	192 ← 1, 0.01%	140 ← 3, 0.04%	96 ← 6, 0.08%	58 ← 11, 0.14%	20 ← 52, 0.66%
331 ← 1, 0.01%	191 ← 1, 0.01%	139 ← 2, 0.03%	95 ← 7, 0.09%	57 ← 11, 0.14%	19 ← 44, 0.56%
324 ← 1, 0.01%	190 ← 1, 0.01%	135 ← 2, 0.03%	94 ← 7, 0.09%	56 ← 7, 0.09%	18 ← 50, 0.63%
319 ← 1, 0.01%	189 ← 3, 0.04%	134 ← 1, 0.01%	93 ← 3, 0.04%	55 ← 15, 0.19%	17 ← 61, 0.77%
316 ← 1, 0.01%	188 ← 1, 0.01%	133 ← 2, 0.03%	92 ← 6, 0.08%	54 ← 16, 0.20%	16 ← 50, 0.63%
304 ← 1, 0.01%	186 ← 2, 0.03%	132 ← 3, 0.04%	91 ← 6, 0.08%	53 ← 15, 0.19%	15 ← 68, 0.86%
298 ← 1, 0.01%	183 ← 1, 0.01%	130 ← 1, 0.01%	90 ← 4, 0.05%	52 ← 25, 0.32%	14 ← 68, 0.86%
292 ← 1, 0.01%	181 ← 2, 0.03%	129 ← 4, 0.05%	89 ← 6, 0.08%	51 ← 19, 0.24%	13 ← 56, 0.71%
280 ← 1, 0.01%	180 ← 3, 0.04%	128 ← 6, 0.08%	88 ← 3, 0.04%	50 ← 15, 0.19%	12 ← 69, 0.87%
276 ← 1, 0.01%	178 ← 1, 0.01%	126 ← 2, 0.03%	87 ← 9, 0.11%	49 ← 15, 0.19%	11 ← 103, 1.30%
273 ← 1, 0.01%	177 ← 1, 0.01%	124 ← 5, 0.06%	86 ← 5, 0.06%	48 ← 13, 0.16%	10 ← 86, 1.09%
269 ← 1, 0.01%	176 ← 1, 0.01%	123 ← 1, 0.01%	85 ← 4, 0.05%	47 ← 15, 0.19%	9 ← 95, 1.20%
262 ← 1, 0.01%	175 ← 2, 0.03%	122 ← 2, 0.03%	84 ← 8, 0.10%	46 ← 22, 0.28%	8 ← 98, 1.24%
256 ← 3, 0.04%	174 ← 1, 0.01%	121 ← 2, 0.03%	83 ← 7, 0.09%	45 ← 22, 0.28%	7 ← 130, 1.64%
254 ← 1, 0.01%	171 ← 3, 0.04%	120 ← 5, 0.06%	82 ← 4, 0.05%	44 ← 11, 0.14%	6 ← 156, 1.97%
248 ← 1, 0.01%	169 ← 1, 0.01%	119 ← 3, 0.04%	81 ← 5, 0.06%	43 ← 22, 0.28%	5 ← 155, 1.96%
243 ← 2, 0.03%	168 ← 3, 0.04%	118 ← 1, 0.01%	80 ← 9, 0.11%	42 ← 19, 0.24%	4 ← 225, 2.85%
242 ← 1, 0.01%	166 ← 1, 0.01%	117 ← 3, 0.04%	79 ← 8, 0.10%	41 ← 17, 0.22%	3 ← 267, 3.38%
241 ← 1, 0.01%	165 ← 1, 0.01%	116 ← 1, 0.01%	78 ← 7, 0.09%	40 ← 23, 0.29%	2 ← 453, 5.73%
236 ← 1, 0.01%	164 ← 3, 0.04%	115 ← 4, 0.05%	77 ← 11, 0.14%	39 ← 29, 0.37%	1 ← 983, 12.44%
230 ← 1, 0.01%	163 ← 2, 0.03%	114 ← 2, 0.03%	76 ← 13, 0.16%	38 ← 23, 0.29%	0 ← 314, 39.83%
225 ← 1, 0.01%	160 ← 1, 0.01%	113 ← 7, 0.09%	75 ← 5, 0.06%	37 ← 32, 0.40%	
224 ← 1, 0.01%	159 ← 2, 0.03%	112 ← 6, 0.08%	74 ← 11, 0.14%	36 ← 32, 0.40%	
223 ← 1, 0.01%	158 ← 1, 0.01%	111 ← 1, 0.01%	73 ← 5, 0.06%	35 ← 21, 0.27%	
222 ← 1, 0.01%	157 ← 3, 0.04%	110 ← 3, 0.04%	72 ← 8, 0.10%	34 ← 30, 0.38%	
219 ← 1, 0.01%	156 ← 2, 0.03%	109 ← 3, 0.04%	71 ← 12, 0.15%	33 ← 18, 0.23%	

由表5—1的数据分布可以清楚地看到，总体上，同素系联双音节词语数量多的单音节词基数小，同素系联双音节词语数量为0的单音节词基数最大，单音节词的同素系联能力，即单音节词的能产性大小，与其基数之间呈现出一定的反向关联关系。用折线图直观呈现如图5—2所示。

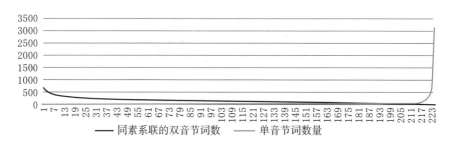

图5—2　各小类分布的单音节词基数与同素系联双音节词语数量

对223个小类按同素系联的双音节词语数量的多少（即能产性的大小）进行排序，图5—2的横轴表示其序值，序值越小，该类单音节词的能产性越强。观察随着能产性减弱同素联系的双音节词语数量（纵轴表示）也逐渐减弱的蓝色折线，以及随着能产性减弱具有该能产性的单音节词小类的基数(纵轴表示)增大的红色折线，可见蓝红两线呈现的走势相反。红色折线前面的绝大部分区域都是一条与横轴重合的直线，直到最后非常小区域内的翘尾，是一条高高扬起的直立竖线，说明同素系联双音节词语数量多的单音节词数量少，同素系联双音节词语数量少的单音节词数量大，未同素系联双音节词语的单音节词数量最多，体现出具有高能产性的单音节词数量有限，绝大部分单音节词不具有能产性或能产性低的特点。数据统计表明，同素系联双音节词数量小于等于3的单音节词占到了所有单音节词语总数的61.2%。

再结合词性的分布来看最初十年单音节词能产性的特点。按同素系联双音节词语数量的多少取三个区间：同素系联的双音节词语数量大于等于3，大于等于13（依据90%的覆盖率，第二节有详细介绍），大于等于69（依据59%的覆盖率），观察不同词性的单音节词同素系联的双音节词语数量以及在对应区间所占的百分比。

表5—2　实词与虚词的能产性强弱比较

	同素系联的双音节词语 ≥ 3		同素系联的双音节词语 ≥ 13		同素系联的双音节词语 ≥ 69	
	个数	占比	个数	占比	个数	占比
名词	1349	41.46%	745	38.50%	195	43.82%
动词	1232	37.86%	757	39.12%	153	34.38%
形容词	419	12.88%	251	12.97%	57	12.81%
数词	22	0.68%	18	0.93%	2	0.45%
量词	59	1.81%	43	2.22%	8	1.80%
代词	29	0.89%	16	0.83%	4	0.90%
副词	84	2.58%	57	2.95%	11	2.47%
介词	27	0.83%	26	1.34%	9	2.02%
连词	16	0.49%	11	0.57%	1	0.22%
助词	17	0.52%	11	0.57%	5	1.12%

进行词类之间的比较。名词、动词和形容词是典型实词，三者同素系联的双音节词语之和在数量上相对于虚词或其他带有虚词属性的词类，在三个区间都表现出了绝对优势，均达到90%以上，单独看任一词类，也都比其他7个小类多出了10个以上的百分点。很明显，实词在能产性方面相对于虚词表现出了压倒性的优势。基于这样的特点，下文对十年词语的能产性与共时常用性、历时稳定性进行相关性分析时，对象主要是实词。

综上，音节数量是词语能产性的一个重要参数，同素系联能力与具有该能力的词语音节数之间存在一定的反向关联，单音节词的能产性最强。单音节词语内部的能产性强弱分布很不均衡，高能产性单音节词语所占比重小，数量很少的单音节词同素系联了大部分双音节词语，过半的单音节词没有或仅系联1个双音节词语，整体上呈现出能产性越高的单音节词基数越小，能产性越低的单音节词基数越大的分布趋势。词性的虚实是词语能产性强弱的一个重要的影响因素，高能产性词语集中于数量有限的单音节实词上，这些少量的高能产性单音节实词同素系联了绝大部分多音节词语。

第二节　能产性分级及高能产词表

采用计算覆盖率的方法，对 2000—2010 年词语的能产性进行分级处理。统计所有与单音节词具有同素系联关系的双音节词语数量，得到被系联双音节词语的总数，计算每个单音节词同素系联的双音节词语的数量在总数当中的占比，按照比值由大到小进行排序，采用比率累加的方法，得到覆盖率。以词语能产性大小排序的序值为横轴，覆盖率为纵轴，绘制折线图，其走势分布见图 5—3。

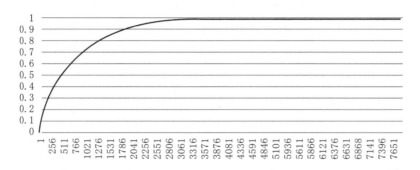

图 5—3　词语的能产性覆盖率分布

取覆盖率为 90% 为高能产区域，包含单音节词语 1935 个，这些单音节词同素系联的双音节词语数目从 13 到 698 不等，其中，覆盖率为 50% 的为绝对高能产区域，包含单音节词语 450 个，它们同素系联的双音节词语的数量分布于 [69—698] 区间。

绝对能产区的单音节词及其能产性由高到低排序的序值（由词语前面的数字表示）和对应的双音节词语的数目（由词语后面箭头指向的数字表示）见表 5—3。

表5—3　绝对高能产性单音节词

1	上→698	31	花→243	63	高→190	94	明→163	123	完→142
2	出→593	33	入→242	64	住→189	94	色→163	126	带→141
3	子→591	34	内→241	64	主→189	96	合→160	126	见→141
4	人→519	35	门→236	64	动→189	97	金→159	126	装→141
5	下→516	36	回→230	67	火→188	97	干→159	126	皮→141
6	大→485	37	成→225	68	老→186	99	收→158	130	日→140
7	水→398	38	风→224	68	工→186	100	方→157	130	放→140
8	中→381	39	天→223	70	声→183	100	海→157	130	兵→140
9	到→364	40	家→222	71	于→181	100	通→157	133	教→139
10	开→357	41	分→219	71	路→181	103	点→156	133	木→139
11	头→348	42	无→215	73	直→180	103	马→156	135	作→135
12	起→347	43	白→211	73	死→180	105	年→155	135	油→135
13	心→333	44	里→209	73	清→180	105	红→155	137	铁→134
14	发→331	45	打→208	76	时→178	107	制→154	138	线→133
15	不→324	45	自→208	77	国→177	108	得→153	138	草→133
16	好→319	45	文→208	78	报→176	108	公→153	140	化→132
17	地→316	48	情→206	79	来→175	108	石→153	140	看→132
18	有→304	48	相→206	79	定→175	111	空→152	140	落→132
19	手→298	50	后→204	81	体→174	111	意→152	143	对→130
20	气→292	50	身→204	82	一→171	113	房→150	144	民→129
21	进→280	52	用→203	82	转→171	114	电→149	144	同→129
22	长→276	53	去→202	82	眼→171	114	女→149	144	病→129
23	外→273	54	口→201	85	本→169	114	交→149	144	满→129
24	生→269	55	前→200	86	力→168	117	调→147	148	说→128
25	行→262	55	书→200	86	流→168	117	酒→147	148	儿→128
26	小→256	57	法→199	86	神→168	119	实→145	148	求→128
26	过→256	57	事→199	89	军→166	120	正→144	148	场→128
26	名→256	57	重→199	90	走→165	120	边→144	148	药→128
29	道→254	60	光→196	91	为→164	122	新→143	148	传→128
30	面→248	61	学→192	91	会→164	123	战→142	154	物→126
31	车→243	62	山→191	91	机→164	123	平→142	154	数→126

续表

156	强→124	185	性→113	210	原→106	240	经→99	272	期→92
156	价→124	185	断→113	210	接→106	240	纸→99	272	度→92
156	语→124	185	深→113	210	画→106	245	着→98	272	底→92
156	球→124	185	管→113	210	夜→106	245	游→98	272	代→92
156	掉→124	185	黄→113	218	产→105	247	要→97	272	养→92
161	血→123	185	肉→113	218	办→105	247	微→97	272	破→92
162	者→122	185	飞→113	218	板→105	249	和→96	278	业→91
162	热→122	192	位→112	221	全→104	249	专→96	278	改→91
164	当→121	192	首→112	221	钱→104	249	问→96	278	青，91
164	倒→121	192	立→112	221	台→104	249	拉→96	278	记→91
166	种→120	192	食→112	221	船→104	249	树→96	278	退→91
166	向→120	192	布→112	221	校→104	249	笔→96	278	服→91
166	此→120	192	衣→112	221	轻→104	255	保→95	284	给→90
166	言→120	198	商→111	227	月→103	255	字→95	284	职→90
166	运→120	199	可→110	227	利→103	255	古→95	284	影→90
171	受→119	199	变→110	227	特→103	255	城→95	284	照→90
171	黑→119	199	音→110	227	结→103	255	脚→95	288	部→89
171	鱼→119	202	远→109	231	师→102	255	领→95	288	听→89
174	解→118	202	单→109	232	号→101	255	复→95	288	反→89
175	土→117	202	伤→109	232	送→101	262	权→94	288	感→89
175	菜→117	205	选→108	232	香→101	262	爱→94	288	雨→89
175	取→117	205	失→108	235	形→100	262	世→94	288	骨→89
178	客→116	205	称→108	235	难→100	262	烟→94	294	处→89
179	信→115	208	区→107	235	排→100	262	苦→94.	294	写→88
179	亲→115	208	包→107	235	命→100	262	编→94	294	压→88
179	官→115	210	美→106	235	急→100	262	表→94	297	网→87
179	理→115	210	量→106	240	品→99	269	案→93	297	节→87
183	市→114	210	加→106	240	至→99	269	知→93	297	政→87
183	话→114	210	活→106	240	笑→99	269	盘→93	297	票→87

续表

297	足→87	330	星→82	356	提→77	392	低→74	416	料→71
297	修→87	330	精→82	364	引→77	392	母→74	416	竹→71
297	旧→87	334	应→81	364	南→77	392	脸→74	416	暗→71
297	茶→87	334	灯→81	364	假→77	392	配→74	428	等→70
297	守→87	334	集→81	364	令→77	392	何→74	428	将→70
306	片→86	334	冷→81	364	背→77	392	弄→74	428	想→70
306	尽→86	334	杀→81	364	考→77	392	曲→74	428	费→70
306	毛→86	339	总→80	364	翻→77	392	野→74	428	投→70
306	视→86	339	步→80	364	嘴→77	392	味→74	428	支→70
306	紧→86	339	指→80	364	存→77	403	读→73	428	牌→70
311	防→85	339	约→80	364	散→77	403	容→73	435	初→70
311	货→85	339	任→80	374	快→76	403	追→73	435	望→70
311	查→85	339	顶→80	374	团→76	403	异→73	435	造→70
311	印→85	339	毒→80	374	派→76	403	痛→73	435	恶→70
315	连→84	339	歌→80	374	套→76	408	院→72	435	彩→70
315	西→84	339	角→80	374	谈→76	408	真→72	435	圆→70
315	图→84	348	从→79	374	常→76	408	短→72	435	堂→70
315	安→84	348	叫→79	374	居→76	408	离→72	442	三→69
315	质→84	348	别→79	374	绝→76	408	轮→72	442	务→69
315	联→84	348	关→79	374	果→76	408	标→72	442	式→69
315	牛→84	348	补→79	374	论→76	408	端→72	442	算→69
315	礼→84	348	增→79	374	细→76	408	寒→72	442	云→69
323	条→83	348	枪→79	374	刀→76	416	能→71	442	举→69
323	推→83	348	目→79	374	墙→76	416	观→71	442	探→69
323	建→83	356	省→78	387	是→75	416	留→71	442	词→69
323	招→83	356	现→78	387	农→75	416	东→71	442	告→69
323	雪→83	356	春→78	387	近→75	416	展→71		
323	乐→83	356	北→78	387	未→75	416	独→71		
323	乱→83	356	饭→78	387	义→75	416	治→71		
330	河→82	356	银→78	392	其→74	416	换→71		
330	试→82	356	击→78	392	间→74	416	诗→71		

覆盖率达到90%的高能产性单音节词表体量较大，后附于正文后，见附录3。

考虑到应用领域对高能产性双音节词语可能存在需求，下面对双音节词语同素系联多音节词语的数目进行统计，依照单音节词高能产区域最低同素系联的双音节词语数量为13这一界限，提取出了92个高能产性双音节词。具体词语及其能产性由高到低的序值、对应的多音节词语数量见表5—4。

表5—4 高能产性双音节词

1	主义→115	20	神经→25	41	服务→20	54	研究→17	80	英雄→14
2	经济→59	23	自由→24	44	责任→19	65	民主→16	80	机械→14
3	社会→49	23	国际→24	44	电视→19	65	委员→16	80	卫星→14
4	教育→42	23	市场→24	44	新闻→19	65	会议→16	80	一时→14
5	不可→41	23	政治→24	44	阶级→19	65	职业→16	80	活动→14
6	革命→40	23	电子→24	44	管理→19	65	兄弟→16	80	解放→14
7	文化→37	28	信息→23	49	关系→18	65	细胞→16	80	指挥→14
8	运动→36	28	玻璃→23	49	生活→18	65	人心→16	92	基本→13
9	生产→35	28	不得→23	49	行政→18	72	企业→15	92	历史→13
10	劳动→33	31	卫生→22	49	保险→18	72	学校→15	92	家庭→13
11	科学→31	31	工业→22	49	纪念→18	72	系统→15	92	意识→13
12	自然→30	33	国家→21	54	组织→17	72	青年→15	92	学院→13
13	人民→29→	33	政府→21	54	代表→17	72	太阳→15	92	咖啡→13
13	精神→29	33	交通→21	54	动物→17	72	小说→15	92	农业→13
15	世界→28	33	汽车→21	54	产品→17	72	红色→15	92	旅游→13
15	公司→28	33	电影→21	54	音乐→17	72	经营→15	92	宣传→13
15	工程→28	33	文学→21	54	植物→17	80	安全→14	92	运输→13
18	电话→27	33	化学→21	54	分子→17	80	中央→14		
19	技术→26	33	保护→21	54	物理→17	80	环境→14		
20	工作→25	41	艺术→20	54	理学→17	80	思想→14		
20	生物→25	41	战争→20	54	天下→17	80	儿童→14		

第三节　词语能产性与常用性的相关性分析

共时常用性的主要观察项目为词语的频度和常用度。下面分别对词语的频度、常用度与能产度之间的相关性进行计算分析，探讨词语能产性与共时常用性间的量性关联特征。由于词语的能产性主要集中在单音节词上，对频度和常用度的考察，也相应地集中在单音节词上。

使用统计软件 SPSS 的斯皮尔曼系数检验十年语料库中总的单音节词语的能产度序值与频度及常用度序值之间的相关性，结果见表5—5。

表5—5　总的单音节词能产度与常用度相关性分析

	能产度序值—频度序值	能产度序值—常用度序值
Correlation Coefficient	0.868**	0.850**
Sig.（2-tailed）	0.000	0.000
N	7903	7903

注：**Correlation is significant at the 0.01 level（2-tailed）。

无论是能产度序值与频度序值之间，还是能产度序值与常用度序值之间，其 p 值均为 0.000<0.01，拒绝零相关假设，相关性系数的值分别是 0.868 和 0.850，二者十分接近，可由此推测，单音节词的共时分布均衡性整体上不对其常用性和能产性关联产生显著影响；两个数据均大于0.8，表明十年语料库中单音节词的能产度与频度、常用度之间均存在高度的显著正向关联，越常用的单音节词具有越高的能产性倾向。用柱状图直观呈现这一倾向性特征：

图5—4 和图5—5 的横轴分别表示单音节词使用频度由高到低排列的频序值和单音节词常用度由高到低排列的常用度序值，纵轴均表示单音节词同素系连的双音节词语数量。整体上看，两图均呈现出随着横轴值的逐渐增大，对应的纵轴值逐渐减小的分布特点，体现了频序值和常用度序值越小（即频度

和常用度越高）的单音节词同素系联双音节词语数量越多、能产性越强的量性趋势，支持了上文关于单音节词的常用性与能产性存在显著正向关联特点的结论。细致比较图5—4和图5—5，可以发现，图5—5的数据分布在大趋势下相对于图5—4其波动略显剧烈，尤其是在1531至1768以及5866至6121这两个横轴区间，各有一个相对周围很醒目的突起，有违单音节词常用度序值与其同素系联的双音节词语数量之间的反向分布趋势，这为能产度序值与常用度序值的相关性系数略小于它和频序值的相关性系数提供了可视化证据。

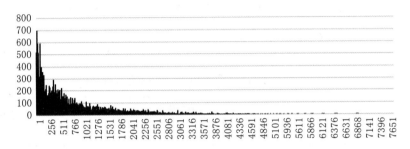

图5—4　单音节词频序对应的同素双音节词数量

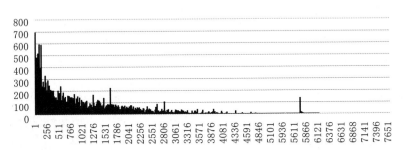

图5—5　单音节词常用度序对应的同素双音节词数量

　　进一步分析高能产区域（能产度由高到低排序前1935区域）。仍使用斯皮尔曼系数对该区域单音节词的能产度序值与频度序值、常用度序值进行相关性检验。

表5—6　高能产区域单音节词能产度与常用度相关性分析

	能产度序值—频度序值	能产度序值—常用度序值
Correlation Coefficient	0.703**	0.587**
Sig.（2-tailed）	0.000	0.000
N	1935	1935

注：**Correlation is significant at the 0.01 level（2-tailed）。

　　由上表可见，高能产的单音节词区域和所有的单音节词区域一样，两个 p 值均为 0，拒绝零相关假设，但两个相关性系数间的差距比所有单音节词区域的大，表明相对于所有的单音节词，高能产区间的单音节词其共时分布均衡性对常用性和能产性之间关联关系的影响有所提升。两个相关性系数分别为 0.703 和 0.587，均大于 0.5，说明高能产区域的单音节词能产度与频度、常用度之间均存在中等偏强的显著正向关联，且能产度与频度之间的关联强度大于它与常用度之间的关联强度。

　　比较表 5—5 和表 5—6 里的四组数据，单音节词的能产度与频度及常用度之间均呈现出正相关强度随能产度的增加而下降的趋势。取绝对高能产区域的单音节词做进一步验证，斯皮尔曼相关性检验的结果进一步支持了该趋势的成立。

表5—7　绝对高能产区域单音节词能产度与常用度相关性分析

	能产度序值—频度序值	能产度序值—常用度序值
Correlation Coefficient	0.491**	0.433**
Sig.（2-tailed）	0.000	0.000
N	450	450

注：**Correlation is significant at the 0.01 level（2-tailed）。

　　表 5—7 中两对相关性检验的 P 值均为 0，证明了显著相关性的成立，两个 r 值分布在 0.4—0.5 之间，二者相差不大，且能产度序值与频度序值的相关性系数大于它与常用度序值的相关性系数，表明在绝对高能产区间，单音节词

语的能产性与常用性之间存在中等偏弱的正向关联关系，单音节词的共时分布均衡性对其能产性与常用性关系的影响相对于高能产区域有所下降，但仍大于单音节词整体。

对绝对能产区域的词语进一步分段，以100为间隔，细化分出前100区间、前200区间、前300区间、前400区间，使用SPSS分别对各区间做斯皮尔曼相关性检验，结果见表5—8。

表5—8　绝对能产区间词语的能产度与频度及常用度相关性分段比较

	前100区域	前200区域	前300区域	前400区域
能产度序值—频度序值	0.379[**]	0.426[**]	0.453[**]	0.489[**]
能产度序值—常用度序值	0.464[**]	0.442[**]	0.480[**]	0.453[**]
Sig.（2-tailed）	0.000	0.000	0.000	0.000
N	100	200	300	400

注：[**]Correlation is significant at the 0.01 level（2-tailed）。

表5—8中数据显示，单音节词的能产度与频度的正向相关强度随能产度的增加即能产度序值的减小而下降，这与绝对能产区域相对于1935区域，以及相对于全体7903区域的表现一致，说明单音节词语频度与其能产度的正向相关强度，无论是就整体而言，还是就高能产区域，以至于绝对高能产区域而言，都存在着随能产度增加而关联强度下降的趋势。

常用度与能产度的相关性强度变化与此略有差异，在能产度前100至前200区域，相关性系数随能产度序值的减小即能产度的提升而上升的，到了前200之后，出现随能产度提升而下降的趋势。可见，在绝对能产区域能产性最强的那一小部分单音节词语身上，出现了和能产强度与常用强度之间的相关性总趋势背道而驰的现象，不过，即使是在高能产度前100区域，能产序与常用度序之间的相关性系数仍小于前1935区域，更小于全体单音节。综合起来看，能产性最强的那一小部分单音节词语并非集中于常用性强度与之对应的极高频位置和极高常用度位置。

以上通过相关性计算探索了单音节词语能产性与常用性之间的量性关联特征，接下来从共有词语的角度展开。

将高能产度前 1935 区域和频度由高到低排在前 1935 且落在高频前 6778 区域里的单音节词进行比较，二者共有词语（即高频高能产词）1588 个，所占比率约为 82%。采用同样的操作，将高能产度前 1935 区域和常用度由高到低排在前 1935 且落在高常用度前 6778 区域里的单音节词进行比较，二者共有词语（即高常用度高能产词）1396 个，所占比率约为 72%。这说明，在高能产区域，有不少于 80% 的单音节高能产词同时也是高频高常用度词，高频高常用度单音节词和高能产词具有很高的吻合度，支持了上文关于单音节词的能产性与常用性之间存在显著的正向关联的结论。进一步计算共有词的序值差，1588 个高频高能产词的频度与能产度序值差，其中值为 1340，均值为 1608，标准差为 2177；1396 个高常用度高能产词的频度与能产度序值差，其中值 1496，均值为 1745，标准差为 2720。两类共有词的序值差均值和中值不小，内部波动也较为剧烈。这说明，这些单音节词尽管高能产性与高常用性的吻合率高，但高能产性强度和高常用性强度的吻合率却不及两种属性的吻合率，使得高能产区域的单音节词能产性与常用性间的显著正向关联强度有所减弱，相关性计算的结果（高能产度序值与高频度序值的相关性系数 0.703，与高常用度序值的相关性系数 0.587，均小于 0.8）支持了该结论。

分别比较高能产前 450 的单音节词（绝对高能产词）和高频度前 450 以及高常用度前 450 的单音节词，得到高频高能产词 259 个，所占比率约为 58%；高常用度高能产词 244 个，所占比率约为 54%。这说明，过半的绝对高能产词同时也具有最高的频度和常用度。换而言之，能产性最强的那一小部分单音节词与频度最高、能产性最强的那一小部分单音节词也保持了较高的吻合率，但相对于高能产词，其吻合率分别低了约 20 个百分点和 15 个百分点。与绝对高能产度区间的相关性计算结果（能产度序值与频度序值的相关性系数 0.491，与常用度序值的相关性系数 0.433，均小于高能产区域的两个相关性系数）一致。

对高能产区域的单音节词进一步分段考察，探索前 1935 区域里高能产词与高频词、高常用度词的吻合率变化是否存在一定规律性的问题。

表 5—9　高频高能产词与高常用度高能产词在前 1935 区域各区间的分布情况

		前 500	前 1000	前 1500
高频高能产词	数量	295	744	1196
	占比	59%	74%	80%
高常用度高能产词	数量	280	673	1092
	占比	56%	67%	73%

由表 5—9 可见，无论是高频词和高能产词的重合率还是高常用度词和高能产词的重合率，在前 1935 区域都呈现出了随着能产性的减弱（即能产度序值的增大）而增大的趋势性特点，表现出了很强的规律性。这样的数据分布特征与上文的相关性计算结果契合，支持了上文关于单音节高能产词的能产性与常用性存在反向关联关系的结论。

分别计算 1588 个高频高能产词的频度与能产度的序值差（频序值减去能产度序值），以及 1396 个高常用度高能产词的常用度与能产度的序值差（常用度序值减去能产度序值），通过散点图观察它们的趋势性特点。

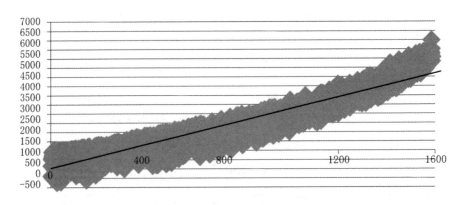

图 5—6　高频高能产词频序与能产序差值散点分布

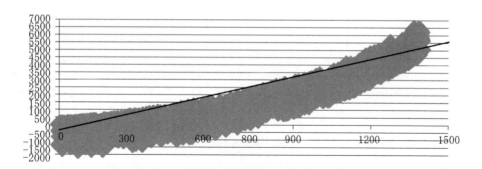

图 5—7　高常用度高能产词常用度序与能产序差值散点分布

图 5—6 横轴表示 1588 个高频高能产单音节词由大到小的频序，纵轴表示频序与能产序的差值，图 5—7 横轴表示 1396 个高常用度高能产单音节词由大到小的常用度序，纵轴表示常用度序与能产序的差值。两图的散点分布形状基本一致，在 [−2000，7000] 的区域内呈现相对密集的带状上扬，起点段主要分布于 0 轴之下，而后以大概 45 度的斜率沿着横轴值的增大而逐步上升，分布于 0 轴之上的散点数量远多于 0 轴之下的散点，这些散点并不以 0 轴为中轴上下波动。统计具体数量，高频高能产词位于 0 轴之上的 1356 个，占比约为 85.4%，高常用度高能产词位于 0 轴之上的 1153 个，占比约为 82.6%。这说明，无论是高频高能产单音节词还是高常用度高能产单音节词，超过五分之四的成员其频度序值和常用度序值都大于能产度序值，换而言之，高能产区域有超过五分之四的单音节词频度和常用度都小于其能产度，从十年语料库的统计结果看，高能产度单音节词中能产性强于常用性的词语在数量上占优势。

再分词性对高频高能产词和高常用度高能产词进行考察。使用 SPSS 做斯皮尔曼相关性检验，结果如下：

表 5—10　高频高能产词和高常用度高能产词各词性的两种属性相关性分析

		动词	形容词	名词	数词	副词	介词	代词	连词	助词	量词
频序—能产序	r	0.675**	0.670**	0.724**	0.572*	0.46**	0.431*	−0.047	109	273	516**
	Sig.	0.000	0.000	0.000	0.013	0.001	0.028	0.896	0.750	0.446	0.000

续表

		动词	形容词	名词	数词	副词	介词	代词	连词	助词	量词
常用度序—能产序	r	0.56**	0.647**	0.577**	0.576*	0.379**	0.382	−0.003	0.045	0.373	0.357*
	Sig.	0.000	0.000	0.000	0.016	0.009	0.059	0.991	0.894	0.259	0.028

由表5—10可明显看到，和第四章发现的高稳固词语具有一定的虚词选择倾向相反，高能产词具有较为显著的实词选择倾向。动词、名词、形容词这三类典型的实词，无论是能产度与频度还是与常用度，均存在显著的正向关联，前两者的相关性系数大于后两者，且它们都大于0.5，与表5—6的数据契合，表明了正度偏强的关联强度；数词、副词、量词介于实词和虚词之间，它们的能产度与频度或能产度与常用度之间，或者P值小于0.05但大于0.01，或者r值小于典型的三类实词，表明它们的能产性与常用性之间的正向关联或不及典型实词显著，或关联强度不及典型实词高，连词和助词的P值均大于0.05，不拒绝零相关假设，说明这两类典型虚词的常用性与能产性之间并不具有一定的线性关联。比较例外的是代词和介词，前者独立充当句法成分，具有一定的实词性质，但它的能产性与常用性之间并不具有线性关联，后者是典型的虚词，但它的频度与能度之间具有较为显著的中等偏弱正向关联，其中的原因有待深入探讨。尽管有这两个例外的存在，但从总体上看，虚实因素仍是单音节词能产性与常用性正向互动的重要影响因素。

综合相关性计算和重合词情况的考察，这一节通过计量分析有以下发现：第一，单音节词的能产性与常用性整体上存在显著的正向关联；第二，单音节词的能产性与常用性之间的正向关联强度存在着随单音节词能产度的增加而下降的趋势；第三，单音节词中能产性最强的那一小部分成员并非集中分布于共时常用性强度与之对应的频度最高区域和常用度最高区域；第四，在高能产区域，高频与高常用度单音节词都和高能产单音节词保持了相当高的吻合度，该吻合度呈现出随能产度的降低而逐步攀升的走势；第五，高能产区域同时具有高频度和高常用度特点的单音节词当中，能产性强于高频特点和高常用度特点的成员在数量上占优势；第六，词性的虚实影响单音节高能产词的能产性与常用性正向关联的显著性和关联强度，高常用性高能产词具有实词选择倾向。

第四节　词语能产性与稳固性的相关性分析

历时稳定性的主要观察项目有基于频度历时变化的稳固度和基于常用度历时变化的稳固度，二者适用于不同的情况。下面将以第四章提取的两个历时稳定词表为基础，与本章提取的单音节能产词表进行比较，通过能产度与稳固度的相关性分析，讨论单音节词的能产性与历时稳定性之间的关联特点。

第四章提取稳定词表时，对十年语料库中总频度小，且十年里每一年使用频度都非常小的罕用词语做了删除处理，被删除的词语中有一部分单音节词，共计 3397 个，剔除掉这 3397 个之后剩下的 4506 个非罕用单音节词即为本节进行历时稳定性与能产性关联研究的对象。

使用统计软件 SPSS 的斯皮尔曼系数对这 4506 个非罕用单音节词的能产度序值与基于频度历时变化和基于常用度历时变化的稳固度序值进行相关性分析。

表5—11　总的非罕用单音节词能产度与稳固度相关性分析

	能产度序值—稳固度序值基于频度历时变化	能产度序值—稳固度序值基于常用度历时变化
Correlation Coefficient	0.552**	0.804**
Sig.（2-tailed）	0.000	0.000
N	4506	4506

注：**Correlation is significant at the 0.01 level（2-tailed）。

两对相关性检验的 P 值均为 0，拒绝零相关假设。相关性系数的值分别是0.552 和 0.804，均大于 0.5，说明非罕用单音节词的能产性与两种方法计算的历时稳定性之间至少存在中度的显著正向关联，尤其是基于常用度历时变化的稳固度与能产度之间的相关性系数高达 0.8，表明二者之间存在高等强度的正向互动，它比基于频度历时变化的稳固度序值与能产度序值之间的关联强度高出了不少，这意味着非罕用单音节词的能产性与历时稳定性间的互动会受词语的文本分布均衡性影响。用柱状图直观呈现单音节词的稳定性与能产性间的正向关联特征。

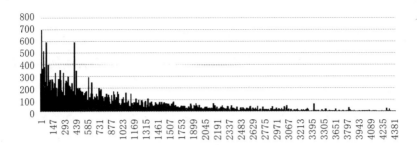

图 5—8 基于频度历时变化的稳序对应的同素双音节词数量

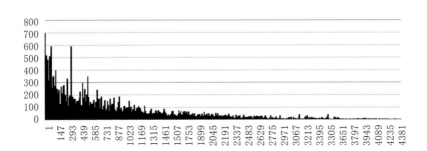

图 5—9 基于常用度历时变化的稳序对应的同素双音节词数量

图 5—8 和图 5—9 的横轴分别表示单音节词基于频度历时变化的稳固度由高到低排列的稳序值和基于常用度历时变化的稳固度由高到低排列的稳序值，纵轴都表示各稳序值上的单音节词同素系联的双音节词语数量。整体上看，两图的分布形态基本一致，都明显呈现出了稳序值越小（即稳固度越高）区域的单音节词同素系联的双音节词语越多（即能产性越强）这一趋势性特征，都有少数具体数据的抖动较为剧烈，如图 5—8 的横轴 439 附近，返回数据查看，稳序为 435 的单音节词同素系联了 591 个双音节词，远多于它周围的单音节词

同素系联的双音节词语数量；图 5—9 横轴的 330 附近、550 附近，返回数据查看，稳序为 330 的单音节词同素系联了 591 个双音节词，稳序为 550 的单音节词同素系联了 348 个双音节词，它们均比各自周围的单音节词对应的双音节词语数量多出了不少。与上文的图 5—4 和图 5—5 进行比较，可以看到，能产度与基于频度历时变化和基于常用度历时变化的稳固度之间呈现出的正向关联强度不及能产度与频度以及常用度之间的正向关联。

继续使用 SPSS 的斯皮尔曼系数计算高能产性前 1935 区域单音节词能产度序值分别与基于频度历时变化的稳序值和基于常用度历时变化的稳序值之间的相关性。

表 5—12 高能产区域单音节词能产度与稳固度相关性分析

	能产度序值—稳固度序值基于频度历时变化	能产度序值—稳固度序值基于常用度历时变化
Correlation Coefficient	0.495**	0.609**
Sig.（2-tailed）	0.000	0.000
N	1935	1935

注：**Correlation is significant at the 0.01 level（2-t（2-tailed）。

高能产度区域的两对相关性检验的 P 值同样都是 0，拒绝了零相关假设。能产度序值与基于频度历时变化的稳固度序值之间的相关性系数为 0.495，略小于 0.5，表明了二者之间的中等略偏弱的正向关联关系；能产度序值与基于常用度历时变化的稳固度序值之间的相关性系数为 0.609，大于 0.5，表明考虑到了文本分布均衡性的稳固度比仅考虑频度的稳固度与单音节词的能产性有更强的正向互动关系，这一特点与所有非罕用单音节词的情况一致。

对比上面阐述的所有非罕用单音节词和高能产区域单音节词的四组相关性数据，可以看到，单音节词的能产性与历时稳定性之间呈现出了正相关强度随着能产度的增加而下降的趋势。取绝对能产度区域的词语，采用同样的方法做相关性分析，对该趋势加以验证。

表5—13　绝对能产区域单音节词能产度与稳固度相关性分析

	能产度序值—稳固度序值基于频度历时变化	能产度序值—稳固度序值基于常用度历时变化
Correlation Coefficient	0.443**	0.387**
Sig.（2-tailed）	0.000	0.000
N	450	450

注：**Correlation is significant at the 0.01 level（2-tailed）。

　　绝对能产区域在 P 值为 0 的前提下，两对相关性系数相对于高能产区都有了进一步的缩小，证明单音节词的能产性与历时稳定性之间确实存在正向关联强度随着能产度增加而下降的趋势。与高能产区和所有的非罕用单音节词的情况不一样的是，能产度序值与稳固序值基于常用度历时变化之间的关联系数略小于它与稳固度序值基于频度历时变化间的关联系数，这样的数据特征意味着，在能产性最强的这一小部分单音节词身上，文本分布均衡性对词语稳定性和能产性关系所起的是弱化作用，而在高能产区和所有的非罕用单音节词身上，它起的是正向强化作用。其中的原因，还有待探索。

　　对绝对能产区域的词语进一步分段，细化成前 100 区域、前 200 区域、前 300 区域、前 400 区域，使用 SPSS 进行相关性计算，在 p=0.000 的前提下，其中的能产序分别与基于频度历时变化的稳序和基于常用度历时变化的稳序之间的相关性情况见表5—14。

表5—14　绝对能产区域单音节词的能产度与基于频度历时变化及就常用度历时变化的稳固度相关性分段比较

	前 100 区域	前 200 区域	前 300 区域	前 400 区域
能产度序值—稳固度序值基于频度历时变化	0.448**	0.412**	0.478**	0.462**
能产度序值—稳固度序值基于常用度历时变化	0.335**	0.350**	0.390**	0.396**
Sig.（2-tailed）	0.000	0.000	0.000	0.000
N	100	200	300	400

注：**Correlation is significant at the 0.01 level（2-tailed）。

　　表 5—14 中数据显示，4 个区间里的两组相关性系数变化都不大，与绝对能产区整体的相关性系数基本保持一致。能产度序值与稳固度序值基于频度历时变化的 4 个相关性系数分布在 0.4—0.5 的区间，内部的大小，以 200 为间隔单位来看，仍呈现出能产性强的区域相关性系数更小，也即随着能产性减弱关联强度逐渐增加的特征，与单音节罕用词和高能产单音节词的总体趋势一致，但放在更小的区间里看，系数的变化在总趋势中表现出了小的波动性。能产度序值与稳固度序值基于常用频度历时变化的 4 个相关性系数分布在 0.3—0.4 的区间，且均小于对应区间的能产度序值与稳固度序值基于频度历时变化的相关性系数，进一步证明了"在绝对能产区域，文本分布均衡性对词语稳定性和能产性关系起弱化作用"的观点。细看这 4 个数据之间的变化，符合随着能产性减弱关联强度逐渐增加的大趋势。综合能产度序值与基于频度历时变化和基于常用度历时变化的两类稳固度序值之间的相关性表现，可以看到，在绝对能产区域之内，历时稳定性与能产性之间在整体上同样呈现出了正向关联强度随能产度增加而下降的趋势，这说明，能产性最强的单音节词并非集中分布于历时稳定性最强位置。

　　继续从共用词角度观察高能产区域单音节词的能产性与稳固性之间的相关性表现。将能产度由高到低排在前 1935 的单音节词分别和基于频度历时变化以及基于常用度历时变化的稳序由高到低排在前 1935 的单音节词（这些词均属于高稳固度词）进行比较，得到基于频度历时变化的高稳固度高能产词 1367 个（占比约为 70.6%）和基于常用度历时变化的高稳固度高能产词 1304 个（占比约为 67.4%）。表明在高能产区域，超过五分之三的单音节词同时也是基于频度历时变化和基于常用度历时变化的高稳定词语，高稳固性单音节词与高能产性单音节词保持了相当高的吻合率。计算各基于频度历时变化的高稳固度高能产词的稳固序与能产序之差，得到 1367 个差值，求其均值，为 1740，求其中值，为 1402，标准差为 1761；各基于常用度历时变化的高稳固度高能产词的稳固序与能产序之差，得到 1304 个差值，求其均值，为 1822，求其中值，为 1623，标准差为 1756。这两组数据的均值、中值均为正数且数值不小，说明从整体上看，高稳固度高能产词的能产性均强于其历时稳定性；两个标准差的值也比较大，表明两组共有词语各自的高能产性强度与高稳固性强度之间的贴合度都存在较大的波动。综合起来看，高能产区域的单音节词其能产性与高稳固性之间尽管有较高的吻合度，但高能产性强度和高稳固性强度之间的吻合率却不及两种属性之间的吻合率高。

进一步对绝对能产区的 450 个单音节词和基于频度历时变化以及基于常用度历时变化的高稳固度前 450 个单音节词分别做同异比对，发现基于频度历时变化的高稳固度高能产词 249 个，占比约为 55.3%，基于常用度历时变化的高稳固度高能产词 259 个，占比约为 57.6%，相对于高能产区域，两类共有词语的占比都有所下降，但仍有过半的单音节词同时也具有基于频度历时变化和基于常用度历时变化的绝对高稳固性质。

对高能产区域的单音节词做分段考察，探索其中高能产词与高稳固词的吻合度变化规律。

表 5—15　高频高能产词与高常用度高能产词在前 1935 区域各区间的分布情况

		前 500	前 1000	前 1500
基于频度历时变化的高稳固度高能产词	数量	292	752	1224
	占比	58.4%	75.2%	81.6%
基于常用度历时变化的高稳固度高能产词	数量	298	754	1169
	占比	59.6%	75.4%	77.9%

表 5—15 中数据显示，两类高稳固度高能产词在三个区间里分布的数量均随着能产度序值的增加（即能产性的减弱）而增大，和相关性计算的结果一致。值得注意的是，两类高稳固度高能产词在前 1000 和前 1500 区域的分布率均大于前 1935 区域，说明高能产性词与高稳固度词的重合率随能产性减弱而递升的整体规律在某些具体序值段也存在一些波动和例外，吻合度最高的高稳固度高能产词分布于高能产性前 1500 区域。

分别计算 1367 个基于频度历时变化的高稳固度高能产词和 1304 个基于常

用度历时变化的高稳固度高能产词的稳固度与能产度序值差，通过散点图观察其趋势性特征。

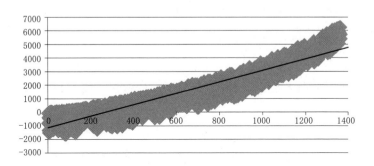

图 5—10 基于频度历时变化的稳序与能产序差值散点分布

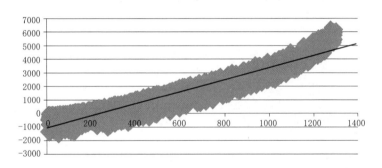

图 5—11 基于常用度历时变化的稳序与能产序差值散点分布

图 5—10 横轴表示基于频度历时变化的高稳固度高能产词由大到小的稳固度序，图 5—11 横轴表示基于常用度历时变化的高稳固度高能产词由大到小的稳固度序，两图的纵轴都表示稳序与能产序的差值。整体上看，两图的散点分布形态基本一致，和上一节的高频高能产词频序与能产序差值散点分布图（图 5—6）表示和高常用度高能产词常用度序与能产序差值散点分布图（图 5—7）类似，都是在 [−2000，7000] 的区域内呈现相对密集的带状上扬，起点段主要分布于 0 轴之下，而后以大概 45 度的斜率沿着横轴值的增大而逐步上升，分布于 0 轴之上的散点数量远多于 0 轴之下的散点。统计具体数量，基于频度历时变化的高稳固度高能产词位于 0 轴之上的 1152 个，占比约

为 84.3%，基于常用度历时变化的高稳固度高能产词位于 0 轴之上的 1117 个，占比约为 85.7%。这说明两类高稳固度高能产词均有超过五分之四的成员其稳固度序值都大于能产度序值，换而言之，高能产区域有超过五分之四的单音节词其稳固度小于能产度，高能产度单音节词中能产性强于常用性的成员在数量上占优势。

接下来分词性对两类高稳固度高能产词进行考察。使用 SPSS 做斯皮尔曼相关性检验，结果如下：

表 5—16　两类高稳固度高能产词各词性的两种属性相关性分析

		动词	形容词	名词	数词	副词	介词	代词	连词	助词	量词
能产序—稳固序基于频度历时变化	r	0.611^{**}	0.528^{**}	0.513^{**}	0.389	0.267	0.383	0.059	−0.055	0.073	0.595^{**}
	Sig.	0.000	0.000	0.000	0.110	0.066	0.053	0.834	0.873	0.841	0.000
能产序—稳固序基于常用度历时变化	r	0.590^{**}	0.541^{**}	0.544^{**}	0.424	0.396^{**}	0.428^{*}	0.175	0.145	−0.018	0.452^{**}
	Sig.	0.000	0.000	0.000	0.080	0.005	0.033	0.532	0.670	0.960	0.003

能产序与两类稳固序之间存在显著正向关联特征的是动词、形容词、名词和量词四类，关联系数的值分布在 0.4—0.6 之间，属于中度关联。副词的能产序与基于常用度历时变化的稳固序之间存在中度偏弱的显著正相关，介词的能产序与基于常用度历时变化的稳固序之间存在中度略偏弱的较为显著的正向关联，两类词的能产序与基于频度历时变化的稳固序之间没有显著的线性关系（两个 P 值均大于 0.05，不能拒绝 0 相关假设）。其他的词类，能产序与两类稳固序之间均不存在显著的线性关联关系。从这些词类之间的对立性特征看，高

稳固高能产词其能产性与稳固性之间的正向关联关系受词性的虚实影响，因为名词、动词、形容词是典型实词，量词和副具有一定的实词属性，所以，高稳固高能产词与实词具有的互选倾向。例外的情况是，数词、代词和介词，前两者同样具有一定的实词属性，但它们的能产性与稳固性之间并不具有显著或较为显著的线性关系，介词是典型的虚词，但它的能产序与基于常用度历时变化的稳固序之间表现出了一定的正向关联关系。这说明，在虚实的区别背后，还有更为细致的制约因素。这一因素，显然不是词类的封闭性，也不是充当句法成分的能力，具体是什么，还需要探索。

综合上文关于相关性计算和共有词语重合情况考察的结果，单音节词的能产性与历时稳定性之间的关联特点可以归纳为：第一，二者整体上存在显著的正向关联，其关联强度小于单音节词的能产性与共时常用性之间的关联强度；第二，二者之间正向关联的强度整体上存在着随单音节词能产度的增加而下降的趋势；第三，单音节词中能产性最强的那一小部分成员并非集中分布于历时最稳定的区域；第四，高能产区域，基于频度历时变化和基于常用度历时变化的高稳固单音节词和高能产单音节词保持了相当高的吻合度，吻合率整体上呈现出了随能产度的降低而逐步攀升的走势，但吻合率最高的是高能产的前1500区域；第五，高能产区域的高稳固度高能产词，其稳固度序值和能产度序值的接近程度强于二者的偏离程度，且能产度高于稳固度的成员在数量上占优势；第六，词性的虚实影响单音节高能产词的能产性与历时稳定性之间的关联显著性和正向关联强度，高稳固度高能产词具有实词选择倾向。

本章以词语的同素系联能力为基本观察项，通过十年语料库的数据提取与分析，对词语的能产性进行了计量考察，以此为基础，拟定了绝对高能产词表和高能产词表，发现了词语在能产性方面的如下特征：

（1）音节数量是词语能产性的一个重要参数，单音节词的能产性最强，其次是双音节词，词语的音节数量多少与其能产性之间呈现反向关联特点。

（2）单音节词内部的能产性强弱分布也很不均衡，整体上呈现出了能产性越高的单音节词基数越小，能产性越低的单音节词基数越大的分布倾向。

（3）词性的虚实是影响词语能产性的又一重要参数，高能产性词语中实词在数量上占有压倒性优势。

（4）整体上，大部分词语都不具有能产性，少量的高能产性单音节实词同素系联了绝大部分的多音节词语，这些高能产性单音节实词为词汇系统的历时稳定发展发挥了重要作用。

为全面了解21世纪最初十年里词语的能产性、共时常用性以及历时稳定性之间的关联特点，本章以单音节词为观测对象，对三性做了相关性计算和共用词分析，结果表明：

（1）单音节词的能产性与共时常用性以及历时稳定性之间均存在显著的正向关联。整体上，单音节词的能产性与共时常用性高度相关，其关联强度大于能产性与历史稳定性之间的关联强度。

（2）单音节词的能产性与共时常用性和历时稳定性之间正向关联的显著性均呈现随单音节词能产度的增加而下降的趋势。

（3）单音节词中能产性最强的那一小部分成员既没有集中分布于共时最常用的区域，也没有集中分布于历时最稳定的区域。

（4）高能产区域，共时高常用性的单音节词和历时高稳定性的单音节词均与高能产性的单音节词保持了相当高的吻合度，该吻合度整体上呈现出了一定的随能产度增加而逐步降低的趋势。

（5）高能产区域，同时具有共时高常用性的单音节词以及同时具有历时高稳定性的单音节词中，能产性强于共时高常用性和历时高稳定性的成员在数量上占优势。

（6）词性的虚实影响单音节高能产词的能产性与共时常用性以及历时稳定性之间正向关联的显著性和关联强度，无论是高共时常用性高能产词还是高历时稳定性高能产词，都具有明显的实词选择倾向。

第六章　基本词的句法功能实态及其应用

语言是人类重要的交际、思维和社会建构工具。语言的这些工具功能的实现，离不开词语的句法、语义功能的发挥。词语的使用实态，既包括侧重于它的语符形式的实际使用状态，又包括它作为语法单位在实际的句法行为中表现出来的使用状态，以及作为音义结合体在表情达意中表现出来的使用状态。词语语义功能的观察有赖于搭配这一核心句法操作，所以，应该在揭示了词语的句法功能实态之后再考察词语的语义功能实态。

十年语料库规模巨大，使用到的词语数量众多，现有的句法、语义自动标注技术不能很好地满足本研究的需求，我们投入了大量的人工做校对工作，即使如此，也很难实现对所有词语的高精度标注。为了在可控范围内尽最大可能保障标注的准确性，本章选择以基本词为主要观察对象。基本词反映社会生活的基本面貌，是词汇系统的核心，也是语言应用领域的重要运用指标，揭示基本词的句法、语义实态信息，能够为语言教育和中文信息处理等直接提供有用信息。

第一节　基本词汇的确定

基本词通常被认为应同时具有全民常用性、历时稳定性和构词能产性这三种性质。第三章从频度和常用度两个方面探讨了词语的共时常用性，全民常用性包含了使用地域广和使用频度高两方面的要求，所以，基本词的全民常用性，适合选用常用度作为衡量手段。

三性之间的关系，前文的第四和第五这两章已经做了较为深入细致的阐述，其中一个比较突出的特征是：整体上，三性的两两之间都具有显著的正向关联，但在关联强度及其分布倾向上各有特点。共时常用性与历时稳定性之间广泛存在中等程度的正相关，且相关性强度随稳固度的增加而增加，在稳固度最高的前 200 区域，词语表现出了最强的常用性倾向。共时常用性与构词能产性之间整体上呈现高度正相关，其关联强度随能产度的增加而减弱，构词能力最强的词并非集中分布于高常用度区域。历时稳定性与构词能产性之间整体上呈现中等偏强的正相关，其关联强度同样表现出了随能产度的增加而减弱的大趋势，构词能力最强的词同样没有集中分布于高稳固度区域。用表 6—1 直观显示这三对关系的异同对立。

表6—1　共时常用性、历时稳定性和构词能产性两两相关特征比较

	共时常用性—历时稳定性	共时稳定性—构词能产性	历时稳定性—构词能产性
线性关联显著性	显著	显著	显著
相关性方向	正向	正向	正向
整体上的相关性强度	中度	高度	中度偏高
相关性强度的分布趋势	随稳固度增大而增大	随构词能力增大而减小	随构词能力增大而减小

这样的异同特征提示我们，尽管三种属性之间存在显著的正向关联，但对于基本词语的确定，不能简单地仅以三性当中的任何一个作为衡量指标，而是应该综合三者，通过合取方式明确其外延。

我们以第三、四、五章从十年语料库中提取出的共时高常用度词表、基于频度历时变化的高稳固度词表、基于常用度变化的高稳固度词表以及高能产度词表为基础，通过求交集运算，得到四个词表的共有词语。这些共有词语同时具有共时高常用性、历时高稳定性和构词的高能产性三个特点，符合基本词的

内涵要求，我们将之界定为基本词，总计 1139 个。对这 1139 个词语的频度序值、两类历时稳固度序值以及能产度序值取乘积，再对乘积结果按照由小到大的顺序进行排序，得到其序值，序值越小的词语在三性方面表现越突出。序值前 300 的基本词列举如下：

表 6—2　序值前 300 的基本词及其序值

1上	26高	51可	76带	101重	126内	150快	176安	201清	226交
2人	27过	52走	77本	102信	127光	152特	177讲	202远	227世界
2不	28天	53老	78金	103此	128期	153个	178吃	203黄	228话
4有	29起	53给	79拉	104比	129红	154声	179住	204步	229再
5到	30种	55月	80学	105还	130五	155平	180支	204因	230极
6大	31得	56山	81文	106被	131更	156女	181布	204十	231方
6地	32成	57名	82难	107总	132米	157张	182道	207他	232我
8好	33要	58事	82就	108处	133座	158谈	182干	208军	233越
9中	34前	59车	84等	109问	134行	159热	184所	209送	233工作
9一	34和	60在	85两	109以	135变	160都	185该	210写	235夫
11后	36作	61无	86把	111才	135其	161让	186之	211的	236那
12用	37水	62新	87生	112了	137放	162德	187万	212公司	237靠
13下	38于	63当	88发	113如	138没	163南	188言	213村	238费
14小	39看	64能	88明	114利	139林	164先	189办	214东	238达
15时	40向	65条	90想	115使	140儿	165少	190近	215力	240云
15来	41着	66场	91同	116约	141王	166子	191华	216最	241龙
17会	42正	67多	92数	117强	142像	167树	192真	217情	241已
18家	43长	68三	93进	118手	143并	167站	193听	217而	243字
19里	44路	69日	94打	119加	144自	169首	194门	219便	244未
20出	45从	70海	95心	120四	145管	170部	195周	220叫	245深
21年	46位	71外	96西	121花	146回	171件	196病	221关	246社会
22说	47点	71将	97美	122书	147见	172头	197任	221双	247与
23对	47是	73全	98钱	123断	148间	173元	198号	223笑	248请
24为	49分	74次	99马	124二	149国	174低	199边	224白	249这
25去	49者	75开	100受	125爱	150连	174做	200台	224民	250卡

续表

251 指	256 提	261 只	266 定	271 式	276 系	281 生活	286 八	291 法	296 根
252 相	257 百	262 古	267 由	272 阿	277 黑	282 则	287 胡	292 楼	297 层
253 几	258 动	263 线	268 修	273 每	278 活	283 自然	287 副	293 何	298 科
254 口	259 立	264 买	269 按	274 岁	279 半	284 坐	289 初	294 却	299 房
255 性	260 太	265 工	270 选	275 班	280 死	285 格	290 段	295 六	300 九

完整的基本词表见附录 4。

关于本书确定基本词汇的方法，有两点需要作出说明。

一是历时稳定性的衡量。第四章采取了基于频度历时变化和基于常用度历时变化两种计算方式，获得了两类高稳固度词表。用这两个词表分别与高常用度词表和高能产度词表进行了求交集运算，分别得到了共有词语 1246 个和 1198 个，二者在数量上相差不大，再对这两个共有词表求交集，得到共有词语 1139 个。我们认为，相较于 1246 个共有词语和 1198 个共有词语，1139 个共有词语在历时稳定性方面更为典型，所以，基本词的内部成员，我们最终选择了四表共有的这 1139 个。后文的基本词句法、语义功能实态描述都将以此为主要观察对象。

二是对不同音节词语的处理。第五章的数据统计与分析表明，能产性与词语的音长密切相关，高能产词主要集中在单音节词上，所以第五章只展示了单音节高能产词。但这并不是说，所有单音节词的系联能力都大于双音节词，如"主义"一词作为构词语素，系联了 115 个多音节词语，比绝对高能产区域的单音节词里大部分成员的能产性都要强。在对四个词表做求交集运算时，我们使用的高能产词表是以所有词语为对象，通过计算其同素系联词语的多少，而后计算覆盖率，以 90% 为边界提取出的高能产词总表。这就是从十年语料库中提出的基本词及其序值表中，单音节词占据了绝大部分，但也包含了少量双音节词的原因。

第二节　基本词汇句法功能概貌

通过第四章的分析，我们知道了词语的历时稳定性具有虚词优选倾向，且在 2000—2010 年这十年里，作为语符形式使用的词语在整体上以稳态为主。为了解作为语法单位使用的词语在句法功能方面的稳态表现，我们选择了历时稳定性比虚词弱的实词，以抽样的方式进行检验。从基本词表中随机抽取 10 个名词(电、话、力、人、手、工、书、心、主、组)、10 个动词(产、到、干、爱、开、取、收、听、问、有)和 10 个形容词(高、好、近、难、大、强、弱、细、早、重)共计 30 个样本，在十年的时间窗口中逐一考察它们的句法搭配(具体操作说明见下一节)情况，包括搭配对象和所处的句法位置的逐年比对和标准差计算，结果如下(受限于篇幅，下面三种词性各举一例)：

十年语料中名词"电"出现的句法结构 5 种："动词＋电""数量结构＋电""名词＋电""电＋名词""电＋动词"，典型搭配词 73 个：

> 用、价、新华社、输、缺、节约、送、一度、用上、控、没有、通、价格、荒、玩、暖气、供、通上、购、停、容量、线路、充、炉子、触、烧、插、费浪、费、买、棍、吉他、老虎、卖、介质、怕、火、褥子、供应、扣减、发、棒、输送、抢、省、导、插上、压、偷、厂、烤炉、禁、板、节省、齿轮、防、离不开、家用、功率、高压、锅、茶壶、几度、晕、铲、锅炉、低压、抢修、壶、轨、蚊香、额度、损耗

十年语料中动词"产"出现的句法结构 10 种："名词＋产""产＋名词""形容词＋产""代词＋产""产＋动词""副词＋产""所＋产""产＋前/后""产＋动态助词""产＋趋向动词"，典型搭配词 108 个：

日、油、量、多、自、钢铁、销、奶、不、粮食、也、水泥、中国、高、汽车、所、蛋、新、煤炭、都、原油、主要、车、钢、后、奶牛、区、催、石油、地、只、非洲、低、亩、天然气、茶、崽、焦炭、煤、棉花、皮鞋、绝、沼气、玉米、过、下、卵、轿车、小麦、停、粮、检、糖、大豆、胶、粪便、牛奶、原料、鲜奶、铜、盐、铁、玉、仔、出、前、苹果、鱼、钒、蔬菜、水果、茶叶、西瓜、流、原煤、马铃薯、难、油菜籽、梨、泰国、奶粉、青花瓷、蜜、芒果、白酒、俄国、柑橘、鸭蛋、锂、大米、姜、新茶、瓷器、牛皮、鲜鱼、甜瓜、胡椒、羊绒、泡菜、桃子、蔗糖、牛肉、番茄、丝绸、木材、黄金、早、子

十年语料中形容词"高"出现的典型句法结构10种:"副词＋高""高＋名词""名词＋高""动词＋高""高＋形容词""高＋动态助词""数量结构＋高""代词＋高""高＋数量结构""比＋名词/代词＋高",典型搭配词284个:

更、较、很、不、素质、层次、端、耗能、质量、要求、技能、污染、了、太、收入、偏、管、附加值、效率、成本、极、水平、能耗、风险、比较、危、强度、品质、含量、调、举、清、非常、学历、度、山、消耗、油价、一些、难度、这么、那么、价格、海拔、也、等级、投入、挂、规格、相当、程度、水准、还、再、我、层、境界、房价、技术含量、楼、人、精度、起点、品位、收益、价值、知名度、评价、地、目标、标准、一点、经济效益、产量、追求、收费、工资、个子、回报、价、利润、门槛、颇、智商、分辨率、他、特别、效益、比例、喝、薪酬、期望、费用、一级、票价、你、地位、含金量、频率、威望、拉、药价、价钱、她、个儿、水位、薪水、温度、热量、纯度、脂肪、威信、清晰度、失业率、职位、投资、粮价、收视率、气温、鼻梁、血糖、利率、稍、分数、危险、可靠性、会长、局长、造诣、积极性、级别、董事长、安全性、颧骨、死亡率、就业率、地势、占有率、回报率、觉悟、塔、学

费、辐射、危险性、分贝、物价、利息、油耗、秘书长、血压、峰、职
称、胆固醇、定价、能量、所长、代价、增长率、负荷、密度、营养、地
价、定位、墙、票房、钙、人气、流动性、关税、产出、税收、个头、利
用率、期望值、成功率、情商、透明度、发病率、税率、格调、环境污
染、素养、有点、浓度、成活率、医术、收益率、悟性、仿真、仿、声
音、产值、一头、造价、嗓门、身价、喊口号、投资率、学位、报酬、档
次、智能、权威性、灵敏度、年薪、院墙、电压、出生率、心气、生产
率、成就、扬、湿度、稳定性、涨幅、蹦、劳动生产率、可信度、保费、
人口密度、歌、挽、血脂、奖金、声望、普及率、价位、租金、八度、
效、瞻、准确率、市场价、挑、卖价、纬度、呼声、利润率、售价、水
价、敏感度、得分、震级、犯罪率、能见度、空、升学率、要价、站、眼
界、眼光、蛋白质、频度、指标、考分、精确度、分值、鼻子、姿态、报
价、官、指数、段位、安全系数、收购价、回扣、利钱、销量、破案率、
生育率、命中率、月薪、比率、合格率、覆盖率、维修费、品级、卡路
里、辈分、书价、警惕性、分数线、生活质量、资历

逐年统计名词"电"、动词"产"和形容词"高"各自出现的典型结构和
典型搭配词的数量，通过标准差计算观察它们在十年期间的变化幅度，结果见
表6—3：

表6—3 基本词"电""产""高"的句法框架和典型搭配词十年变化情况

		2001年	2002年	2003年	2004年	2005年	2006年	2007年	2008年	2009年	2010年	十年标准差
电	典型搭配词数量	65	58	69	67	61	72	69	70	68	67	4.247875
	句法框架数量	5	5	5	5	5	5	5	5	5	5	0

		2001年	2002年	2003年	2004年	2005年	2006年	2007年	2008年	2009年	2010年	十年标准差
产	典型搭配词数量	103	97	103	104	99	106	100	107	101	102	3.084009
	句法框架数量	10	10	10	10	10	10	10	10	10	10	0
高	典型搭配词数量	275	270	277	280	273	279	278	275	271	276	3.306559
	句法框架数量	10	10	10	10	10	10	10	10	10	10	0

表6—3中数据表明，十年期间三个基本词所出现的句法框架的数量均没有变化，典型搭配词的变化也很小，标准差值均未超过5，这样的变化远不及这些词语作为语符形式使用时基于频度和常用度计算看到的历时变化大，支持了学界关于词语历时发展过程中语法功能演变相对缓慢的观点，同时也说明，词语的句法功能具有很强的历时稳定性。

基于这样的特征，本章对十年基本词汇句法功能实态的考察，重心放在其多样性表现上。

词语的句法功能，首先表现为词语的语法属性。对1139个基本词做词性统计，具体分布情况如下：

表6—4　基本词汇的词性分布

动词	名词	量词	形容词	副词	介词	数词	连词	代词	助词	语气词	叹词	拟声词
528	355	185	169	106	54	32	24	24	14	5	3	3

表6—4中词语数量总计1502个，之所以会大于1139，是因为1139个基本词语中有一部分兼类词，在做词性统计时，兼类的情况予以分别计数，于是出现了词性计量总数大于1139的情况。兼类多的是兼作副词、量词和动词的情况。若不计兼类，仅就使用频度最高的第一词性来看各词性的分布，数量最

多的前三位分别是动词、名词和形容词，三者之和占到了总数量的66%。计了兼类之后，排在前三位的是动词、名词、量词，形容词紧跟其后，副词排在第五位。后面分别是介词、数词、连词、代词、助词、语气词和叹词、拟声词。由表中数据的分布情况可见，汉语的各词类在基本词中均有分布，但基本词主要分布在实词，尤其是在名词和动词当中。这是基本词在句法功能上表现出的一个整体性特征。

兼类现象丰富是十年基本词在句法功能上的另一个整体性特征。在1139个基本词中，兼类词共计408个，约占总数的36%。十年语料库所有使用到的词语里兼类词的占比约为12%，显然，基本词中兼类现象十分突出。

就兼有词性的数量来看，基本词里的兼类现象可分为五类：兼属两个词性、三个词性、四个词性以及五个词性。各类的数量分布如下：

表6—5　基本词汇里各类兼类词的分布情况

	兼属2个词类	兼属3个词类	兼属4个词类	兼属5个词类
各类分布的基本词数量	310	81	16	1
各类在所有基本词中的占比	75.98%	19.85%	3.92%	0.25%

五种兼类现象各举一例，说明其使用情况。

兼两个词性的以"堆"为例：

（1）山上的一枝一叶，被厚厚的冰块包裹着，比平时"胖"了一倍多，许多树木承受不了，不是压弯，就是折断；而村里小道，虽潮湿，却很好走，路上的冰被村民铲在路边，堆成一堆堆的。（《春节天寒心不寒》，《人民日报》2005年6月7日）

例（1）中有三个"堆"，前一个是动词，后两个是量词的重叠形式。

兼三个词性的以"火"为例：

（2）那些信像一团**火**，能烧起她一直荒芜的心。（南雪：《错过夏天的向日葵》，《读者》2005 年第 11 期）

（3）阿罗一看**火**了，冲着这些人骂了几声狗娘养的，就脱了棉袄，跳进冰窟窿。（徐慧芬：《狂女阿罗》，《读者》2005 年第 6 期）

（4）见自己的馅饼大受欢迎，有时竟不够卖，小穆拉丁便有些得意忘形地对父亲说："爸，咱的馅饼卖得这么**火**，不愁没有客源了，以后干脆少放点肉馅，多出点馅饼，能多赚不少钱啊。"（爱升：《富了也要穷孩子——俄罗斯大叔独特的育子经》，《读者》2005 年第 3 期）

例（2）（3）（4）中加点的三个"火"依次用作名词、动词和形容词。

兼四个词性以"对"为例：

（5）我顺着她指的方向看过去，发现雨地里一**对**恋人正忘情地拥吻着。（李修平、朱应坤：《幸福的女孩不带伞》，《读者》2003 年第 13 期）

（6）据说乾隆皇帝曾经在殿试的时候给举子们出了一个上联"烟锁池塘柳"，要求**对**下联。（泉涌：《打不过就跑》，《青年文摘》2002 年第 3 期）

（7）他说："**对**呀，这是我们祖国的语言。"（戴尔·卡耐基：《站在对方的立场看问题》，《青年文摘》2001 年第 9 期）

（8）在诺贝尔生前与身后，人们**对**他常有欧洲"最富有的流浪汉"之说。（童鹰：《诺贝尔传奇》，《青年文摘》2002 年第 4 期）

例（5）（6）（7）（8）中四个"对"依次用作量词、动词、形容词和介词。

兼五个词性的以"连"为例：

（9）**连**下了两盘棋，局势都是一面倒，小乙怎么也赢不了小甲，差距很明显。（区志光：《职业是饭碗》，《读者》2004 年第 9 期）

（10）三家人的地其实是**连**在一起的，并没有明显的界线，只是在地头立一块石头作为标志，因此，在地中间我占你一犁，你占我一锄并不奇怪。（杨萍：《种地的智慧》，《读者》2004 年第 9 期）

（11）而在西边，李家的庄稼和我们家的庄稼贴在一起生长，别说通道，**连**放脚的地方都找不到，只是根据庄稼的品种不同，才能看得出界线在那里。（杨萍：《种地的智慧》，《读者》2004 年第 9 期）

（12）走在攀牙府的滨海公路上，记者看到房屋东倒西歪，几条游艇被"卷"上马路，一辆辆汽车被掀倒，一排排大树被**连**根拔起，一根根钢筋水泥柱被截然劈断。（杨讴：《天灾无情人有情》，《人民日报》2005 年 1 月 3 日）

（13）他刚从旅部汽车**连**调到三连，一个周末给值班的副连长请假外出。（王凯：《终将远去》，《小说月报》2010 年第 10 期）

例（9）（10）（11）（12）（13）中五个"连"依次用作副词、动词、助词、介词、名词。

除了兼类，活用现象也是体现词语句法功能多样性的重要观测指标。词语的活用没有直接提取软件，受限于此，我们选择以三家杂志（《青年文摘》《读者》《小说月报》）十年的语料，使用 AntConc 的带条件检索功能，以名词活用为形容词为例，设程度副词"很"为其左搭配，发现了部分名词活用为形容词的部分用法。就提取出的数据来看，在我们考察的范围内至少有 225 个名词活用作了受程度副词"很"修饰的形容词，这样的用法出现在 1504 个句子当中。其中，基本名词 14 个，出现在 48 个句子里。从绝对数量上看，在受程度副词"很"修饰，活用作形容词这一用法上，基本名词比非基本名词少了很多，但从比率上看，能受"很"修饰活用为形容词的名词在我们考察范围之内的所有名词中占比约为 33.25%，能受"很"修饰活用为形容词的基本名词在所统计的基本名词中占比约为 33.94%，两者十分接近。说明基本名词在活用作形容词上并没有比一般名词表现得更为保守。

关于 14 个基本名词受程度副词"很"修饰的情况，下面各举一例：

(14) 考虑到另外几门胡适考得很**水**，而且最后录取的名次也很靠后，所以说，实际上是这篇跑题的作文，把胡适先生送到了美国。(张鸣:《曾经有过的好事》，《读者》2006 年第 17 期)

(15) 水大概是山上接的溪水，很**冰**，没有洗洁精，饭沾在碗上，很难洗，有时得用筷子刮。(常乐:《碗莲华》，《青年文摘》2010 年第 13 期)

(16) 动物也很**雷**。(雷晓:《动物也很雷》，《青年文摘》2009 年第 12 期)

(17) 于是有了一段关于当今谁最**牛**的佳话。(辣比小新:《青梅煮酒论最**牛**》，《青年文摘》2009 年第 12 期)

(18) 不过也没见过她答应了谁或者是得罪谁，总之她和所有的男生关系都很**铁**。(庞婕蕾:《每个女孩都是天使》，《青年文摘》2002 年第 9 期)

(19) 现在的我，正在过着一种童话般的生活，现在的我很**儿童**。(阿成:《来去匆匆》，《小说月报》2006 年第 12 期)

(20) 这躺法很**技术**，睡姿天天不变。(马秋芬:《蚂蚁上树》，《小说月报》2006 年第 8 期)

(21) 神经！你简直很**神经**！蒲红英说。(李来兵《豆子身上的平哥》，《小说月报》2008 年第 2 期)

(22) 遇上对方提起了一个你完全不想接的话题，不必急着要抵抗，而是轻巧地把对方热衷的话题，连接到一个很**生活**的方向，就行了。(蔡康永:《教你说话》，《青年文摘》2010 年第 2 期)

(23) 是很本能、很**生物**的力量，它打破一切物种的界别，人也好，单细胞生物也好，都在这白热的狂怒中成为一样的生命。(严歌苓:《吴川是个黄女孩》，《小说月报》2005 年第 7 期)

(24) 胡 / 作家给女儿取了很文气、也很**文化**的名字:胡怡。(石钟山:《文官武将》，《小说月报》2006 年第 3 期)

(25) 因为有诗歌的才华做底子，那刻薄还是升华了的刻薄，很**文学**很诗意，一说出来，总是很快就在中文系流行开来。(阿袁:《顾博士的婚姻经济学》，《小说月报》2010 年第 9 期)

（26）照片拍得很**艺术**，光头吴佩孚，身着戎装，脸微微朝左，两眼炯炯，凝望前方，看上去踌躇满志，胸有成竹。（李辉：《枭雄周围的世界》，《小说月报》2005 年第 2 期）

（27）他便混在一起，决定播放那首诗的乐曲，给我们送行，自以为这样做很**政治**，也很**文化**。但那诗的题目是《送瘟神》，这引起了我们的哗然。（余秋雨：借我一生》，《小说月报》2004 年第 4 期）

由以上十四个例句可见，受程度副词"很"修饰的双音节基本名词有 9 个，单音节基本名词只有 5 个，似乎是双音节名词受程度副词"很"修饰的概率要大于单音节名词。扩大到三家杂志十年语料当中所有能受程度副词"很"修饰的情况，活用作形容词的 211 个非基本名词，其中单音节名词 7 个，双音节名词 186 个，三音节名词 12 个，四音节名词 4 个。从三家杂志 2005 年一年的语料中提取出非基本名词受"很"修饰活用作形容词的句子，从中随机抽取出10 个，列举如下：

（28）气氛一下轻松起来，话题变得很**私人**。（裴蓓：《南方，爱你我说不出》，《小说月报》2005 年第 12 期）

（29）沈凤桐常常是一身休闲装，颜色大多也是很**素色**的那种。（朱晓琳：《守望马其诺防线》，《小说月报》2005 年第 12 期）

（30）眉毛被修过了，还好没有修得很**妖气**。（梁晴：《京西美容院》，《小说月报》2005 年第 11 期）

（31）在宽大的办公室，郑克章用很**官方**的语言对陈珊说：……（裴蓓：《南方，爱你我说不出》，《小说月报》2005 年第 12 期）

（32）事实上，秦腔和足球一样，是很**雄性**的。（易中天：《城市的"性别"》，《青年文摘》2005 年第 8 期）

（33）信佛的祖母，给我起了很**佛教**的名字：艾杏佛。（二月麦苗：《海棠无香》，《青年文摘》2005 年第 12 期）

（34）我这样做念不道德，很**流氓**，但我确实这样做念过。（贾平凹：《秦腔》，《小说月报》2005 年第 2 期）

（35）她总是莫名其妙地觉得：这个男人会很**韧性**地活下来。（乔叶：《他一定很爱你》，《小说月报》2005 年第 4 期）

（36）我看到，何老汉也在其中，已经换了身干净衣裳，黑头帕换成了新蓝干部帽，很**知识**地端坐着。（叶广芩：《响马传》，《小说月报》2005 年第 7 期）

（37）正判着，立群突然跳到他们的中间，很严肃很**警察**地盯着老裁判说……（彭建德：《橘中秘》，《小说月报》2005 年第 9 期）

很明显，能够受程度副词修饰的双音节名词在数量上确实占有绝对优势。现代汉语整体上以双音节词语居多，从这一点来看，能够受程度副词修饰的双音节名词在数量上占有绝对优势似乎并不令人意外，但就基本词而言，因为词语的频度、常用度、稳固度以及能产度都与词长存在显著的反向关联关系，所以基本词中单音节词本身是占有数量上的绝对优势的，在这样的大前提下，基本词中能够受程度副词修饰的名词仍然以双音节居多，足以说明，现代汉语存在着双音节名词更容易活用作形容词这一倾向性特征。从中似乎可以推测，汉语的词类活用受到了词长即音节数量的影响。至于汉语词类活用以及兼类现象如何受到、为什么会受到词长的影响，还有待深入研究。

以上兼类和活用现象不仅体现了词语的句法功能在 21 世纪最初十年间的多样性，也表现出其历时动态和稳态。词类活用现象体现的是词语句法功能正在发生的动态变化。从我们抽样考察的结果来看，略超过 33% 的名词都有活用为形容词的用法，说明尽管在新世纪最初的十年里，词语在搭配对象和句法位置上整体以稳态为主，但在稳态大格局之下也有不少句法创新和超常搭配的存在。词语的兼类现象展现了词汇系统对活用现象的吸收、接纳，是变动态为稳态的结果。最初十年基本词的兼类现象较为丰富，说明了在新世纪到来之前，这些基本词当中有相当大一部分曾发生过显著的词类活用和变化现象。

综上，21世纪的最初十年，汉语的基本词整体以稳态为主基调，在句法位置和搭配对象上表现出了强历时稳定性；在词性分布上，各词类均有使用，其中以实词优势明显；相对于词汇全体，基本词兼类现象突出；将名词代入"很+X"句法框架所做的词类活用计量考察表明，十年间名词活用作形容词的现象较为丰富。

第三节　基本词的搭配类型与典型搭配

对基本词搭配行为的观察，我们通过词语搭配（collocation）的语料库提取与分析来实现。关于词语搭配的语料库提取，使用卫乃兴总结的三种方法①，就我们的研究对象进行对比实验。

首先利用索引证据，参照类连接，检查和概括词项的搭配。这一方法的一个基本预设是语言的使用在很大程度上是一个概率问题，在大规模语料库中含有关键词的索引会非常多，将索引全部提取出来既不方便也无必要，所以可以采取随机方式进行小规模索引样本的提取与观察，并在此基础上描写词语的搭配行为。以"动"为例：

从语料库中随机抽取15个索引片段（见表6—6）。观察这15个索引片段可见，"动"出现于"V+d+v""v（+u）+V""p+n/r +u+V""n/r+u+V""V（+u）+m""v+d+V""（n/r+）d+d+V（+u）（n/r）""n+v+V+u+n""r+r+V+u+r+u""r+V+u+n"②等几个类联接里，其中，"v+不+动""为+n+所+动""动+了+n"都出现了两次，这比较符合语感，像"走不动""钓不动""跑不动"等"v+不+动"，"为之所动""为情所动""为金钱所动""为名利所动"等"为+n+所+

---

① 卫乃兴：《基于语料库和语料库驱动的词语搭配研究》，《当代语言学》2002年第2期。

② 类连接里大"V"是"动"出现的位置。

动",以及"动了心思""动了想法""动了念头""动了恻隐之心"等"动+了+n"都是常见短语,说明用随机抽取索引的方式提取词语的典型搭配确实有一定的作用。但不能忽视的是,若处理的语料库规模巨大,受抽样规模的制约,典型搭配词的提取会很不全面,由此会带来对基于搭配而开展的词语句法语义功能的观察和描写很不充分的问题。

表6—6 "动"的索引证据

1				动/v	也/d	不敢/v	
2			不敢/v	动/v			
3		洗/v	得/u	动/v			
4	为/p	之/r	所/u	动/v			
5		走/v	不/d	动/v	的/u	那/r	只/q
6		我/r	没/d	动/v			
7		感觉/v	课桌/n	动/v	了/u	一下/m	
8		钓/v	不/d	动/v			
9	谁		也/d	没/d			
10		厂商	开始	动/v	了/u	心思/n	
11		你俩/r	谁/r	动/v	了/u	我/r	
12		就/d	没/d	动/v	它/r		
13		跑/v	不/d	动/v	了/u		
14	为/p	画/n	所/u	动/v			
15			我/r	动/v	了/u	恻隐之心/n	

再使用词丛提取法。先依据节点词开一定宽度的窗口,使用查询软件提取出设定了长度的词丛,再通过计算词丛在语料库中的期望频数与观察频数的比值来判断提取出的词丛里哪些属于典型的搭配。同样以"动"为例,"动"作为节点词,设定2个词的窗口,按照共现频度的高低排序,排在前20位的分别是:

表 6—7　"动"共现频度前 20 位的词丛

Rank①	Freq②	Cluster③	Rank	Freq	Cluster
1	1991	不 /d 动 /v	11	125	在 /p 动 /v
2	1423	动 /v 了 /u	12	101	不敢 /vu 动 /v
3	309	没 /d 动 /v	13	83	动 /v 也 /d
4	262	动 /v 的 /u	14	71	就 /d 动 /v
5	215	没有 /v 动 /v	15	64	未 /d 动 /v
6	169	动 /v 过 /u	16	62	动 /v 着 /u
7	156	不能 /vu 动 /v	17	61	动 /v 一下 /mq
8	149	了 /u 动 /v	18	59	所 /u 动 /v
9	143	得 /u 动 /v	19	58	不要 /vu 动 /v
10	139	别 /d 动 /v	20	57	动 /v 不了 /v

由表 6—7 可见，提取出的词丛并非都是真正的搭配，有些只是高频共现的词语串，如"了动""动也"等，要从中挑选出语言学意义上的典型搭配，需要大量的人力介入，所以这种方法也不适用于规模庞大的十年语料库。

最后检测通过统计手段、依靠数据驱动提取词语搭配的方法。先统计节点词的共现词及其共现频次，包括左出现、右出现的频次及左右出现频次之和，计算其 MI 值和 T 值，用于评估高频共现的搭配显著度，然后进行人工检验，得到显著搭配词语。同样，以"动"为例，为节约篇幅，仅展示总频次大于等于 5，MI 值大于 3，T 值大于 2 的部分显著搭配词语：

---

① Rank：排序的序值。

② Freq：共现频次。

③ Cluster：词丛。

表6—8 "动"基于MI值和T值计算的典型搭配词及其搭配显著度序值

Rank	Freq	Freq（L）①	Freq（R）②	MI值	T值	Collocate Words③
1	2939	2623	316	6.01109	53.37196	不
2	2830	540	2290	4.32313	50.54008	了
3	448	381	67	5.71291	20.76248	没
4	384	281	103	4.74381	18.86455	没有
5	302	274	28	5.37420	16.95915	走
6	282	229	53	5.87394	16.50651	不能
7	274	23	251	5.28512	16.12843	起来
8	249	17	232	6.09657	15.54914	一下
9	249	12	237	5.02840	15.29623	过
10	270	94	176	3.02224	14.40914	说
11	184	162	22	6.56412	13.4213	别
12	213	121	92	3.23327	13.04256	人
13	173	79	94	5.91068	12.93431	心
14	166	130	36	6.58479	12.74987	不敢
15	146	49	97	6.87007	11.97975	情
16	139	6	133	6.50927	11.6604	不了
17	137	9	128	6.89602	11.60642	手术
18	109	9	100	7.25014	10.37173	心思
19	103	7	96	7.81379	10.10379	脑筋
20	110	61	49	3.65554	9.65581	能
21	85	62	23	7.56156	9.17074	嘴唇
22	84	69	15	5.60861	8.97732	不要
23	86	29	57	4.44378	8.84749	手
24	74	10	64	7.30022	8.54775	筷子
25	75	54	21	5.94107	8.5193	推
26	71	54	17	6.07059	8.30078	不想

① Freq（L）：在左边共现的频次。

② Freq（R）：在邮编共现的频次。

③ Collocate Words：搭配词。

续表

Rank	Freq	Freq（L）	Freq（R）	MI 值	T 值	Collocate Words
27	67	1	66	7.06375	8.12417	真情
28	63	61	2	7.45137	7.8919	不许
29	62	2	60	6.61200	7.79351	念头
30	60	0	60	7.95035	7.71465	恻隐之心
31	60	47	13	5.93300	7.61918	调
32	57	41	16	6.78615	7.48143	嘴巴
33	51	45	6	5.58793	6.99295	嘴
34	49	45	4	6.57894	6.92678	搬
35	54	25	29	3.79835	6.82029	打
36	45	36	9	6.99766	6.65571	挪
37	47	18	29	4.97104	6.63707	脚
38	44	0	44	7.93353	6.60612	大手术
39	48	19	29	4.13554	6.53402	眼睛
40	46	41	5	4.46323	6.47485	拉
41	41	14	27	4.98017	6.20026	腿
42	40	35	5	5.54480	6.18907	流
43	39	5	34	6.50170	6.17608	刀子
44	38	2	36	7.88803	6.13839	魄
45	38	3	35	5.66062	6.04255	感情
46	35	10	25	6.61914	5.8559	手脚
47	35	28	7	5.76062	5.80696	拖
48	35	19	16	5.72606	5.80431	爬
49	30	27	3	5.77526	5.37722	挑
50	30	19	11	5.76500	5.3765	手指
51	28	1	27	7.99766	5.2708	真格
52	26	21	5	6.02567	5.02075	游
53	26	9	17	5.60006	4.9939	摇
54	30	10	20	3.37122	4.9479	带
55	24	11	13	6.09077	4.8271	脑子

Rank	Freq	Freq（L）	Freq（R）	MI 值	T 值	Collocate Words
56	24	21	3	5.39279	4.78238	吹
57	24	19	5	5.13967	4.76001	轻轻
58	22	18	4	6.34856	4.63286	微微
59	23	15	8	4.68833	4.60982	不再
60	21	15	6	5.14205	4.4528	武
61	20	19	1	6.89332	4.43452	胎
62	18	9	9	6.91965	4.2076	真心
63	19	11	8	4.71420	4.19284	身
64	19	5	14	4.15812	4.11475	气
65	18	4	14	4.43287	4.04621	刀
66	16	4	12	8.53822	3.98924	嘴皮子
67	16	14	2	7.60534	3.97946	撼
68	17	11	6	3.97659	3.8612	改
69	14	3	11	7.10457	3.71447	手指头
70	14	4	10	4.13967	3.52938	笔
71	12	1	11	7.41269	3.44377	鼠标
72	12	10	2	4.21630	3.27774	跳
73	11	2	9	5.57444	3.24702	拳头
74	11	10	1	4.72917	3.19158	不肯
75	10	6	4	5.16984	3.07443	牵
76	9	6	3	4.79254	2.89175	舞
77	8	1	7	8.19030	2.81874	凡心
78	9	3	6	4.01783	2.8148	枪
79	6	0	6	7.77526	2.43831	胎气
80	6	0	6	6.12319	2.41435	怒
81	6	2	4	4.10688	2.30733	滚
82	6	2	4	4.04346	2.30094	得了
83	5	0	5	7.51223	2.22382	肝火
84	5	0	5	7.51223	2.22382	剪子

续表

Rank	Freq	Freq（L）	Freq（R）	MI 值	T 值	Collocate Words
85	5	2	3	4.25349	2.11883	鼓
86	5	4	1	4.19030	2.11358	拨

观察表6—7，可以清晰地看到"动"的典型搭配词及其与"动"搭配的显著度，以及它们与"动"构成搭配词对时所处的位置（如"不"用在"动"左边的频度远高于在右边，"不了"用在"动"右边的频度远高于在左边）等。通过这些信息可以获知"动"的典型句法功能：（1）在状中结构中常受否定副词"不""没""没有""别"等的限定，或者常受"轻轻""微微"等情态副词的修饰；（2）常后接动态助词"了""过"；（3）常后置于能愿性动词或短语"能""不能""不敢""不要""不想""不许""不肯"等充当其中心语，且倾向于与否定性的能愿短语组合；（4）常后接或表示工具的"筷子""刀子""笔""手""脚""嘴"，或表示心智情感的"心""情""怒""气""心思""脑筋""念头""肝火"等的名词或名词性成分构成动宾结构；（5）常以补语的句法身份后置于多表示人的肢体动作的单音节动词如"走""推""搬""打""挪""拉""拖""挑""摇""撼"等之后对动作结果进行补充说明。

上述三类测试比较的结果表明：从十年语料库中提取词语的显著搭配，计算搭配词，采用统计测量手段，依靠数据驱动提取词语搭配模式，是效果相对更优且便于操作的方法。本研究使用语料库处理软件 AntConc 对词语的搭配数据进行十年语料库的自动提取，而后进行人工检验和修正 ①。

基于 AntConc 的统计模型提取显著搭配词表，有几点需要说明。

第一点，关于 MI 值、T 值（关于 MI 值和 T 值的数学原理和计算公式见

① 感谢湖南大学应用语言学专业硕士研究生张露、周力恒、夏安龙、汪维、李晴等同学，词语搭配数据的人工检验和修正工作主要由他们完成。

第二章）和显著搭配。显著搭配的认定是通过统计搭配词频度、MI值和T值实现的。MI值用于直接测量词语间的搭配强度，一般它的值越大，表明两个词语形成搭配关系的可能性越大。但在两个词语的使用频度都很小的情况下，即使二者在一定的跨距里共现频度很小，也仍会出现MI值较大的情况。所以，我们引入了T值对显著搭配进行检验。

第二点，关于搭配显著度的排序。我们每种词性随机各选取了5个基本词进行试验，发现各词的显著搭配MI值和T值大小排序并不完全同步。这与每个词对搭配对象的结构性要求不一样有关，因为基于MI值的考察只注重了频度这一统计量，没有体现结构分布特征对词语搭配的影响。考虑到这一点，我们对依靠MI值和T值提取出的共现词对进行了人工筛查，明确了每个词的显著搭配最低MI值和T值，据此圈定显著搭配词的范围，然后取MI值和T值的均值，按均值的大小来确定各词的搭配显著度，即均值越大的显著度越高，最后按显著度的高低进行排序，得到表中rank的数值。

第三点，关于入选搭配词表6—8中的词语。因为采用的是基于概率统计模型的提取方法，所以表中收进的词语具有更高概率成为显著搭配，换而言之，表6—8中并未对词语的搭配进行穷尽性的收录，那些潜在的但统计语料中没有出现或出现频度很低的搭配对象，很难出现在上表中。上表给出的是典型、显著而非穷尽性的搭配。尽管搭配词表未能穷尽所有搭配对象，但它仍有重要的存在价值，就如同常用词语的提取一样，无论是汉语的教学还是语言信息处理，常用词语都是被首先关注和重点处理的对象，因为解决了它的问题，就意味着解决了词语使用中常见的、大部分的问题。同样，提取出词语的显著搭配词对和显著搭配类型，也就揭示出了词语的典型句法功能。将这些典型句法功能用于词语的教学和语言信息处理，自然对解决词语使用中面临的大部分句法问题有实用价值。

无论是基于频度计算获得还是基于常用度计算获得基本词，其数量均已过千。受限于篇幅，本节无法展示每一个基本词的搭配情况。名词、动词和形容词这三大词类在实词系统中的重要性不言而喻，且若不计兼类的情况，仅就使用频度最高的第一词性来看，它们也是基本词当中占比最多的三大词类。基于此，本研究采用随机抽样的方式，从基本名词、动词和形容词当中各抽取了100个，共计300个词语，使用AntConc的自动提取功能，并通过人工校对得到300个词最终的显著搭配词表。然后分词性观察基本名词、动词和形容词的典型搭配行为和具有词性类型特征的搭配特点。下面，各词性我们将分别列举两个基本词，为节约篇幅，省略掉共现频次和左搭配、右搭配信息，仅展示其典型搭配词（包括左搭配词和右搭配词）及其搭配显著性的序值情况。

基本名词的搭配行为和搭配类型的展示，我们以"水""心"为例。

表6—9　"水"基于MI值和T值计算的典型搭配词及其搭配显著度序值

1 用	23 里	45 处理	67 要	89 争	111 存	133 凉	155 引	177 热
2 上	24 黑	46 浇	68 苏打	90 嬉	112 递	134 浊	156 洒	178 运河
3 取	25 瓶装	47 瓢	69 端平	91 遇	113 需要	135 浸泡	157 短缺	179 治
4 如	26 渡	48 没有	70 需求	92 大量	114 利用率	136 系统	158 担	180 下游
5 调	27 无	49 长江	71 污染	93 清洁	115 淘米	137 管理	159 冰凉	181 淮河
6 喝	28 没	50 利用	72 循环	94 换	116 石灰	138 蜂蜜	160 截	182 地下
7 环境	29 冲	51 挡	73 肥皂	95 泼	117 浇灌	139 问题	161 蓄	183 工业
8 有	30 再生	52 苦	74 桶装	96 运	118 排放	140 净化	162 煮	184 挑
9 送	31 给	53 淡	75 上游	97 潲	119 浅	141 满	163 放	185 肥
10 来	32 耗	54 洗澡	76 买	98 冲走	119 新鲜	142 饮用	164 烧	186 不够
11 污染物	33 咸	55 喂	77 沁	99 装	121 淹没	143 蘸	165 一身	187 井
12 倒	34 冰	56 浪费	78 弱	100 抢	122 脏	144 排污	166 闽江	188 排
13 节约	35 清	57 装满	79 浸	101 使用	123 缸	145 珠江	167 沾	189 沟
14 干净	36 压	58 打	80 一点	102 背	124 偷	146 远	168 供应	190 有点
15 山	37 提	59 少	81 绿	103 多	125 里面	147 舀	169 开	191 流
16 灌	38 放心	60 接	82 含	104 辣椒	126 鱼	148 通	170 拎	192 活
17 深	39 河	61 续	83 脓	105 冲洗	127 太湖	149 借	171 供	193 顺
18 灌溉	40 止	62 退	84 清澈	106 光	128 价格	150 饮	172 发电	194 茶
19 桶	41 找	63 矿井	85 尼罗河	107 松花江	129 傍	151 涨	173 吃	195 停
20 瓶	42 似	64 葫芦	86 天上	108 分子	130 凫	152 冰川	174 湖泊	196 雨
21 口	43 壶	65 黄河	87 玩	109 江河	131 泉	153 流出	175 河流	
22 进	44 生态	66 安全	88 洁净	110 洪湖	132 盛	154 湖	176 湘江	

对"水"的 196 个显著搭配对象的词性进行统计，动词（107 个）最多，其次是名词(52 个)、形容词(30 个)、量词(7 个)。"水"与动词的组合，以"v+水"型式居多，约占所有"水"与动词组合的 83%。其中又以述宾结构，如"用水""取水""喝水"等占优势，占比约 91%，其中的 V 多为单音节动词；另有约 9% 的为动词充当定语的定中结构，如"饮用水""放心水""洗澡水"等，其中的 V 多为双音节动词。"水+v"型式均为主谓结构，如"水处理""水利用""水浸泡"等，占比小，仅约 17%。"水"与名词的组合，"n+水"型式的定中结构相对较多，如"茶水""泉水""蜂蜜水"等，约占所有"水"与名词组合的 59%，"水+n"型式相对较少，包括两类，一类是"水"充当定语的定中结构，如"水环境""水需求""水价格"等，另一类是"水"后接方位词构成方位短语，如"水上""水里""水下游"等，两类合计约占比 41%。"水"与形容词的组合，以"a+水"型式的定中结构居多，如"淡水""绿水""脏水"等，约占所有"水"与形容词组合的 67%，"水+a"型式的主谓结构，如"水深""水少""水脏"等，相对较少，占比约 33%。与"水"形成显著搭配的量词主要是由表容器的名词借用而来的"口""瓶""壶"等借用量词和"一点"之类的不定量词两类，二者数量有限。

再看基本名词"心"的显著搭配情况。

表 6—10　"心"基于 MI 值和 T 值计算的典型搭配词及其搭配显著度序值

1 我	10 有	19 人	28 放	37 年轻	46 赤子	55 得	64 廉耻	73 伤
2 存	11 知	20 沉下	29 伤透	38 父母	47 观众	56 爱国	65 女人	74 公仆
3 他	12 你	21 锥	30 操碎	39 寸草	48 悲悯	57 群众	66 炽热	75 受伤
4 她	13 无	22 一横	31 仁爱	40 慈悲	49 悬	58 痒	67 留	76 包容
5 感恩	14 自己	23 赤诚	32 功利	41 狂跳	50 爱美	59 不安	68 人们	77 定下
6 生	15 我们	24 狠	33 怜悯	42 放宽	51 大家	60 中国	69 揪	78 博爱
7 连	16 敬畏	25 相连	34 安	43 操	52 动	61 公德	70 怡	79 悬起
8 静	17 善良	26 火热	35 手	44 贴	53 暖	62 小人	71 宽容	80 跳动
9 一	18 换	27 全	36 他们	45 母亲	54 累	63 甜	72 一惊	81 沉

82 变	98 谦卑	114 躁动	130 争强好胜	146 疲惫	162 防范	177 正直	194 红色	210 诗
83 脆弱	99 男人	115 悲天悯人	131 羞耻	147 火红	163 交	177 坦诚	195 沉寂	211 挂
84 死	100 牵挂	116 尽	131 冷酷	147 淳朴	164 定	180 忍	196 分	212 小姑娘
85 爱子	101 好奇	117 发慌	133 戒备	149 真	165 残缺	181 完整	197 冷漠	213 小孩子
86 平常	102 浮躁	118 桃	134 热诚	150 绝望	166 坦荡	182 透明	198 疾	214 宽
87 剜	103 敏感	119 防备	135 不忍	151 叛逆	167 公正	183 柔弱	199 老伴	215 恐惧
88 平和	104 用	120 水晶	136 空荡荡	152 卑微	168 热乎乎	184 热忱	199 从容	216 老人
89 自私自利	105 爱才	120 怜爱	137 猜疑	153 纯净	169 硬	185 宁静	201 向往	217 黑
89 狂乱	106 忧国忧民	122 功能	138 畏惧	154 淡泊	170 济世	186 虚荣	202 仇恨	218 老师
91 七上八下	107 少女	123 上进	139 忐忑不安	155 护	171 狼	187 坚韧	202 亏	219 声
92 痒痒	108 不甘	124 激动	140 游子	156 诚实	172 麻木	188 省	204 红	220 门
93 随	109 向	125 欢喜	141 蒙住	157 同情	173 冷	189 戳	205 艺术家	221 热情
94 平静	110 担	126 尖子	142 孤寂	158 安宁	174 费	190 世人	206 苦	222 坚定
95 虔敬	111 忐忑	126 坚忍	143 痛	159 细腻	175 静默	191 学者	207 天真	223 责任
96 害人	112 豁然开朗	128 依旧	144 坚毅	160 真挚	175 荒芜	192 忠诚	208 诚	
97 热	113 报复	129 身	145 骚动	161 漂泊	177 滴血	193 偷	209 纯粹	

　　统计"心"的223个显著搭配词的词性，动词（85个）最多，其次是形容词(80个)、名词(43个)、代词(7个)、习惯用语(7个)、数词(1个)。"心"与动词的搭配以动词前置居多，占比约为75%，动词后置的型式相对较少，占比约25%。动词前置于 V 的组合中，定中结构和述宾结构大约各占一半。其中，定中结构主要以"v + 的 + 心"的形式出现，如"感恩的心""受伤的心""跳动的心""操的心""用的心"等，述宾结构主要以"v+ 心"的形式出现，如"放心""安心""操心""放宽心"等。"心 +v"的组合都是主谓结构，如"心存""心挂""心狂跳"等，共 21 个。"心"与形容词的组合，以形容词前置居多，共 70 个，占比 87.5%，其中定中结构占绝大多数，共 65 个，主要以"a+的 + 心"型式出现，"a"多为双音节形容词，如"善良的心""赤诚的心""年轻的心"等，剩下的 5 个形容词均是单音节形式，都活用作动词带了宾语，如"静心""暖心""宽心"等。"心 +a"共 10 个，占比 12.5%，它们全是主谓结

构，如"心苦""心累""心痒"等。"心"与名词的显著搭配，"n+（的）+心"型式数量上占绝对优势，共 38 个，占比 88%，其中定中结构 37 个，如"人心""中国心""母亲的心"等，剩下的 1 个"身心"为并列结构。"心 +n"型式仅 5 个，其中定中结构 3 个，"心声""心门""心尖子"，主谓结构 2 个，"心功能""心疾"。"心"与 7 个人称代词搭配，均为人称代词前置于"心"构成定中关系。与"心"显著搭配的 7 个习惯用语，其中有 5 个前置于"心"作定语，如"忧国忧民的心""忐忑不安的心""自私自利的心"，剩下的 2 个后置于"心"作谓语，如"心七上八下""心豁然开朗"。数词"一"与"心"形成显著搭配"一心"。

比较我们抽取的 100 个基本名词的显著搭配情况，它们在充当主语、宾语、定语中心语的句法功能上保持着一致性，在对动词、名词和形容词的选择及与它们的组合上体现出了一定的词性类型特征：（1）基本名词与动词进行显著性搭配，更倾向于后置于动词组成述宾结构，前置于动词与之组成主谓结构的概率相对要小，这一点在"水""心"的显著搭配当中可以看到；（2）基本名词与名词搭配，定中结构最为常见，包括基本名词作定语和中心语两种情况，就统计数据来看，基本名词后置作中心语的概率更大，"水"和"心"的显著搭配体现了这一共性特点；（3）基本名词与形容词的组合，以后置于形容词充当中心语为多，综合 100 个基本名词后置于名词、形容词、动词等多种词性来看，整体上它充当定语中心语在量上占有优势，定语中心语是基本名词入句的高频句法位置。

尽管各基本名词在显著搭配上表现出了一定的共性，但它们也有自己的个性化选择。第一，共性特征在具体基本名词上的表现有程度上的差异。例如，在提取的 100 个基本名词显著搭配表中，"人民"与动词组合，后置于动词与前置于动词的分布较为均衡，后置于动词作宾语仅略显优势，占比约为 53%，比"水"后置于动词作宾语的占比小了很多，即"水"与动词组合选择后置作宾语的倾向比"人民"更显著。这种差异说明具体基本名词的搭配行为受个体语义特征的影响，"人民"作为有生名词，入句担任施事语义角色的潜力远大于无生名词"水",所以它前置于动词作主语的用例比"水"多。第二,共性特征在具体基本名词上的表现有语义选择倾向上的差异。在相同的搭配类型当中,不同的基本名词搭配的具体词语会有不一样的语义倾向。比如,同为定语中心语,与"心"搭配的多是表示性质的形容词,与"人民"搭配的则多是表示限定的国家、地区名词。同为宾语,"水"的述语多为"用、取、喝、节约、调、送、倒、灌"等用取、位移类动词,"心"的述语多为"放、安、定、留、沉下、用、动、操、省、费、伤、分、锥"等安放、使用、损费类动词,"人民"的述语则多是"领导、带领、为了、依靠、代表、维护、热爱、满足"等双向关系类动词。再如,能与量词搭配是名词的显著特点,"水"可以与表容器的名词借用而来的"口""瓶""壶"等借用量词和"一点"之类的不定量词形成显著搭配,但"心""人民"不能。第三,共性特征在具体基本名词上的表现存在词长与组合方式选择倾向上的差异。基本名词与动词搭配,在同为动词前置的语序之下,有的对动词的音节形式和组合方式有较强的选择倾向性。就比如上面列举到的"水",其前动词若为单音节,则倾向于以"v+水"的形式构成述宾结构,其前动词若为双音节,则倾向于以"v+水"的形式直接组合成定中结构,可见,"水"与动词搭配,对其音节形式敏感。而"心"不同,制约动词能否前置以及以怎样的方式组合的,除了词长,还有结构助词"的"的有无,如,大部分双音节动词"狂跳""受伤""牵挂""悬起"等不直接与"心"组合,需借助"的"以"v+的+心"的形式间接组合成定中短语,少部分双音节的心理活动动词,如"怜悯""同情""宽容"等,可以直接前置于"心"构成定中结构,单音节动词与"心"组合,若没有"的",构成述宾结构,有"的",则构成定中结构。这样的特点提示我们,在观察名词的句法行为时,作为词性类别的共有特征和作为个体对象的个性化特征都需要关注。

接下来继续探讨基本动词的搭配行为和搭配类型,以"爱""问"为例。

表6—11 "爱"基于MI值和T值计算的典型搭配词及其搭配显著度序值

1 党	20 老	39 生活	58 一样	77 上	96 品茶	115 折腾	133 游泳	153 滑冰
2 人民	21 读书	40 车	59 花	78 狗	97 谁	116 画画	135 父亲	154 创造
3 不	22 书	41 继续	60 动脑	79 企业	98 中华民族	117 打扮	136 说实话	155 买
4 祖国	23 家乡	42 说话	61 开玩笑	80 非常	99 家庭	118 养	137 上网	156 花钱
5 最	24 更	43 妻子	62 学校	81 逛街	100 较真	119 下棋	138 跳舞	157 自由
6 着	25 父母	44 被	63 永远	82 丈夫	101 干净	120 奶奶	139 艺术	158 哭
7 看	26 劳动	45 很	64 猫	83 什么	102 出汗	121 国	140 提	159 收藏
8 中国	27 总	46 唱歌	65 特别	84 唠叨	103 战友	122 喝茶	141 画	160 关注
9 都	28 鸟	47 唱	66 同学	85 下去	104 集邮	123 笑	142 写诗	161 思考
10 自己	29 和平	48 做	67 动脑筋	86 运动	105 问	124 工作	143 动手	162 历史
11 孩子	30 拼	49 琢磨	68 家人	87 始终	106 热闹	125 中国共产党	144 干活	163 体育
12 科学	31 老师	50 深深	69 总是	88 喝	107 音乐	126 喝酒	145 故乡	164 人才
13 听	32 事业	51 政府	70 坚持	89 打猎	108 管闲事	127 真的	146 喝水	165 讲话
14 真	33 生命	52 美	71 足球	90 虚荣	108 下围棋	128 摄影	147 依然	166 流泪
15 常	34 母亲	53 公司	72 社会	91 发脾气	110 女儿	129 儿女	148 真理	167 激动
16 她	35 民族	54 挑刺	73 打球	92 打	111 水上运动	130 太	149 摇头	
17 学习	36 社会主义	55 别人	74 钻研	93 看报	112 看书	131 打牌	150 儿子	
18 奉献	37 诗	56 亲人	75 管	94 哲学	113 时髦	131 打架	151 抱怨	
19 家	38 敢	57 习武	76 动脑子	95 英雄	114 过	133 真心	152 小说	

对"爱"的167个显著搭配对象的语法性质进行统计，动词或动词短语（73个）最多，其次是名词（60个）、副词（18个）、形容词（9个）、代词（5个）、助动词（2个）、介词（1个）。"爱"与动词或动词性结构的组合以"爱"前置的语序在数量上（共70个）占绝对优势，约为"爱"与动词或动词性结构组合的97%，剩下的"爱"后置于心理动词"敢"与持续类动词"继续"形成搭配。"爱"前置于动词或动词性结构的70个"爱+v"中,68个是述宾结构，即"v"充当"爱"的宾语，剩下的两个，"v"是趋向动词"上""下去"，充当"爱"的补语。"爱"与名词的组合以"爱+n"居多，占比约为83%，"n"后置于"爱"作宾语。前置于"爱"的名词，主要是处于一定关系当中的表人名词，如"父母、

子女、妻子、女儿、儿子、母亲、老师、家人"等，它们前置于"爱"，一部分作定语，与"爱"以"n+ 的 + 爱"的型式出现，还有一部分作"爱"的主语，组合成"n+ 爱"型式。此外，这些名词也可以后置于"爱"作宾语，如"爱父母""爱子女""爱老师"等。与"爱"显著搭配的副词，主要是否定副词、程度副词、时间副词和强调确然语气的副词，它们主要前置于"爱"构成状中结构。与"爱"显著搭配的形容词，绝大部分后置于"爱"作它的宾语，如"爱美""爱干净""爱热闹"等，少部分前置作状语（如"深爱"）和定语（如"真爱"）。与"爱"形成显著搭配的代词，可前置于"爱"充当主语和定语，也可后置充当宾语。与"爱"显著搭配的助动词"着"和"过"后附于"爱"，与"爱"显著搭配的介词"被"前置于"爱"构成"被爱"或"被……爱"的框架。综合起来，"爱"后接的宾语既包括体词性的名词，也包括谓词性的动词和形容词，"爱"对动态助词的选择更倾向于表进行的"着"与表经历的"过"，其完成或实现态的表达倾向于选择趋向动词"上"，持续态的表达倾向于选择趋向动词"下去"。

基本动词"问"的典型搭配情况如下：

表6—12 "问"基于 MI 值和 T 值计算的典型搭配词及其搭配显著度序值

1 责	13 您	25 人们	37 那	49 负责人	61 怎么样	73 应当	85 价格	97 向
2 的	14 政	26 干部	38 关切	50 意见	62 打电话	74 评价	86 菜价	98 怎么办
3 记者	15 如何	27 领导	39 自己	51 老	63 一句话	75 随便	87 冷暖	99 试探
4 我	16 这	28 想	40 来	52 为何	64 先	76 媒体	88 接着	100 原因
5 答	17 她	29 去	41 你们	53 能	65 能不能	77 莫	89 严肃	101 憷
6 一	18 我们	30 他们	42 也	54 网友	66 老师	78 该	90 不停	102 百姓
7 他	19 不	31 情况	43 首长	55 策	67 日本	79 忍不住	91 计	103 懒洋洋
8 你	20 得	32 怎么	44 没有	56 不要	68 不解	80 到	92 错	104 私下里
9 要	21 人	33 谁	45 才	57 群众	69 学生	81 亲切	93 可以	105 悄悄
10 什么	22 问题	34 都	46 还	58 必	70 朋友	82 大家	94 别人	106 和蔼
11 为什么	23 会	35 多	47 一下	59 经常	71 孩子	83 怎么回事	95 医生	107 不用
12 了	24 又	36 过	48 仔细	60 范围	72 妈妈	84 为啥	96 便	108 目的

109 没	124 村民	139 当地人	154 应聘者	169 正在	184 常常	199 出	214 哭	229 父母
110 常	125 同学	140 倒	155 名字	170 细细	185 事情	200 来源	215 部长	230 经理
111 疑惑	126 管理层	141 开门见山	156 笑	171 明	186 查	201 乡亲们	216 学者	231 试
112 主持人	127 还要	142 忍心	157 一个劲	172 价钱	187 爱	202 患者	217 出来	232 领导人
113 情	128 当面	143 出处	158 轻声	173 总	188 连声	203 转身	218 不再	233 不出
114 售货员	129 开口	144 累	159 母亲	174 直接	189 心疼	204 公众	219 时间	234 消费者
115 应	130 不敢	145 话	160 邻居	175 清楚	190 反复	205 回头	220 教练	235 高兴
116 小声	131 收成	146 缘由	161 看法	176 病情	191 老板 v	206 叔叔	221 推	236 收入
117 姓名	132 肉价	147 明白	162 总是	177 售票员	192 起来	207 村支书	222 到了	
118 结果	133 建议	148 大夫	163 线索	178 同伴	193 忽然	208 护士	223 纷纷	
119 喜欢	134 病人	149 无须	164 必须	179 吃惊	194 大声	209 家人	224 随意	
120 详细	135 家长	150 工友	165 年龄	180 书记	195 轻轻	210 奶奶	225 不得不	
121 校长	136 严厉	151 名	166 委员长	181 一连	196 别	211 互相	226 路	
122 主动	137 随机	152 急切	167 导游	182 突然	197 想法	212 不当	227 特意	
123 只	138 爸爸	153 随口	168 不能	183 她们	198 游客	213 秘书	228 连	

对"问"的236个显著搭配词的语法性质进行统计，名词或名词短语（93个）最多，其次是副词（45个）、动词或动词短语（39个）、形容词（27个）、代词（25个）、助动词（4个）、介词（1个）、数词与数量结构（2个）。"问"与名词或名词短语的组合以"问+n"居多，占比约为76%，后置于"问"的"n"包括三类，一类是表示"问"的对象的表人名词，如"村民""病人""爸爸""售货员""领导人"等，一类是表示"问"的内容的表因果、情况、范围、价格、时间、路线、想法、评价等抽象名词，再一类是表示"问"的形式的言语类名词，如"话""一句话""问题"等。这三类后置于"问"均作宾语。表人的名词，如"干部、领导、人们、记者、朋友、负责人"等，还可以前置于"问"与之构成"n+问"型式，形成主谓结构。与"问"显著搭配的副词，主要是否定副词、频度副词、时间副词和表示方式和情态的副词等，它们前置于"问"组成状中结构。与"问"显著搭配的动词或动词短语就其位置和功能而言有四类：第一类，前置于"问"充当其状语，包括可能、意愿的动词或短语，

如"要、会、可以、该、不能"等，构成"v+问"型式，以及表示方式、情态的动词或短语，如"试探、疑惑、心疼、不停"等，构成"v+地+问"型式；第二类，前置于"问"与之构成连动结构，趋向动词通常与"问"组合成"v+问"型式，如"去问、来问、起来问、出来问"，非趋向动词，单音节的通常与"问"组合成"v+着+问"型式，如"笑着问、哭着问"，双音节的直接构成"v+问"型式，如"转身问、开口问、回头问"；第三类，主要是心理活动动词，前置于"问"与之构成述宾结构，如"爱问、喜欢问"等，第四类，后置于"问"充当其补语，主要是趋向动词，如"问出、问出来、问起来、问不出"等。就语序模式而言，"v+问"相对于"问+v"占有数量上的优势。与"问"显著搭配的形容词，前置于"问"充当状语在数量上占优势，占比约为71%，"问+a"占比约为29%，后置的形容词主要充当"问"的结果补语和情态补语。与"问"显著搭配的25个代词几乎覆盖了汉语代词系统的全部小类，称代人的，如"我、你、他、她、我们、你们、他们、自己"等，主要充当"问"的主、宾语，体词性和谓词性的非人称代词，如"这、那、为何、怎么样、为什么"等，主要充当"问"的宾语，加词性的代词"怎么"，主要充当"问"的状语。与"问"显著搭配的助词包括助动词"了"和"过"，以及后附于"问"形成"的"字短语的"的"和表示可能的补语"得"。与"问"显著搭配的介词"向"与"问"构成"向……问"框架，起到引入"问"的对象的功能。与"问"形成显著搭配的数词"一"前置于"问"表示其动量，数量结构"一下"后置于"问"表示其动量。

综合100个基本动词的显著搭配，归纳它们的典型搭配行为与共同的搭配特征，可以看到：（1）基本动词与名词的显著搭配，更倾向于前置于名词与之形成语义上的支配关系和句法上的述宾关系，相比较而言，后置于名词并与名词直接形成主谓关系的概率要小不少；（2）基本动词易受多类副词修饰构成状中结构；（3）基本动词常与动词形成显著搭配，它们以状中、联动、述补、述宾等多种方式进行组合；（4）基本动词常后接动态助词；（5）综合起来看，充当谓语中心语是基本动词入句的高频句法位置，在出现频次上占有绝对优势，而作为谓语中心语的基本动词，其"中心语"地位得益于各种词性的词语与之以定中、状中、述宾、述补等方式构建的组合。

和基本名词一样，在具有共同的词性类型特征的典型搭配行为之外，各基本动词也会受到语义特征的影响表现出相当鲜明的个性特征。比如情感类心理活动动词，像上面列举到的"爱"，与程度副词的显著搭配就很富有个性，言说类动词，像"问"，位移类动词，像"到"，都不具有这样的组合功能。又如，同是与介词高频共现，不同的基本动词选择的介词有很大的差别，像"爱"常与"被"共现构成"被 +n$_人$ + 爱"的框架，而"问"常与"向"共现构成"向 +n$_人$ + 问"的框架，"到"则常与"从"构成"从 +n$_处所1$ + 到 + n$_处所2$"的框架。再如与谓词性成分的组合，像"爱"常在动词前充当述宾结构的述语，"问"常在动词后充当状中结构的中心语或连动结构的第二个动词性成分，而"到"与动词组合，常后置于动词充当其补语；再看与形容词的组合，"爱"倾向于选择前置于形容词与之组成述宾结构，形容词充当其宾语，"问"倾向后置于形容词与之组成状中结构，形容词充当其状语，而"到"则很少与形容词构成显著搭配。

最后以"大""强"为例，分析基本形容词的搭配行为和搭配类型。

表6—13 "大"基于 MI 值和 T 值计算的典型搭配词及其搭配显著度序值

1 很	12 棚	23 繁荣	34 相当	45 变革	56 容量	67 好	78 罢工	89 平台
2 更	13 剧院	24 项目	35 屏幕	46 提高	57 调整	68 半辈子	79 新闻	90 力度
3 较	14 范围	25 问题	36 眼睛	47 困难	58 进展	69 差异	80 事	91 客户
4 极	15 企业	26 产业	37 舞台	48 也	59 教堂	70 老板	81 改观	92 喇叭
5 了	16 公司	27 差距	38 包	49 难题	60 萧条	71 年龄	82 课堂	93 篇幅
6 发展	17 影响	28 压力	39 贸易	50 集团	61 石头	72 讲堂	83 品牌	94 都
7 太	18 作用	29 讨论	40 儿子	51 成就	62 优势	73 法宝	84 流动性	95 麻烦
8 城市	19 屠杀	30 爱	41 工程	52 风险	63 股东	74 进步	85 差别	96 变样
9 贡献	20 变化	31 比较	42 潜力	53 空间	64 量	75 丰收	86 灾难	97 危害
10 地震	21 医院	32 年纪	43 力气	54 草原	65 一点	76 检查	87 商场	98 强度
11 开发	22 背景	33 难度	44 改善	55 房子	66 规模	77 损失	88 嗓门	99 戏院

续表

100 暴雨	133 白兔	166 声音	199 便宜	232 哲学家	265 榆树	298 危险性	331 骗局	364 毒性
101 男孩	134 公鸡	167 广场	200 污染	233 效果	266 木桶	299 个子	332 红脸	365 客运站
102 智慧	135 改变	168 阻力	201 创举	234 太阳	267 屁股	300 火球	333 发明家	366 螃蟹
103 辫子	136 威胁	169 窟窿	202 黑熊	235 暴发	268 花猫	301 农场	334 金额	367 花篮
104 投入	137 槐树	170 事业	203 运量	236 英雄	269 客流量	302 老鼠	335 红枣	368 误差
105 解放	138 黄鱼	171 出息	204 密度	237 落差	270 功臣	303 总量	336 排放量	369 乌龟
106 汽车	139 铁门	172 脾气	205 导演	238 萝卜	270 木盆	304 馅饼	337 馒头	370 清洗
107 跨度	140 黄蜂	173 转弯	206 口子	239 块头	272 排场	305 诱惑力	338 漏洞	371 水泡
108 事情	141 面积	174 雷声	207 转折	240 面子	273 能耗	306 池子	339 弹性	372 棉袄
109 代价	142 场面	175 管家	208 筐	241 袋子	274 笨蛋	307 麻袋	340 帐篷	373 副作用
110 孩子	143 信息量	176 缺口	209 饭量	242 收益	275 车流量	308 门牙	341 销量	374 轮船
111 游行	144 事件	177 世面	210 权力	243 学问	276 架子	309 开支	342 套间	375 面包
112 脑袋	145 嘴巴	178 数量	211 迁徙	244 开销	277 订单	310 才子	343 背囊	376 厨师
113 价钱	146 名气	179 箱子	212 人口密度	245 鲨鱼	278 书法家	311 鲤鱼	344 水量	377 军阀
114 成效	147 伤害	180 赢家	213 画家	246 樟树	279 酬宾	312 字典	345 毒瘤	378 汉奸
115 瓦房	148 温差	181 热点	214 牌子	247 数目	280 惊喜	313 龙虾	346 笼子	379 黄牛
116 联欢	149 灰狼	182 花园	215 体积	248 灰熊	281 酒量	314 志向	347 变数	380 教育家
117 世界	150 名声	183 分歧	216 裂谷	249 坏蛋	282 纸箱	315 食量	348 花费	381 老虎
118 爆炸	151 榕树	184 剂量	217 威力	250 烟囱	283 花瓶	316 幅度	349 噪音	382 收藏家
119 风	152 粮仓	185 宅门	218 草坪	251 肚子	284 改动	317 气量	350 资本家	383 显示屏
120 熔炉	153 人物	186 西瓜	219 信封	252 能量	285 鱼缸	318 功劳	351 魅力	384 流氓
121 诗人	154 用场	187 标题	220 宅子	253 帅哥	286 包袱	319 盒子	352 音量	385 领导
122 超市	155 本事	188 掌柜	221 柳树	254 黑狗	287 食欲	320 狗熊	353 运动量	386 厂子
123 影响力	156 考验	189 富豪	222 救星	255 消耗	288 声势	321 红包	353 碗	387 气势
124 药房	157 蛋糕	190 铁锅	223 毒枭	256 木箱	289 拼盘	322 湿度	355 衣橱	388 难关
125 波动	158 成果	191 生意	224 尾巴	257 需求	290 海龟	323 皮箱	356 案子	389 围裙
126 力量	159 转变	192 狼狗	225 基数	258 买卖	291 转盘	324 风沙	357 园子	390 用水量
127 投资	160 吸引力	193 流量	226 火气	259 笑话	292 可能性	325 消耗量	358 气球	391 火炉
128 鼻子	161 收获	194 院子	227 利润	260 书包	293 思想家	326 骗子	359 企业家	392 发行量
129 课题	162 需求量	195 镜子	228 错误	261 慈善家	294 飞跃	327 覆盖面	360 破坏力	393 书架
130 学校	163 胖子	196 胜利	229 数额	262 傻瓜	295 包子	328 铁锤	361 冰柜	394 降价
131 工作量	164 个头	197 胃口	230 案件	263 成本	296 动荡	329 轮渡	362 数学家	395 皮包
132 文豪	165 随意性	198 财团	231 教室	264 孝子	297 寿星	330 生产	363 疙瘩	396 番茄

396 皮鞋	400 棉被	403 柜子	406 蚊子	409 灯笼	412 系数	415 文人	418 果园	421 交易所
398 降雨量	401 产量	404 噪声	407 别墅	410 政治家	413 核桃	416 展厅	419 展览	422 都市
399 涨幅	402 阴谋	405 酒店	408 贪官	411 陷阱	414 感染力	417 事务所	420 拍卖	423 回收

"大"与显著搭配的 423 个词语组合，以前置语序居多，"大"前置与后置的比值约为 6∶4。统计"大"的显著搭配词的语法属性，名词在数量上占绝对优势，共 361 个，占比高达 85%，其次是动词（46 个）、副词（9 个）、形容词（5 个）、数量结构（1 个）、动态助词（1 个）。"大"与显著搭配的名词组合，前置作定语的情况占比高达 86%，它可以从空间、范围、规模、作用、强度等多个方面对中心语进行修饰或限定，在显著搭配的名词后作为谓语对其性状进行描述的仅占 14%，且倾向于选择"量"性名词，如"工作量""需求量""数量""总量""信息量"等。与"大"显著搭配的动词同样以后置为主，有意思的是，这些动词若为双音节，则表现出一定的名物化倾向，如"大丰收""大罢工""大变革"等入句：

（38）2006 年初，黑龙江省明确提出要在连年大丰收的基础上，把**大丰收**变成农民大增收。（《黑龙江变农业大丰收为农民大增收》，《人民日报》2001 年 1 月 21 日）

（39）后任俱乐部文书股长，和李立三、刘少奇等一起领导了安源工人**大罢工**（《永远的丰碑》，《人民日报》2005 年 3 月 27 日）

（40）新中国的成立、社会主义制度的建立，这两**大变革**为我国发展人民民主、实现人民当家作主创造了根本前提。（《更高地举起人民民主的旗帜》，《人民日报》2007 年 3 月 18 日）

例（38）"大丰收"充当了介词"把"的宾语，例（39）"大罢工"充当了"领导"的宾语，例（40）"大变革"充当了数词"两"的中心语。这些位置是名词性成分的典型句法位置，能够出现于此，说明了"丰收"等短语出现了一定的名物化。不仅如此，十年语料库中存在的少量的"大"后置于显著搭配动词并充当其谓语对其进行陈述的用法，如"消耗大""波动大""污染大"，这些显著搭配动词同样具有名物化倾向。与"大"显著搭配的副词中程度副词占绝对优势，它们前置于"大"对它进行程度上的限定。"大"与显著搭配的形容词组合时，主要前置作状语，如"大繁荣""大萧条""大动荡"等。不定量词"一点"与"大"构成显著搭配，组合成述补结构"大一点"，或出现于"大 +n+ 一点"框架中。动态助词里只有"了"与"大"显著搭配，后置于"大"表示性质变化的实现。

"强"的典型搭配对象和搭配行为如下：

表6—14　"强"基于 MI 值和 T 值计算的典型搭配词及其搭配显著度序值

1 国	21 对流	42 思想性	63 百倍	84 求知欲	105 逻辑性	126 应用性	147 适应力	167 嫉妒心
2 很	22 热带风暴	43 素质	64 好奇心	85 气流	105 穿透力	127 目的性	148 日照	169 那么
3 较	23 冷空气	44 力	65 风暴	86 感染力	107 实践性	128 虚荣心	149 认同感	170 科学性
4 做	24 操作性	45 经济	66 敏感性	87 原则性	108 技术性	129 震撼力	150 逆反心理	171 学科
5 不	25 比较	46 隐蔽性	67 公益性	88 欺骗性	109 时代感	130 兼容性	151 进取心	172 个性
6 更	26 实力	47 十分	68 民	89 挥发性	110 故事性	131 事业心	152 凝聚力	173 农业
7 能力	27 太	48 基础	69 班子	90 时效性	111 传染性	132 探索性	153 相当	174 选择性
8 最	28 非常	49 少年	70 代表性	91 冲击力	112 立体感	133 趣味性	154 攻击力	175 地震
9 互补性	29 政策性	50 意识	71 影响力	92 对抗	112 碱性	134 风力	154 抵抗力	176 队伍
10 队	30 专业性	51 中国	72 腐蚀性	93 党性	114 紫外线	136 攻击性	156 计划性	177 随意性
11 极	31 降水	52 人	73 季节性	94 辐射	115 酸性	137 哲理性	157 号召力	178 免疫力
12 企业	32 责任心	53 阵容	74 生命力	95 学术性	116 节奏感	137 吸水性	158 法律意识	179 信号
13 县	33 动力	54 敌	75 观赏性	96 可塑性	117 现场感	139 时代感	159 自主性	180 责任感
14 降雨	34 可操作性	55 实用性	76 政治性	97 现实性	117 可视感	140 领导班子	160 上进心	181 购买力
15 军	35 可读性	56 沙尘暴	77 依赖性	98 纪律性	119 机动性	141 示范性	161 历史感	182 系统性
16 竞争力	36 不够	57 降温	78 也	99 突发性	120 概括性	142 电流	162 对抗性	183 男人
17 针对性	37 降雪	58 说服力	79 地域性	100 本领	121 战斗力	143 随机性	163 独立性	184 有力
18 市	38 对撞机	59 变	80 爆发力	101 保密性	122 自尊心	143 透气性	164 功利性	185 灵活性
19 弱	39 工业	60 适应性	81 权	102 亲和力	123 新闻性	145 娱乐性	165 这么	186 台风
20 科技	40 吸引力	61 指导性	82 理论性	103 都	123 好胜心	146 社会性	166 综合性	187 亚洲
21 对流	41 流动性	62 余震	83 权威性	104 对手	125 适用性	146 社会性	167 繁殖力	188 毒性

189 荣誉感	192 师资	195 暴雨	198 持续性	201 群众性	204 国家	207 使命感	210 孩子	213 观念
190 艺术性	193 前瞻性	196 力量	199 竞争性	202 稳定性	205 创造力	208 破坏性	211 儿子	214 真
191 破坏力	194 一点	197 后劲	200 国力	203 实效性	206 紧迫感	209 技能	212 功能	

　　"强"与显著搭配的 214 个词语组合,以后置语序居多,后置与前置的比值约为 7∶3。对"强"的显著搭配词的语法性质进行统计,名词在数量上占绝对优势,共 185 个,占比高达 86%,其次是副词(14 个)、动词(8 个)、代词(2 个)、形容词(2 个)、数量结构(2 个)。"强"与显著搭配名词的组合,以"强"后置作谓语,即"n+强"在数量上占优势,占比约为 64%,其中的显著搭配名词多为"X 性"(如"互补性""针对性""操作性""专业性")"X 力"(如"能力""实力""竞争力""吸引力")"X 感"(如"时代感""立体感""节奏感""现场感")"X 心"(如"责任心""好奇心""事业心""进取心"),以及表人的名词,如"少年""敌""儿子"等。"强"也与少数显著搭配名词以"强 +n"的语序组合,其中的名词主要有两类,一类是"国""队""县""市"等,此时的"强 +n"是一个多义结构,"强"既有作定语的用例,也有用作动词,这些名词充当其宾语的用例。例如:

　　(41)此次夏令营以"爱祖国、爱海洋,拥抱蓝色国土,建设海洋强国"为主题,是中央确定的纪念郑和下西洋 600 周年系列活动之一。(《全国海洋科技暨航海夏令营落幕》,《人民日报》2005 年 8 月 8 日)

　　(42)中国女足从低谷开始上升,虽然还不是世界一流强队,但是和她们的距离并不远。(马晓旭:《新星满豪情》,《人民日报》2006 年 9 月 13 日)

　　(43)我始终认为法学是治国之学,强国之学。(李龙:《人是法律之本》,《人民日报》2006 年 1 月 4 日)

　　(44)他和党委"一班人"按科学带兵,走精兵强队之路。(王炳伟:《军

营"发明家"》,《人民日报》2006 年 8 月 30 日)

例(41)中的"强国"和例(42)中的"强队"都是定中结构,"强"作定语,例(43)中的"强国"和例(44)中的"强队"都是述宾结构,"强"用作动词。

另一类是"热带风暴""冷空气""地震""雨雪"等,此时的"强 +n"是单义的定中结构。与"强"典型搭配的副词主要是程度副词,它们前置于"强"充当状语,此外还有个别否定副词、语气副词和范围副词前置于"强"作状语的情况。显著搭配的动词,一类与气象有关,"强"常前置于这些动词,如"强降水""强降雨""强降雪""强日照"等,常发生和"大 +V"一样的名词化效应。例如:

(45)这次台风来得早、影响范围广、强度大并将带来**强降水**,严重威胁有关地区的安全。(《研究部署今年一号强台风》,《人民日报》2006年 5 月 17 日)

(46)值得关注的是,当前天气正处于剧烈的调整期,大范围、高强度的降雨随时可能发生,局部地区的**强降雨**难以避免。(《当前汛情正值剧烈调整期》,《人民日报》2005 年 7 月 9 日)

(47)曲昌荣山东新年的第一场**强降雪**持续了一天一夜。(《山东东营—河南郑州千里行程不轻松》,《人民日报》2005 年 2 月 17 日)

(48)除了滑坡、地震、风沙、雷电、**强日照**、泥石流等自然灾害,青藏铁路工程更面临着"多年冻土、高寒缺氧、生态脆弱"三大世界铁路建设难题。(《穿越世界屋脊的辉煌》,《人民日报》2006 年 7 月 1 日)

例(45)"强降水"处于述宾结构的宾语位置,例(46)"强降雨"处于主谓结构的主语中心语位置,例(47)"强降雪"受数量结构限定,例(48)"强日照"与"风沙、雷电"等名词并列为自然灾害,充当介词"除了"的宾语,这些都是典型的名词性成分的用法。

另一类与行动变化有关，"强"后置作补语，如"做强""变强"等。显著搭配的代词为加词性的指示代词"这么""那么"，前置于"强"作状语。两个形容词"弱""有力"后置于"强"与之构成并列关系，两个数量性成分"百倍""十分"多出现在"n_1+（比 n_2）强 +mq"或"强 +n+mq"的框架中充当补语。

对提取出的 100 个基本形容词的显著搭配行为和共有的搭配特征进行总结和归纳，我们看到：（1）整体上，基本形容词的显著搭配对象中名词在数量上占有优势，说明形容词所表示的性状与名词指称的对象之间存在较强的内在关联；（2）与基本形容词显著搭配的副词当中，程度副词最多，它们主要前置于基本形容词对其性质的程度量进行限定，这与基本形容词主要是单音节的性质形容词直接相关；（3）从程度量上对基本形容词进行限定的还有数量短语，它们的搭配通常用于比较结构当中；（4）基本形容词与显著搭配动词的组合，"a+v"型式在数量上占优势，基本形容词在其中充当状语。

除了共有特征外，各基本形容词的个性化特征也较为突出。在与名词的组合上，前置与后置的差别较为显著，有些基本形容词更常出现于前置的定语位置，如上面分析过的"大"，有些更常出现在后置的谓语位置，如"强"。在对搭配对象的选择上，就整体而言，基本形容词更多地选择与名词性成分搭配，但也有特殊情况，比如双音节的基本形容词"自由"，它的显著搭配对象当中动词占比约为 54%，名词占比约为 23%，名词明显少于动词。再看比较结构，单音节基本形容词除了进入"比"字框架外，也经常进入"a+n+mq"的型式，如"大我三岁""强我十倍"等，但双音节基本形容词多只进入"比"字框架，不进入后者。不仅如此，基本形容词在对显著搭配的形容词进行选择时，也受到了来自音节数目的制约。单音节基本形容词一般较少选择与形容词搭配，但双音节的基本形容词选择的显著搭配中形容词，尤其是双音节形容词所占比例明显提高，它们常组合成并列关系的形容词短语，如"自由"常与"平等""快乐""公平""和平""安全""轻松""自在""便利""宽松""舒服""灵活""散漫""安定""畅快""洒脱""潇洒""纯粹""活泼"等显著搭配，"安全"常与"舒适""平稳""便捷""清洁""稳健""快捷""便利"等显著搭配。

综合起来，对三百个基本名词、动词、形容词显著搭配词和典型搭配行为的对比分析表明，一方面，词语的语法性质对词语的搭配类型有较为显著的归类和制约作用。说归类作用，是因为整体上看，相同词性的词语具有更多类同的搭配模式，可以通过词语的语法属性对汉语中诸多的搭配类型进行划分；说制约作用，是因为受类化、泛化机制的作用，大词类当中的某些本来在搭配类型上具有个性的词语，逐渐表现出回归大词类共有的搭配类型的趋势。比如：进入"a+了"框架表示性质变化的完成，是性质形容词的典型搭配行为，在统计的 100 个基本形容词当中，显著搭配词里有"了"的占到了绝大部分，几个显著搭配词里没有"了"的，如上面列举过的"强"，也有一些"a+了"的用例。如：

（49）怎么两个星期没见，你的棋就强了这么多？（屈志华：《职业是饭碗》，《读者》2004 年第 9 期）

还有个别的性质形容词，以往通常不后接"了"，或许是受大类显著功能的类化影响，随着"a+了"这一结构的使用泛化，在十年语料库中也出现了后带"了"的用例，如"卫生"：

（50）其实，这是一个问题的两个方面，环境卫生了，身体就会更健康；身体健康了，就可以少花医药费。（《农民的垃圾放哪儿》，《人民日报》2006 年 4 月 29 日）

例中"卫生了"和后面的"健康了"对举，更加显示了语用泛化机制的作用。

另一方面，词语的语法性质对词语搭配类型的归类和制约作用又不是绝对的，同一词类下的词语又会有其个性化搭配特征。一个突出表现是，同一词类甚至是同一词类下的同一小类的典型搭配对象都有很大的差别，导致这些差别出现的原因，更多的是词语的义类归属和语义特征对搭配的选择和制约。这就提醒我们，如果要全面细致地认识词汇系统中各词语的句法功能，并将认识结果运用于语言教学等应用领域，特别是运用于类义词、近义词的句法功能教学当中，就不能只根据某一词类当中的某些词语的句法功能去简单地类推，有必要通过大规模语料库去提取各词语的搭配并以此为基础进行细致的描写和分析。换而言之，搭配的提取与分析既是更好地观察具体词语句法功能的窗口，也是基于个体特征归纳各类词语搭配类型的基础，更是面向应用的词语研究的应有操作。

下面以基本词中的心理动词为例，说明基于显著搭配和典型搭配行为的基本词语句法功能在汉语应用领域的意义。

第四节　基本词句法功能在国际中文教育中的应用：以心理动词为例

统计 HSK 动态作文语料库 ① 中基本心理动词"想""爱""懂""怕""忘""记""念"的使用频次和偏误率：

表 6—15　HSK 动态作文语料库中 7 个基本心理动词的使用情况

	想	爱	懂	怕	忘	记	念
使用频次	8184	2285	520	365	339	132	176
偏误频次	139	175	10	8	4	33	7
偏误率	1.70%	7.66%	1.92%	2.19%	1.18%	25%	3.98%

由表 6—15 数据分布可见，在留学生的汉语作文中，7 个基本心理动词

---

① HSK 动态作文语料库由北京语言大学汉语国际教育技术研发中心建设完成，该语料库收录的是母语非汉语的外国人参加 HSK（高等）作文考试的答卷语料。

均存在使用偏误的情况，其中，"记"的偏误率高达25%，剩下的6个，偏误率从1.18%到7.66%不等。韩礼德曾主张从词语搭配的角度分析语言学习中发生的错误，认为教师应针对性地结合词语及其常用语境开展词语的搭配教学①。返回HSK动态作文语料库查看这7个心理动词错用的实际语料，发现出错的一个重要原因正是没有准确掌握词语的搭配信息。例如：

* （51）最**记**的是他口中有几颗金牙。
* （52）宗教信仰使人们**爱**规则。
* （53）我非常喜欢自然环境，很**念**回到那原野里。
* （54）可是，有的时候大家很忙，特别是考试期间，常常**忘**自己的次序。
* （55）但对父母来说，他们先**想**男子的家庭环境，然后想钱、学历等等，因此父母与子女之间常常发生问题。
* （56）我**懂**我父母的说法。

十年语料库中提取出的搭配信息表明，"记"的搭配行为里没有程度副词直接前置作状语的情况，例（51）"最"与"记"搭配有误。"爱"后接的名词宾语通常是被人喜欢的人或物，这一点可以从上表6—9"爱"的显著搭配词里看到，"规则"在一定程度上可视为对人的一种束缚，与之形成显著搭配的是"遵守"，而非"爱"，所以，例（52）的"爱"宜改成"遵守"。从十年语料库中提取并观察心理动词"念"的搭配行为，会看到它排斥带动词宾语，所以不能与"回到那原野里"构成动宾结构，而表示意愿的"想"具有与后置动词宾语搭配的能力，例（53）的"念"可改成"想"。检查十年语料库里提取出的搭配信息，我们看不到"忘"不带动态助词"了"却能与多音节宾语搭配的情况，例（54）"忘"与"自己的次序"之间有必要添加"了"，或者改成"忘

---

① Halliday，M. A. K. & Hasan，R. Cohesion in English.London：Longman，1976.

记",与多音节宾语直接组合是"忘记"的常见搭配行为。"想"和"考虑"都有"思考"义,比较二者从十年语料库中提取出的搭配信息,"想"取"思考"义时,倾向于选择表示主意的一些抽象名词作宾语,"家庭环境"和"钱""学历"不符合表思考义的"想"对搭配对象的选择条件;"考虑"表示"把……考虑进去""顾及"时,其显著搭配对象可以是一些表示具体的人、事、工作、行为的名词,所以,例(55)"想"改成"考虑"更合适。由"懂"的显著搭配词表可知,与它构成述宾结构的名词通常表示的是人、话语、知识、道理、想法等,它几乎不与"说法"组合,所以例(56)的"懂我父母的说法"也是因不了解"懂"的搭配而出现的语误。

没有很好地掌握词语的搭配知识,自然很难说出地道的汉语。在汉语非母语者没有建立起良好的汉语语感之前,要帮助他们掌握词语的常用搭配,不仅需要一线教师在授课过程中注重搭配知识的讲解和操练,更需要教材和外向型学习词典对这部分知识进行科学的编写设计,为教师的教和学生的学提供有效依据。

目前国内已出版了《HSK 词语用法详解》(黄南松、孙德金主编)、《汉语8000 词词典》(刘镰力主编)、《商务馆学汉语词典》(鲁健骥、吕文华主编)、《当代汉语学习词典(初级本)》(徐玉敏主编)等多部汉语学习词典。细致考察,可以发现这些词典在词语搭配信息的选择和呈现方式上还存在可商榷之处。以"爱"在四部词典中的编排信息为例:

表6—16 动词"爱"在四部外向型学习型词典中的编排情况

《HSK 词语用法详解》	"爱"ài (vt.) (1) love. ~ + 人 / 事物 / 处所:~她｜~和平｜~北京。①前面可以加"很"。②后面不能加"了"。③后面不能加动量词。④后面可加趋向动词"上、起来":她~上了一位小青年｜没想到你~起他来了。⑤后面可加介词"在、到":~在心里｜~到这种程度。⑥不能重叠。(2) like, be fond of. ~ + 事物:~文学｜~劳动｜~干净。①前面一般不加"没"否定。②前面可加"很"。③后面不能加动量词。④后面可加趋向词"上":~上种花了。⑤后面可加介词"到":~到发疯的程度。⑥不能重叠。(3) be apt to, be in the habit of. ~ + 事:老爱写错字｜~哭｜~生锈。①前面不能加"没"否定。②前面可加"很"。③后面不能加连带成分。④不能重叠。(4) cherish, treasure. ~ + 物:~公物｜~荣誉｜~面子。①前面一般不加"没"否定。②前面可加"很"。③后面一般不加"了、着"。④后面可加趋向词"起来":她也~起虚荣来了。⑤后面不加介词短语。⑥不能重叠。

《汉语8000词词典》	"爱（愛）·甲 [部首] 爪 [笔画] 10 ài（love）[动] ①对人或事物有很深的感情：～人民｜～孩子｜～家乡｜～工作｜很～｜深深地～｜她深～自己的家庭，又深～教师这一职业，因此常常陷入家务与工作的矛盾之中｜她～孩子～得要命"②喜欢：～游泳｜～看书｜～打球｜～画画｜～干净｜～漂亮｜～出风头｜～开玩笑｜～美｜她很～看电影，一星期要看好几次｜他不像一般年轻人那样～运用，只～看书｜她～美，常常打扮得与众不同。③〈乙〉容易产生某种行为或变化：～哭｜～笑｜～发火｜他身体已有点儿毛病就～发脾气｜我一受凉就～肚子疼｜她特别爱哭，为一点儿小事也流泪。 [近义词] ①喜爱/喜欢；②喜欢/爱好；③好（hào） [反义词] ①恨/憎恶/讨厌/厌恶；②讨厌/厌恶 [提示] "爱"是体现心理活动的动词，可受程度副词修饰，如很～、非常～ [构词] 爱称/爱国/爱抚/爱恋/爱慕
《商务馆学汉语词典》	"爱（愛）ài（一）（动）对人、对事物有很深的感情：好孩子，我爱你｜他很爱自己的家乡｜丈夫很爱妻子｜第一次见面她就爱上了那个小伙子。"（二）（动）喜欢，爱好：爱打篮球｜爱看书｜不爱运动｜这么小的孩子就非常爱学习，长大了一定是个人才。（三）（动）容易发生某种行为或变化：爱生气｜这孩子身体不太好，爱生病｜这种钢笔不好，爱坏｜最近妈妈爱发脾气。
《当代汉语学习词典》	ài 爱¹（愛）[动] 他～妻子，对妻子很好。Tā ～ qīzi, duì qīzi hěn hǎo . →他对妻子有很深的感情。tā duì qīzi yǒu hěn shēn de gǎnqíng. [例] 他第一次看见那个漂亮姑娘就～上了她。Tā dì yí cì kànjiàn nàge piàoliang gūniangjiù ～ shàng le tā.｜她对丈夫～得很深，从来没想过离开丈夫。Tā duì zhàngfu ～ de hěn shēn, cónglái méi xiǎngguo líkāi zhàngfu.｜她太～她的孩子了。Tā tài ～ tā de háizi le.｜我深深地～着我的故乡。Wǒ shēnshēn de ～ zhe wǒ de gùxiāng.｜他一生中最～的人是辛辛苦苦把他养大的母亲。Tā yīshēng zhōng zuì ～ de rén shì xīnxīnkǔkǔ bǎ tā yǎng dà de mǔqin. ài 爱²（愛）[动] 我～运动，每个周末都要去打球。Wǒ ～ yùndòng, měi ge zhōumò dōu yào qù dǎ qiú. →我喜欢运动，周末经常去打球。Wǒ xǐhuan yùndòng, zhōumò jīngcháng qù dǎ qiú.[例] 他～旅游，一有时间就想去旅游。Tā ～ lǚyóu, yī yǒu shíjiān jiù xiǎng qù lǚyóu.｜他特别～看电视，每天至少要看三四个小时。Tā tèbié ～ kàn diànshì, měi tiān zhì shǎo yào kàn sān sì gè xiǎoshí.｜有一首歌我弟弟最近很～唱，我经常听见他唱。Yǒu yī shǒu gē wǒ dìdI zuìjìn hěn ～ chàng, wǒ jīngcháng tīngjiàn tā chàng. ài 爱³（愛）[动] 白的衣服～脏，穿的时候要注意。Bái de yīfu ～ zāng, chuān de shíhou yào zhùyì. →白的衣服很容易脏。Bái de yīfu hěn róngyì zāng [例] 玻璃杯～碎，小心别掉地上。Bōlibēi ～ suì, xiǎoxin bié diào dì shang.｜这种汽车质量不好，～出毛病。Zhè zhǒng qìchē zhìliàng bú hǎo, ～ chū máobìng.｜他的脾气非常好，不～生气。Tā de píqì fēicháng hǎo, bú ～ shēngqì.

就搭配信息而言，只有《HSK 词语用法详解》给出了类型化的搭配规则，《汉语 8000 词词典》《商务馆学汉语词典》和《当代汉语学习词典（初级本）》都只是在各义项之下，以举例的形式给出了部分具体的搭配，这些具体用例没能全面反映出"爱"的搭配类型，如"爱"与表人的名词搭配组合成"n+ 爱"的型式，"爱"与强调确然语气的副词搭配组合成"d+ 爱"的型式等，三部词典都没有收录相关用例。不仅如此，三部词典通过用例展示的搭配多关注了与实词的组合，没有注意到与虚词共现时的一些常用的带有倾向性的用法，如"爱"后常带"着、过"表时态，"爱"常与"被"和表人的名词性成分搭配形成"被 +n+ 爱"的框架。另外，三部词典通过用例展示的与之形成搭配的实词类型也比较单调，多为名词和动词，较少出现形容词，三部词典中仅《汉语8000 词词典》给出了"爱干净""爱漂亮"两个"爱"与形容词搭配的用例。可见，除了补充类型化的搭配规则外，三部词典在例句的选用上也有必要进行调整。

《HSK 词语用法详解》给出了类型化的搭配规则，这样有助于使用者从总体上更好地把握词语的搭配用法，但与上面分析的三部词典一样，存在着搭配类型不够全面，给出的显著搭配示例不够丰富的问题。此外，该词典还需注意搭配的准确性和代表性，如：该辞典给出四个义项的搭配行为时都说到了"前面可以加'很'"，从上文提取出的"爱"的典型搭配词表中很容易看到，"爱"前能加的程度副词不仅仅是"很"，还可以是"最""更""特别""太"等，且在这些程度副词当中，前置于"爱"使用频次最高的并非"很"而是"最"。将"前面可以加'很'"改成"前面可以加程度副词，如'最、更、特别、很、太'等"会更准确。又如，第一个义项的第二个搭配行为是"后面不能加'了'"，这一说法不符合语言事实，虽然在十年语料库中"爱"更多共现的动态助词是"着"和"过"，但在用作第一个义项时并非完全不能后加"了"。语料库中很容易见到以下用例：

（57）我爱了她一辈子，她只爱了我三个月。（皮皮：《一只孔雀》，《小

说月报》2004 年第 3 期）

（58）我问他那为什么又不爱了。（严歌苓：《小寄居者》，《小说月报》2008 年第 4 期）

（59）他觉得自己对她越来越爱了，这让他惶恐。（张子雨：《贵妃醉酒》，《小说月报》2008 年第 5 期）

（60）心理学家说女生的爱相对缺乏理智，一旦爱了，就忘记自己也是独立的一个人，也需要事业，最恐怖的是惯于牺牲的天性总保留在她们的血液因子里，动不动喊成全他成全他成全他。（小白：《像明星一样经营爱情》，《青年文摘》2020 年第 24 期）

再如，《HSK 词语用法详解》第一个义项下面介绍的第三个搭配行为是"后面不能加动量词"，这一点同样不准确。十年语料库中"爱"用作第一个义项，像"爱一次""爱一回""爱一场"的用例有不少。如：

（61）我觉得，她是该重新爱一次了。（江航：《我的人请》，《青年文摘》2000 年第 9 期）

（62）尘封的梦想至少已经成真了，而他将要去爱一回另一个他还没来得及爱的人。（西楚：《那些不能随风而去的往事》，《读者》2005 年第 14 期）

（63）果然不出冯爷所料，他的这一招儿还真起了作用，只是苦了小湄，白爱了他一场。（刘一达：《画虫儿》，《小说月报》2008 年第 1 期）

付娜也曾指出这四部辞典存在着配例分配与词语用法分布不合、固定搭配失收或杂在自由搭配中等问题①。

---

① 付娜：《外向型汉语学习词典配例中搭配信息的呈现原则及实现条件》，《辞书研究》2010 年第 5 期。

学习型词典关于词语搭配信息的编排或有不全面，或有不准确，搭配词典对此有一定的补充作用。《汉语常用动词搭配词典》（王砚农，焦庞颢主编）和《汉英搭配词典》（胡宛如主编）等为汉语非母语教与学提供了重要的搭配信息。继续以"爱"为例，对这两本搭配词典的编排进行考察。

表6—17 动词"爱"在两部搭配词典中的编排情况

《汉语常用动词搭配词典》	《汉英搭配词典》
ài 爱 ① love；be fond of ≅ 喜欢——讨厌；恨；憎 [~宾]〈名〉~孩子；~子女；~丈夫；~妻子；~花；~鸟；~狗；~祖国；~真理；~和平；~名誉；~地位；~权势；~面子；~钱；~哪种颜色；~春天还是~秋天；~那个东西结实；~那个地方安静；~那个城市交通方便〈代〉~她；~我们；~这个；~那些；~哪种？~什么？~他聪明；~他伶俐；~它灵巧〈动〉他特别~吃，什么好吃，吃什么；我不爱吃，也不~穿；他~吃鱼（吃中餐/吃西餐）；~吃点心/~吃热的/~吃冷的/~吃素的/~吃荤的/~吃辣的/~吃甜的/~吃软的/~吃硬的/~吃新鲜的/~吃自己做的）；这个人没别的毛病，就是~喝（酒）；~喝咖啡；~穿中式衣服（~穿西装/~穿肥衣服/~穿瘦裤子/~穿布鞋）…；~玩；~玩球；~玩牌；~玩火；~说；~说话；~说笑话；~说废话；~说大话；~画画儿；~照相；~下棋；~抽烟；~花钱；~看书；~帮助人；~过夏天；~听恭维话；~用香水；~迟到；~早退〈形〉~美；~热闹；~清静；~干净；~整齐 [~补]〈结〉我~上了大草原了；他对数字~到发狂的程度〈程〉~得发狂；~极了〈时〉她~了一辈子金项链，结果还没买上就死了 [状]〈程〉真~孩子；总~看书；酷~文学；特别~玩；非常~面子；老~喝酒；深深地~着她；最~画猫。 ② be apt to；be in the habit of；easily ≅ 容易；易于——不易 [~宾]〈动〉~哭；~笑；~闹；挂面~碎；纸太薄~破；夏天青菜~烂；热天糖~化；这东西~坏；他~动脚；竹器在北方~裂；这种橡皮筋~折（shé）。	爱 有很深的感情 love；affection 母爱 maternal love；mother love：a mother's love for her children；maternal affection 父爱 paternal love 父母的爱 parental love 父母子女之间的爱 love between parent and child 子女对长辈的爱 filial love 互爱 reciprocal affection 慈爱 the benevolent affections…… 疼爱 the tendet love 夫妻之爱 conjugal love 深深 [永远、真挚、贞洁、坚定不移] 的爱 ardent [ever-lasting，sincere，chaste，steadfast] love 狂热的爱 fanatic love；wild love 强烈的爱 a keen affection 爱如己出 cherish a child as one's own 爱恨交织 be overwhelmed by mixed love-hate feelings 爱憎分明 have a clear-cut stand on what to love and what to hate 爱莫能助 be sympathetic but have no ability to help；be willing to，but powerless to render assistance 爱校如家 love the school as dearly as one does one's own home 永远相爱 love each other with an undying affection 疼爱某人 dearly love sb.；set one's affection on sb 终身钟爱妻子 retain a tender affection for one's wife to the end of one's life ……

《汉语常用动词搭配词典》给出了比上面四部词典更加丰富的搭配用例，说明了与之搭配的词语的性质和这些搭配词充当的句法成分。在说明搭配关系时，指出了"爱"与名词、代词、动词、形容词组合成述宾结构，与结果补语、程度补语、时量补语组合成述补结构，与状语组合成状中结构这样的几种类型，但还不够全面，如没有说明"爱"作为中心语与搭配对象构成定中结构，以及作为宾语与搭配对象构成述宾结构的情况，也没有指出它在选择搭配对象时的语义倾向特征。《汉英搭配词典》给出的实则是"爱"参与组合的词，如"疼爱"，或短语，其中又包括了自由短语如"狂热的爱"和习用短语如"爱如己出"，以及"爱"作为语素构成合成词而后参与组合而成的短语，如"终身钟爱妻子"，这里面有些算不得真正意义上的搭配，就称得上搭配的那一部分来看，也没有体现"爱"的搭配能力和搭配对象的全面性。可见，这两部搭配词典还可进一步优化。

受以上几部词典的启发，我们认为，学习型词典搭配信息的编排有必要照顾到两大方面：一是搭配信息的选取有必要全面照顾典型搭配行为，包括搭配类型、搭配相关的句法框架、句法成分和具体的搭配对象及其所属的义类等；二是编排顺序时有必要将常用、显著信息前置，方便使用者能在第一时间查询到最常遇到的问题。两大方面落实到具体的编写操作当中，大概可通过以下三大步骤实现：

首先，使用具有良好代表性和平衡性的大规模真实语料库，获得词条的典型搭配信息，包括它所在的句法框架以及它在句法框架中充当的句法成分，它的显著搭配对象及其所属的语义类型等信息。

其次，统计比较各搭配信息的出现频度和显著度，依据高频度和高显著度信息前置的原则，对搭配信息进行排序。

最后，设计词典的搭配信息编排框架，确定框架中要展示的具体内容。

以"爱"为例。上文已经展示了从十年语料库中获得的"爱"的典型搭配行为。对"爱"所在的句法框架以及显著搭配对象的语法属性和所属义类进行频度和显著度统计，排序情况如下：

1. 爱+宾（动词动作行为、名词人、事物、处所、形容词、代词体词性）

2. 定语（名词人、代词指代人、形容词）+爱

3. 状语（副词否定、程度、时间、范围副词、强调确然语气、形容词）+爱

4. 爱+补语（情状、程度、动量、时量、趋向动词）

5. 爱+动态助词（着、过、了）

6. 被+（名词人）+爱着/爱过

7. 述语（动词敢、示、认）+爱

　　对"爱"的词典编排框架进行设计。我们借鉴《商务馆学汉语词典》以义项为纲的做法，对"爱"的三个义项的用法信息（也就是"爱"使用这三个义项时的搭配信息）进行编排：

表6—18　动词"爱"三个义项的用法信息编排设计

爱：ài
　（一）对人或事物有很深的感情。
　　1.爱+宾语（1）【名词宾语】①人：～子女～父母～老师～人民 ②事物：～国～书～生活～事业 ③处所：～家～公司～学校～故乡 （2）【代词宾语】体词性代词：～她～谁～自己～别人
　　2.定语+爱（1）【名词定语】人：父母的～亲人的～儿女的～ （2）【代词宾语】她的～谁的～ （3）【形容词定语】真～
　　3.状语+爱（1）【副词状语】①否定副词：不～；②程度副词：最～更～特别～很～太～；③时间副词：永远～依然～始终～ ④范围副词：都～ ⑤确然语气副词：真的～ （2）【形容词状语】深～
　　4.爱+补语（1）【情态补语】～得真～得深 （2）【程度补语】～得很～极了 （3）【动量补语】～一次～一回～一场 （4）【时量补语】～一辈子 （5）【趋向补语】～上～下去
　　5.爱+动态助词：～着～了～过
　　6.被+（名词人）+爱着/爱过：从小就被父母深～着曾被深～过
　　7.述语（动词敢、示、认）+爱：敢～示～认～
　（二）喜欢，爱好。
　　1.爱+宾语（1）【动词宾语】～读书～说话～挑刺～开玩笑 （2）【形容词宾语】～美～干净～热闹～时髦
　　2.状语+爱【副词状语】①否定副词：不～；②程度副词：最～更～特别～很～太～；③时间副词：总～老～依然～始终～；④范围副词：都～ ⑤确然语气副词：真的～
　　3.爱+补语【趋向补语】～上～下去
　（三）容易或易于发生某种行为或变化。
　　1.爱+宾语（1）【动词宾语】～哭～出汗～生病～发脾气 （2）【形容词宾语】～较真～激动
　　2.状语+爱【副词状语】①否定副词：不～；②程度副词：最～更～特别～很～太～；③时间副词：总～老～；④范围副词：都～ ⑤确然语气副词：真的～

搭配信息直接体现词语的用法，是学生语言学习的重中之重。若能准确揭示词语各义项的典型搭配行为并将搭配信息应用于词语的课堂教学以及学习词典和教材的编写，必将对汉语非母语教学效果的提升大有助益。

本章从基本词的内涵出发，综合常用性、能产性和稳定性，从十年语料库中提取出基本词表，明确了该章分析对象的外延。而后通过对基本词的词性分布以及兼类、活用现象的计量分析，结合对基本词典型搭配行为的观察，探索了基本词在句法功能上的实态表现，总结如下：

（1）汉语的基本词整体以稳态为主基调，它们在句法位置和搭配对象上表现出了强历时稳定性。

（2）基本词在各词类中均有分布，其中，在实词，尤其是动词和名词中分布最多。

（3）相对于非基本词汇，基本词的兼类现象突出。

（4）将名词代入"很+X"句法框架所做的词类活用计量考察表明，21世纪最初十年里，名词活用作形容词的现象较为丰富。

（5）对三百基本名词、动词、形容词显著搭配词和典型搭配行为的对比分析表明：

①整体上看，相同词性的词语具有更多相类同的搭配类型，可以通过词语的语法属性对汉语中诸多的搭配进行类属上的划分。

②尽管具有相同词性的词语整体上表现出了相同或相似的搭配行为，但各词类内部的具体词语在典型搭配上还是存在或多或少的差异。这些差异产生的根本原因在于不同的词语自身的语义属性、语义特征对其搭配行为的制约。

③在类化、泛化机制作用之下，大词类当中的某些本来在搭配类型上具有个性的词语，逐渐地表现出回归大词类共有的搭配类型的趋势。

基本词是语言应用领域要首先处理的重要词汇。在揭示了基本词的句法功能实态之后，本章以表示心理活动的7个基本动词为例，进一步探讨了基本词的搭配信息在国际中文教育中的应用问题。HSK动态作文语料库的调查表明，留学生的汉语学习存在着词语搭配知识欠缺的问题。四部外向型学习词典和两部搭配词典的考察表明，已有的外向型汉语学习工具书对于词语搭配知识的编排还不够准确、全面。针对这些问题和不足，我们提出了加强词语搭配信息的语料库提取，重视词语搭配信息在汉语非母语教学中的作用。我们认为，搭配信息较为集中地体现了词语的真实用法，基于大规模语料库，准确提取词语的搭配，并切实应用于词语的课堂教学、教材和词典编写，对改进汉语非母语教与学的效果有积极意义。

第七章　基本词的语义功能实态及其应用

　　词语的语义功能受搭配对象的制约，通过 2000—2010 年十年语料对基本词的语义功能实态进行考察，仍以其搭配为基本观察项。词语的语义功能表现为词语在具体语句中使用的义项、在具体句法结构中充当的语义角色以及它的语义指向等多个方面，其中，义项是其他语义功能的基础。目前从超大规模语料库中自动提取语义角色和语义指向信息的方法和技术还很不成熟，受此限制，本章对基本词语义功能实态的考察，将以其义项的使用实态分析为主。本着面向应用的初衷，本章将重点关注基本词，聚焦基本词的义项使用频度即义频方面的量性特征，并基于义频特征进行面向国际中文教育和辞书编写的思考。

　　关于义频研究的重要性，已有不少学者进行过阐述。李英曾指出《汉语水平词汇与汉字等级大纲》存在词的义项未加考虑、统计不够完善的问题，认为这些问题给对外汉语多义词教学带来了困扰①。赵金铭、张博、程娟强调了修订《〈汉语水平〉词汇等级大纲》时重视义频统计的重要性，该文指出，义频分析的缺乏使《大纲》编制难免会出现多义词义项筛选及等级不明等问题，做好义频统计分析这项工作，是大幅度提高《大纲》完善程度的关键②。李如龙、

---

① 李英：《关于〈汉语水平词汇与汉字等级大纲〉的几个问题》，《中山大学学报论丛》1997 年第 4 期。

② 赵金铭、张博、程娟：《关于修订〈〈汉语水平〉词汇等级大纲〉的若干意见》，《世界汉语教学》2003 年第 3 期。

吴茗的个案调查发现对外汉语课本中出现了词语低频义项用法被选编，高频义项用法反而没体现的问题，提出在教学活动和教材编写中有必要考虑义项使用频度并分频度处理的主张①。马清华认为，从二语词汇教学的实际要求出发，频率统计不应仅停留在词频上，还应细化到义项频率的统计②。朱志平也认为，对于多义词，教学前除了要确定义项外，还要了解义频，要根据义频对义项进行排序，以此为基础确定哪些义项先教，哪些义项后教③。

除了探讨义频对《汉语水平词汇与汉字等级大纲》的完善和对外汉语词汇教学的重要意义外，学者们还论述了义频对词典编撰的重要价值。黄建华、陈楚祥认为，利用义频的高低对义项进行排序，便于读者根据排序了解义项的常用程度，"按使用频率原则排列义项更适合于编纂双语词典，尤其是供学习外语用的双语词典中的义项排列更是如此"④。崔乐也认为多义词的不同义项如果依照义频排序，能够方便用户锁定目标义项，大大节省查找时间⑤。邢红兵同样阐述了在编纂外向型学习词典时需要按照各个义项的使用频度进行排列的主张，分析了义频在外向型汉语学习词典编撰中的重要作用⑥。

受上述成果启发，本章将分析重心放在多义基本词各义项使用频度的考察上，因为义频信息不仅对国际中文教育和供外国人汉语学习之用的外向型学习词典编写有重要价值，对于供本族人使用的语文词典以及供机器做语言信息处理用的电子词典的编写，同样有不容忽视的意义。

基本词中多义词数量众多，十年语料库规模巨大，义频的语料库统计需要大量人工介入。为在可控的规模内获得尽可能准确的义项使用数据，我们选择

① 李如龙、吴铭：《略论对外汉语词汇教学的两个原则》，《语言教学与研究》2005 年第 2 期。

② 马清华：《唯频率标准的不自足性——论面向汉语国际教育的词汇大纲设计标准》，《世界汉语教学》2008 年第 2 期。

③ 朱志平：《汉语二语教学中词汇计量的维度》，《语言文字应用》2013 年第 2 期。

④ 黄建华、陈楚祥：《双语词典学导论》，商务印书馆 1997 年版，第 58 页。

⑤ 崔乐：《语料库在〈对外汉语新词语词典〉微观结构中的运用》，《重庆理工大学学报》（社会科学版）2011 年第 10 期。

⑥ 邢红兵：《基于语料库的词语知识提取与外向型词典编纂》，《辞书研究》2013 年第 3 期。

抽样方式,从基本名词、动词和形容词中各随机抽取 50 个共计 150 个进行义频统计,以此为窗口观察十年基本词的语义功能实态。

第一节 义频的语料库提取与统计

词典给出了多义词的各个义项,但每个义项的使用情况需要在具体的语篇中统计。目前还没有语料库自动义项标注系统,受限于技术和十年语料库的超大规模,在难以单纯靠人工对各基本名、动、形使用中的义项一一识别和标注的情况下,我们根据语境的多义词义项定位和过滤功能,借助搭配分析实现基本词义项的统计。操作过程如下:

第一步,基本名词、动词、形容词义项的确定。依据《现代汉语词典》(下文简称《现汉词典》)的第 6 版①,查找到符合相应词性的义项,确定基本名、动、形义项的主要考察范围,再结合语料库反映的实际使用情况,必要时采取增项的措施,最终确定考察对象。

第二步,基本名、动、形搭配词表的语料库提取,使用"AntConc"软件提取出基本名、动、形的搭配词表,表中包括搭配词以及每个基本词与各搭配词共现的频次、搭配词的出现位置等信息。

第三步,基本名词、动词、形容词义频的语料库提取与分析。对基本名、动、形的搭配词表进行人工判别②,根据搭配情况确定每组搭配中基本词使用的义项。对基于搭配表提取出的义项进行频次、频率、各义项使用均衡性,以及十年语料库未使用义项在词语总义项数中的占比等项目的计算分析。

① 我们选择使用《现代汉语词典》的第 6 版而非第 7 版,是因为前者出版于 2012 年,后者出版于 2016 年,前者比后者能更好反映 21 世纪最初十年所使用到的基本词的各个义项。
② 为保证具体语境中义项的判断标准尽可能把握一致,150 个基本词各义项使用情况的人工统计由湖南大学应用语言学专业硕士研究生潘婷一人完成,感谢潘婷认真、细致的工作。

这里要做出说明的是,这种操作,并不确保能够得到词语各义项的全部使用情况。因为使用"AntConc"提取出的搭配,是基于高频共现,主要通过计算互信息 MI 值并结合 T 值来实现的,并不能保证百分之百完整、准确地反映词语在语料库中的实际使用情况,这一点上一章已做过说明。尽管如此,我们还是应该看到,这种操作能够反映词语的义项在绝大部分使用中的分布特点,不失为义项自动标注无法实现背景下的一种可行方式。因为该软件在判定某词语是否与其他词语构成搭配时,计算到了它在语料库当中与其他词语在一定跨距内相邻使用的绝大多数情况。所以,当面对庞大的语言材料,在仅靠人工对义项逐一标注几乎不可能实现的前提下,我们选择了使用该方法,从十年语料库里获得基本词各义项使用的大概率、趋势性信息。

下面我们以基本名词"点"为例,展示其义频统计的具体实施过程。

第一步,查阅《现汉词典》(第 6 版),里面列有 3 个"点"。语料库的频次统计主要是基于词形的,所以在统计时我们把这三个"点"的义项都纳入考察的视野。对《现汉词典》(第 6 版)列出的所有义项一一分辨,首先,从中剔除掉"点"不独立成词只作为构词语素的 2 个义项,分别是"点"中的义项⑨和"点"的"点心"义项。对"点"是独立成词还是作为构词语素的考量,一看《现汉词典》(第 6 版)是否对该义项标注了词性,根据《现汉词典》(第 6 版)的凡例说明,标注了词性的是词;二看没有标注词性的义项的实际使用情况,有些义项《现汉词典》(第 6 版)虽没有标注词性,但从它的搭配里能够发现它独立成词的用法,这种我们也将它算作独立成词的义项。比如,《现汉词典》(第 6 版)中"点"的义项⑨"事物的方面或部分"没有标注词性,但在我们提取出的搭配中有"关键点""问题点""契合点""突破点"等高频使用的情况,显然,这些搭配中的"点"用的是义项⑨,且独立成词了,所以有理由将它作为独立成词的义项保留下来。而后,删除掉用作动词的 9 个义项、用作量词的 4 个义项,以及"同'踮'"的 1 个义项和用作姓的 1 个义项,最后剩下 9 个名词义项:[1](~儿)液体的小滴;[2](~儿)小的痕迹;[3] 汉字的笔画,形状是"、";[4] 几何学上指没有大小而只有位置,不可分割的图形；[5] 小数点；[6] 一定的地点或程度的标志；[7] 事物的方面或部分；
[8] 铁制的响器，挂起来敲，用来报告时间或召集群众；[9] 规定的钟点。

第二步，对语料库做分词和词性标注处理，使用"AntConc"提取出"点"
用作名词的搭配词表。为节省篇幅，下面仅展示与"点"形成典型搭配的词语
及其搭配显著度序值，以及该词语与"点"的共现频次。

表7—1　基本名词"点"的典型搭配词 [①]

1. 增长，1462	22. 受灾，162	43. 下班，98	64. 泥，54	85. 流动，54	106. 创新，80
2. 到，1398	23. 不到，177	44. 代办，68	65. 接待，66	86. 红，82	107. 最高，42
3. 几，1157	24. 活动，244	45. 硕士，73	66. 固定，57	87. 供水，40	108. 聚集，28
4. 安置，974	25. 滴，108	46. 问题，209	67. 直销，29	88. 据，73	109. 得分，17
5. 看，1011	26. 下跌，120	47. 结合，119	68. 居住，59	89. 停泊，16	110. 起跳，6
6. 联系，803	27. 圆，112	48. 测量，86	69. 状，46	90. 收视，18	111. 植树，23
7. 一个，978	28. 契合，96	49. 观测，67	70. 接收，46	91. 停靠，22	112. 斑，13
8. 小，751	29. 到达，128	50. 饭，105	71. 放映，49	92. 献血，33	113. 难，63
9. 起床，412	30. 执勤，99	51. 出发，89	72. 收储，25	93. 起，88	114. 零售，23
10. 服务，418	31. 代售，87	52. 知识，101	73. 观察，55	94. 雨，42	115. 居民，53
11. 教学，304	32. 汇合，77	53. 利益，123	74. 起跑，29	95. 培训，63	116. 采集，22
12. 拐，269	33. 医疗，148	54. 供应，79	75. 加工，65	96. 黄金分割，8	117. 便民，23
13. 监测，288	34. 报收，80	55. 救助，79	76. 突破，63	97. 霉，19	118. 熬到，12
14. 平衡，256	35. 主要，176	56. 站，120	77. 交界，27	98. 分界，12	119. 施工，37
15. 集中，296	36. 注意，130	57. 最大，104	78. 吃饭，71	99. 采矿，21	120. 采血，12
16. 临时，231	37. 别的，115	58. 支，90	79. 控制，74	100. 黑，58	121. 检测，32
17. 工作，429	38. 找到，137	59. 中心，121	80. 发放，55	101. 凹，15	122. 踩，26
18. 到了，279	39. 上班，116	60. 那个，106	81. 笑，92	102. 教育，103	123. 基本，64
19. 晚，205	40. 睡觉，106	61. 代理，56	82. 购物，40	103. 集合，21	124. 会合，12
20. 关键，213	41. 收购，101	62. 授权，47	83. 聚居，25	104. 交接，18	125. 爆炸，28
21. 划，120	42. 早，132	63. 信息，103	84. 各个，56	105. 贮藏，8	126. 变成，42

[①] 表7—1中各典型搭配词前面的数值表示它与"点"的搭配显著度序值，后面的数值表示它
　　与"点"的共现频次。如"1. 增长，1462"表示"增长"与"点"的搭配显著度最高，排
　　在第1位，十年语料库中它与"点"共现使用的频次为1462。

续表

127. 救治，23	136. 咨询，28	145. 白，41	154. 落，21	163. 黄色，9	172. 着力，11
128. 停车，20	137. 监控，24	146. 绿色，32	155. 焊接，8	164. 景，14	173. 起跳，6
129. 洗漱，15	138. 十一，33	147. 黄，43	156. 销售，27	165. 开采，9	
130. 瞄准，15	139. 薄弱，21	148. 许多，53	157. 灰，13	166. 蓝色，10	
131. 博士，27	140. 营业，20	149. 定，27	158. 相同，13	167. 公证，10	
132. 凸，9	141. 网，35	150. 红色，33	159. 示范，19	168. 试验，10	
133. 卫生防疫，15	142. 墨，20	151. 投递，8	160. 蹲，11	169. 黑色，8	
134. 兑换，11	143. 存放，9	152. 招聘，15	161. 注册，11	170. 招生，9	
135. 缺，26	144. 热，33	153. 掐，10	162. 批发，12	171. 维修，8	

第三步，首先，依据搭配词表，一一判定各搭配关系当中"点"所使用的义项。

表7—2　基本名词"点"各义项使用情况

1. 增长，1462，义项[6]	19. 晚，205，义项[9]	37. 别的，115，义项[4]	55. 救助，79，义项[6]
2. 到，1398，义项[9]	20. 关键，213，义项[7]	38. 找到，137，义项[4]	56. 站，120，义项[6]
3. 几，1157，义项[9]	21. 划，120，义项[4]	39. 上班，116，义项[9]	57. 最大，104，义项[2]
4. 安置，974，义项[6]	22. 受灾，162，义项[6]	40. 睡觉，106，义项[9]	58. 支，90，义项[4]
5. 看，1011，义项[7]	23. 不到，177，义项[9]	41. 收购，101，义项[6]	59. 中心，121，义项[6]
6. 联系，803，义项[6]	24. 活动，244，义项[6]	42. 早，132，义项[9]	60. 那个，106，义项[4]
7. 一个，978，义项[2]	25. 滴，108，义项[1]	43. 下班，98，义项[9]	61. 代理，56，义项[6]
8. 小，751，义项[2]	26. 下跌，120，义项[6]	44. 代办，68，义项[6]	62. 授权，47，义项[6]
9. 起床，412，义项[9]	27. 圆，112，义项[4]	45. 硕士，73，义项[6]	63. 信息，103，义项[7]
10. 服务，418，义项[6]	28. 契合，96，义项[7]	46. 问题，209，义项[7]	64. 泥，54，义项[2]
11. 教学，304，义项[6]	29. 到达，128，义项[6]	47. 结合，119，义项[6]	65. 接待，66，义项[6]
12. 拐，269，义项[4]	30. 执勤，99，义项[6]	48. 测量，86，义项[6]	66. 固定，57，义项[6]
13. 监测，288，义项[6]	31. 代售，87，义项[6]	49. 观测，67，义项[6]	67. 直销，29，义项[6]
14. 平衡，256，义项[6]	32. 汇合，77，义项[6]	50. 饭，105，义项[9]	68. 居住，59，义项[6]
15. 集中，296，义项[6]	33. 医疗，148，义项[6]	51. 出发，89，义项[6]	69. 状，46，义项[4]
16. 临时，231，义项[6]	34. 报收，80，义项[6]	52. 知识，101，义项[7]	70. 接收，46，义项[6]
17. 工作，429，义项[6]	35. 主要，176，义项[7]	53. 利益，123，义项[7]	71. 放映，49，义项[6]
18. 到了，279，义项[9]	36. 注意，130，义项[4]	54. 供应，79，义项[6]	72. 收储，25，义项[6]

73. 观察，55，义项 [6]	99. 采矿，21，义项 [6]	125. 爆炸，28，义项 [6]	151. 投递，8，义项 [6]
74. 起跑，29，义项 [6]	100. 黑，58，义项 [2]	126. 变成，42，义项 [4]	152. 招聘，15，义项 [6]
75. 加工，65，义项 [6]	101. 凹，15，义项 [2]	127. 救治，23，义项 [6]	153. 掐，10，义项 [9]
76. 突破，63，义项 [7]	102. 教育，103，义项 [6]	128. 停车，20，义项 [6]	154. 落，21，义项 [6]
77. 交界，27，义项 [6]	103. 集合，21，义项 [6]	129. 洗漱，15，义项 [6]	155. 焊接，8，义项 [6]
78. 吃饭，71，义项 [9]	104. 交接，18，义项 [6]	130. 瞄准，15，义项 [6]	156. 销售，27，义项 [6]
79. 控制，74，义项 [6]	105. 贮藏，8，义项 [6]	131. 博士，27，义项 [6]	157. 灰，13，义项 [2]
80. 发放，55，义项 [6]	106. 创新，80，义项 [7]	132. 凸，9，义项 [2]	158. 相同，13，义项 [7]
81. 笑，92，义项 [6]	107. 最高，42，义项 [6]	133. 卫生防疫，15，义项[6]	159. 示范，19，义项 [6]
82. 购物，40，义项 [6]	108. 聚集，28，义项 [6]	134. 兑换，11，义项 [6]	160. 蹲，11，义项 [9]
83. 聚居，25，义项 [6]	109. 得分，17，义项 [7]	135. 缺，26，义项 [7]	161. 注册，11，义项 [6]
84. 各个，56，义项 [4]	110. 起跳，6，义项 [6]	136. 咨询，28，义项 [6]	162. 批发，12，义项 [6]
85. 流动，54，义项 [6]	111. 植树，23，义项 [6]	137. 监控，24，义项 [6]	163. 黄色，9，义项 [2]
86. 红，82，义项 [2]	112. 斑，13，义项 [2]	138. 十一，33，义项 [9]	164. 景，14，义项 [6]
87. 供水，40，义项 [6]	113. 难，63，义项 [7]	139. 薄弱，21，义项 [7]	165. 开采，19，义项 [6]
88. 据，73，义项 [6]	114. 零售，23，义项 [6]	140. 营业，20，义项 [6]	166. 蓝色，10，义项 [2]
89. 停泊，16，义项 [6]	115. 居民，53，义项 [6]	141. 网，35，义项 [6]	167. 公证，10，义项 [6]
90. 收视，18，义项 [6]	116. 采集，22，义项 [6]	142. 墨，20，义项 [2]	168. 试验，10，义项 [6]
91. 停靠，22，义项 [6]	117. 便民，23，义项 [6]	143. 存放，9，义项 [6]	169. 黑色，8，义项 [2]
92. 献血，33，义项 [6]	118. 熬到，12，义项 [9]	144. 热，33，义项 [7]	170. 招生，9，义项 [6]
93. 起，88，义项 [6]	119. 施工，37，义项 [6]	145. 白，41，义项 [2]	171. 维修，8，义项 [6]
94. 雨，42，义项 [1]	120. 采血，12，义项 [6]	146. 绿色，32，义项 [2]	172. 着力，11，义项 [6]
95. 培训，63，义项 [6]	121. 检测，32，义项 [6]	147. 黄，43，义项 [2]	173. 起跳，6，义项 [6]
96. 黄金分割，8，义项 [6]	122. 踩，26，义项 [9]	148. 许多，53，义项 [2]	
97. 霉，19，义项 [2]	123. 基本，64，义项 [7]	149. 定，27，义项 [9]	
98. 分界，12，义项 [6]	124. 会合，12，义项 [6]	150. 红色，33，义项 [2]	

其次，计算义频，通过标准差值的大小考察名词"点"各义项的使用均衡情况，并统计十年语料库未使用义项数的占比。义频的统计以用作各义项的"点"与其搭配词的共现频次为桥梁。获得各义项的使用频次之后，通过加合运算，得到各义项在十年语料库中使用的总频次，再次，用各义项的使用频次比上这个总频次，得到各义项的使用频率。再计算各义频的标准差，用于观察名词"点"各义项在十年语料库中使用得是否均衡。最后，统计十年语料库中"点"的未使用义项数，计算在"点"的总义项数中的占比。

特别说明的是，关于义频标准差的计算，频次或频率都可作为选择参数，为了让不同词语各义项的使用均衡度有更好的可比性，我们选择计算义项使用频率的标准差。由于频率值本身小于或等于 1，所以，标准差值也都会小于或等于 1。最均衡状态下的频率标准差值为 0，若以 0.1 为间隔，均衡等级可分为十级。等级越高，均衡性越强。频率标准差值大小与各等级的对应情况见表 7—3：

表 7—3　频率标准差值与均衡等级对应表

标准差值	0—0.1	0.1—0.2	0.2—0.3	0.3—0.4	0.4—0.5	0.5—0.6	0.6—0.7	0.7—0.8	0.8—0.9	0.9—1.0
均衡等级	十级	九级	八级	七级	六级	五级	四级	三级	二级	一级

结合实际用例观察比较，我们发现，义频标准差分布于十级区间的词语，各义项使用的均衡性表现最好，分布于九级的词语各义项的使用就有了明显的不均衡表现。例如，按照上述统计项的统计操作获知，名词"点" 9 个义项在十年语料库中共使用了 13948 次，各义项具体的使用频率、未使用义项数占比及标准差值见表 7—4：

表 7—4　名词"点"各义项的使用情况

	《现汉词典》（第 6 版）的释义	频次	频率	标准差	未使用义项占比
点	[6] 一定的地点或程度的标志	7710	55.28%		
	[9] 规定的钟点	2632	18.88%		
	[7] 事物的方面或部分	1556	11.16%		
	[2]（~儿）小的痕迹。	1184	8.49%		
	[4] 几何学上指没有大小而只有位置，不可分割的图形	789	5.66%	0.178	37.5%
	[1]（~儿）液体的小滴	77	0.55%		
点	[3] 汉字的笔画，形状是"、"	0	0		
	[5] 小数点	0	0		
	[8] 铁制的响器，挂起来敲，用来报告时间或召集群众	0	0		

名词"点"9 个义项的频率标准差值为 0.178，分布于均衡性九级，分析各义项的实际使用频率，可以看到，义项 [6] 用得最为频繁，使用频率占到了总量的一半以上，其次是义项 [9]，使用频率近 19%，排在第三位的义项 [7] 使用频率也超过了 10%；另有三个义项，分别是义项 [3] [5] [8]，在十年语料库中的使用频率为零，即没有被使用到 ①，这说明，尽管 8 个义项的使用频率处于均衡等级的第九级，但仍表现出了明显的不均衡特征。可见，词语义项使用不均衡的特点从第九级开始就有所表现，并随着等级下降，不均衡特点逐步加深。再对比《现汉词典》（第 6 版）的义项排序，就会发现，该词典中排在名词用法首位的义项，在十年语料库中使用频率很小，仅 0.55%，使用频率排到了 9 个义项当中的第 6 位；词典中排在第三位、第五位的两个义项，十年语料库中使用率为 0。这一现象，值得词典编写工作者关注。为了观察词典对义项的编排，下文给出的词语示例，其中的义项排序保持与《现汉词典》（第六版）一致。

本章对基本名、动、形各义项的提取与统计，均按照以上方式和步骤，逐一完成。操作中遇到了一些特殊情况，本着尽量不影响数据属性定类的原则，我们处理如下：

（一）有些基本词若仅凭其搭配词的分析，看上去涉及了多个义项，但返回语料库中考察，会发现它其实只涉及一个义项，这种情况本章就只计这一个义项。

例如，"提"在《现汉词典》（第 6 版）中的动词义项共有 7 个：[1] 垂手拿着（有提梁、绳套之类的东西）：～心吊胆 | ～着篮子；[2] 使事物由下往上移：～高 | ～升 | ～神；[3] 把预定的期限往前挪：～早 | ～前；[4] 指出或举出：～醒 | ～意见 | ～问题；[5] 提取：～炼 | ～货；[6] 把犯人从关押的地方

---

① 要说明的是，各义项使用频度的统计都以搭配为基础，和语料库里的实际情况可能不完全相符，但可以反映各义项整体的使用倾向性和显著性特征，像本章所统计的使用频次为 0 的义项，虽在我们提取的搭配之外有被使用的可能性，但即使被使用到了，频次也会很低，所以，本章统计的义项使用数据作为观察基本词语义功能的使用实态的依据是有效的。

带出来：~讯 | ~犯人；[7] 谈（起、到）：旧事重~ | 一~起这件事来他就好笑。提取出"提"用作动词的搭配词表，其中有左搭配词"顺便"，若单纯只看"顺便提"，判定为义项 [1] [4] [7] 都可以。回到语料库检查，实际使用情况是，"顺便提"中的"提"仅涉及义项 [7]，我们统计时只计这一义项。

（二）同一组搭配词对出现在不同的语境里，其中的基本词使用了不同的义项，做统计时，先将它纳入不同的义项，到了做各义项使用频次统计时，分成两种情况处理。

一种情况，若基本词在这个搭配中的义频不对它的各义项频率差异总体结果产生决定性影响，则不将该搭配计算在统计范围之内。

例如：基本动词"动"在《现汉词典》（第 6 版）中的义项共 7 个：[1]（事物）改变原来位置或脱离静止状态（跟"静"相对）；[2] 动作；行动；[3] 改变事物原来的位置或样子；[4]使用；使起作用；[5]触动(思想感情)；[6]感动；[7]〈方〉吃；喝（多用于否定式）。在搭配表中，它有一个右搭配"起来"，使用频次 251，"动"与之搭配时在不同的语境中既可取义项 [1]，也可取义项 [2]。统计"动"在其他搭配中的使用，其义项分布情况如下：

表 7—5　动词"动"各义项的使用情况

词典义项序	义项	义项频次	频序	义项 [1] 的频次加上 251 之后的频序	义项 [2] 的频次加上 251 之后的频序
[1]	（事物）改变原来位置或脱离静止状态（跟"静"相对）	4657	1	1	1
[2]	动作；行动	346	4	4	4
[3]	改变事物原来的位置或样子	324	5	5	5
[4]	使用；使起作用	761	2	2	2
[5]	触动（思想感情）	710	3	3	3
[6]	感动	213	6	6	6
[7]	〈方〉吃；喝（多用于否定式）	0	7	7	7

用作义项 [1] 的总频次为 4657，用作义项 [2] 的总频次为 346，二者差距很大。"动起来"不论是取义项 [1]，还是取义项 [2]，对这两个义项的频次排序贡献都比较小，因为无论将它计入哪一个义项，都不会改变"动"义项 [1] 排在第一和义项 [2] 排在第四的频序。这种情况，我们采取忽略"动起来"这一搭配的策略。

另一种情况，若基本词在这个搭配中的义频对各义项的频率差异总体结果产生影响，则采取在语料库中逐条核对或按比例抽样核对的方法。如果该搭配频次少于 300，则逐条核对；如果该搭配频次高于 300，则采取分语域按比例抽样核对的方式。

例如，基本动词"到"在《现汉词典》（第 6 版）中的义项共 3 个：[1] 达于某一点；到达；达到；[2] 往；[3] 用作动词的补语，表示动作有结果。搭配词表中有右搭配"中国"，与之搭配的"到"既可取义项 [1]，也可取义项 [2]。"到中国"使用频次为 3271，大于 300，我们分语域从语料库中抽取约十分之一（300 条）的语料逐条核对，得到其中的"到"取义项 [1] 的共计 117 次，占 39%，义项 [2] 的 78 次，占 26%，其他的非搭配但共现，如"看到中国发展迅速"中的"到"和"中国"，类似的情况共出现 105 次，占 35%。在计算"到中国"这一搭配中"到"的义项频次时采取了按此比例分配的原则，义项 [1] 赋值为 1276，义项 [2] 赋值为 850。这种做法预设了义项 [1] 或义项 [2] 本身在语料分布当中具有一定的平衡性，为了使这一预设尽可能成立，我们采取的是分语域的抽样方式。

（三）有些基本词在具体搭配中使用的义项《现汉词典》（第 6 版）里找不到，对于这种情况，先考虑是否为《现汉词典》（第 6 版）中某义项的抽象义用法，若是，则计入该义项，若不是，则考虑为该词增加新的义项。

例如，基本动词"进"在"进公司"这一搭配中表示"加入某机构或组织成为其中的一员"义。《现汉词典》（第 6 版）中"进"列有 6 个义项：[1] 向前移动（跟"退"相对）；[2] 从外面到里面（跟"出"相对）；[3] 接纳；收入；[4] 呈上；[5] 趋向动词，用在动词后，表示到里面；[6] 指吃、喝。显然，"进公司"中的"进"表示的意义不在其中，但可以视为义项 [2] 的引申与抽象，本章将它计入义项 [2]。

再如，基本名词"线"，《现汉词典》（第 6 版）列出了 8 个义项：[1] 用丝、棉、麻等制成的细长而可以任意曲折的东西，主要用来缝补、编织衣物；[2] 几何学上指一个点任意移动所构成的图形，有长，没有宽和厚；[3] 细长像线的东西；[4] 交通路线；[5] 指思想上、政治上的路线；[6] 边缘交界的地方；[7] 指接近或达到某种境况或条件的边际；[8] 线索。通过搭配词表，我们可以看到，"在线""掉线""串线""离线""挂线"等在语料库中出现的次数不少，其中的"线"与《现汉词典》（第 6 版）收录的各义项都不相符，面对这种情况，我们采取了新增义项的方式。

运用上述方法对随机抽取的 150 个基本名词、动词、形容词进行义频的统计分析，其中有 5 个名词、4 个形容词为单义项词，故最终统计的多义基本名词是 45 个、多义基本动词 50 个、多义基本形容词 46 个。十年语料库的调查与计量分析表明，这些多义基本词总体上呈现出了义项使用的不均衡倾向。下面，我们将分词性逐一阐述，而后，通过不同词性间的比较与综合分析进行基本词义项使用实态的趋势性特征归纳，最后就基本词的义项使用特征在国际中文教育领域的应用问题展开探讨。

第二节　基本名词的义项使用实态

统计分析随机抽取出的 45 个多义基本名词义项使用情况，数据类型包括使用频次、频率、各义项使用频率标准差以及十年语料库中未用义项数在该词所有义项总数中的占比四项。45 个基本名词里，义项数最多的"气"13 个义项，其中，12 个义项为《现汉词典》（第六版）所列，另有一个义项由我们根据其显著搭配新增。13 个义项在十年语料库中均有使用，但其标准差值位于 0.1—

0.2 之间，表明分布不是十分均衡，看使用频率，义项 1 最为突出，40.45%，其余义项均不超过 20%，更多义项分布在 10% 以下，不足 1% 的义项 4 个，最低达 0.43%。"气"的各义项使用情况见表 7—6。

表 7—6　基本名词"气"各义项使用情况

	义项	频次	频率	标准差	未用义项数占比
1	气体	1697	40.45%		
2	特指空气	230	5.48%		
3	气息	786	18.74%		
4	指自然界冷热阴晴的现象	28	0.67%		
5	气味	158	3.77%		
6	人的精神状态	480	11.44%		
7	气势	87	2.07%	0.112	0
8	人的作风习气	407	9.7%		
9	欺负；欺压	79	1.88%		
10	命；命运	19	0.45%		
11	中医指人体内能使各器官正常发挥功能的原动力	18	0.43%		
12	中医指某种病象	22	0.52%		
13	（新增）恼怒的情绪	184	4.39%		

义项数仅次于"气"的基本名词"门"，《现汉词典》（第六版）中列了 12 个义项，只有 7 个义项使用于十年语料库，使用率[①]为 58.33%，另 5 个义项没有被使用。12 个义项的使用频率标准差处于均衡性的第九级，表明各义项使用同样不是十分均衡，高使用频率集中于义项 1 和 2，二者占了总使用率的约 95.5%，另 5 个被用到的义项，4 个的使用频率不足 1%，另一个义项 6 的使用率也仅为 2%。"门"各义项的具体使用数据见表 7—7。

---

① 词语义项使用率的计算方式：被使用到的义项数 / 词语总的义项数。

表7—7　基本名词"门"各义项使用情况

	义项	频次	频率	标准差	未用义项数占比
1	房屋、车船或用围墙、篱笆围起来的地方的出入口	4005	55.14%		
2	装置在上述出入口，能开关的障碍物，多用木料或金属材料做成	2931	40.36%		
3	器物可以开关的部分	56	0.77%		
4	形状或作用像门的东西	52	0.72%		
5	门径	0	0		
6	旧时指封建家族或家族的一支，现在指一般的家庭	177	2.44%		
7	宗教、学术思想上的派别	8	0.11%	0.187	41.67%
8	传统指称跟师傅有关的	34	0.47%		
9	一般事物的分类	0	0		
10	借指引起公众关注的消极事件	0	0		
11	生物学中把具有最基本最显著的共同特征的生物分为若干群，每一群叫一门，如原生动物门	0	0		
12	押宝时下赌注的位置名称，也用来表示赌博者的位置，有"天门、青龙"等名目	0	0		

　　义项数均为 11 的基本名词有四个："局、口、面、线"。前三者的 11 个义项均为《现汉词典》（第六版）所列，"线"新增 3 个义项。四个基本名词各义项的使用率，除"面"为 100% 外，剩下的三个，使用率由高到低分别是：线，90.91%；口，72.73%，局，63.64%。四个基本名词都存在义项使用不均衡现象，其中"局"和"面"相对突出，二者分布于均衡性第八级，前者义项 9 的使用频率高达 91.71%，后者义项 2 的使用频率达到了 77.75。"口"也有一个义项（义项 6）使用频率过半。"线"各义项的使用相对均衡，但义项 4 仍相对强势。四个基本名词各义项的使用数据见表7—8。

表7—8 含11个义项的基本名词各义项使用情况

基本名词		义项	频次	频率	标准差	未用义项数占比
局	1	棋盘	14	0.10%	0.274	36.36%
	2	棋类等比赛	17	0.12%		
	3	棋类等比赛的形势或结局	93	0.63%		
	4	形势；情况；处境	327	2.23%		
	5	人的器量	0	0		
	6	称某些聚会	0	0		
	7	圈套	56	0.38%		
	8	部分	0	0		
	9	机关组织系统中按业务职能划分的单位（级别一般比部低，比处高）	13442	91.71%		
	10	办理某些业务的机构	708	4.83%		
	11	某些商店的名称	0	0		
口	1	人或动物进饮食的器官，有的也是发声器官的一部分。通称嘴	1235	34.58%	0.174	27.27%
	2	指口味	0	0		
	3	指话语	28	0.78%		
	4	指人口	33	0.92%		
	5	容器等器物通外面的地方	230	6.44%		
	6	出入通过的部位	1850	51.81%		
	7	长城的关口（多用于地名），也泛指这些关口	109	3.05%		
	8	口子	69	1.93%		
	9	性质相同或相近的单位形成的管理系统	0	0		
	10	刀、剑、剪刀等的刃	17	0.48%		
	11	指马、驴、骡等的年龄（因可以从牙齿的多少看出来）	0	0		

续表

基本 名词		义项	频次	频率	标准差	未用义项 数占比
面	1	头的前部；脸	326	2.27%	0.229	0
	2	物体的表面，有时特指某些物体的上部的一层	11151	77.75%		
	3	见面	408	2.84%		
	4	当面	41	0.29%		
	5	东西露在外面的那一层或纺织品的正面	4	0.03%		
	6	几何学上指一条线移动所构成的图形，有长有宽，没有厚	226	1.58%		
	7	部位或方面	758	5.29%		
	8	方位词后缀	8	0.06%		
	9	粮食磨成的粉，特指小麦磨成的粉	278	1.94%		
	10	粉末	22	0.15%		
	11	面条儿	1120	7.81%		
线	1	用丝、棉、麻等制成的细长而可以任意曲折的东西，主要用来缝补、编织衣物	559	10.59%	0.123	9.09%
	2	几何学上指一个点任意移动所构成的图形，有长，没有宽和厚	954	18.08%		
	3	细长像线的东西	279	5.29%		
	4	交通路线	2035	38.56%		
	5	指思想上、政治上的路线	0	0		
	6	边缘交界的地方	58	1.10%		
	7	指接近或达到某种境况或条件的边际	870	16.49%		
	8	线索	43	0.81%		
	9	（新增）通常指传输电话、网络数据的状态	141	2.67%		
	10	（新增）比喻连接事物或人际关系的纽带	311	5.89%		
	11	（新增）比喻按照顺序动态进行的过程或流程	27	0.51%		

义项数量不足 10 的多义基本名词共 39 个。其中，义项均被使用即义项使用率为 1 的 22 个，义项使用率不及 1 的 17 个。

先看义项使用率为 1 的 22 个基本名词。它们的义项数从 2 到 7 不等，其中，义项数为 3 的基本名词基数最大，共 6 个，并列于第二位的是义项数为 4 和 2 的基本名词，各 5 个。这 16 个名词各义项具体使用数据见表 7—9。

表 7—9　含 2—4 个义项且义项使用率为 1 的基本名词各义项使用情况

基本名词		义项	频次	频率	标准差	义项数	未用义项数占比
车	1	有轮子的陆上运输工具	13191	98.15%	0.561	3	0
	2	利用轮轴旋转的机具	132	0.98%			
	3	指机器	117	0.87%			
电	1	有电荷存在和电荷变化的现象	11392	99.21%	0.571	3	0
	2	闪电	13	0.11%			
	3	电报、电传等	78	0.68%			
队	1	行列	495	1.92%	0.56	3	0
	2	具有某种性质的集体	25204	97.95%			
	3	在我国特指中国少年先锋队	33	0.13%			
军	1	军队	6682	86.53%	0.465	3	0
	2	军队的编制单位，通常隶属于军区或方面军，下辖若干个师	1002	12.98%			
	3	军种。如陆军、海军、空军	38	0.49%			
力	1	物体之间的相互作用，是使物体获得加速度和发生形变的外因	131	3.96%	0.388	3	0
	2	力量；能力	2559	77.38%			
	3	特指体力	617	18.66%			
海	1	大洋靠近陆地的部分，有的大湖也叫海，如青海、里海	3040	76.15%	0.371	3	0
	2	比喻连成一大片的很多同类事物	422	10.57%			
	3	古代指从外国来的	530	13.28%			
光	1	通常指照在物体上，使人能看见物体的那种物质，如太阳光。也叫光波、光线	1387	92.78%	0.452	4	0
	2	景物	7	0.47%			
	3	光彩；荣誉	78	5.22%			
	4	指好处	23	1.54%			

基本名词		义项	频次	频率	标准差	义项数	未用义项数占比
事	1	事情	30989	95.57%	0.471	4	0
	2	事故	749	2.31%			
	3	职业；工作	531	1.64%			
	4	关系或责任	157	0.48%			
手	1	人体上肢前端能拿东西的部分	11005	83.59%	0.395	4	0
	2	手段；手法	282	2.14%			
	3	擅长某种技能的人或做某种事的人	1822	13.84%			
	4	形状或作用像手的东西	57	0.43%			
网	1	用绳线等结成的捕鱼捉鸟的器具	174	0.21%	0.492	4	0
	2	形状像网的东西	234	0.28%			
	3	像网一样纵横交错的组织或系统	540	0.64%			
	4	特指计算机网络	83036	98.87%			
院	1	院子	515	8.72%	0.297	4	0
	2	某些机关和公共场所的名称	4110	69.57%			
	3	指学院	666	11.27%			
	4	指医院	617	10.44%			
区	1	地区；区域	8273	86.20%	0.512	2	0
	2	行政区划单位，如自治区、市辖区等	1324	13.80%			
省	1	行政区划单位，直属中央	11332	99.09%	0.498	2	0
	2	指省会	104	0.91%			
营	1	军队驻扎的地方	57	0.20%	0.704	2	0
	2	军队的编制单位，隶属于团，下辖若干连	28988	99.80%			
处	1	地方	6596	86.76%	0.52	2	0
	2	机关组织系统中按业务职能划分的单位（级别一般比局低，比科高），也指某些机关	1007	13.24%			
利	1	利益（跟"害、弊"相对）	619	48.66%	0.019	2	0
	2	利润或利息	653	51.34%			

表7—9 中义项数为 3 的 6 个基本名词，各义项的频率标准差都在 0.3 以上，有三个达到了 0.5。6 个基本名词都有一个非常活跃的义项，其使用频度最高达到了 99.21%，最低也有 76.15%，在三个义项中占有绝对优势，这就意味着，这些名词的所有使用中，一个义项做出了至少超过四分之三的贡献。义项数目分别为 4 和 2 的 10 个基本名词，除"利"的两个义项使用频度接近，均衡性为十级外，剩余的 9 个名词各义项的使用均衡性分布在三级和五、六、七、八级，它们也都有一个活跃义项，其使用频度最高达到 99.80%，最低也有 69.57%，在各词的多个义项里占有绝对优势，且活跃义项的使用频度高达 90% 以上的词语共有 5 个，占了 10 个词语的一半。

在义项使用率为 1 且义项数量不足 10 的 22 个基本名词里，还剩下 3 个含有 5 个义项、2 个含有 6 个义项、1 个含有 7 个义项共 6 个基本名词，它们在基数上呈现等距离递减。

表7—10 含 5—7 个义项且义项使用率为 1 的基本名词各义项使用情况

基本名词		义项	频次	频率	标准差	义项数	未用义项数占比
工	1	工人和工人阶级	3525	71.50%	0.256	7	0
	2	工作；生产劳动	299	6.06%			
	3	工程	111	2.25%			
	4	工业	186	3.77%			
	5	指工程师	77	1.56%			
	6	一个工人或农民一个劳动日的工作	73	1.48%			
	7	技术和技术修养	659	13.37%			
路	1	道路	6429	57.45%	0.218	6	0
	2	路程	308	2.75%			
	3	途径；门路	2297	20.53%			
	4	条理	22	0.20%			
	5	地区；方面	173	1.55%			
	6	路线	1962	17.53%			

基本名词		义项	频次	频率	标准差	义项数	未用义项数占比
情	1	感情	3640	89.06%	0.355	6	0
	2	情面	13	0.32%			
	3	爱情	167	4.09%			
	4	情欲；性欲	90	2.20%			
	5	情形；情况	144	3.52%			
	6	情理；道理	33	0.81%			
报	1	报纸	97152	94.27%	0.416	5	0
	2	指某些刊物	1349	1.31%			
	3	指用文字报道消息或发表意见的某些东西	67	0.07%			
	4	消息；信号	69	0.07%			
	5	指电报	4419	4.29%			
法	1	体现统治阶级的意志，由国家制定或认可，用国家强制力保证执行的行为规则的总称，包括法律、法令、条例、命令、决定等	16788	72.14%	0.300	5	0
	2	方法；方式	3396	14.59%			
	3	佛教的道理	2	0.01%			
	4	法术	2	0.01%			
	5	指法国	3085	13.26%			
水	1	最简单的氢氧化合物，化学式 H_2O	18893	78.50%	0.333	5	0
	2	河流	1037	4.31%			
	3	指江、河、湖、海、洋	3929	16.33%			
	4	稀的汁	160	0.66%			
	5	指附加的费用或额外的收入	48	0.20%			

　　和上面的绝大多数基本名词一样，这 6 个基本名词各义项的使用同样并不十分均衡，分布于第六、七、八级均衡区间，且都有一个活跃义项，它以占比不超过 20% 的义项数在词语的使用中做出了超过 57.45% 的贡献。

　　在 45 个多义基本名词中，义项数不足 10 且义项使用率不足 1 的还有 17 个，总体上看，这些名词的义项使用同样表现出了不十分均衡的特征，各名词都有一个义项的使用频率超过了 50%。其中，"节""书""心""国""病""党""量""组"等 8 个名词的义频标准差均在 0.4 以上，分布在第三和第五、六级均衡区间，各含有一个使用频率超过 90% 的义项，尤其是"组"，有一个义项使用频率达到了 100%。这 8 个基本名词的具体义项使用数据见表 7—11。

表 7—11　义项数量不足 10、使用率不足 1 且有 1 个义项使用频率超 90% 的
基本名词各义项使用情况

基本名词		义项	频次	频率	标准差	义项数	未用义项数占比
节	1	物体各段之间相连的地方	48	1.32%	0.401	6	50%
	2	段落	0	0			
	3	节日；节气	3595	98.55%			
	4	事项	0	0			
	5	古代授给使臣作为凭证的信物	5	0.14%			
	6	节操	0	0			
心	1	人和高等动物身体内推动血液循环的器官，也叫心脏	307	2.41%	0.481	4	25%
	2	通常也指思想的器官和思想、感情等	12389	97.18%			
	3	中心；中央的部分	53	0.42%			
	4	二十八宿之一	0	0			
书	1	字体	0	0	0.473	4	50%
	2	装订成册的著作	23992	95.96%			
	3	书信	0	0			
	4	文件	1011	4.04%			
国	1	国家	18067	99.94%	0.500	4	50%
	2	代表或象征国家的	10	0.06%			
	3	在一国内最好的	0	0			
	4	指本国的，特指我国的	0	0			

基本名词		义项	频次	频率	标准差	义项数	未用义项数占比
病	1	生理上或心理上发生的不正常的状态	5697	99.70%	0.575	3	33.33%
	2	害处；私弊	0	0			
	3	缺点；错误	17	0.30%			
党	1	政党，在我国特指中国共产党	99859	99.95%	0.577	3	33.33%
	2	由私人利害关系结成的集团	52	0.05%			
	3	〈书〉指亲族	0	0			
量	1	古代指测量东西多少的器物，如斗、升等	0	0	0.565	3	33.33%
	2	能容纳或禁受的限度	91	1.40%			
	3	数量；数目	6392	98.60%			
组	1	由不多的人员组织成的单位	12074	1	0.707	2	50%
	2	合成一组的（文艺作品）	0	0			

另 9 个义项数量不足 10、使用率不足 1 且各义项使用频率均不及 90% 的基本名词，"人、商、信"各有一个频率分布在 80%—90% 之间的义项，意味着这三个名词分别用占比约 12.5%、16.67% 和 20% 的义项数覆盖了 80%—90% 的词语使用率；"表、主"各含一个频率分布在 70%—80% 之间的义项，表明这两个名词分别以占比约 11.11% 和 14.29% 的义项数覆盖了 70%—80% 的词语使用率。另有"点"和"市"，前者以一个占比约 11.11% 的义项覆盖了它的 55.28% 的使用量，后者以一个占比 25% 的义项覆盖了它的 65.02% 的使用率。再有"权"，以一个占比 33% 的义项覆盖了它的 54.08% 的使用率。9 个基本名词各义项使用数据见表 7—12。

表7—12　义项数量不足10、使用率不足1且所有义项使用频率均不及90%的基本名词各义项使用情况

基本名词		义项	频次	频率	标准差	义项数	未用义项数占比
表	1	外面；外表	3	0.17%	0.248	9	33.33%
	2	中表（亲戚）	62	3.53%			
	3	榜样；模范	0	0			
	4	古代文体奏章的一种，用于较重大的事件	7	0.40%			
	5	用表格形式排列事项的书籍或文件	1340	76.40%			
	6	刻有文字或图案的石柱或石碑	0	0			
	7	古代测日影的标杆	0	0			
	8	测量某种量的器具	144	8.21%			
	9	计时的器具，一般指比钟小而可以随身携带的	198	11.29%			
点	1	（～儿）液体的小滴	77	0.55%	0.178	9	33.33%
	2	（～儿）小的痕迹	1184	8.49%			
	3	汉字的笔画，形状是"丶"	0	0			
	4	几何学上指没有大小而只有位置，不可分割的图形：抓工作要～和面相结合	789	5.66%			
	5	小数点	0	0			
	6	一定的地点或程度的标志	7710	55.28%			
	7	事物的方面或部分	1556	11.16%			
	8	铁制的响器，挂起来敲，用来报告时间或召集群众	0	0			
	9	规定的钟点	2632	18.87%			
字	1	文字	6370	55.90%	0.220	8	25%
	2	字音	53	0.47%			
	3	字体	170	1.49%			
	4	书法作品	363	3.19%			
	5	字眼；词	4429	38.87%			
	6	字据	10	0.09%			
	7	根据人名中的字义，另取得别名叫"字"	0	0			
	8	俗称电表、水表等指示的数量	0	0			

续表

基本名词		义项	频次	频率	标准差	义项数	未用义项数占比
人	1	能制造工具并使用工具进行劳动的高等动物	126821	83.03%	0.289	8	12.50%
	2	每人；一般人	228	0.15%			
	3	指成年人	0	0			
	4	指某种身份或职业的人	20437	13.38%			
	5	别人	2558	1.67%			
	6	指人的品质、性格或名誉	1290	0.84%			
	7	指人的身体或意识	1124	0.74%			
	8	指人手、人才	274	0.18%			
主	1	接待别人的人（跟"客、宾"相对）	34	2.23%	0.293	7	28.57%
	2	权力或财务的所有者	1210	79.40%			
	3	旧社会占有奴隶或雇佣仆役的人	3	0.20%			
	4	当事人	246	16.14%			
	5	基督教徒对上帝、伊斯兰教教徒对真主的称呼	31	2.03%			
	6	对事物的确定的见解	0	0			
	7	死者的牌位	0	0			
商	1	商业	744	12.18%	0.322	6	50%
	2	商人	4983	81.61%			
	3	除法运算中，被除数除以除数所得的数	0	0			
	4	古代五音之一，相当于简谱的"2"	0	0			
	5	二十八星宿中的心宿	0	0			
	6	朝代	379	6.21%			
信	1	信用	101	4%	0.374	5	20%
	2	凭据	75	2.97%			
	3	按照习惯的格式把要说的话写下来给指定的对象看的东西；书信	2190	86.77%			
	4	音信；信息	158	6.26%			
	5	引信	0	0			

基本名词	义项		频次	频率	标准差	义项数	未用义项数占比
市	1	集中买卖货物的固定场所；市场	0	0	0.314	4	50%
	2	城市	15806	34.98%			
	3	行政区划单位，分直辖市和省辖市等	29381	65.02%			
	4	属于市制的（度量衡单位）	0	0			
权	1	〈书〉秤锤	0	0	0.292	3	33.33%
	2	〈书〉权衡	15937	45.92%			
	3	权力	18768	54.08%			

　　总括上面的 45 个多义基本名词，它们的总义项数为 239，各词的义项数目均值约为 5.3，中位数为 4，众数为 3。最多义项数 13，义项数目大于均值的基本名词共 16 个，小于均值的 29 个，二者的百分比分别为 35.6% 和 64.4%。很明显，在我们统计的 45 个样本中，更多的基本名词义项数目相对较少，按基数大小排序，前三位分别是：3 个义项数的基本名词，共 10 个；4 个义项数的基本名词，共 9 个；2 个义项数的基本名词，共 6 个。

　　统计 45 个多义基本名词各自的义项使用频次，通过两种方法计算其频率及累加频率（即覆盖率），观察这些名词的义项使用是否也和词语的使用一样符合齐普夫（Zipf）定律。

　　第一种方式，以单个词语为单位，计算它各个义项的使用频率，而后计算其累加频率，得到各词语每个义项的累加频率值，而后，将各义项的累加频率值进行升序排列，通过折线图直观显示其使用分布情况。

　　图 7—1 中曲线的分布和走向总体上符合齐普夫定律的分布特征，前段少量的义项贡献了绝大部分的使用量。从图 7—1 看，前 3 个义项的使用覆盖率超过了 50%，即占比 1.26% 的义项其使用量覆盖了整个语料库中 45 个多义基本名词 239 个义项所有使用量的 50%；前 46 个义项，即占比 19.25% 的义项的使用覆盖率达到了 90%，前 109 个义项，即占比 45.61% 的义项使用覆盖

率达到了 99%，剩下的 130 个义项，即占比为 54.39% 的义项使用在 99% 至 100% 这个仅 1% 的区间内。

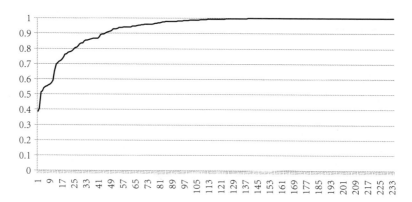

图 7—1　各基本名词各义项的累加频率分布

第二种方式，以 45 个多义基本名词的 239 个义项为对象，计算所有义项的使用频次之和，用每个义项的使用频次比上这个总和得到各义项的使用频率，在此基础上计算各义项的累加频率，对累加频率值进行升序排列，同样通过折线图直观显示其分布情况：

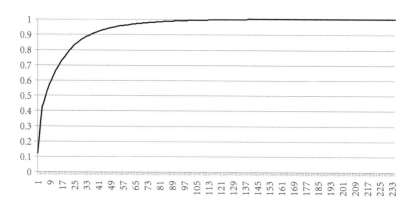

图 7—2　45 个基本名词 239 个义项的累加频率分布

图 7—2 横轴表示各义项的累加频率序值，纵轴表示累加频率的值。显然，图中曲线的走势符合齐普夫定律的分布特征，前段少量的义项贡献了绝大部分的使用量。由该折线图可见，前 7 个，即占比 2.92% 的义项其使用

覆盖率超过了 50%；前 37 个，即占比 15.48% 的义项，其使用覆盖率超过了 90%；前 99 个，即占比 41.42% 的义项其使用覆盖率达到了 99%，剩下的 140 个义项，即占比为 58.58% 的义项其使用覆盖率在 99% 至 100% 仅 1% 的区间内。

图 7—1 和图 7—2 的分布特征说明，基本名词义项的使用情况和前几章侧重于词形使用的统计情况一样，都符合齐普夫定律。换言之，省力原则在词形使用和意义单位使用上普遍起作用。

进一步考察多义基本名词所包含的义项在使用度上的内部差异。45 个多义基本名词的 239 个总义项当中，十年语料库没有使用到的义项共计 43 个，使用到的义项 196 个，义项的总使用率约为 82%，未被使用的义项数目约占总义项数目的 18%。45 个名词里，含有未使用义项的共 21 个，占比约为 47%，即几乎近一半的名词都有义项未在十年语料库中使用到。21 个含有未使用义项的名词中，含有未使用义项最多的是"门"，它有 5 个未使用义项，其次是"局"，未使用义项有 4 个，对这 21 个名词含有的未使用义项数进行计算，均值约为 2，中值为 2，众数为 1。

观察 45 个多义基本名词各义项的频率标准差，一方面，计算它们的均值和中位数，分别是 0.383 和 0.374，两个数值均处在均衡等级的第七级，说明多义基本名词各义项使用频度有一定波动，整体呈现出较不均衡的特征。另一方面，比较这 45 个名词义频标准差值的大小，最小 0.019，位于均衡性等级的第十级，最大 0.707，位于均衡性等级的第三级，横向跨八个等级。对 45 个名词的频率标准差值再进行方差计算，其值约为 0.164，大于 0.1，说明多义基本名词在各自的义项使用均衡性上同样表现出了不太均衡的特点。

更进一步考察多义基本名词的义项数与各义项使用频率的均衡性之间是否存在相关性。使用 SPSS 的皮尔逊系数作相关性分析。

表 7—13　45个基本名词的义项数目与义频标准差之间的相关性分析

		标准差	义项数
标准差	Pearson Correlation Sig.（2-tailed） N	1 45	−0.717** 0.000 45
义项数	Pearson Correlation Sig.（2-tailed） N	−0.717** 0.000 45	1 45

注：** Correlation is significant at the 0.01 level（2-tailed）。

结果显示，P值为0，拒绝零相关假设，R值−0.717，说明多义基本名词的义频标准差与义项数之间存在显著线性负相关，相关性强度为中度偏强。义频标准差值越大，反映了各义项使用的均衡度越低，所以，这里的义频标准差值与义项数之间的负相关体现的是，多义基本名词各义项使用频度的均衡性呈现出统计学意义上的随着义项数目增加而增大的量性趋势，也即，多义基本词各义项的使用均衡性强弱与其义项数量成中等偏强的正向线性关联。

再考察多义基本名词的使用频度与其义项数间的相关性。对各多义基本名词的使用频度进行由高到低的排序，按照各多义基本名词的义项数目多少进行由多到少的排序，使用SPSS的斯皮尔曼相关性系数对这两个序值进行相关性分析，结果如下：

表 7—14　45个基本名词的使用频度与义项数之间的相关性分析

		频度序值	义项数序值
频度序值	Correlation Coefficient Sig.（2-tailed） N	1 45	0.242 0.109 45
义项数序值	Correlation Coefficient Sig.（2-tailed） N	0.242 0.109 45	1 45

P值0.109>0.05，不拒绝零相关假设，说明多义基本名词的使用频度与其义项数多少之间并不存在显著的线性关联，即没有显著的正向或反向关联特征。

最后使用SPSS的皮尔逊系数对各多义基本名词的总义项数和它所包含的

未使用义项数做相关性分析。

表 7—15　45 个基本名词的义项数与未使用义项数之间的相关性分析

		总义项数	未使用义项数
总义项数	Pearson Correlation Sig.（2-tailed） N	1 45	0.539** 0.000 45
未使用义项数	Pearson Correlation Sig.（2-tailed） N	0.539** 0.000 45	1 45

注：** Correlation is significant at the 0.01 level（2-tailed）。

p=0.000<0.01，具有显著线性关联；r=0.539，表明多义基本名词的义项数与未使用义项数之间存在中等强度的正相关。这说明，义项数越多的基本名词，有更大的概率含有更多的未在十年语料库中使用的义项，中等强度这一特征同时也说明，这并不是一个很强的规律，二者之间不存在强推导关系。

综上，通过十年语料库，我们发现基本名词的语义功能使用实态呈现以下五大特点：

（一）基本名词的义项数量均值约为 5.3，众数为 3，大部分基本名词的义项数量小于均值；

（二）基本名词各义项的使用情况整体上符合齐普夫定律。

（三）基本名词各义项的使用总体活跃，大部分义项在十年语料库中都得到了运用，未使用义项在总义项中的占比不足五分之一；与此同时，含有非活跃义项的基本名词不容忽视，几近一半的基本名词都含有未使用义项，这是否从侧面反映出了基本名词语义功能新陈代谢生命态当中的旧义逐渐消失态，值得思考。

（四）基本名词的义项分布不均衡。一方面，绝大部分基本名词的多个义项之间使用频度分布不均衡；另一方面，基本名词之间在其义项使用度的均衡性上也表现不一致。

（五）基本名词的义项数与它的使用频度之间没有显著线性关联，与各义项使用频度的均衡性之间成中等偏强的显著正相关，与未使用的义项数之间也存在中等强度的正相关。

第三节 基本动词的义项使用实态

用考察基本名词义项使用实态的路径和方法继续考察基本动词。在随机抽取出的 50 个多义基本动词中,"开"的义项最多,共 18 个。

表 7—16 "开"各义项的使用情况

	义项	频次	频率	标准差	未用义项数占比
1	使关闭着的东西不再关闭;打开	5545	26.57%	0.075	16.67%
2	打通;开辟	922	4.42%		
3	(合拢或连接的东西)展开;分离	2736	13.11%		
4	(河流)解冻	63	0.30%		
5	解除(封锁、禁令、限制等)	123	0.59%		
6	发动或操纵(枪、炮、车船、飞机、机器等)	3848	18.44%		
7	(队伍)开拔	0	0		
8	开办	2437	11.68%		
9	开始	1014	4.86%		
10	举行(会议、座谈会、展览会等)	1378	6.60%		
11	写出(多指单据、信件等);说出(价钱)	1490	7.14%		
12	支付;开销(工资、车费)	197	0.94%		
13	〈方〉开革;开除	0	0		
14	(液体)受热而沸腾	77	0.37%		
15	〈方〉吃	48	0.23%		
16	指按十分之几的比例分开	0	0		
17	趋向动词。用在动词或形容词后。a)表示分开或离开;b)表示容下;c)表示扩大或扩展;d)表示开始并继续下去	834	4%		
18	(新增)用在动词后,表示思想上放下或明白	155	0.74%		

"开"的 18 个义项中,使用频率超过 10% 和处于 1%—10% 之间的义项

各有 4 个，其中，义项 1 的使用频率最高，占所有义项总使用量的 1/4 强。另有 5 个义项的使用频率不足 1%，还有 3 个义项未使用，义项的总使用率为 83.33%。总体上看，"开"各义项使用频率分布于均衡性最高的十级区间，活跃义项不突出，义项使用频度都不高。

　　50 个多义基本动词中义项数量排在第二位的"发"，16 个义项中有 7 个义项未被使用，义项的总使用率为 56.25%。使用最为活跃的是义项 1，使用频率为 70.58%，剩余的 8 个义项，使用频率分布在 10%—20% 之间的 1 个，在 1%—10% 之间的 4 个，不足 1% 的 3 个。标准差值 0.175，处于均衡性的第九级。整体上看，"发"的各义项呈现出使用不十分均衡，极少数义项占据绝大多数使用量的使用特征。具体数据见表 7—17。

表 7—17　基本动词"发"各义项的使用情况

	义项	频次	频率	标准差	未用义项数占比
1	送出；交付	3508	70.58%		
2	派出去	11	0.22%		
3	发射	23	0.46%		
4	产生；发生	170	3.42%		
5	表达；发表	614	12.35%		
6	扩大；开展	0	0		
7	因得到大量财物而兴旺	195	3.92%		
8	食物因发酵或水漫而膨胀	0	0		
9	放散；散开	0	0	0.175	43.75%
10	揭露；打开	0	0		
11	因变化而显现；散发	31	0.62%		
12	流露（感情）	0	0		
13	感到（多指不愉快的情况）	113	2.27%		
14	启程	0	0		
15	开始行动	305	6.14%		
16	引起；启发	0	0		

50个基本动词中义项数排在第三位，即义项数为10的有"推、行"。二者在十年语料库中的义项使用数据见表7—18。

表7—18　基本动词"推、行"各义项的使用情况

基本动词		义项	频次	频率	标准差	未用义项数占比
推	1	向外用力使物体或物体的某一部分顺着用力的方向移动	3544	87.61%	0.274	10%
	2	（推磨）磨或（推碾子）碾（粮食）	20	0.49%		
	3	用工具贴着物体的表面剪或削	6	0.15%		
	4	使事情开展	31	0.77%		
	5	根据已知的事实断定其他；从某方面的情况想到其他方面	39	0.96%		
	6	让给别人；辞让	17	0.42%		
	7	推诿；推脱	22	0.54%		
	8	推迟	64	1.58%		
	9	推崇	0	0		
	10	推选；推举	302	7.47%		
行	1	走	430	11.10%	0.124	30%
	2	〈书〉路程	0	0		
	3	指旅行或跟旅行有关的	874	22.56%		
	4	流动性的；临时性的	86	2.22%		
	5	流通；推行	160	4.13%		
	6	做；办；实施	1441	37.20%		
	7	表示进行某项活动（多用于双音动词前）	0	0		
	8	行为	200	5.16%		
	9	可以	683	17.63%		
	10	吃了药之后使药性发散，发挥效力	0	0		

两个义项数目都是 10 的基本动词，"行"未使用义项比"推"多。在内部义项的使用均衡性上，二者稍有差异："推"各义频标准差 0.274，仅义项 1 一项就占到了该词所有用法的 87.61%，而"行"各义频标准差 0.124，四个义项（义项 6、3、9、1）的累加频率 88.49%，很显然，"行"各义项的使用比"推"均衡，但就"行"10 个义项的内部比较而言，仍是少数义项贡献了绝大部分使用度。

义项数量少于 10 的基本动词共 46 个，其中，所有义项都被使用到的 24 个，含有未使用义项的 22 个。先看 24 个义项使用率为 1 的基本动词。它们的义项数量从 2—8 个不等，且整体上大致呈现义项数和动词基数反向关联特征，义项数量越少的基本动词数量越多。义项数量为 2 的基本动词共 6 个，具体数据如下：

表 7—19 含 2 个义项且义项使用率为 1 的基本动词各义项使用情况

基本动词	义项		频次	频率	标准差	未用义项数占比
访	1	访问	1808	94.26%	0.626	0
	2	调查；寻求	110	5.74%		
搞	1	做、干；从事	8526	83.69%	0.476	0
	2	设法获得；弄	1662	16.31%		
无	1	没有（跟'有'相对）	11997	99.33%	0.698	0
	2	不	81	0.67%		
选	1	挑选	3767	77.70%	0.392	0
	2	选举	1081	22.30%		
学	1	学习	12851	90.23%	0.569	0
	2	模仿	1391	9.77%		
试	1	试验；尝试	1371	99.49%	0.700	0
	2	考试	7	0.51%		

表 7—19 中 6 个动词的两个义项使用均衡性分布于三至七级，"试、无、访、学"均有一个义项使用频率过 90%，另一个义项使用频率不及 1%。"搞"和"选"也各有一个义项在使用频率上占有绝对优势。

含 3 个义项且义项使用率为 1 的基本动词共 5 个，整体上看，各义项使用的均衡性不及上面的 6 个基本动词，它们的频率标准差分布于五至九区间，但除"到"外，仍能看到三个义项中有一个明显活跃义项贡献了词语的大部分使用量。

表 7—20　含 3 个义项且义项使用率为 1 的基本动词各义项使用情况

基本动词		义项	频次	频率	标准差	未用义项数占比
产	1	人或动物的幼体从母体中分离出来	244	10.69%	0.235	0
	2	创造物质或精神财富；生产	1313	57.54%		
	3	出产	725	31.77%		
到	1	达于某一点；到达；达到	54452	40.94%	0.178	0
	2	往	17317	13.02%		
	3	用作动词的补语，表示动作有结果	61251	46.05%		
获	1	捉住；擒住	3	0.09%	0.576	0
	2	得到；获得	3353	99.85%		
	3	收割	2	0.06%		
取	1	拿到手里	2969	81.54%	0.419	0
	2	得到；招致	195	5.36%		
	3	采取；选取	477	13.10%		
住	1	居住；住宿	6383	78.51%	0.366	0
	2	停住；止住	19	0.23%		
	3	做动词的补语。a) 表示牢固或稳当；b) 表示停顿或静止；c) 跟'得'（或'不'）连用，表示力量够得上（或够不上）；胜任	1728	21.25%		

义项使用率为 1 且基数小于 5 的基本动词包括三组，一组基数为 4，又包含了义项数目为 4 和 6 两个小类。

表 7—21　义项使用率为 1 且基数为 4 的 8 个基本动词各义项使用情况

基本动词		义项	频次	频率	标准差	义项数	未用义项数占比
接	1	靠近；接触	29	0.33%	0.229	6	0
	2	连接；使连接	336	3.85%			
	3	托住；承受	333	3.81%			
	4	接受	3197	36.59%			
	5	迎接	4716	53.98%			
	6	接替	126	1.44%			
进	1	向前移动（跟'退'相对）	4305	23.15%	0.232	6	0
	2	从外面到里面（跟'出'相对）	12621	67.88%			
	3	接纳；收入	830	4.46%			
	4	呈上	20	0.11%			
	5	趋向动词。用在动词后，表示到里面	807	4.34%			
	6	指吃、喝	10	0.05%			
动	1	（事物）改变原来位置或脱离静止状态（跟"静"相对）	4657	67.31%	0.251	6	0
	2	动作；行动	346	5%			
	3	改变事物原来的位置或样子	324	4.68%			
	4	使用；使起作用	761	11%			
	5	触动（思想感情）	710	10.26%			
	6	感动	121	1.75%			
通	1	没有堵塞，可以穿过	166	5.08%	0.292	6	0
	2	用工具戳，使不堵塞	79	2.42%			
	3	有路达到	146	4.47%			
	4	连接；相来往	2486	76.14%			
	5	传达；使知道	197	6.03%			
	6	了解；懂得	191	5.85%			

基本动词		义项	频次	频率	标准差	义项数	未用义项数占比
爱	1	对人或事物有很深的感情	3337	63.03%	0.281	4	0
	2	喜欢	1536	29.01%			
	3	爱惜；爱护	64	1.21%			
	4	常常发生某种行为；容易发生某种变化	357	6.74%			
定	1	平静；稳定	92	10.60%	0.373	4	0
	2	固定；使固定	34	3.92%			
	3	决定；使确定	701	80.76%			
	4	约定	41	4.72%			
望	1	向远处看	556	70.56%	0.316	4	0
	2	探望	7	0.89%			
	3	盼望；希望	52	6.60%			
	4	观看；查看	173	21.95%			
问	1	有不知道的或不明白的事情或道理请人解答	9554	79.10%	0.37	4	0
	2	为表示关切而询问；慰问	193	1.60%			
	3	审讯；追究	2253	18.65%			
	4	管；干预	79	0.65%			

表 7—21 中前四个动词"接、进、动、通"各有 6 个义项，其中一个义项的使用频率相对凸显，均大于 50%，计算这四个动词最大义项使用频率的均值，约 66.33%；后四个动词"爱、定、望、问"各有 4 个义项，也都有一个义项使用频率突出，其均值约 73.36%。两相比较，可见义项数量少的后者其高频使用义项更为活跃。再查看它们的频率标准差，后者的值比前者大，说明后者各义项使用均衡性不及前者。

另两组，一组基数为 2，包含了义项数目为 7 和 8 两个小类，再一组基数为 1，义项数目为 5。将这两组综合于一张表里，按义项数目的多少排序。

表7—22 义项使用率为1且基数为2和1的两类基本动词各义项使用情况

基本动词		义项	频次	频率	标准差	义项数	未用义项数占比
解	1	分开	132	8.17%	0.148	8	0
	2	把束缚着或系着的东西打开	168	10.40%			
	3	解除	605	37.46%			
	4	解释	543	33.62%			
	5	了解；明白	141	8.73%			
	6	解手	4	0.25%			
	7	演算方程式；求方程式中未知数的值	11	0.68%			
	8	接送	11	0.68%			
算	1	计算数目	1435	41.47%	0.158	8	0
	2	计算进去	33	0.95%			
	3	谋划；计划	42	1.21%			
	4	推测	79	2.28%			
	5	认作；当作	609	17.60%			
	6	算数，承认有效力	1054	30.46%			
	7	作罢；为止	175	5.06%			
	8	表示比较起来最突出	33	0.95%			
提	1	垂手拿着（有提梁、绳套之类的东西）	910	22.14%	0.123	7	0
	2	使事物由下往上移	817	19.87%			
	3	把预定的期限往前挪	11	0.27%			
	4	指出或举出	1176	28.61%			
	5	提取	121	2.94%			
	6	把犯人从关押的地方带出来	51	1.24%			
	7	谈（起、到）	1025	24.93%			
有	1	表示领有（跟"无"或"没"相对，下同）	137063	37.16%	0.181	7	0
	2	表示存在	156709	42.49%			
	3	表示达到一定数量或某种程度	2822	0.77%			
	4	表示发生或出现	14747	4%			
	5	表示所领有的某种事物（常为抽象的）多或大	6374	1.73%			
	6	泛指，跟"某"的作用相近	871	0.24%			
	7	用在"人、时候、地方"前面，表示一部分	50212	13.62%			

基本动词		义项	频次	频率	标准差	义项数	未用义项数占比
生	1	生育；出生	1981	76.60%	0.32	5	0
	2	生长	90	3.48%			
	3	生存；活（跟'死'相对）	162	6.26%			
	4	产生；发生	339	13.11%			
	5	使柴、煤等燃烧	14	0.54%			

"解"和"算"的义项数为 8，在 50 个基本动词中排在第 4 位，"提"和"有"的义项数为 7，在 50 个基本动词中排第 5 位，表 7—21 里的"接、进、动、通"各有 6 个义项，排第 6 位，"生"排第 7 位，上表里的"爱、定、望、问"排第 8 位。综合起来看三类 13 个基本动词的义频标准差值，分布于 0.1—0.4 之间，即均衡等级在第七至第九级区间内，整体比上面分析过的义项数为 2 和 3 的基本动词要均衡。在 13 个基本动词之间开展比较，明显呈现出义项数越多的词语义频标准差越小，即均衡性越好的趋势。

义项数量少于 10 且含有未使用义项的 22 个基本动词，各自的义项频率标准差值分布于 0.1—0.5 区间即第六至第九均衡等级内。观察各义项的频度大小，义项最大频度值超过 90% 的基本动词有 4 个，分布于 80%—90% 之间的有 2 个，分布于 70%—80% 之间的有 5 个，分布于 60%—70% 之间的有 4 个，分布于 50%—60% 之间的有 3 个，剩下的 4 个基本动词义项最大频度小于 50%。再比较 22 个基本动词的标准差值的大小，根据其集中情况，大概有四类。

第一类，义项最大频率超过 90% 的 4 个基本动词，其义频标准差值分布于 0.3—0.5 之间，且多集中于 0.4—0.5 区间内。具体数据见表 7—23。

表7—23　义项使用率小于1且最大频率超过90%的基本动词各义项使用情况

基本动词	义项		频次	频率	标准差	义项数	未用义项数占比
干	1	〈书〉冒犯	0	0	0.326	8	50%
	2	牵连；涉及	0	0			
	3	〈书〉追求（职位、俸禄等）	0	0			
	4	做（事）	8960	92.96%			
	5	能干；有能力的	121	1.26%			
	6	担任；从事	468	4.86%			
	7	〈方〉事情变坏；糟	0	0			
	8	使净尽	90	0.93%			
如	1	适合；依照	0	0	0.437	5	60%
	2	如同	4583	98.14%			
	3	及；比得上（只用于否定，比较得失或高下）	87	1.86%			
	4	表示举例	0	0			
	5	〈书〉到；往	0	0			
道	1	说	1345	97.04%	0.480	4	50%
	2	用语言表示（情意）	41	2.96%			
	3	说（用来引出人物说的话，多见于早期白话）。	0	0			
	4	以为；认为	0	0			
考	1	考试	1091	97.50%	0.483	4	25%
	2	调查；检查	26	2.32%			
	3	推求；研究	2	0.18%			
	4	提出问题让对方回答	0	0			

　　表7—23中四个动词，均有一个非常活跃的义项，以最多25%，最少12.4%的总义项占比率覆盖了词语不少于92.96%的使用量，其他义项，最高使用频率不超过5%，且有至少1个至多4个义项未在十年语料库中使用。四个基本动词中有三个的义项频率标准差值分布在均衡等级的第六级。

　　第二类，义项最大频率分布于70%—90%之间的7个基本动词，其义频标准差值分布于0.2—0.5之间，且多集中于0.3—0.4区间内。具体数据见表7—24。

表7—24 义项使用率小于1且最大频率分布于70%—90%之间的
基本动词各义项使用情况

基本动词		义项	频次	频率	标准差	义项数	未用义项数占比
流	1	液体移动；流动	2727	88.71%	0.387	5	20%
	2	移动不定	326	10.61%			
	3	流传；传播	0	0			
	4	向坏的方面转变	8	0.26%			
	5	旧时的刑罚，把犯人送到边远的地方去	13	0.42%			
喝	1	把液体或流食咽下去	8020	82.29%	0.433	3	33.33%
	2	特指喝酒。	1726	17.71%			
	3	hè，大声喊叫	0	0			
养	1	供给生活资料或生活费用	453	12.16%	0.229	9	22.22%
	2	饲养或培植（动物、花草）	2627	70.50%			
	3	生育	64	1.72%			
	4	培养	29	0.78%			
	5	使身心得到滋补和休息，以增进力或恢复健康	499	13.39%			
	6	养护	49	1.32%			
	7	（毛发）留长；蓄起不剪	0	0			
	8	扶植；扶助	5	0.13%			
	9	修养	0	0			
听	1	用耳朵接受声音	4956	78.07%	0.368	4	25%
	2	听从（劝告）；接受（意见）	1363	21.47%			
	3	治理；判断	29	0.46%			
	4	听凭；任凭	0	0			
完	1	消耗尽；没有剩的	595	15.63%	0.323	4	25%
	2	完结	2756	72.41%			
	3	完成	455	11.95%			
	4	交纳（赋税）	0	0			
指	1	（手指头、物体尖端）对着；向着	1471	22.55%	0.338	4	25%
	2	指点	253	3.88%			
	3	意思上针对	4798	73.57%			
	4	指望；依靠	0	0			

续表

基本动词		义项	频次	频率	标准差	义项数	未用义项数占比
运	1	运动	2422	70.16%			
	2	搬运；运输	1030	29.84%	0.352	3	33.33%
	3	运用	0	0			

表 7—24 中七个动词，均有一个非常活跃的义项，以最多 33.33%，最少 11.11% 的总义项占比率覆盖了词语不少于 70.16% 的使用量，其他义项，最高使用频率不超过 29.84%，且有 1 个至 2 个义项未在十年语料库中使用。七个基本动词中有五个的义项频率标准差值分布在均衡等级的第七级。

第三类，义项最大频率分布于 50%—70% 之间的 7 个基本动词，其义频标准差值分布于 0.1—0.4 之间，且多集中于 0.2—0.3 区间内。具体数据见表 7—25。

表 7—25　义项使用率小于 1 且最大频率分布于 50%—70% 之间的基本动词各义项使用情况

基本动词		义项	频次	频率	标准差	义项数	未用义项数占比
挂	1	借助于绳子、钩子、钉子等使物体附着于某处的一点或几点	2034	62.66%			
	2	把话筒放回电话机上使电路断开	422	13%			
	3	指交换机接通电话，也指打电话	0	0			
	4	钩	37	1.14%	0.210	8	25%
	5	（内心）牵挂	46	1.42%			
	6	（物体表面）蒙上；糊着	422	13%			
	7	登记	285	8.78%			
	8	（案件等）悬而未决；搁置	0	0			

续表

基本动词		义项	频次	频率	标准差	义项数	未用义项数占比
待	1	对待	780	24.64%	0.113	6	33.33%
	2	招待	11	0.35%			
	3	等待	470	14.85%			
	4	需要	0	0			
	5	要；打算	0	0			
	6	〈口语〉停留	1905	60.17%			
领	1	带；引	1348	64.81%	0.293	5	60%
	2	领有；领有的	0	0			
	3	领取	732	35.19%			
	4	接受	0	0			
	5	了解（意思）	0	0			
怕	1	害怕；畏惧	2470	32.42%	0.338	3	33.33%
	2	担心	5148	67.58%			
	3	禁受不住	0	0			
安	1	使安定	125	22.77%	0.210	6	50%
	2	对生活、工作等感觉满足合适	0	0			
	3	使有合适的位置	138	25.14%			
	4	安装；设立	286	52.09%			
	5	加上	0	0			
	6	存着；怀着（某种念头，多指不好的）	0	0			
成	1	完成；成功（跟"败"相对）	3065	11.82%	0.232	5	20%
	2	成全	0	0			
	3	成为；变为	15063	58.11%			
	4	表示达到一个单位（强调数量多或时间长）	1354	5.22%			
	5	表示答应、许可	6441	24.85%			
治	1	治理	1355	59.96%	0.278	5	20%
	2	医治	877	38.81%			
	3	消灭（害虫）：～蝗|～蚜虫	0	0			
	4	惩办	19	0.84%			
	5	研究	9	0.40%			

表 7—25 里的七个动词，均有一个使用频率过半的义项，以最多 20%，最少 12.5% 的总义项占比率覆盖了词语不少于 52.09% 的使用量，其他义项，最高使用频率不超过 38.81%，且有 1 个至 3 个义项未在十年语料库中使用。七个基本动词中有五个的义项频率标准差值分布在均衡等级的第八级。

第四类，义项最大频率分布于 50% 以下的 47 个基本动词，其义频标准差值均集中分布于 0.1—0.2 区间。

表 7—26　义项使用率小于 1 且最大频率分布于 50 以下的基本动词各义项使用情况

基本动词		义项	频次	频率	标准差	义项数	未用义项数占比
收	1	把外面的事物拿到里面；把摊开的或分散的事物聚拢	848	20.29%	0.135	8	12.5%
	2	取自己有权取的东西或原来属于自己的东西	1640	39.23%			
	3	获得（经济利益）	867	20.74%			
	4	收获；收割	280	6.70%			
	5	接；接受；容纳	402	9.62%			
	6	约束；控制（感情或行动）	55	1.32%			
	7	逮捕；拘禁	0	0			
	8	结束；停止（工作）	88	2.11%			
叫	1	人或动物的发音器官发出较大的声音，表示某种情绪感觉或欲望	3740	12.72%	0.192	6	16.67%
	2	招呼；呼唤	13109	44.59%			
	3	告诉某些人员（多为服务行业）送来所需要的东西	290	0.99%			
	4	（名称）是；称为	10737	36.52%			
	5	使；命令	1521	5.17%			
	6	容许或听任	0	0			
装	1	修饰；打扮；化妆	29	1.83%	0.193	5	20%
	2	假装	669	42.29%			
	3	把东西放进器物内；把物品放在运输工具上	591	37.36%			
	4	装配；安装	293	18.52%			
	5	包装	0	0			

续表

基本动词		义项	频次	频率	标准差	义项数	未用义项数占比
挤	1	（许多人或物）紧紧靠拢在一起；（许多事情）集中在同一时间内	127	25.60%	0.175	4	25%
	2	在拥挤的环境中用身体排开人或物	188	37.90%			
	3	用压力使从孔隙中出来	181	36.49%			
	4	排斥；排挤	0	0			

表7—26中四个多义动词各义项使用相对均衡，都有1个未使用义项，各义项频率标准差值都分布于均衡等级的第九级。

综合起来对这50个多义基本动词做总体考察，它们的总义项数为270，每个动词的义项数目均值约为5.4，中位数为5，众数为4。其中，义项数目大于均值的基本动词共19个，小于均值的基本动词共31个，二者的比值约为0.61。很明显，在我们统计的这50个样本中，更多的多义基本动词义项数目相对较少。

统计十年语料库中50个动词各自的义项使用频次，使用与上文一致的两种方法计算其频率及累加频率，观察它们的覆盖率，检验这些动词的义项使用是否符合齐普夫定律。

使用第一种方法计算每个义项的累加频率值，进行升序排列。用折线图加以展示：

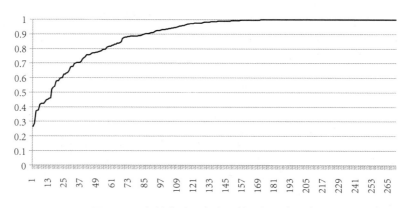

图7—3　各基本动词各义项的累加频率分布

显然，图7—3曲线整体上符合齐普夫定律的分布特征。前15个占比5.56%的义项使用频率已经覆盖过了50%，前85个，即占比31.48%的义项的使用覆盖率达到了90%；前140个，即占比51.85%的义项的使用覆盖率达到了99%，剩下的130个义项，即占比48.15%的义项使用覆盖率在99%至100%仅1%的区间内。

使用第二种方法，以50个多义基本动词的270个义项为对象，计算所有义项的使用频次之和，用每个义项的使用频次比上这个总和得到各义项的使用频率，在此基础上计算各义项的累加频率，对累加频率值进行升序排列，同样通过折线图直观显示其分布：

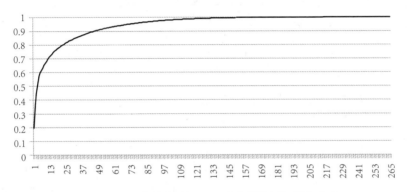

图7—4　50个基本动词270个义项的累加频率分布

显然，图7—4曲线的分布和走向同样符合齐普夫定律的分布特征。前段少量义项贡献了绝大部分使用量。前4个，即占比1.48%的义项的使用覆盖率超过了50%；前48个，即占比17.78%的义项的使用覆盖率达到了90%；前125个，即占比46.3%的义项的使用覆盖率达到了99%，剩下的145个，即占比53.7的义项使用覆盖率分布在99%至100%仅1%的区间内。

进一步考察多义基本动词所包含的义项在使用度上的内部差异。50个多义基本动词的270个总义项在十年语料库中没有使用到的共49个，使用到221个，义项的总使用率约为82%，未使用的义项数占总义项数的比值约为18%。50个动词里，含有未使用义项的动词共26个，占比约52%，说明过半的动词都有义项未在十年语料库中使用到。这 26 个动词中，含有未使用义项最多的是"发"，有 7 个未使用义项，其次是"干"，有 4 个未使用义项，对这 27 个动词含有的未使用义项数进行计算，均值约为 2，中值为 1，众数为 1。

观察 50 个多义基本动词各义项的频率标准差，可以发现：一方面，整体上各动词各自的义项使用不均衡。计算标准差的均值和中位数，分别是 0.317 和 0.292，说明这些动词各自的义项使用频度波动不小；另一方面，50 个基本动词之间在义项使用的均衡性上存在较大差异。50 个动词最小的义项频率标准差值为 0.075，位于均衡等级的第十级，最大为 0.7，处在均衡等级的第三级，横向跨度八个等级，这一点和基本名词一样。计算 50 个基本动词频率标准差值的方差，约为 0.147，证明了基本动词在义项使用均衡性上的不一致。

更进一步考察多义基本动词的义项数与各义项使用频率均衡性之间是否存在相关性，和上文一样，使用 SPSS 的皮尔逊系数作相关性分析。

表 7—27　50 个基本动词的义项数目与义频标准差之间的相关性分析

		标准差	义项数
标准差	Pearson Correlation Sig.（2-tailed） N	1 50	−0.649** 0.000 50
义项数	Pearson Correlation Sig.（2-tailed） N	−0.649** 0.000 50	1 50

注：** Correlation is significant at the 0.01 level（2-tailed）。

结果显示，P 值为 0，拒绝零相关假设，R 值 – 0.649，说明多义基本动词的义频标准差值与义项数之间存在显著线性负相关，相关性强度为中度略强。义频标准差值的大小与义项使用均衡性之间本身是反向关系，所以，多义基本动词的义频标准差值与义项数之间存在的显著线性负相关，就意味着多义基本动词各义项使用频度的均衡性与义项数目之间是正相关的关系，即多义基本动词各义项的使用频度均衡性呈现出统计学意义上的随义项数目增加而增大的量性趋势。

再考察多义基本动词的使用频度与其义项数间的相关性。因使用的是多义基本动词的频度序值和义项数序值，所以选择使用 SPSS 的斯皮尔曼相关性系数进行分析，结果见表 7—28。

表 7—28　50 个基本动词的使用频度序值与义项数序值之间的相关性分析

		频度序值	义项数序值
频度序值	Correlation Coefficient Sig.（2-tailed） N	1 50	−0.135 0.348 50
义项数序值	Correlation Coefficient Sig.（2-tailed） N	−0.135 0.348 50	1 50

P 值 0.348>0.05，不拒绝零相关假设，说明多义基本动词的使用频度与其义项数多少之间并不存在显著的线性关联，即没有显著的正向或反向关联特征。

最后使用 SPSS 的皮尔逊系数对各多义基本动词的总义项数与未使用义项数之间的相关性进行分析，见表 7—29。

表 7—29　50 个基本动词的义项数与未使用义项数之间的相关性分析

		总义项数	未使用义项数
总义项数	Pearson Correlation Sig.（2-tailed） N	1 45	0.626** 0.000 45
未使用义项数	Pearson Correlation Sig.（2-tailed） N	0.626** 0.000 45	1 45

注：** Correlation is significant at the 0.01 level（2-tailed）。

p=0.000<0.01，具有显著线性关联；r=0.626，多义基本动词的义项数与未使用的义项数之间存在中等略强的正向相关性，换而言之，义项数目越多的基

本动词，含有未被使用义项或不活跃义项的概率会越大。当然，中等略强的相关性并不说明这是一条很强的规律。

综上，基本动词的语义功能在 21 世纪最初十年里的使用实态与基本名词大致相当，表现为：

（一）各基本动词的义项数量均值约为 5.4，众数为 4，大部分基本动词的义项数量小于均值；

（二）基本动词各义项的使用情况整体上符合齐普夫定律；

（三）基本动词各义项的使用总体活跃，大部分义项都在使用当中，未使用义项在总义项当中占比不足五分之一，尽管如此，含有非活跃义项的基本动词占比不小，大约有超过半数的基本动词都含有十年未使用义项。

（四）分布上不均衡。一方面每个基本动词的多个义项之间使用度分布不均衡，另一方面基本动词之间在其义项使用度的均衡性上也表现得不一致。

（五）基本动词的义项数与它的使用频度之间没有显著线性关联，但与各义项使用频度的均衡性之间成中等略强的显著正相关，与未使用义项数之间同样存在中等略强的正相关。

第四节　基本形容词的义项使用实态

使用考察基本名词、动词义项使用实态的方法继续考察基本形容词。对随机抽取出的 46 个多义基本形容词各义项的使用情况进行统计，发现它们的义项数量分布于 2 至 10 之间，其中，义项数量为 3 的词语基数最大，共 14 个，其次是义项数量为 4 的词语，共 9 个，而后是义项数量为 2 的词语，共 8 个。46 个基本形容词中，"好"和"老"均有 10 个义项，这 10 个义项的具体使用数据见表 7—30。

表7—30 "好""老"各义项使用情况

基本形容词		义项	频次	频率	标准差	义项数	未用义项占比
好	1	优点多的；使人满意的（跟"坏"相对）	68442	52.15%	0.171	10	20%
	2	合宜；妥当	6302	4.80%			
	3	用在动词前，表示使人满意的性质在哪方面	353	0.27%			
	4	友爱；和睦	710	0.54%			
	5	（身体）健康；（疾病）痊愈	4556	3.47%			
	6	用于客套话	0	0			
	7	用在动词后，表示完成或达到完善的地步	36605	27.89%			
	8	表示赞许、同意、结束或转换话题等	414	0.32%			
	9	反话，表示不满意	0	0			
	10	容易（限用于动词前）	13855	10.56%			
老	1	年岁大（跟"少、幼"相对）	7612	47.57%	0.179	10	30%
	2	对某些方面富有经验；老练	8	0.05%			
	3	很久以前就存在的；时间久的	6355	39.71%			
	4	陈旧	869	5.43%			
	5	原来的	737	4.61%			
	6	（蔬菜）长得过了适口的时期	417	2.61%			
	7	（食物）烹调时间过长；火候过大	5	0.03%			
	8	（某些高分子化合物）变质	0	0			
	9	（某些颜色）深	0	0			
	10	排行在末了的	0	0			

"好"和"老"各义项的使用情况较为接近，二者的义项使用均衡性都处在第九级，都有未使用义项，也都有一个使用活跃度相对突出的义项以十分之一的义项数覆盖了词语一半左右的使用量。

剩下的44个基本形容词，含有未使用义项的还有17个。其中，未使用义项数量达到一半及以上的6个，分别是"白""差""独""长""大""易"。

表 7—31 未使用义项占比过 50% 的基本形容词各义项使用情况

基本形容词		义项	频次	频率	标准差	义项数	未用义项占比
白	1	像霜或雪的颜色（跟"黑"相对）	3315	1	0.408	6	83.33%
	2	光亮；明亮	0	0			
	3	清楚；明白；弄明白	0	0			
	4	没有加上什么东西的；空白	0	0			
	5	象征反动	0	0			
	6	（字音或字形）错误	0	0			
差	1	义同"差"（chà）	0	0	0.500	4	75%
	2	不相同；不相合	0	0			
	3	错误	0	0			
	4	不好；不够标准	4620	1			
独	1	一个	445	1	0.707	3	66.67%
	2	年老没有儿子的人	0	0			
	3	〈口〉自私；容不得人	0	0			
长	1	两端之间的距离大。a) 指空间。b) 指时间	23398	99.98%	0.447	5	60%
	2	多余；剩余	0	0			
	3	年纪较大	0	0			
	4	排行最大	4	0.02%			
	5	辈分高	0	0			
大	1	在体积、面积、数量、力量、强度等方面超过一般或超过所比较的对象（跟"小"相对）	112208	99.43%	0.496	4	50%
	2	排行第一的	642	0.57%			
	3	敬辞，用于称跟对方有关的事物	0	0			
	4	用在时令或节日前，表示强调	0	0			
易	1	做起来不费事的；容易	2399	1	0.512	2	50%
	2	平和	0	0			

表 7—31 中的 6 个形容词，义项数目最多的"白"，6 个义项中有 5 个未在十年语料库中使用，未使用义项率在 46 个基本形容词中最高。与"白"一

样，多个义项中仅一个被使用的还有"差""独"和"易"。整体上看，这6个基本形容词各义项使用频率的标准差值都分布在0.4—0.8之间，即均衡性的三、四、五、六级，观察各词语的最活跃义项，使用频率有四个为1，另两个均在99%以上，可见分布上的不均衡性很是突出。

义项数目少于10且未使用义项数占比小于50%的基本形容词共计11个，按义项数量多少做降序排序，它们的各义项使用情况见表7—32。

表7—32　未使用义项占比不及50%的基本形容词各义项使用情况

基本形容词		义项	频次	频率	标准差	义项数	未用义项占比
软	1	物体内部的组织疏松，受外力作用后容易改变形状	438	20.02%	0.230	8	12.50%
	2	柔和	91	4.16%			
	3	身体无力	133	6.08%			
	4	软弱	3	0.14%			
	5	能力弱；质量差	0	0			
	6	容易被感动或动摇	10	0.46%			
	7	没有硬性规定的；有伸缩余地的	49	2.24%			
	8	（新增）非直接的，隐性的	1464	66.91%			
强	1	力量大；势力大	12802	92.09%	0.343	7	42.86%
	2	感情或意志所要求达到的程度高；坚强	531	3.82%			
	3	优越；好（多用于比较）	232	1.67%			
	4	用在分数或小数后面，表示略多于此数	0	0			
	5	勉强	0	0			
	6	强硬不屈；固执	0	0			
	7	（新增）指某方面性质或感知的程度高	336	2.42%			
弱	1	力量小；势力小	804	74.31%	0.312	5	40%
	2	年幼	93	8.60%			
	3	差；不如	185	17.10%			
	4	不坚强，柔弱	0	0			
	5	用在分数或小数后面，表示略少于此数	0	0			

基本形容词		义项	频次	频率	标准差	义项数	未用义项占比
贵	1	价格高；价值大	3119	96.30%	0.475	4	25%
	2	评价高；值得珍视或重视	21	0.65%			
	3	地位优越	99	3.06%			
	4	敬辞，用于称跟对方有关的事物	0	0			
密	1	事物之间距离近；事物的部分之间空隙小（跟"稀、疏"相对）	209	49.53%	0.256	4	25%
	2	关系近；感情好	0	0			
	3	精致；细致	25	5.92%			
	4	秘密	188	44.55%			
小	1	在体积、面积、数量、力量、强度等方面不及一般的或不及比较的对象（跟"大"相对）	82280	98.02%	0.487	4	25%
	2	排行最末的	1508	1.80%			
	3	谦词，用于称自己或跟自己有关的人或事物	158	0.19%			
	4	前缀，用于称人、排行次序、某些人等	0	0			
新	1	刚出现的或刚经验到的（跟"旧、老"相对）	70978	66.79%	0.310	4	25%
	2	性质上改变得更好的（跟"旧"相对）	31940	30.06%			
	3	没有用过的（跟"旧"相对）	3347	3.15%			
	4	刚结婚的或结婚不久的	0	0			
苦	1	像胆汁或黄连的味道（跟"甘、甜"相对）	324	30.65%	0.348	3	33.33%
	2	难受；痛苦	733	69.35%			
	3	〈方〉除去得太多；损耗太过	0	0			
宽	1	横的距离大；范围广（跟"窄"相对）	1082	93.36%	0.521	3	33.33%
	2	宽大；不严厉；不苛求	77	6.64%			
	3	宽裕；宽绰	0	0			

续表

基本形容词		义项	频次	频率	标准差	义项数	未用义项占比
满	1	全部充实；达到容量的极点	2005	52.54%	0.290	3	33.33%
	2	全；整个	1811	47.46%			
	3	骄傲	0	0			
青	1	蓝色或绿色	2725	99.60%	0.574	3	33.33%
	2	黑色	11	0.40%			
	3	指年轻	0	0			

整体上看，这 11 个基本形容词各自的频率标准差值分布于 0.2—0.6 之间，即均衡性的第五、六、七、八级，整体上比未使用义项数量达一半及以上的 6 个基本形容词均衡性强，但比具有十个义项且未使用义项率分别是 20% 和 30% 的"好"和"老"弱。这似乎提示了基本形容词各义项使用的均衡性与义项数以及未使用义项所占比率有一定的量性关联。仔细观察这 11 个基本形容词，不难发现，它们的义项数量、均衡性大小以及未使用义项数所占比率三者之间并没有明显的两两互选倾向。11 个基本形容词的义项使用特点与前述形容词基本一致，除"密"和"满"有两个用法相当的高频义项之外，其他 9 个基本形容词均有一个使用频率突出、活跃的义项，在使用度上占有绝对优势。

随机抽样的 46 个基本形容词里还有 27 个义项使用率为 1 即 100% 的成员。就最高义频来看，27 个基本形容词主要分布于五个区间，可分为五种类型：第一类，最高义频小于 1 且大于 90%，有成员 10 个；第二类，小于 90% 且大于 80%，成员 2 个；第三类，小于 70% 且大于 60%，成员 6 个；第四类，小于 60% 且大于 50%，成员 6 个；第五类，小于 50% 且大于 40%，成员 3 个。下面逐类分析：

第一类以义项数量少的多义形容词为主，其中，2 个义项的形容词 5 个，数量最多，3 个义项的形容词 4 个，另有一个义项的形容词 1 个。

表7—33 义项使用率为1且高频义项使用频率大于90%的
10个基本形容词各义项使用情况

基本形容词		义项	频次	频率	标准差	义项数	未用义项占比
快	1	速度高；走路、做事等费的时间短（跟"慢"相对）	32045	98.47%	0.439	5	0
	2	灵敏	414	1.27%			
	3	（刀、剪、斧子等）锋利（跟"钝"相对）	20	0.06%			
	4	爽快；痛快；直截了当	53	0.16%			
	5	愉快；高兴；舒服	10	0.03%			
低	1	从下向上距离小；离地面近	258	1.50%	0.546	3	0
	2	在一般标准或平均程度之下	16547	96.41%			
	3	等级在下的	359	2.09%			
红	1	像鲜血的颜色	7423	94.05%	0.526	3	0
	2	象征顺利、成功或受人重视、欢迎	235	2.98%			
	3	象征革命或政治觉悟高	235	2.98%			
黄	1	像丝瓜花或向日葵花的颜色	3539	98.41%	0.564	3	0
	2	指内容色情的	48	1.33%			
	3	事情或计划落空或失败	9	0.25%			
严	1	严密；紧密	88	5.29%	0.627	3	0
	2	严厉；严格	1564	93.93%			
	3	程度深；厉害	13	0.78%			
广	1	（面积、范围）宽阔（跟"狭"相对）	2388	96.92%	0.664	2	0
	2	多	76	3.08%			
近	1	空间或时间距离短	3620	94.25%	0.626	2	0
	2	亲密；关系密切	221	5.75%			
难	1	做起来费事的；不容易（跟"易"相对）	25233	99.58%	0.701	2	0
	2	用在动词前，表示使人不满意的性质在哪方面；不好	106	0.42%			
全	1	完备；齐全	314	0.69%	0.697	2	0
	2	整个	44986	99.31%			

基本形容词	义项		频次	频率	标准差	义项数	未用义项占比
少	1	数量小	5897	99.19%	0.696	2	0
	2	年纪轻（跟"老"相对）	48	0.81%			

表7—33中的10个形容词内部呈现出义项数越多，标准差值越小的趋势性特征，整体分布于0.4—0.8区间，即均衡性的三、四、五、六级，表明这一类基础形容词各义项的使用很不均衡，都有一个特别活跃的义项，其使用率最少也占到了词语总使用量的93.93%。

第二类包括两个形容词，分别是4个义项的"高"和3个义项的"净"，它们的标准差值分布于0.3—0.5区间，即均衡性的第六、七级，且有一个最高频义项，其使用频率占词语总使用量的80.26%以上。

表7—34　义项使用率为1且高频义项使用频率分布于80%—90%
之间的2个基本形容词各义项使用情况

基本形容词	义项		频次	频率	标准差	义项数	未用义项占比
高	1	从下向上距离大；离地面远	3693	9.96%	0.371	4	0
	2	在一般标准或平均程度之上的	29763	80.26%			
	3	等级在上的	3452	9.31%			
	4	敬辞，用于称别人的事物	174	0.47%			
净	1	清洁；干净	141	8.41%	0.445	3	0
	2	没有余剩	115	6.86%			
	3	纯	1421	84.73%			

第三类的6个基本形容词，一半词语含有3个义项，另有2个词语包含2个义项。1个词语包含4个义项。6个形容词的标准差值分布于0.2—0.4之间，其中有5个分布于0.2—0.3区间，即均衡性的第八级。相对于前两类，这一类的义项使用均衡性明显要强一些，但仍然有一个相对活跃的义项，其使用频率

占到了词语总频率的 60.48% 以上。

表7—35 义项使用率为1且高频义项使用频率分布于60%—70%
之间的2个基本形容词各义项使用情况

基本形容词		义项	频次	频率	标准差	义项数	未用义项占比
重	1	重量大；比重大（跟"轻"相对）	2620	62.89%	0.297	4	0
	2	程度深	1431	34.35%			
	3	重要	114	2.74%			
	4	不轻率；稳重	1	0.02%			
旧	1	过去的；过时的	1292	33.09%	0.270	3	0
	2	因经过长时间或经过使用而变色或变形的	2361	60.48%			
	3	曾经有过的；以前的	251	6.43%			
远	1	空间或时间的距离长	3311	68.71%	0.343	3	0
	2	疏远；关系不密切	9	0.19%			
	3	（差别）程度大	1499	31.11%			
早	1	时间在先的	4526	64.64%	0.212	3	0
	2	比一定的时间靠前	2428	34.68%			
	3	问候的话，用于早晨见面时互相打招呼	48	0.69%			
静	1	安定不动（跟"动"相对）	426	31.81%	0.257	2	0
	2	没有声响	913	68.19%			
实	1	内部完全填满，没有空隙	314	34.62%	0.218	2	0
	2	真实；实在	593	65.38%			

第四类同样是6个词语，它们的义项数量整体上比前三类多，分别是8、7、6、4个义项的形容词各1个，5个义项的形容词2个。观察各义项的频率标准差值，分布于0.1—0.3之间，其中有4个分布于0.1—0.2之间，即均衡性的第九级。相对于前三类，多义词各义项使用的均衡性进一步加强。同时，和前三类一样，也都有一个相对活跃的义项，其使用频率占到了词语使用总量的一半以上。

表 7—36　义项使用率为 1 且高频义项使用频率分布于 50%—60%
之间的 6 个基本形容词各义项使用情况

基本形容词		义项	频次	频率	标准差	义项数	未用义项占比
细	1	（条状物）横剖面小	470	23.54%	0.182	8	0
	2	（长条形）两边的距离近	78	3.91%			
	3	颗粒小	121	6.06%			
	4	声音尖；声音小	165	8.26%			
	5	精细	44	2.20%			
	6	仔细；详细；周密	1075	53.83%			
	7	细微；细小	40	2.00%			
	8	〈方〉年龄小	4	0.20%			
清	1	（液体或气体）纯净没有混杂的东西（跟"浊"相对）	776	50.10%	0.195	7	0
	2	干净；纯洁	197	12.72%			
	3	寂静	37	2.39%			
	4	公正廉洁	11	0.71%			
	5	清楚	496	32.02%			
	6	单纯；不配别的东西	28	1.81%			
	7	一点儿不留	4	0.26%			
深	1	从上到下或从外到里的距离大	1574	58.38%	0.211	6	0
	2	深奥	34	1.26%			
	3	深刻；深入	354	13.13%			
	4	（感情）厚；（关系）密切	104	3.86%			
	5	（颜色）浓	401	14.87%			
	6	距离开始的时间久	229	8.49%			
精	1	经过提炼或挑选的	276	19.19%	0.176	5	0
	2	完美；最好	176	12.24%			
	3	细（跟"粗"相对）	722	50.21%			
	4	机灵心细	190	13.21%			
	5	精通	74	5.15%			
鲜	1	新鲜	248	51.77%	0.178	5	0
	2	（花朵）没有枯萎	44	9.19%			
	3	鲜明	58	12.11%			
	4	鲜美	64	13.36%			
	5	少	65	13.57%			

续表

基本形容词		义项	频次	频率	标准差	义项数	未用义项占比
古	1	古代（跟"今"相对）	1221	39.60%	0.294	4	0
	2	经历多年的	1829	59.33%			
	3	具有古代风格的	6	0.19%			
	4	真挚纯朴	27	0.88%			

第五类包括最高频义项使用频率分布于 40%—50% 之间的 3 个基本形容词。其中有两个词语的义频标准差分布于 0.2—0.3 区间，即均衡性的第八级，它们的义项数目分别是 5 和 3，另一个词语的义频标准差处于 0.1—0.2 区间，位于均衡性的第九级，有 9 个义项。整体上，这 3 个基本形容词的义项使用均衡性和第四类相似，但在活跃度上，除了含有 9 个义项的"轻"有一个明显优势义项外，"热"和"齐"都有两个使用频率相当的义项，这一点与第四类的 6 个词语存在差异。

表 7—37　义项使用率为 1 且高频义项使用频率分布于 40%—50%
之间的 3 个基本形容词各义项使用情况

基本形容词		义项	频次	频率	标准差	义项数	未用义项占比
轻	1	重量小；比重小（跟"重"相对）	940	43.88%	0.143	9	0
	2	负载小；装备简单	64	2.99%			
	3	数量少；程度浅	352	16.43%			
	4	轻松	126	5.88%			
	5	不重要	64	2.99%			
	6	用力不猛	470	21.94%			
	7	轻率	101	4.72%			
	8	不庄重；不严肃	18	0.84%			
	9	轻视	7	0.33%			
热	1	温度高；感觉温度高	1642	48.29%	0.249	5	0
	2	情意深厚	34	1.00%			
	3	形容非常羡慕或急切想得到	5	0.15%			
	4	吸引很多人的	1570	46.18%			
	5	气氛浓烈	149	4.38%			

续表

基本形容词	义项		频次	频率	标准差	义项数	未用义项占比
齐	1	整齐	215	45.36%	0.212	3	0
	2	同样；一致	42	8.86%			
	3	完备；全	217	45.78%			

总括 46 个随机抽选出来的多义基本形容词，总义项数为 195，每个形容词的义项数目均值约为 4.2，中位数为 4，众数为 3。其中，义项数最多的基本形容词"好"和"老"，各有 10 个义项，其他词语的义项数目均小于 10。义项数目大于均值的基本形容词共 15 个，小于均值的基本形容词共 31 个，很明显，在 46 个多义基本形容词中，大部分的义项数目相对较少，这一点与基本名词、动词表现一致。

采取与上文一致的两种方法，考察基本形容词的义项使用频度是否符合齐普夫定律的分布特征。按照第一种方法，以单个词语为单位，统计各多义基本形容词各自的义项的使用频次，再计算其频率和累加频率，进行升序排列，用折线图表示：

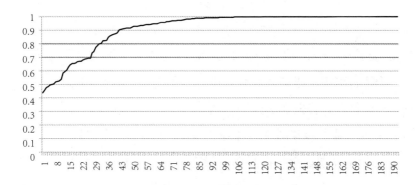

图7—5 各基本形容词各义项的累加频率分布

图 7—5 曲线的分布和走向总体上显然是符合齐普夫定律的分布特征的。前 6 个义项的使用频率已经覆盖了 50%，即 3.08% 的义项数的使用覆盖了整个语料库中 46 个基本名词 195 个义项所有使用的 50%；43 个义项，即占比

22.05% 的义项的使用覆盖率超过了 90%；前 89 个义项，即占比 45.64% 的义项使用覆盖率达到了 99%；剩下的 106 个义项，即占比为 54.36% 的义项使用在 99%—100% 仅 1% 的区间内。

使用第二种计算方式，统计 46 个多义基本形容词共计 195 个义项在十年语料库中的使用频率和累加频率并做升序排列，通过折线图显示其分布情况。

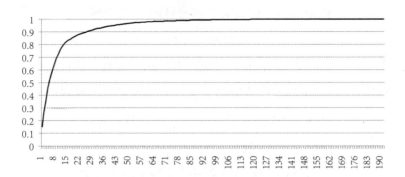

图 7—6　46 个基本形容词 195 个义项的累加频率分布

图 7—6 和图 7—5 的曲线分布和走向基本一致，都是前段少量义项贡献了绝大部分使用量。前 5 个，即占比 2.56% 的义项的使用覆盖率超过了 50%；前 27，即占比 13.86% 的义项的使用覆盖率超过了 90%；前 82 个，即占比 42.05% 的义项使用覆盖率达到了 99%；剩下的 113 个义项，即占比为 57.95% 的义项使用在 99% 至 100% 仅 1% 的区间内。这说明，两种方式的计算结果都指向了一个语言事实，即多义基本形容词义项的使用情况和多义基本名、基本动词一样，符合齐普夫定律。

再考察多义基本形容词所包含的义项在使用度上的内部差异。46 个多义基本形容词的总义项在十年语料库中没有使用到的共 35 个，使用到 160 个，义项的总使用率约为 82%，未使用的义项数占总义项数的比值约为 18%。46 个形容词里，含有未使用义项的形容词共 19 个，占比约 41%，约 5/2 的形容词出现了义项未在十年语料库中使用到的情况。19 个含有未使用义项的形容词中，含有未使用义项最多的是"白",6 个义项中 5 个未被使用，其次是"差、来、强、长"，各有 3 个未使用义项，未使用义项数超过词语所有义项的 50%

的词语有"白""差""独""长""大""易"，约占含未使用义项词语的32%，所有词语的13%。对这19个形容词含有的未使用义项数进行计算，均值约为2，中值约为1，众数为1，与基本动词的情况较为一致。

　　进一步观察46个多义基本形容词各义项的频率标准差，发现与基本名词、动词的表现大体一致：一方面，各自的义项使用整体上都具有非均衡的特点。计算它们的义项使用频率标准差的均值和中位数，分别是0.389和0.345，略大于基本动词的0.317和0.292，和基本名词的0.383和0.374较为接近，说明了这些多义形容词和多义动词、名词一样，各义项使用频度波动较大，在分布上呈现出不均衡特征；另一方面，这46个形容词之间，它们在义项使用的均衡性上差异也不小，这些形容词中，义项频率标准差值最小为0.143，处于均衡等级的第九级，最大0.707，位于均衡等级的第三级，横跨了七个等级，虽不及基本名词和动词的横跨八级，但足以说明基本形容词在义项使用均衡性上的两极差异之大。计算46个基本形容词频率标准差值的方差，其值约为0.173，略大于基本名词和动词，进一步说明了这些多义形容词在各自的义项使用均衡性上存在的不一致。

　　最后，考察多义基本形容词的义项数与各义项使用频率的均衡性之间是否存在相关性，通过SPSS的皮尔逊系数作相关性分析。

表7—38　46个基本形容词的义项数目与义频标准差之间的相关性分析

		标准差	义项数
标准差	Pearson Correlation Sig.（2-tailed） N	1 46	−0.607** 0.000 46
义项数	Pearson Correlation Sig.（2-tailed） N	−0.607** 0.000 46	1 46

注：** Correlation is significant at the 0.01 level（2-tailed）。

　　结果显示，P值为0，拒绝零相关假设，R值等于−0.607，说明多义基本形容词的义频标准差与义项数之间存在中度略偏强的显著线性负相关，因标准差值越小，反映出数据的均衡性越好，即标准差与均衡性是反向关系，所以，多义基本形容词的义频标准差与义项数之间存在中度略偏强的显著线性负相关，也就意味着，多义基本形容词各义项使用频度的均衡性与义项的数目成中度略偏强的正向关联。

继续考察多义基本形容词的使用频度与其义项数间的相关性。使用 SPSS 的斯皮尔曼系数对各形容词的使用频率序值和义项数序值做相关性检验，结果见表 7—39。

表 7—39　46 个基本形容词的使用频度与义项数之间的相关性分析

		频度序值	义项数序值
频度序值	Correlation Coefficient Sig.（2-tailed） N	1 46	–0.004 0.980 46
义项数序值	Correlation Coefficient Sig.（2-tailed） N	–0.004 0.980 46	1 46

P 值 0.980>0.05，不拒绝零相关假设，说明多义基本形容词的使用频度与其义项数多少之间不存在显著的正向或反向线性关联。

再使用 SPSS 的皮尔逊系数对各多义基本形容词的总义项数与未使用义项数之间的相关性进行分析。

表 7—40　46 个基本形容词的义项数与未使用义项数之间的相关性分析

		总义项数	未使用义项数
总义项数	Pearson Correlation Sig.（2-tailed） N	1 46	0.375[*] 0.010 46
未使用义项数	Pearson Correlation Sig.（2-tailed） N	0.375[*] 0.010 46	1 46

注：[*] Correlation is significant at the 0.05 level（2-tailed）。

p=0.010<0.05，表明具有显著关联性；r=0.375，表明多义基本形容词的总义项数与未使用义项数之间存在中度偏弱强度的正相关。这说明，义项数越多的基本形容词，有一定的概率含有更多的未在十年语料库中使用的义项，但规律性并不强。

综上，基本形容词的语义功能在 21 世纪最初十年里的使用实态与基本名词、动词表现基本一致：一是义项数量的均值约为 4.2，众数为 3，大部分基本形容词的义项数量小于均值；二是义项的使用情况整体符合齐普夫定律；三是总体上比较活跃，基本形容词的大部分义项都在使用当中，未使用的义项在总义项当中占比不足 1/5，尽管如此，含有非活跃义项的基本形容词占比不小，略超 2/5 的基本形容词都含有十年未使用义项；四是分布上不均衡，一方面每个基本形容词的多个义项之间使用度分布不均衡，另一方面基本形容词之间在其义项使用度的均衡性上也表现不一致；五是基本形容词的义项数与它的使用频度之间没有显著的相关性，与各义项使用度的均衡性之间存在中等略强的正相关，与未使用的义项数之间存在中等偏弱的正相关关系。

第五节　基本词义项使用总貌

对多义基本名词、动词和形容词义项使用实态进行比较：

表 7—41　基本名词、动词、形容词义项使用实态数据比较

方面	项目	多义基本名词	多义基本动词	多义基本形容词
义项数目表现	各词语义项数目均值	5.3	5.4	4.2
	各词语义项数目中位数	4	5	4
	各词语义项数目众数数	3	4	3
	义项数目大于均值与小于均值的词语数目比值	55%	61%	48%

续表

方面	项目	多义基本名词	多义基本动词	多义基本形容词
义项使用频度的分布表现	词语义项使用频度的分布是否符合齐普夫定律	是	是	是
义项的使用率及未使用义项的量性表现	义项的总使用率	82%	81%	82%
	含未使用义项的词语所占比率	47%	54%	41%
	含未使用义项的词语含未使用义项数的均值	2	2	2
	含未使用义项的词语含未使用义项数的中位数	2	1	1
	含未使用义项的词语含未使用义项数的众数	1	1	1
均衡性表现	各词语的各个义项使用频率标准差的均值	0.383	0.317	0.389
	各词语的各个义项使用频率标准差的中位数	0.374	0.292	0.345
	各词语每个义项使用频率标准差值的方差	0.164	0.147	0.173
相关性表现	义项数与词语使用频度间的显著相关性	无	无	无
	义项数与各义项使用均衡性间的显著相关性	中等偏强正相关	中等略强正相关	中等略强正相关
	义项数与未使用义项数之间的显著相关性	中等强度正相关	中等略强正相关	中等偏弱正相关

五大方面十六个项目反映出了三大类多义基本词的以下对比性特征：

（一）三大类多义基本词包含的义项数目，就均值而言，表现为"多义基本动词>多义基本名词>多义基本形容词"，其中，多义基本动词和多义基本名词义项数的均值更为接近；就中位数和众数而言，则是"多义基本动词>多义基本名词=多义基本形容词"；就义项数大于与小于均值的词语数目比值而言，同样表现为"多义基本动词>多义基本名词>多义基本形容词"。综合起来看，三大词类义项数目分布格局为：基本动词义项数目最多，基本形容词义项数目最少。

（二）三大类多义基本词的义项在使用频度分布上均符合齐普夫定律，都是高频部分少量的义项贡献了大部分的使用覆盖率，使用频度越高的区域义项数目越少，越是到低频区域义项数目越多，形成长尾现象。

（三）三大类多义基本词义项的使用率基本一致。首先是三大类多义基本词的义项使用率都比较高，在十年语料库中使用过的义项均达到了81%—82%，其次是三大类多义基本词都有词语具有未使用义项，平均含有的未使用义项数都为2，众数都是1，中值略有差异，多义基本名词是2，另两类都是1。三个大类之间的差异相对显著的是含未使用义项的词语所占比率，其降序排列为"多义基本动词＞多义基本名词＞多义基本形容词"，且比率差大于等于6个百分点。这说明，多义基本动词21世纪最初十年的生命态中，"沉睡"态多于多义基本名词，多义基本名词的"沉睡"态又多于多义基本形容词。

（四）三大类多义基本词在义项使用均衡性上表现基本相同，无论是词语多个义项之间的使用度分布，还是各词之间在义项使用频度上的分布，都表现出了不均衡的特点。在这个大前提下，三大词类中多义基本形容词的不均衡表现相对最为突出，多义基本名词与之接近，多义基本动词相对均衡一点。即："多义基本动词＞多义基本名词＞多义基本形容词"。

（五）三大类多义基本词义项的数目与它们的使用频度、使用均衡度，以及未使用的义项数量之间，其统计学意义上的相关性表现基本一致。词语的义项数目与词语使用频度之间均没有显著的相关性，与各义项使用均衡度均存在显著性的中等偏强或略强的正向关联，与未使用的义项数之间存在显著性的中等强度或中等略强或偏弱强度的正向关联。

以上三类相关性中，词语的义项数目与词语使用频度之间均不显著相关这一特点值得关注。王慧使用《现汉词典》（第五版）的数据考察了词语的义项数量和词频之间的量性关联特征，得出了词的使用频度越高、义项越多、词长越短的结论①，这一点与我们的研究结果不符。为了检验本章的结论，我们将样本扩展至基本名词、动词、形容词各100，使用上文方法分别计算了三类基本词的词频与义项数量间的相关性，结果和上文一样。我们又将三类基本词合在一起，计算300个基本词的使用频率与义项数目之间的相关性，结果表明二

---

① 王慧：《词义·词长·词频——〈现代汉语词典〉（第5版）多义词计量分析》，《中国语文》2009年第2期。

者没有显著的线性关联，又计算 300 个基本词使用频率由高到低排列的序值和义项数目由多到少排列的序值的相关性，结果显示的仍是二者没有显著的线性关联，再计算 300 个基本词使用频次和义项数目的相关性，结果还是没有显著的线性关联。由此可见，仅看基本词，使用频度与义项数量之间确实不存在显著线性关系。其中的原因，大概与基本词本身就具有高频使用的特点有关。王慧的结论是放在整个词汇系统当中显现出来的，本章考察的基本词，并没有将非高频词纳入视野，据此似乎可以推断，词频的高低与词语义项数量的多少之间所存在的线性关联，是在高频词和非高频词的对比性特征背景下才具有的。

综上，从 141 个样本中我们大致可以了解到：

一方面，多义基本词的义项使用，三大词类间并无大的差异。无论是多义词占优势，还是义项使用分布符合齐普夫定律，又或是义项的高使用率和沉睡现象，再或是义项间在使用频率上的非均衡性、词语间在义项使用均衡度上的非均衡性，以及词语的义项数目与词语的使用频度之间的非线性关系、与词语各义项使用均衡度和未使用义项数目之间的正向关联等，三大词类都表现出了一致性趋势。基于此，我们大概可以得出这样的结论：基本词的义项使用特征受词语语法属性的影响不突出，词性的不同，不会带来词语义项使用质性特征上的显著差异。

另一方面，在大趋势基本一致的主格局之下，多义基本名、动、形的义项使用特征在程度上也存在或多或少的差别。具体表现在，义项数量的多寡上，动词略胜于名词，名词又胜于形容词；各义项的活跃度上，名词、形容词略高于动词；各义项使用的均衡性上，动词强于名词和形容词。总体来看，多义基本动词与多义基本名词的义项使用趋势性特征在程度上略接近一些。

由三大词类义项较为一致的使用趋势，我们大致可以窥得 21 世纪最初十年基本词的义项使用概貌：

一是基本词中多义词占绝大多数，多义基本词的义项使用率高，有相当部分的基本词含有十年"沉睡"义项。对 141 个多义基本词进行数据汇总，其义项共计 704 个，其中十年语料库中使用到了的义项 574 个，未使用到的 130

个，使用率为 81.53%。141 个基本词中含有未使用义项的词语共计 67 个，占比 47.51%，几近一半。

二是基本词各义项在十年语料库中的使用频度分布不均衡，呈现出最高频和最低频差距大，高频区义项数量少，低频区义项数量多的特征，符合齐普夫定律。

对 704 个义项使用频率做方差计算，标准差值约为 0.3045，处在义项使用均衡等级的第七级，说明数据内部波动不小。704 个义项中，使用频次最多的是动词"有"的"表示存在"义，在十年语料库中共使用了 156709 次，其次是"有"的"表示领有"义，使用频次为 137063。使用频次在 100000 次以上的，除了动词"有"的两个义项外，还有名词"人"的"能制造工具并使用工具进行劳动的高等动物"义，频次为 126821，形容词"大"的"在体积、面积、数量、力量、强度等方面超过一般或超过所比较的对象（跟'小'相对）"义，频次为 112208。使用频次最少的为 0。将 704 个义项作为全体，计算各义项的使用频率与累加频率，用折线图表达见图 7—7。

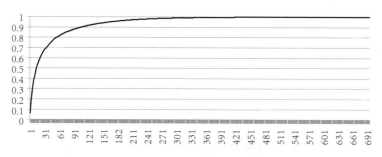

图 7—7　141 个基本词 704 个义项的累加频率分布

累加频率超 50% 的义项仅 14 个，即仅占 1.99% 的义项其使用频度覆盖了 144 个基本词 704 个义项十年语料库中所有使用频度的 50%；累加频率超 90% 的义项共 108 个，即 15.34% 的义项其使用覆盖率超过了 90%；305 个，即 43.32% 的义项其使用频度覆盖率超过了 99%；剩下的 399 个义项，即占比 56.68% 的义项，分布在累加频率 99%—100%（即 1%）的狭小区间内。整体上，数据的分布形成长尾现象，很明显，这样的分布特征符合齐普夫定律。

三是基本词义项使用的趋势性特征受其语法性质的影响不大，三大词类义项使用实态基本趋同。

第六节　基本词义项使用实态在词典编写中的应用

基本词的问题往往是语言应用领域首先关注并重点解决的关键性问题。义项的使用实态可服务于多个语言应用领域，无论是面向人的汉语学习还是面向机器的汉语信息处理，词典都具有基础性作用。本节重点关注基本词义项使用频度方面的实态在词典编写中的应用。

词典编写与义项使用实态直接相关的主要有多义词义项的收录和排序，本节的考察同样以上文提取出的 141 个多义基本词为样本。比较多义基本词义项使用实态数据与词典的义项编排数据，结合词典自身的编排原则，可从中发现词典在义项收录和排序上是否存在不足，若存在不足，根据数据的对比性特征，返回原始语料进行观察分析，则可以看到不足的具体表现和完善的具体方向。

一、由义项使用实态看词典的义项收录

不同类型的词典其义项收录有不同的原则和要求。面向机器的电子词典编写，对义项的使用频度十分敏感。在电子词典中，高频前排意味着直接提高机器处理速度，所以频率原则处于显要位置。面向人的词典，又分为面向本族人的语文词典和面向非本族人的外向型学习词典两个大类。据张博、邢红兵的统计，《现汉词典》收录的词语义项数量多于《现代汉语学习词典》（孙全州主编）、《汉语常用词用法词典》（李晓琪等主编）、《汉语水平考试词典》（邵敬敏主编）、

《HSK 词语用法详解》（黄南松、孙德金主编）、《汉语 8000 词词典》（刘镰力主编）、《当代汉语学习词典（初级本）》（徐玉敏主编）等外向型学习词典①。可见对词典义项收录情况的考察，这两个大类有必要分开进行。

（一）由义项使用实态看语文词典的义项收录

语文词典的考察以《现汉词典》（第 6 版）为例。该词典以基本反映现代汉语词汇面貌，能够满足广大读者查考的需要为目标，可见其对"查全"有较高的要求。在第 6 版的说明中，该词典明确指出了此次修订"充分利用各类语料库选收或检验新词、新义和新的用法，力求反映近些年来词汇发展的新面貌和相关研究的新成果"②。由此推断，基本词的常用义项都应得到收录。对比《现汉词典》（第 6 版）收录的 141 个多义基本词的各义项和基于语料库搭配分析获得的常用义项，我们发现了该词典存在义项收录不全的问题。这一问题在多义基本名词和多义基本形容词中表现得比多义基本动词略突出一些。在我们统计的 45 个多义基本名词中，存在义项收录不全的有 2 个，分别是"气、线"，收录不全的比率约为 4.44%；46 个多义基本形容词中，义项收录不全的同样是 2 个："强、软"，不全率约为 4.34%；50 个多义基本动词当中，义项收录不全的 1 个："开"，不全率为 2%。汇总 141 个基本词，《现汉词典》(第 6 版)对它们的义项完整收录的比率约为 96.45%。下面按照名、动、形的顺序，对义项没有完整收录的 5 个多义基本词逐一展开分析。

1. 名词"气"

"气"在《现汉词典》（第 6 版）中用作名词的义项共 12 个，其排序为：（1）气体；（2）空气；（3）气息；（4）指自然界冷热阴晴的现象；（5）气味；（6）人的精神状态；（7）气势；（8）人的作风习气；（9）欺负；欺压；（10）命；

---

① 张博、邢红兵：《对外汉语学习词典多义词义项收录排列的基本原则及其实现条件》，《对外汉语学习词典学国际研讨会论文集（二）》，中国社会科学出版社 2006 年版。

② 中国社会科学院语言研究所词典编辑室：《现代汉语词典》(第 6 版)，商务印书馆 2012 年版，第 5 页。

命运；（11）中医指人体内能使各器官正常发挥功能的原动力；（12）中医指某种病象。在我们提取的数据中，发现如下用法："今天（昨天／前天）／Np$_人$+的+气""心里／一肚子／一身+的+气""生+Np$_人$／机构+的+气""动很大的气"等，在这些用法中，"气"均处于定中结构中心语位置，或受时间名词和表人名词的修饰与限定，或受数量短语的修饰与限定，或在述宾结构中处于宾语的中心语位置，显然用作名词，《现汉词典》（第6版）所列的各名词义项并不能很好地解释它们，细究起来，这些"气"都含有"恼怒的情绪"之义。回到具体的句子：

（1）"我刚刚可能对你太凶了，"父亲说，"我将今天的气都爆发出来了——这是你要的10美金"。（唐继柳编译：《20美金的价值》，《读者》2003年10月第6期）

（2）老头的气消了许多，不过仍然没好脸地问："哪里来的'大善人'？"（西郊：《你在高原》，《小说月报》2003年第9期）

（3）"咱们不是说好的吗？你怎么不回家？"小围的母亲是一肚子的气。（王祥夫：《西风破》，《小说月报》2007年第8期）

（4）她从来都没见过董文明会动这么大的气，她现在正生学校的气，怎么会想起给学生们去验血？（王祥夫：《伤害》，《小说月报》2006年第12期）

上述句中"气"所指均为当事人在特定情境下的恼怒情绪。"气"的这种用法在十年语料库中共出现了184次，占比约为4.39%。

表7—42　名词"气"各义项的实际使用频度与《现汉词典》（第6版）收录情况比较

义项	频次	比率	频序	词典收录义项排序
气体	1697	40.45%	1	1
气息	786	18.74%	2	3

续表

义项	频次	比率	频序	词典收录义项排序
人的精神状态	480	11.44%	3	6
人的作风习气	407	9.70%	4	8
特指空气	230	5.48%	5	2
恼怒的情绪	184	4.39%	6	未收录
气味	158	3.77%	7	5
气势	87	2.07%	8	7
欺负；欺压	79	1.88%	9	9
指自然界冷热阴晴的现象	28	0.67%	10	4
中医指某种病象	22	0.52%	11	12
命；命运	19	0.45%	12	10
中医指人体内能使各器官正常发挥功能的原动力	18	0.43%	13	11

由表7—42可见,《现汉词典》(第6版)收录的13个义项中有7个义项的频次都小于"恼怒的情绪"这个义项,占比约4.39%也说明了该义项的使用度不低,且它的搭配框架和搭配对象较为稳定,表现出了较强的选择倾向性,有必要被《现汉词典》收录。检查第7版的《现汉词典》,该义项仍未被收录。我们建议在《现汉词典》后续的修订中为"气"词条增添"恼怒的情绪"这一名词义项。

2. 名词"线"

"线"在《现汉词典》(第6版)中的名词性义项共8个,其排序为:(1)用丝、棉、麻等制成的细长而可以任意曲折的东西,主要用来缝补、编织衣物;(2)几何学上指一个点任意移动所构成的图形,有长,没有宽和厚;(3)细长像线的东西;(4)交通路线;(5)指思想上、政治上的路线;(6)边缘交界的地方;(7)指接近或达到某种境况或条件的边际;(8)线索。在我们提取的搭配表中存在如下使用频度不低的搭配:"在线""掉线""串线""离线""挂线""牵线""接上线""流水线""生产线""作业线"等。"线"在这些搭配里的表义与《现汉词典》（第6版）收录的各义项都不太符合。

观察以上搭配，其中的"线"表达的意义大概可以分为三类：

第一类，通常指传输电话、网络数据的状态；

第二类，比喻连接事物或人际关系的纽带；

第三类，比喻按照顺序动态进行的过程或流程。

返回语料库，将三类"线"放在具体语境中考察：

（5）前些天，一个朋友打电话把我臭骂了一顿，说有天晚上我的手机不通，家里电话没人接，MSN 不在线，耽误了一件大事。（韩浩月：《关机不关机》，《青年文摘》2008 年第 3 期）

（6）紧接着，伍华德又问了两个问题后，电话就掉线了。（王发财：《一次不寻常的对话》，《读者》2006 年第 8 期）

（7）他就听过一次串线的电话，尽管电话里说的是工作，但觉得自己像个贼。（张子雨：《贵妃醉酒》，《小说月报》2008 年第 5 期）

（8）1999 年，互联网在中国全面铺开，OICQ 独特的离线消息功能和服务器端信息保存功能，在实用性上击败了只有本地保存功能的 ICQ。（观澜：《马化腾：腾讯 QQ 之父》，《青年文摘》2005 年第 6 期）

（9）莫塔迟疑，我以为信号不好，喂了几声就要挂线时她才开口说话，马山，我有事求你。（吕魁：《莫塔》，《小说月报》2009 年 10 期）

（10）一旦她跟斯佳接上线了，她必定会就往事询问斯佳……而在斯佳的角度，又会是什么样破碎而变形的叙述？（鲁敏：《家书》，《小说月报》2008 年第 3 期）

（11）也许是同病相怜，吴莉莉与董述之离婚后，心情很不好，姚明春从多方面给以安慰，同学一牵线，两人最后好上了。（杨川庆：《官道》，《小说月报》2004 年第 9 期）

（12）设想艺术甚至人本身也像工业产品一样在流水线上按统一标准生产出来，那将是一个多么荒谬、滑稽的世界。（张长：《感受帕格尼尼》，

《人民日报》2005年1月8日）

（13）东阿阿胶公司近年来投资上千万元建成了1400平方米的中国阿胶博物馆，收集了有关阿胶的文物、史料等展品千余件，开设了阿胶文化观光、制剂现代化**生产线**、高科技生物**生产线**三条旅游线路。（吴延华：《东阿阿胶：一年游客20万》，《人民日报》2005年1月31日）

（14）6月5日，青藏铁路安多铺架基地**作业线**上，工人们在零下18摄氏度的严寒天气里，顶风冒雪，克服困难，多产轨排，确保10月底铺轨到拉萨的目标能够实现。（疏王炀：《飞雪六月天铺轨青藏线》，《人民日报》2005年6月7日）

上例（5）—（9），"线"均表示传输电话、网络数据的状态。例（5）的"在线"指电脑处在网络数据传输状态；例（6）的"掉线"指电话从正常数据传输状态掉了下来；例（7）的"串线"指电话数据传输出现了交错的情况；例（8）的"离线"则指中断了与网络数据的传输；例（9）的"挂线"指停止传输电话、终止网络数据状态。"线"的这种用法，在我们提取的搭配表中共出现141次，占比约为2.67%，可见其使用度不低。

例（10）中的"接上线"指取得联系，例（11）中的"牵线"表示帮助建立起特定的关系，两句中的"线"都用来比喻在事物或人际关系间起连接作用的纽带。在搭配表中，"线"的这一用法出现了311次，占比约为5.89%，使用频度较高，且用法固定，不是语用层面比喻辞格的临时运用，已经固化沉淀为词汇的稳定意义了。

例（12）—（14）中的"线"均比喻按照顺序前后相继动态进行的过程或流程。在我们提取的搭配表中，表示这一意义的"线"出现27次，占比约为0.51%，说明它已经不是偶然为之的临时性用法了。

对"线"的上述三个义项与《现汉词典》（第6版）已收录义项进行比较：

表7—43　名词"线"各义项的实际使用频度与《现汉词典》(第6版)收录情况比较

义项	频次	比率	频序	词典收录义项排序
交通路线	2035	38.56%	1	4
几何学上指一个点任意移动所构成的图形，有长，没有宽和厚	954	18.08%	2	2
指接近或达到某种境况或条件的边际	870	16.49%	3	7
用丝、棉、麻等制成的细长而可以任意曲折的东西，主要用来缝补、编织衣物	559	10.59%	4	1
比喻连接事物或人际关系的纽带	311	5.89%	5	未收录
细长像线的东西	279	5.29%	6	3
通常指传输电话、网络数据的状态	141	2.67%	7	未收录
边缘交界的地方	58	1.10%	8	6
线索	43	0.81%	9	8
比喻按顺序动态进行的过程或流程	27	0.51%	10	未收录
指思想上、政治上的路线	0	0	11	5

　　三个新义项，其使用频度相对于已收录义项都不是最低，其中比喻连接事物和人际关系的纽带的用法占比达了5.89%，在所有11个义项中，由高到低排序在第5位；表示传输电话、网络数据的状态的用法排在第7位，剩下的表示按顺序动态进行的过程或流程的用法排在第10位。这三个义项，《现汉词典》第6版和第7版均没有收录。从查全和常用两个角度考虑，我们认为，在科学技术不断发展完善，社会交际越来越频繁，网络越来越普及的今天，它们十分有必要收录进去。

3. 形容词"强"

　　"强"在《现汉词典》中作形容词用的义项共6个：(1)力量大；势力大(跟"弱"相对)；(2)感情或意志所要求达到的程度高；(3)优越；好(多用于比较)；(4)用在分数或小数后面，表示略多于此数(跟"弱"相对)；(5)(qiǎng)勉强；(6)(jiàng)强硬不屈。在我们提取的搭配表中，"强"有一类形容词用法，即用于"X性""X感"之后对其进行描述，如"针对性强、依赖性强、传染性强、随机性强、专业性强、可读性强、指导性强、公益性强、观赏性强、理论性强、技术性强、地域性强、实践性强、学术性强、综合性强、现实性强、科学性强、示范性强、应用性强、立体感强、娱乐性强、系统性强、保密性强、可视性强、新闻性强、选择性强、实效性强、艺术性强、持续性强、竞争性强、攻击性强、概括性强、互补性强、目的性强、时代感强、现场感强、自卑感强、节奏感强、方向感强、责任感强"，等等，用上述六个义项都不好解释。这些搭配里的"强"表示程度高，但描述的不是义项（2）里的感情或意志；它有些时候可以解释为优秀和好，但并非义项（3）里的用于比较，而且有不少时候并不表达优越和好的意思。查询语料库中"X性强""X感强"的实际用例，与《现汉词典》（第6版）形容词义项（3）的例句"今年的庄稼比去年更强"进行比较：

（15）在我心里，最疼的是二哥而不是大哥和三哥，他生性懦弱，**依赖性强**，母亲说他先天身体不好，小时候从不出门，一直拽着母亲衣襟。（孙惠芬：《致无尽关系》，《小说月报》2009年第1期）

（16）此病不仅**传染性强**，而且潜伏期长，病源调查分析的结果表明，此病完全是由于人们食用了一种冷冻马铃薯所致。（金海龙等：《马铃薯感冒症》，《青年文摘》2007年第2期）

（17）但是，德国火车票价总的来说偏贵，尽管铁路公司也为增加客源推出了诸如周末票、团体票、提前订票优惠等种种优惠服务，倒是为团体周末旅行和公务差旅提供方便，但对个人**随机性强**的旅行就不太合适，于是搭便车就成了既省钱又赶时间的好办法，尤其受到灵活性大的年轻人的欢迎。（Janny：《搭车走世界》，《青年文摘》2003年第8期）

（18）**自卑感强**的儿童在学习或做游戏时往往难以集中注意力，或只能短时间地集中。（晨升：《探寻自卑的源头》，《青年文摘》2001年第1期）

显然，以上例句中的"X性强""X感强"都没有用于比较结构，也都不表示优秀或好。例（15），在"生性懦弱"的语境下"依赖性强"绝不是表达依赖性优秀或好之义，仅单纯表示依赖性的程度高。同样的，例（16）的疾病"传染性强"，例（17）的旅行"随机性强"，例（18）的儿童"自卑感强"也都不可能是说这些性质和感觉优秀或好，而是说它们的程度高。可见，"X性强""X感强"当中的"强"表示的是某方面性质或感知的程度高。

这一意义在语料库中使用范围广泛且稳定，共出现了336次，占比约为2.42%。

表7—44　形容词"强"各义项的实际使用频度与《现汉词典》（第6版）收录情况比较

义项	频次	比率	频序	词典收录义项排序
力量大；势力大（跟"弱"相对）	12802	92.09%	1	1
感情或意志所要求达到的程度高；坚强	531	3.82%	2	2
某方面性质或感知的程度高	336	2.42%	3	未收录
优越；好（多用于比较）	232	1.67%	4	3
用在分数或小数后面，表示略多于此数（跟"弱"相对）	0	0	5	4
勉强	0	0	5	5
强硬不屈；固执	0	0	5	6

在所有的7个义项中，新义项排在第3位。查阅《现汉词典》（第7版），该义项仍未收录。我们建议《现汉词典》在后续的修订工作中考虑收录这一义项。

4. 形容词"软"

"软"在《现汉词典》（第6版）中用作形容词的义项共7个：（1）物体内部的组织疏松，受外力作用后容易改变形状；（2）柔和；（3）身体无力；（4）软弱；（5）能力弱；质量差；（6）容易被感动或动摇；（7）没有硬性规定的；有伸缩余地的。这七个义项不能很好适用于我们提取的以下搭配："软实力、软刀子、软力量、软广告、软功夫、软暴力、软竞争力"等。返回到具体的语料中考查：

（19）"比敌人长得漂亮"是一种什么武器呢？究其实质，说的是魅力和吸引力，也就是**软**实力。（姜奇平：《比敌人长得漂亮》，《读者》2009年第10期）

（20）"当面"和"硬来"都让人警觉，既让当事人警觉，又让旁观者警觉，"鬼"就不好搞了，如果用**软**刀子、**软**功夫，便不难在不知不觉中杀伤对方，即便发觉了也难以还手。（易中天：《且说"窝里斗"》，《读者》2003年第16期）

（21）她已经是这座城市所有吃穿行的活地图，人家也都很乐意迎合她，都知道她那个刊物发行量不小，又是以有钱有闲的富婆为主要定位，只要手一松，弄出个免费**软**广告，哪个商家不喜滋滋地感恩戴德。（林那北：《燕式平衡》，《小说月报》2011年第3期）

以上三个例句中的"软"都含有"非直接的、隐性的"之义。这一意义在语料库中出现频次高达1464，占比约为66.91%。将它与已收录的义项进行使用度的比较：

表7—45　形容词"软"各义项的实际使用频度与《现汉词典》（第6版）收录情况比较

义项	频次	比率	频序	词典收录义项排序
非直接的，隐性的	1464	0.6691	1	**未收录**
物体内部的组织疏松，受外力作用后容易改变形状	438	0.2002	2	1
身体无力	133	0.0608	3	3
柔和	91	0.0416	4	2
没有硬性规定的；有伸缩余地的	49	0.0224	5	7
容易被感动或动摇	10	0.0046	6	6
软弱	3	0.0014	7	4
能力弱；质量差	0	0	8	5

通过表7—45的比较可见，八个义项中，义项"非直接的，隐性的"使用度最高，占到了总量的2/3。《现汉词典》第7版仍没有收录该义项。如此高频

使用的一个义项，理应被收录进这部语文词典。

5.动词"开"

《现汉词典》共收录了作动词用的"开"17个义项：（1）使关闭着的东西不再关闭；打开（2）打通；开辟（3）（合拢或连接的东西）展开；分离（4）（河流）解冻（5）解除（封锁、禁令、限制等）（6）发动或操纵（枪、炮、车船、飞机、机器等）（7）（队伍）开拔（8）开办（9）开始（10）举行（会议、座谈会、展览会等）（11）写出（多指单据、信件等）；说出（价钱）（12）支付；开销（工资、车费）（13）〈方〉开革；开除（14）（液体）受热而沸腾（15）〈方〉吃（16）指按十分之几的比例分开（17）趋向动词。用在动词或形容词后。a）表示分开或离开；b）表示容下；c）表示扩大或扩展；d）表示开始并继续下去。在我们提取的搭配表中，有一种"开"用在动词"想""看"后的用法，上述17个义项都不能很好地解释。

（22）**想开**点吧，不是你一家，泪水解决不了半点儿问题。（肖欣楠：《这一次，我抱你》，《读者》2009年第8期）

（23）如果这个时候，李斯真的想明白了，**看开**了，下决心舍弃权位、全身而退，结果会相当圆满。（陈晓光：《大才李斯输在哪里》，《读者》2008年第24期）

结合上面的两个具体的句子来看，"想开""看开"中的"开"当是"思想上放下或明白"之义。"开"的这种用法在语料库中共出现了155次，比词典已收录的义项（4）（5）（7）（13）（14）（15）（16）的使用频度高。

表7—46　动词"开"各义项的实际使用频度与《现汉词典》（第6版）收录情况比较

义项	频次	比率	频序	词典收录义项排序
使关闭着的东西不再关闭；打开	5545	26.57%	1	1

义项	频次	比率	频序	词典收录义项排序
发动或操纵（枪、炮、车船、飞机、机器等）	3848	18.44%	2	6
（合拢或连接的东西）展开；分离	2736	13.11%	3	3
开办	2437	11.68%	4	8
写出（多指单据、信件等）；说出（价钱）	1490	7.14%	5	11
举行（会议、座谈会、展览会等）	1378	6.60%	6	10
开始	1014	4.86%	7	9
打通；开辟	922	4.42%	8	2
趋向动词。用在动词或形容词后。a）表示分开或离开；b）表示容下；c）表示扩大或扩展；d）表示开始并继续下去	834	4.00%	9	17
支付；开销（工资、车费）	197	0.94%	10	12
用在动词后，表示思想上放下或明白	155	0.74%	11	未收录
解除（封锁、禁令、限制等）	123	0.59%	12	5
（液体）受热而沸腾	77	0.37%	13	14
（河流）解冻	63	0.30%	14	4
〈方〉吃	48	0.23%	15	15
（队伍）开拔	0	0	16	7
〈方〉开革；开除	0	0	16	13
指按十分之几的比例分开	0	0	16	16

《现汉词典》第 7 版同样没有收录该义项。基于以上的数据特点和语文词典的编写原则与编写要求，建议《现汉词典》在将来的修订中考虑收录。

以上对比分析揭示出了《现汉词典》（第 6 版）存在基本词义项漏收的现象。从绝对数量上看，5 个并不算多，放在 141 个样本里也仅占了 4% 不到，这说明《现汉词典》义项的查全要求整体落实得好，但漏收现象的存在也需引起词典编写者重视，如若放在《现汉词典》所收的 69000 余词条中，假使按 4% 的比例估算，涉及义项漏收的词条就有上千个之多了。

（二）由义项使用实态看外向型学习词典的义项收录

外向型学习词典其宗旨在于帮助非母语学生掌握词语的用法，需要遵循二语习得规律，并不适合将所有义项不分轻重缓急、不做筛选地全部收录进去。

常用性原则是二语教学的主要原则，"这个原则贯穿教学的整个过程，也指导着词典编写的各个方面，具体体现在词条的设立、义项的排列、语法点的选择、词典用语的限定等诸多方面。"①基本词以常用性为基础，其常用义项自然更应该得到外向型学习词典的重点关注。

对外向型学习词典的考察，以郭先珍、张伟、周行健主编的《汉语5000词用法词典》（下文简称《5000词》）为例。该词典在海外较受欢迎，于2015年出版，时间上能反映21世纪最初十年的词语实际使用情况，方便与我们提取的数据进行横向比较。《5000词》在前言里指出，它是一部简明实用的汉语中型词典，编写是为了满足外国人和海外华人学习汉语、参加汉语水平考试的需要，同时也是为了满足从事国际汉语教学工作的老师们教学上的需求，其特点在于注重语言文字的规范性，突出语言文字的实用性。在收词上，该词典依据的是孔子学院总部/国家汉办2009年9月公布的《新汉语水平考试大纲》5000词词表，并根据实际情况略作增补。

将141个多义基本词放到《5000词》中考察，发现有75个多义基本词没被收录，它们的词性分布为：名词32个，动词25个，形容词18个。这75个未收录词实际关涉的是《新汉语水平考试大纲》的词语收录问题，本章的主题是基本词的语义功能实态，此处只集中考察被收录的66个多义基本词在《5000词》中的义项收录情况，未收录的75个词，我们将另文讨论。

被收录的66个多义基本词中，名词13个，动词25个，形容词28个。《5000词》概括的义项与我们基于《现汉词典》概括的义项在表述上存在些许差别，在考察时，不追求表达形式上的一致，只以意义类同为依据。

总体上看，《5000词》收录的义项少，这一点与张博、邢红兵的统计结果一致②。《5000词》共收录了66个词的190个义项，平均每词含义项2.88个；《现汉词典》收录的这66个词的总义项数为360，每词的平均义项数为5.45，接

---

① 周上之：《对外汉语的词典与词法》，《汉语学习》2005年第6期。

② 张博、邢红兵：《对外汉语学习词典多义词义项收录排列的基本原则及其实现条件》，《对外汉语学习词典学国际研讨会论文集（二）》，中国社会科学出版社2006年版。

近《5000 词》的两倍。从中型外向学习词典的属性来看，《5000 词》收录义项少于《现汉词典》有其合理性，但若本身使用频度高的义项不被收录，就很值得关注了。

观察 66 个基本词的义项使用频度发现，存在高频义项不被《5000 词》收录的基本词共计 13 个："点、路、字、到、挂、喝、开、收、问、行、有、高、软"，这 13 个基本词的义项在十年语料库中的使用频次、频序及其在《5000 词》中的分布对比如下：

1. 名词"点"

表 7—47 名词"点"各义项在语料库中的实际使用情况与《5000 词》编排情况比较

十年语料库中调查获得的义项使用情况			《5000 词》的义项编排情况
义项	频次	频序	义项
一定的地点或程度的标志	7710	1	进行某些事务或交易的指定处所
规定的钟点	2632	2	时间，钟点
事物的方面或部分	1556	3	
（～儿）小的痕迹	1184	4	细小的痕迹
几何学上指没有大小而只有位置，不可分割的图形	789	5	几何学上指两条线的相交处或线段的两端
（～儿）液体的小滴	77	6	小滴的液体
汉字的笔画，形状是"、"	0	7	汉字笔画名，形为"、"
铁制的响器，挂起来敲，用来报告时间或召集群众	0	7	

由表 7—47 可见，"事物的方面或部分"义项在语料库中使用频次 1556，排在频次由高到低的第 3 位，《5000 词》收录了频序排在其后的另五个义项，却未收录该义项。其中的原因，可能和《现汉词典》一样，认为该义项为"点"的语素义而非词义。上文我们从高频搭配的角度论证了表达该义项的"点"已经具备了词的功能，下面再举两个实例加以说明：

（24）沃尔德告诉大家，明显违反规律的地方，往往就是问题的**关键点**。（颜军：《三块钢板》，《读者》2006 年 14 期）

（25）许多媒体朋友都在关心这样一个问题：一部没有任何当下时髦**卖点**和所谓**看点**的作品，你们当初怎么敢拿来做的？（《执著坚守崇高精神》，《人民日报》2007 年 11 月 1 日）

例（24）、例（25）中的"关键点""卖点""看点"语义透明，有理由判定为词"关键""卖""看"与词"点"的组合。既然表示"事物的方面或部分"的"点"已经作为词在高频使用，那么，外向型学习词典的编写有必要收录该常用义项。

2. 名词"路"

表 7—48　名词"路"各义项在语料库中的实际使用情况与
《5000 词》编排情况比较

十年语料库中调查获得的义项使用情况			《5000 词》的义项编排情况
义项	频次	频序	义项
道路	6429	1	车辆、行人可以走的地面
途径；门路	2297	2	
路线	1962	3	（公共汽车等的）路线
路程	308	4	走的距离
地区；方面	173	5	
条理	22	6	

"路"的"途径；门路"义项在语料库中使用频次为 2297，频序为 2,《5000词》收录了使用频序排在其后的另两个义项，但未收录该义项。其中的原因大概与上面的"点"一致。《现汉词典》将"途径；门路"处理成了"路"的语素义，但无论是实际用例还是基于语料库的大规模搭配考察，都说明用作该义项的"路"已经具备了词的身份，例如：

（26）钱惠人眼中浮着泪光，缓缓述说了起来，从当年到深圳追讨集资款结识崔小柔，说到婚后对崔小柔的廉政教育；从处理许克明非法占地，说到如何发现了绿色农业的发展之路，促成了 ST 电机股份向绿色田园的历史性转变；……（周梅森：《我主沉浮》，《小说月报》2004 年第 3 期）

（27）超越从来都不是一件不可能的事，只是我们往往难以找到我们和对手真正的差距所在，无法发现超越对手之路。（张云：《真正的差距》，《青年文摘》2007 年第 8 期）

上面两例中的"路"都表示了由实义的"道路"引申出的"途径、门路"之义。它前面有结构助词"之"助其与"发展"和"超越对手"组合成偏正短语，很明显它是作为词而非语素在使用。来自语料库的统计数据中，表示该义项的"路"与"复兴""致富""创新""成功""可持续发展""强国""成才"等形成高频使用的显著性搭配，因此，有理由建议外向型学习词典收录该义项。

3. 名词"字"

表 7—49　名词"字"各义项在语料库中的实际使用情况
与《5000 词》编排情况比较

十年语料库中调查获得的义项使用情况			《5000 词》的义项编排情况
义项	频次	频序	义项
文字	6370	1	[个/串] 拼音文字或注音符号的最小书写单位
字眼；词	4429	2	
书法作品	363	3	
字体	170	4	
字音	53	5	
字据	10	6	
根据人名中的字义，另取得别名叫"字"	0	7	
俗称电表、水表等指示的数量	0	7	

《5000 词》仅收录了名词"字"的一个义项。语料库中使用到的名词义项

共 6 个，其中"字眼；词"义项在语料库中使用频繁。如：

（28）游客像是遇见转世观音，高兴得连一句完整的话都说不出来，嘴里只是一个接一个地蹦出"好"字来。（陈志宏：《最危险的感觉》，《读者》2003 年第 11 期）

（29）我接过袋子，张了张嘴，才说了个"我"字，朱炜就说："别说了，我们走吧。"（亚琴：《一颗子弹的爱情信物》，《读者》2004 年第 11 期）

上两例中"字"是从口里说出来的，自然不是"书写单位"，而是"字眼；词"的意思。语料库中取"字眼；词"义项的用法共计 4429 次，其义序为 2，常用性突出，理应被外向型学习词典收录。

4. 动词"到"

表 7—50　动词"到"各义项在语料库中的实际使用情况与
《5000 词》编排情况比较

十年语料库中调查获得的义项使用情况			《5000 词》的义项编排情况
义项	频次	频序	义项
用作动词的补语，表示动作有结果	61251	1	用在动词后，表示动作达到的目的或有了结果
达于某一点；到达；达到	54452	2	抵达；达到；去
往	17317	3	

动词"到"有三个义项在语料库中使用，义项"往"虽频度排在第 3 位，但频次高达 17317，常用性十分突出。其用法列举如下：

（30）她跳上车，我推着她横过我们家的碎石车道到街上去。（克里斯托夫·德威克：《"爹，放手"》，《读者》2003 年第 7 期）

（31）让孩子到自然中去，感受自然的美，领悟人和自然的和谐关系，在自然中开发孩子的聪明才智，发挥孩子的主动性、创造性。（鱼朝霞：《家长必修的教育课》，《青年文摘》2007 年第 11 期）

《现汉词典》收录了动词"到"表示"往"的义项，从义项的常用性和词典本身的实用性出发，建议外向型学习词典也收录该义项。

5. 动词"挂"

表 7—51　动词"挂"各义项在语料库中的实际使用情况与
《5000 词》编排情况比较

十年语料库中调查获得的义项使用情况			《5000 词》的义项编排情况
义项	频次	频序	义项
借助于绳子、钩子、钉子等使物体附着于某处的一点或几点	2034	1	用绳子、钉子、钩子等使物体悬在某个地方
把话筒放回电话机上使电路断开	422	2	连接或切断电话
(物体表面) 蒙上；糊着	422	2	
登记	285	3	登记
(内心) 牵挂	46	4	惦记；不放心
钩	37	5	钩住
指交换机接通电话，也指打电话	0	6	连接或切断电话
(案件等) 悬而未决；搁置	0	6	

语料库中动词"挂"有 6 个义项被使用，其中频序为 2 的两个义项，一个是"把话筒放回电话机上使电路断开"，一个是"(物体表面) 蒙上；糊着"。前一个义项和"指交换机接通电话，也指打电话"这一义项合起来对应《5000词》中的义项"连接或切断电话"，这种情况自然是视作得到了收录，但另一个频序为 2 的义项《5000 词》没有收录，可频序居后的另 3 个义项却得到了收录，这样的处理与外向型学习词典的实用性原则相违背。返回原始语料，表"(物体表面) 蒙上；糊着"义的"挂"与"脸上""眼角""微笑""笑容""眼泪""泪痕""泪珠""汗珠""喜悦""满足"等形成了显著的高频搭配。例如：

（32）我力图在平时表现得很快乐，可以为了尊严而把微笑一直挂在脸上，一直到肌肉僵硬，一直到连自己都无法认识自己。（来东亚：《当一

个贫穷的人走进大学》,《读者》2008 年第 20 期)

(33) 足足有两顿饭的工夫,于金霞独自走出来,脸上还**挂**着泪痕。
(孙春平:《一路划拳》,《小说月报》2008 年第 1 期)

既然"(物体表面)蒙上;糊着"义是"挂"的常用义项,理应被外向型学习词典收录。

6. 动词"喝"

表 7—52 动词"喝"各义项在语料库中的实际使用情况与
《5000 词》编排情况比较

十年语料库中调查获得的义项使用情况			《5000 词》的义项编排情况
义项	频次	频序	义项
把液体或流食咽下去	8020	1	吞咽液体或流质食物
特指喝酒	1726	2	
hè,大声喊叫	0	3	

统计表明"喝"的"特指喝酒"义项在语料库中出现频次为 1726,可见其高频、常用性,但《5000 词》没有收录。返回到具体用例:

(34) 大梁看着桌上的两盘菜说喝两口。(徐岩:《向上的彩云》,《小说月报》2006 年第 3 期)

(35) 那一次,他喝多了,也哭了。(马德:《十五年前的一个擦肩而过》,《读者》2006 年第 3 期)

显然,上两例中的"喝"都是"特指喝酒",不能泛泛地理解为"吞咽液体或流质食物"。为了体现工具书的实用功能,建议将该常用义项收录进外向型学习词典。

7. 动词"开"

表7—53 动词"开"各义项在语料库中的实际使用情况与
《5000 词》编排情况比较

十年语料库中调查获得的义项使用情况			《5000 词》的义项编排情况
义项	频次	频序	义项
使关闭着的东西不再关闭；打开	5545	1	打开
发动或操纵（枪、炮、车船、飞机、机器等）	3848	2	发动或操纵（车船、枪炮等）
（合拢或连接的东西）展开；分离	2736	3	（合在一起或连在一起的东西）分开；展开
开办	2437	4	建立（商店、学校、医院等）
写出（多指单据、信件等）；说出（价钱）	1490	5	写出
举行（会议、座谈会、展览会等）	1378	6	举行（会议、展览等）
开始	1014	7	开始
打通；开辟	922	8	
趋向动词。用在动词或形容词后。a）表示分开或离开；b）表示容下；c）表示扩大或扩展；d）表示开始并继续下去	834	9	用在动词或形容词后，表示动作的趋向或结果等
支付；开销（工资、车费）	197	10	
用在动词后，表示思想上放下或明白	155	11	
解除（封锁、禁令、限制等）	123	12	
（液体）受热而沸腾	77	13	（水等）受热沸腾
（河流）解冻	63	14	
〈方〉吃	48	15	
（队伍）开拔	0	16	
〈方〉开革；开除	0	16	
指按十分之几的比例分开	0	16	

　　动词"开"的"打通；开辟""支付；开销（工资、车费）""用在动词后，表示思想上放下或明白""解除（封锁、禁令、限制等）"四个义项的使用频次都在100以上，"打通；开辟"义的使用频次更是高达922。从语料库中做搭配提取，表示该义项的"开"与"路""矿"等形成显著搭配。例如：

(36) 车左侧是劈山开的路，右侧是百丈悬崖。(纪宇：《传闻》,《读者》2003 年第 9 期)

(37) 但是，这对科技的进步也是有益的——自己的工作为来者开了路、导了航。(陈仁政：《科学史上的"科技滞后现象"》,《读者》2007 年第 5 期)

(38) 自从人们开始在这里开煤矿、打小煤窑以后，有一部分胆子大的人很快就富了起来。(傅爱毛：《空心人》,《小说月报》2007 年第 7 期)

《5000 词》收录了频次在 100 之下的义项，但没有收录这三个义项，这样的处理有违频率原则。

8. 动词"收"

表 7—54　动词"收"各义项在语料库中的实际使用情况与
《5000 词》编排情况比较

十年语料库中调查获得的义项使用情况			《5000 词》的义项编排情况
义项	频次	频序	义项
取自己有权取的东西或原来属于自己的东西	1640	1	取回；拿回
获得（经济利益）	867	2	
把外面的事物拿到里面；把摊开的或分散的事物聚拢	848	3	把外面的东西拿到里面；把分散的东西放到一起；把东西放到适当的地方
接；接受；容纳	402	4	接到、接受、容纳
收获；收割	280	5	割取成熟的农作物
结束；停止（工作）	88	6	
约束；控制（感情或行动）	55	7	
逮捕；拘禁	0	8	

动词"收"的"获得（经济利益）"义项使用频次 867，频度排序第 2，《5000 词》未予收录，但收录了排序在其后的另三个义项。语料库调查显示，"钱""红包""利息""回扣"等均经常与表示"获得（经济利益）"的"收"搭配，例如：

（39）毕瑞吉克**收**到我的钱时，高兴得简直要亲吻我的手。（清影：《奴隶成富翁》，《读者》2004 年第 23 期）

（40）事实表明，想**收**"红包"的医务人员只是极个别的，大部分医务人员是正派的，是拒收"红包"的。（《千万元"红包"的喜与忧》，《人民日报》2005 年 1 月 26 日）

（41）只是对**收**息一项她提出了异议，她说既然我们是救援企业，有必要收取利息吗？（郑局廷：《弯道超越》，《小说月报》2010 年第 3 期）

（42）我知道有的大夫打一针就**收**回扣 50 元。像我用先锋这种普通药是没有回扣的。高档药就有回扣。我们不用高档药，可我们这里阑尾炎手术感染率跟其他大医院比是没有区别的。（《新发镇医院看病优质低价》，《人民日报》2005 年 9 月 29 日）

表示"获得（经济利益）"的"收"在日常生活中经常使用，《现汉词典》收录了动词"收"的该义项，外向型学习词典也理应收录。

9. 动词"问"

表 7—55　动词"问"各义项在语料库中的实际使用情况与
《5000 词》编排情况比较

十年语料库中调查获得的义项使用情况			《5000 词》的义项编排情况
义项	频次	频序	义项
有不知道的或不明白的事情或道理请人解答	9554	1	请人解答不明白的道理或事情
审讯；追究	2253	2	
为表示关切而询问；慰问	193	3	问候
管；干预	79	4	

动词"问"的"审讯；追究"义项使用频次为 2253，语料库使用频度排序第 2，《5000 词》未予收录，但收录了排序在其后的"为表示关切而询问；慰问"义项。语料库统计表明，"审讯；追究"义的"问"经常出现在"问责""问案""审

问""查问"等组合当中。例如：

（43）针对区域性生产假冒伪劣化肥产品行为屡禁不止的问题，国家质检总局发出通知要求：从今年1月1日起，化肥产品出现质量问题将直接向当地质量技术监督部门问责。(《一桥飞架巫峡》，《人民日报》2005年1月6日）

（44）太原市公安局治安支队负责人说："根除土炸药，迫切需要加强部门间的协作，监控炸药及其原料的来源和流向，用主动打击取代被动问案。"(《山西：民间炸药何日根治?》《人民日报》2006年5月31日）

（45）调查人员发现，假冒网店进货渠道大都非常混乱，当工商执法人员查问违法销售货品来源时，许多经营者都不能出示正规票据来证明货品来源的合法性。(《奥运商品网上打假》，《人民日报》2009年9月8日）

（46）乡亲们被关在一个寺庙里，敌人端着上了刺刀的枪，从人群中拖出小庄，一再审问是不是八路。《寻访沂蒙"红嫂"》，《人民日报》(2005年5月31日）

以上四例中的"问"均表示"审讯、追究"之义，虽然它与单音节的"责""案""审""查"组合，从形式上易视作词，但从语义透明度上看，更宜视作词与词组合而成的短语，且结构上也可扩展为诸如"问他的责"等形式。《现汉词典》将它作为动词"问"的一个义项进行了收录，鉴于其常用性，该义项同样应被外向型学习词典收录。

10. 动词"行"

表7—56 动词"行"各义项在语料库中的实际使用情况与
《5000词》编排情况比较

十年语料库中调查获得的义项使用情况			《5000词》的义项编排情况
义项	频次	频序	义项
做；办；实施	1441	1	

续表

十年语料库中调查获得的义项使用情况			《5000 词》的义项编排情况
义项	频次	频序	义项
指旅行或跟旅行有关的	874	2	
可以	683	3	可以
走	430	4	走
行为	200	5	
流通；推行	160	6	
流动性的；临时性的	86	7	
〈书〉路程	0	8	
表示进行某项活动（多用于双音动词前）	0	8	
吃了药之后使药性发散，发挥效力	0	8	

语料库使用到了动词"行"的 7 个义项，《5000 词》只收录了排序在第 3 位的义项"可以"和第 4 位的义项"走"，未收录排序在第 1 和第 2 位的义项"做；办；实施"和"指旅行或跟旅行有关的"。这两个义项反映的是日常生活中的常见行为，例如：

（47）这也许只是想象的原则，行不行得通，瞧你自己了，其实，我也是最近遇到烦心的"人际"问题，沉下心来想，给自己想出这些底线，约束自己。（叶延滨：《想象的原则》，《读者》2005 年第 2 期）

（48）被否决的博士生和博导会觉得面子上过不去，总会通过关系说情求情，但西南交大研究生院有令必行，说情者被挡在了门外。（梁小琴：《论文无新意 一票就否决》，《人民日报》2005 年 6 月 21 日）

（49）一天，朋友漫步到法兰西剧院附近，远远地就看见了莫里哀的纪念像，他仰头向大师行注目礼，走到跟前的时候，才看见大师脚下有一个乞丐。（李愚：《你需要的也许只是一块面包》，《读者》2004 年第 24 期）

（50）显然他这次杭州之行比较私密。（杨少衡：《天堂女友》，《小说月报》2006 年第 12 期）

（51）经济学家时寒冰曾经在其博客中如此描述他最近的美国之行："……"（潘宁：《中国物价为何比美国还高》，《读者》2010 年第 17 期）

例（47）（48）（49）中"行"表示"做、办、实施"之义，例（50）（51）中的"行"表示"旅行或跟旅行有关的"之义，都是独立作为动词在使用，使用频度排在第1和第2的高频特征有充分的理由支撑它们被外向型学习词典收录。

11. 动词"有"

表7—57　动词"有"各义项在语料库中的实际使用情况与
《5000 词》编排情况比较

十年语料库中调查获得的义项使用情况			《5000 词》的义项编排情况
义项	频次	频序	义项
表示存在	156709	1	表示存在
表示领有（跟"无"或"没"相对，下同）	137063	2	
用在"人、时候、地方"前面，表示一部分	50212	3	
表示发生或出现	14747	4	
表示所领有的某种事物（常为抽象的）多或大	6374	5	表示领有某种东西多或大
表示达到一定数量或某种程度	2822	6	表示估计和比较
泛指，跟"某"的作用相近	871	7	

动词"有"的7个义项使用频度都不低。《5000 词》仅收录了3个，这3个义项中有两个频度分别排在第5和第6位。从实用的角度考虑，排在这两个义项之前，频序为2、3、4的三个义项理应得到收录，不仅如此，频序排在末位的"泛指，跟'某'的作用相近"使用频次达到871，也应得到收录。在语料库中很容易看到以上四个义项的用例。如下面的例（52）（53）中的"有"表示领有，例（54）（55）中"有"分别用在"时"和"人"的前面，表示一部分，例（56）（57）表示发生或出现，而例（58）（59）表示泛指，跟"某"作用相近。

（52）杰弗逊**有**一个很要好的朋友，因为很小的时候就认识了，所以

一直保持着密切的来往。(龙婧译:《诺言的价值》,《读者》2003 年第 7 期)

(53) 这里太富裕了,几乎家家有瓦屋有砖房,户户有土地有山林。(贾兴安:《阆岚镇沿革》,《小说月报》2003 年第 6 期)

(54) 湭桶仔有时也跟水玉去扯猪菜。(肖建国:《短火》,《小说月报》2009 年第 5 期)

(55) 对于国民党此行的成果,岛内反应两极,有人积极评价、审慎乐观,有人蛮横指责、惊慌失措。(吴亚明:《家家有本难念的"经"》,《人民日报》2005 年 4 月 6 日)

(56) 忽然间,赵全有了说话的欲望。(胡学文:《谎役》,《小说月报》2010 年第 1 期)

(57) 陈彤此刻有了一种全新的感觉,他不再感到孤独无援,不再感到惊慌不安……(夏天敏:《村歌》,《小说月报》2010 年第 5 期)

(58) 有一天,她随一个医生被派到疗养院诊治一个病人。(肖建国:《轻轻一擦》,《小说月报》2010 年第 3 期)

(59) 有一年,钱大江心脏犯了病,差点儿没弯回去。(刘一达:《画虫儿》,《小说月报》2008 年第 1 期)

12. 形容词"高"

表 7—58　形容词"高"各义项在语料库中的实际使用情况与
《5000 词》编排情况比较

十年语料库中调查获得的义项使用情况			《5000 词》的义项编排情况
义项	频次	频序	义项
在一般标准或平均程度之上的	29763	1	超过一般等级、标准或程度的
从下向上距离大;离地面远	3693	2	离地面远;从下到上距离大(跟"低"相对)
等级在上的	3452	3	
敬辞,用于称别人的事物	174	4	

《5000 词》未收录形容词"高"的"等级在上的"义项,但该义项使用频

次高达 3452，有必要收录进外向型学习词典。具体实例如下：

（60）电报是两点半钟收到的，当时在破译室里值班的是唐一娜，她看电报的等级极**高**：特级，马上投入了破译。（麦家：《密码》，《小说月报》2005 年第 5 期）

（61）这就好比在高中的橄榄球队中首先要尊重教练，其次要尊重**高**年级的先辈一样。（薛涌：《〈论语〉与橄榄球》，《读者》2007 年第 1 期）

13. 形容词"软"

表 7—59　形容词"软"各义项在语料库中的实际使用情况与
《5000 词》编排情况比较

十年语料库中调查获得的义项使用情况			《5000 词》的义项编排情况
义项	频次	频序	义项
非直接的，隐性的	1464	1	
物体内部的组织疏松，受外力作用后容易改变形状	438	2	遇到外力容易变形的（跟"硬"相对）
身体无力	133	3	没力气；身体虚弱
柔和	91	4	柔和；温和
没有硬性规定的；有伸缩余地的	49	5	
容易被感动或动摇	10	6	
软弱	3	7	
能力弱；质量差	0	8	

形容词"软"的"非直接的，隐性的"义项上文已经做过讨论，《现汉词典》未予收录，但它使用频度高，频序排在第 1 位，不仅应该在语文词典中体现，也应该在《5000 词》等外向型学习词典中收录。

综合上面的对比分析，可以看到外向型学习词典在常用义项的收录上易出现遗漏。虽然外向型学习词典对查全要求不高，但常用义项不能被忽视，开展义项常用度的调查与研究对词典编写具有重要的实践意义。

二、由义项使用实态看词典的义项排序

词典编写当中义项排序一般要考虑四大原则：历史原则、逻辑原则、词性原则、频率原则①。历史原则注重时间，要求按义项间衍生先后排序；逻辑原则注重关联，要求按各义项间认知脉络排序；词性原则注重语法性质，要求按义项的词性类别排序；频率原则注重常用性，要求按义项的常用度高低排序。四大原则中，与义项使用实态直接相关的主要是频率原则。上文的基本词义项使用实态研究结果已经表明，无论是名词、动词还是形容词，它们普遍存在着义项使用的不均衡，且内部波动大。这一特点从编写对象的数据分布角度强化了频率原则应用于词典编写的必要性。下面仍分类型对语文词典和外向型学习词典的义项排序进行考察分析并提出优化建议。

（一）由义项使用实态看语文词典的义项排序

语文词典的排序考察仍以《现汉词典》（第 6 版）为例。《现汉词典》义项的排序，据其编写细则里"基本的在前，引申的在后；一般的在前，特殊的在后；具体的在前，抽象的在后"②有关规定可知，其义项排序遵循的主要是历史原则和逻辑原则。自第 5 版开始，该词典在区分词与非词的基础上对作为词在使用的义项标注了词性，表明该词典在义项安排上对词语句法功能的重视，但没有完全遵循词性原则把同性质的义项编排在一起。之所以这样处理，大概与历史、逻辑和词性三个原则难以同时照顾周全有关。同一词性框架下各义项之间并不一定都是时间先后相递的直接引申，或一般到特殊、具体到抽象的关系链，若完全遵循词性原则，必然会出现不能遵循发生上的先后顺序和认知上的逻辑顺序的情况。在词典编写中按照历史原则和逻辑原则对一个词的义项进行

① 张博、邢红兵：《对外汉语学习词典多义词义项收录排列的基本原则及其实现条件》，《对外汉语学习词典学国际研讨会论文集（二）》，中国社会科学出版社 2006 年版。

② 中国社会科学院语言研究所词典编辑室：《〈现代汉语词典〉五十年》，商务印书馆 2004 年版，第 79—136 页。

排序，对于呈现多个义项的发生发展脉络便于使用者有逻辑地从整体上理解词语的意义，有重要作用，所以，《现汉词典》的义项排序没有贯彻词性原则有其合理性。频率原则与词性原则不同，虽然在义项排序的实际操作中它也有可能与历史原则和逻辑原则冲突，可仍能通过采取"频率相近，优先历史和逻辑原则；频率差别大，则优先考虑高频先排"策略，将三个原则都照顾到。采取这样的排序策略，能够提高《现汉词典》的实用性。《现汉词典》作为一部带有一定的查全要求的本族语文词典，很多词义项丰富，高频先排，能够让使用者对最可能遇到的义项最先查到，从而大大提高查检效率。

基于频率原则有必要运用于语文词典的编排这一主张，我们对《现汉词典》（第6版）中141个多义基本词进行考察，发现义项排序与其使用频序不一致的情况较为普遍。分词性来看，45个多义基本名词中，仅有8个，即17.78%的名词，《现汉词典》（第6版）对它们的义项编排顺序与其义频的高低分布完全一致；有7个，即15.56%的名词，《现汉词典》（第6版）对它们的义项编排顺序与其义频的高低分布完全不一致；剩下的30个，即66.67%的名词，《现汉词典》（第6版）的排序与其义频的高低分布存在或多或少的差异，最少的不一致义项为1个，最多的有11个。50个多义基本动词中，仅10个，即20%的动词，《现汉词典》（第6版）对它们的义项编排顺序与其义频的高低分布完全一致；有11个，即22%的动词，《现汉词典》（第6版）对它们的义项编排顺序与其义频的高低分布完全不一致；剩下的29个，即58%的动词，《现汉词典》（第6版）的排序与其义频的高低分布存在或多或少的差异，最少的不一致义项为1个，最多的不一致义项为14个。46个多义基本形容词中，有16个，即34.78%的形容词，《现汉词典》（第6版）对它们的义项编排顺序与其义频的高低分布完全一致；有8个，即17.39%的形容词，《现汉词典》（第6版）对它们的义项编排顺序与其义频的高低分布完全不一致；剩下的22个，即47.83%的形容词，《现汉词典》（第6版）的排序与其义频的高低分布存在或多或少的差异，最少的不一致义项2个，最多7个。总体来看，141个多义基本词当中，《现汉词典》（第6版）的义项排序与义项使用频度由高到低排序完全一致的共 34 个，占比为 24.11%；完全不一致的 26 个，占比为 18.44%；或多或少有部分不一致的共 81 个，占比为 57.45%。整体上看，《现汉词典》（第 6 版）的义项排序与其使用频序的不一致率为 75.89%。

表 7—60 基本词义项的使用频序与《现汉词典》（第 6 版）排序情况比较

	总个数	一致（比率）	不一致（比率）	完全不一致（比率）	部分不一致（比率）
名词	45	8（17.78%）	37（82.22%）	7（15.56%）	30（66.67%）
动词	50	10（20%）	40（80%）	11（22%）	29（58%）
形容词	46	16（34.78%）	30（65.22%）	8（17.39%）	22（47.83%）
总计	141	34（24.11%）	107（75.89%）	26（18.44%）	81（57.45%）

由表 7—60 可知，在作为观察样本的 141 个多义基本词当中，有强于 3/4 的词存在《现汉词典》（第 6 版）的义项排序与其使用频序不同步的情况。就词性分布而言，整体上不同词性之间的不一致情况相似，三大词类的基本词其义项排序与使用频序的一致率分布在 17% 至 35% 的区间内，其中，动词和名词的一致率比形容词弱。下面以动词"完"和名词"人"为例，通过个案分析展示不一致情况的具体表现。

"完"，《现汉词典》(第 6 版) 在该词条下列出了 6 个义项，排序为：(1) 全，完整；(2)（动）消耗尽，没有剩的；(3)（动）完结；(4)（动）完成；(5) 交纳（赋税）；(6)（名）姓。其中，作动词用的义项有 (2)(3)(4)(5) 四个，这四个义项在语料库中的使用频度及其排序见表 7—61。

表 7—61 动词"完"各义项的频序与《现汉词典》（第 6 版）排序情况比较

义项	频次	频率	频序	《现汉词典》(第 6 版) 排序
消耗尽；没有剩的	595	0.1563	2	1
完结	2756	0.7241	1	2
完成	455	0.1195	3	3
交纳（赋税）	0	0	4	4

《现汉词典》(第 6 版) 将使用度高出很多的"完结"义项排在了"消耗尽、没有剩的"这一义项之后,显然不符合频率原则。建议将"完结"义项前置,这样处理既符合"高频优先",同时也不违背逻辑原则,因为"完"的初始义是"全",即《现汉词典》(第 6 版) 排在第一位的形容词义项,就义项间的认知关系来看,"完结"与该义项关联密切,将"完结"前置作动词用法的第一个义项,紧跟在形容词用法的"全,完整"之后,符合认知的一般规律。

再如"人",《现汉词典》(第 6 版) 收录了 9 个义项,排序为:(1) 能制造工具并使用工具进行劳动的高等动物;(2) 每人,一般人;(3) 指成年人;(4) 指某种身份或职业的人;(5) 别人;(6) 指人的品质、性格或名誉;(7) 指人的身体或意识;(8) 指人手、人才;(9) 姓。这 9 个义项都是名词用法,除开第 9 个作姓的用法,余下的 8 个义项在语料库中的使用频序及其在《现汉词典》(第 6 版) 中的排序情况如见表 7—62。

表 7—62　名词"人"各义项的频序与《现汉词典》(第 6 版) 排序情况比较

义项	频次	频率	频序	《现汉词典》(第 6 版) 排序
能制造工具并使用工具进行劳动的高等动物	126821	0.8303	1	1
每人;一般人	228	0.0015	7	2
指成年人	0	0	8	3
指某种身份或职业的人	20437	0.1338	2	4
别人	2558	0.0167	3	5
指人的品质、性格或名誉	1290	0.0084	4	6
指人的身体或意识	1124	0.0074	5	7
指人手、人才	274	0.0018	6	8

《现汉词典》(第 6 版) 排在第 2、3 位的义项,其使用频度分别排在第 7、8 位,使用频次远低于排在其后的"指某种身份或职业的人""别人""指人的品质、性格或名誉""指人的身体或意识"等义项,与频率原则不符。综合频率、逻辑和具体优先三原则来看,"指某种身份或职业的人"使用频次仅次于"能制造工具并使用工具进行劳动的高等动物"这一义项,将该义项提升至第 2 的

位置，既满足了频率原则，又符合认知的一般规律，因为从"制造工具并使用工具进行劳动的高等动物"到该义项，其间关联直接，同时，该义项表达的意义并不比剩余的其他 6 个义项抽象，所以前置于这 6 个义项，也不违背具体优先的准则。至于"别人""指人的品质、性格或名誉""指人的身体或意识"等义项在使用频度上同样大大超过了"每人；一般人""指成年人"两个义项的用法，其排序也有必要重新审视。

深入检视《现汉词典》（第 6 版）的义项编排可以发现，造成 141 个多义基本词里有强于 3/4 的词其义项排序不能反映其使用频度的一个重要原因，是它对历时发展引申的先后关系，也就是对历史原则的重视。不可否认，遵循历史原则有其积极作用，但就命名来看，《现汉词典》是一部反映词语在"现代"这一共时平面使用情况的工具书，其义项的编排，不宜太过强化历时的先后发生关系而忽略其共时平面上的使用实态。有不少词语的基本义已经不再常用了，对于义项较多的多义词，将少用甚至不用的基本义项排在首位，不利于凸显当下常用义项对语言生活的重要性，同时也影响使用者的查检速度。我们认为，在《现汉词典》的义项排序上，有必要强化频率原则，适当弱化历史原则。

（二）由义项使用实态看外向型学习词典的义项排序

外向型学习词典的根本任务是帮助学生掌握词语用法，所以词性原则历来在义项排序上被置于显要位置。张博、邢红兵肯定了词性原则对于对外汉语学习词典编排的重要意义，同时还提出了应该遵循频率优先原则的观点，认为这样有利于学习者的查检，减少他们的困惑和受阻感[①]。下面仍以《5000 词》为例，考察该词典收录的 66 个多义基本词的义项排序情况。

对比《现汉词典》（第 6 版），《5000 词》的义项排序与其使用频序的吻合度相对较高。66 个词在《5000 词》中的义项排序与其使用频序完全一致的 41

---

① 张博、邢红兵：《对外汉语学习词典多义词义项收录排列的基本原则及其实现条件》，《对外汉语学习词典学国际研讨会论文集（二）》，中国社会科学出版社 2006 年版。

个，占比为 62.12%。部分不一致的 18 个，占比为 27.28%，完全一致的 7 个，占比为 10.6%，总体来看，不一致率为 37.88，远低于《现汉词典》的 75.89% 的不一致比率。

分词性来看，《5000 词》收录的 66 个基本多义词里，13 个名词中义项排序与其使用频序完全一致的 9 个，即 69.23% 的收录名词其义项排序与使用频序完全一致；义项排序与其使用频序不一致的 4 个，占比约为 30.77%，其中，义项排序与其使用频序完全不一致的 1 个，存在部分不一致的 3 个。25 个动词中义项排序与其使用频序完全一致的 10 个，即收录动词中的 40% 存在义项排序与使用频序完全一致；存在不一致情况的 15 个，占比约为 60%，其中，义项排序与其使用频序完全不一致的 3 个，存在部分不一致的 12 个。28 个形容词中，义项排序与其使用频序完全一致的 22 个，即 78.57% 的收录形容词其义项排序与使用频序完全一致；存在不一致情况的 6 个，占比约为 21.42%，其中，义项排序与其使用频序完全不一致的 3 个，存在部分不一致的同样是 3 个。

表 7—63　基本词义项的使用频序与《5000 词》排序情况比较

	总个数	一致（比率）	不一致（比率）	完全不一致（比率）	部分不一致（比率）
名词	13	9（69.23%）	4（30.77%）	1（7.7%）	3（23.08%）
动词	25	10（40%）	15（60%）	3（12%）	12（48%）
形容词	28	22（78.57%）	6（21.42%）	3（10.71%）	3（10.71%）
总计	66	41（62.12%）	25（37.88%）	7（10.61%）	18（27.27%）

对比表 7—63 中数据，可见《5000 词》的三大类基本词义项排序与义项的使用频序间一致性分布并不均衡，与《现汉词典》的情况形成对比。相较于动词，形容词和名词的义项排序与义项使用频序间一致性更高，其值分布于 69%—79% 的区间，其中形容词又高出名词近 10 个百分点，动词的一致性最低，比名词低了近 30 个百分点。其中的原因，通过数据观察发现，与动词收录的义项数量本身要多于形容词和名词有关，这提醒学者们在编写外向型学习

词典时，对义项多的词要更加注意。下面以义项较多的动词"提"、名词"点"和形容词"深"为例，通过个案分析展示不一致情况的具体表现。

表7—64　动词"提"各义项的频序与《5000词》排序情况比较

义项	频次	频率	频序	《5000词》排序
用手往上拿着	910	22.41%	3	1
是东西向上移动	817	20.12%	4	2
把时间往前提	11	0.27%	6	3
指出来	1176	28.97%	1	4
取出；拿出	121	2.98%	5	5
说到	1025	25.25%	2	6

《5000词》收录的动词"提"6个义项的排序与语料库中统计获得的频度高低很不一致：频序排在第一位的，《5000词》排在了第四位，频序排在第二位的，《5000词》排在了最后一位；频序排在最后一位的，《5000词》又排在了第三位。很明显，动词"提"的义项排序不符合高频先排的频率原则。

表7—65　名词"点"各义项的频序与《5000词》排序情况比较

义项	频次	频率	频序	《5000词》排序
小滴的液体	77	0.62%	5	1
时间，钟点	2632	21.24%	2	2
汉字笔画名，形为"、"	0	0	6	3
细小的痕迹	1184	9.55%	3	4
数学名词小数点，省称为"点"	0	0	6	5
几何学上指两条线的相交处或线段的两端	789	6.37%	4	6
进行某些事务或交易的指定处所	7710	62.22%	1	7

《5000词》将频序排在第一位的义项编排在了最后，频序相对靠后，排在第五位的义项编排在了最前，将使用频次为零的两个义项分别排在了第三和第五位。可见名词"点"的编排同样没有体现频率原则。

表 7—66　形容词"深"各义项的频序与《5000 词》排序情况比较

义项	频次	频率	频序	《5000 词》排序
从上到下或从外到里距离大（跟"浅"相对）	1574	58.38%	1	1
高深；深奥	34	1.26%	6	2
深刻；深入	354	13.13%	3	3
感情深厚；关系密切	104	3.86%	5	4
颜色深（跟"浅"相对）	401	14.87%	2	5
距离开始的时间久	229	8.49%	4	6

　　与动词"提"和名词"点"比，《5000 词》对形容词"深"的 6 个义项的编排顺序较好地贴近了其使用频序。使用频次最高的义项，《5000 词》排在了第一位，使用频序排在第三位的义项，《5000 词》也排在第三位。但《5000 词》对形容词"深"的义项排序并没有完全与其频次高低保持一致，它将使用频次最低的义项排在了第二位。可见，《5000 词》对"深"的排序也与频序原则不完全相符。

　　外向型学习辞典收录词语义项以"精"为上，不要求查全，应本着减轻学习者负担的宗旨，避免生僻义项的收录；对于选录的常用义项，也有必要突出重点，将使用度高的前置。这样处理，除了提高学习者的查检效率，还可以向学习者提示哪些义项常用度更高的信息。相对于语文词典，外向型词典在编排义项的顺序时有必要更加凸显频率原则，《5000 词》和《现汉词典》的对比性编排数据说明了这一理念已经体现在了实践上，但上文的计量分析表明，在综合考虑逻辑原则的基础上，频率原则还有必要强化，而强化的前提，还在于常用词义项计量研究的有效开展。

　　本章通过基本词的搭配信息对其义项进行了语料库提取，以使用频度为基本考察项，分词性揭示出基本名词、动词、形容词的义项使用实态，并通过三大词性间的异同比较，归纳出 21 世纪最初十年里基本词义项的使用概貌：

　　（1）基本词中多义词在数量上占绝对优势。一方面，多义基本词的义项总体使用率高；另一方面，有近一半的基本词含有十年"沉睡"义项。

（2）多义基本词义项的使用频度分布符合齐普夫定律。高频区义项数量少但贡献了大部分的使用覆盖率，越是在高频的区域义项数目越少，越是到低频区域义项数目越多，若绘制折线图，则呈现出明显的长尾现象。

（3）多义基本词的义项使用度呈现出不均衡特征。这种不均衡既表现在同一基本词的多个义项之间，又表现在不同基本词的义项之间。

（4）基本词的义项数目与基本词的使用频度之间均没有显著的线性关联，但与基本词的义项使用均衡度和未使用的义项数之间存在一定的正向关联趋势，即义项数目越多的基本词其义项表现出均衡性以及含有十年"沉睡"义项的概率越大。

（5）基本词义项使用的趋势性特征受其语法性质的影响不大，三大词类义项使用实态基本趋同。

在此基础上，本章进一步讨论了基本词的义项使用实态在中型语文词典《现汉词典》和中型外向型汉语学习词典《5000 词》编写中的应用，重点关注了义项的收录和排序问题。基于《现汉词典》和《5000 词》自身的特点及编写的一般原则，我们对比分析了两部词典和语料库统计获得的义项使用实态数据，发现了两部词典在义项收录上存在的疏漏和义项排序时频率原则运用上的不足，最后结合词典的实用性要求，探讨了相应的优化建议。

义项的使用实态不仅可以应用于辞书的编写，还可应用于指导性的词汇分级大纲和教材的编写。这一主张早在 20 世纪 90 年代就有学者提出并进行了论证，但在 2021 年由教育部、国家语言文字工作委员会颁布实施的《国际中文教育汉语水平等级标准》里这一主张还是未得以实现。其中一个关键原因，应该与义项的自动识别和义频的大规模语料库自动统计技术不成熟有直接的关系。本章探索的基于词语的搭配信息提取和统计词语义项的思路和方法，也许对义项的自动识别和统计难题的解决略有启发。

参考文献

[1] 北京语言学院语言教学研究所：《现代汉语频率词典》，北京语言学院出版社 1986 年版。

[2] 常宝儒：《现代汉语频率词典的研制》，陈原主编《现代汉语定量分析》，上海教育出版社 1989 年版。

[3] 陈原：《现代汉语定量分析》，上海教育出版社 1989 年版。

[4] 崔乐：《语料库在〈对外汉语新词语词典〉微观结构中的运用》，《重庆理工大学学报》（社会科学）2011 年第 10 期。

[5] 邓耀成：《词语搭配研究中的统计方法》，《大连海事大学学报（社会科学版）》2003 年第 2 期。

[6] 邓耀臣、王同顺：《词语搭配抽取的统计方法及计算机实现》，《外语电化教学》2005 年第 5 期。

[7] 邓耀臣、冯志伟：《词汇长度与词汇频数关系的计量语言学研究》，《外国语》2013 年第 3 期。

[8] 冯志伟：《用计量方法研究语言学》，《外语教学与研究》2012 年第 2 期。

[9] 国家语言资源建设研究中心：《中国语言生活状况报告（2005—2010)》，商务印书馆 2006—2011 年版。

[10] 郭先珍、张伟、周行健：《汉语 5000 词用法词典》，华文教学出版社 2015 年版。

[11] 何婷婷、杨尔弘、侯敏：《国家语言资源监测语料库介绍，中国中文信息学会成立二十七周年学术会议(CIPS2008) 论文集》2008 年，https://d.wanfangdata.com.cn/ conference/ChZDb25mZXJlbmNlTmV3UzIwMjMwOTAxEgc3MTY0Njg2Gghid3BwdW84dw%3D%3D。

[12] 侯敏：《语言监测与词语的计量研究，中文信息处理前沿进展——中国中文信息学会二十五周年学术会议（CIPS2006）论文》2006 年，https://cpfd.cnki.com.cn/Area/CPFDCONFArticleList-ZGZR200611002.htm。

[13] 侯敏：《语言资源建设与语言生活监测相关术语简介》，《术语标准化与信息技术》2010 年第 2 期。

[14] 胡宛如：《汉英搭配词典》，北京出版社 2000 年版。

[15] 黄伯荣、廖序东：《现代汉语》，高等教育出版社 2007 年版。

[16] 黄建华、陈楚祥：《双语词典学导论》，商务印书馆 1997 年版。

[17] 黄南松、孙德金：《HSK 词语用法详解》，北京语言文化大学出版社 2000 年版。

[18] 李晴：《心理动词搭配及其在对外汉语教学中的应用研究》，湖南大学学位论文 2016 年。

[19] 李如龙、吴铭：《略论对外汉语词汇教学的两个原则》，《语言教学与研究》2005 年第 2 期。

[20] 李英：《关于〈汉语水平词汇与汉字等级大纲〉的几个问题》，《中山大学学报论丛》1997 年第 4 期。

[21] 李晓琪、刘德联、牟淑媛、刘元满、杨德峰：《汉语常用词用法词典》，北京大学出版社 2002 年版。

[22] 梁茂成：《语料库语言学研究的两种范式：渊源、分歧及前景》，《外语教学与研究》2012 年第 3 期。

[23] 林杏光：《论词语搭配及其研究》，《语言教学与研究》1994 年第 4 期。

[24] 刘海涛：《计量语言学导论》，商务印书馆 2017 年版。

[25] 刘华：《词语计算与运用》，暨南大学出版社 2010 年版。

[26] 刘镰力：《汉语 8000 词词典》，北京语言文化大学出版社 2000 年版。

[27] 鲁健骥、吕文华：《商务馆学汉语词典》，商务印书馆 2006 年版。

[28] 吕叔湘：《中国文法要略》，商务印书馆 1941 年版。

[29] 吕叔湘、朱德熙：《语法修辞讲话》，中国青年出版社 1952 年版。

[30] 马清华：《唯频率标准的不自足性—论面向汉语国际教育的词汇大纲设计标准》，《世界汉语教学》2008 年第 2 期。

[31] 潘婷：《面向对外汉语教学的名动形基本词义频研究》，湖南大学学位论文 2016 年。

[32] 屈承熹：《汉语认知功能语法》，黑龙江人民出版社 2005 年版。

[33] 邵敬敏：《汉语水平考试词典》，华东师范大学出版社 2000 年版。

[34] 苏新春：《词汇计量及其实现》，商务印书馆 2010 年版。

[35] 孙宏林：《词语搭配在文本中的分布特征》，黄昌宁主编：《1998 中文信息处理国际会议论文集》，北京大学出版社 1998 年版。

[36] 孙建一：《现代汉语字频测定及分析》，陈原主编：《现代汉语定量分析》，上海教育出版社 1989 年版。

[37] 孙全州：《现代汉语学习词典》，上海外国语教育出版社 1995 年版。

[38] 汤志祥：《当代汉语词语的共时状况及其嬗变：90 年代中国大陆·香港·台湾词语现状研究》，复旦大学出版社 2001 年版。

[39] 巫佳慧：《单音节常用词的同素系联及其在对外汉语教学中的应用》，湖南大学学位论文 2016。

[40] 汪维：《面向对外汉语教学的近十年报刊名词计量研究》，湖南大学学位论文 2013 年。

[41] 王春艳：《免费绿色软件 AntConc 在外语教学和研究中的应用》，《外语电化教学》2009 年第 1 期。

[42] 王慧：《词义·词长·词频——〈现代汉语词典〉（第 5 版）多义词计量分析》，《中国语文》2009 年第 2 期。

[43] 王建华：《信息时代报刊语言跟踪研究》，浙江大学出版社 2006 年版。

[44] 王铁琨：《语言使用实态考察研究与语言规划——发布年度语言生活状况报告的思考》，《语言文字应用》2008 年第 1 期。

[45] 王砚农、焦庞：《汉语常用动词搭配词典》，外语教学与研究出版社 1984 年版。

[46] 王永耀：《语料库介入的汉语语文词典释义途径》，《辞书研究》2010 年第 1 期。

[47] 王治敏：《汉语常用名词的自动提取研究——兼论〈汉语水平词汇与汉字等级大纲〉的词语更新问题》2012 年，《中国计算机语言学研究前沿进展（2007—2009）》，http://cpfd.cnki.com.cn/Area/CPFDCONFArticleList-ZGZR200907001.htm。

[48] 王治敏、杨尔弘：《面向对外汉语教学的常用动词计量研究》，《语言教学与研究》2012 年第 1 期。

[49] 卫乃兴：《词语搭配的界定与研究体系》，上海交通大学出版 2002 年版。

[50] 卫乃兴：《基于语料库和语料库驱动的词语搭配研究》，《当代语言学》2002 年第 2 期。

[51] 卫乃兴：《语料库语言学的方法论及相关理念》，《外语研究》2009 年第 5 期。

[52] 《现代汉语常用词表》课题组：《现代汉语常用词表（草案）》，商务印书馆 2008 年版。

[53] 夏安龙：《面向对外汉语教学的近十年报刊形容词计量研究》，湖南大学硕士学位论文 2013 年版。

[54] 邢红兵：《基于语料库的词语知识提取与外向型词典编纂》，《辞书研究》2013 年第 3 期。

[55] 徐玉敏：《当代汉语学习词典（初级本）》，北京语言文化大学出版社 2005 年版。

[56] 杨吉春：《对外汉语词汇教学应以常用基本层次范畴词汇教学为中心》，《民族教育研究》2011 年第 3 期。

[57] 杨金华：《释义·义项划分·义项排列（上）（下）——〈现代汉语词典〉与〈小罗贝尔法语词典〉的对比初探》，《辞书研究》1987 年第 5 期。

[58]尹斌庸、方世增：《词频统计的新概念和新方法》，《语言文字应用》1994 年第 2 期。

[59] 张博、邢红兵：《对外汉语学习词典多义词义项收录排列的基本原则及其实现条件》，《对外汉语学习词典学国际研讨会论文集（二）》，中国社会科学出版社 2006 年版。

[60] 张露：《基于语料库的基本动词名词形容词搭配提取计量研究》，湖南大学学位论文 2015 年版。

[61] 张普：《关于语感与流通度的思考》，《语言教学与研究》1999 年第 2 期。

[62] 张普：《基于动态流通语料库的语感模拟和新词语提取研究》，《外国语言文学研究》2004 年第 2 期。

[63] 张普：《论语言的动态》，《长江学术》2008 第 1 期。

[64] 张普：《论语言的稳态》，《郑州大学学报》（哲学社会科学版）2008 年第 2 期。

[65] 张普：《动态语言知识更新研究》，商务印书馆 2009 年版。

[66] 赵金铭、张博、程娟：《关于修订〈（汉语水平）词汇等级大纲〉的若干意见》，《世界汉语教学》2003 年第 3 期。

[67] 赵小兵：《现代汉语基本词汇自动识别方法研究》，中央民族大学出版社 2012 年版。

[68] 赵应铎：《从词与词的组合上划分多义词的义项》，《辞书研究》1995 年第 1 期。

[69] 中国社会科学院语言研究所词典编辑室：《现代汉语词典五十年》，商务印书馆 2004 年版。

[70] 中国社会科学院语言研究所词典编辑室：《现代汉语词典》（第 5、6、7 版），商务印书馆 2005，2012，2016 年版。

[71] 周力恒：《面向对外汉语教学的近十年报刊动词计量研究》，湖南大学学位论文 2013 年。

[72] 周上之：《对外汉语的词典与词法》，《汉语学习》2005 年第 6 期。

[73] 朱志平：《汉语二语教学中词汇计量的维度》，《语言文字应用》2013 年第 2 期。

[74] Bybee. 2007. *Frequency of use and the organization of language.* New York：Oxford University Press.

[75] Church K，Hanks P. 1990. Word association norms，mutual information and lexicography. *Computational Linguistics*，16：22-29.

[76] Firth，J. R. 1957. *Papers in linguistics.* London，England：Oxford University Press.

[77] Halliday，M. A. K. & Hasan，R. 1976. *Cohesion in English.* London：Longman.

[78] Jones，S. & J. Sinclair. 1974. English lexical collocations：A study incomputational linguistics. *Cahiers de Lexicologie*，24：15-61.

[79] Köhler，R.，1986. *Zur Linguistischen Synergetik：Struktur und Dynamik der Lexik*，Bochum：rockmeyer.

[80] Taylor John. 1989. *Linguistic Categorization：Prototypes in Linguistic Theory.* OPU.

［81］Tottie，Gunnel. 1991. Lexical diffusion in syntactic change：Frequency as a determinant of linguistic conservatism in the development of negation in English. In *Historical English Syntax*，ed. Dieter Kastovsky，439–467. Berlin：Mouton de Gruyter.

［82］Zipf，G. 1935. *The Psycho-biology of Language*：*An introduction to dynamic philology*. New York：Houghton Mifflin.

重要词表附录

附录1 高常用度词表

1 的	22 两	43 时	64 自己	85 长	106 二	127 中国	148 美
2 在	23 能	44 与	65 地方	86 作	107 该	128 问题	149 因为
3 是	24 会	45 被	66 得	87 正	108 并	129 万	150 正在
4 了	25 着	46 天	67 一些	88 已经	109 位	130 它	151 座
5 一	26 来	47 过	68 条	89 事	110 高	131 路	152 起
6 不	27 说	48 很	69 给	90 可以	111 心	132 讲	153 快
7 我	28 都	49 三	70 看	91 那	112 再	133 需要	154 吗
8 有	29 年	50 为	71 向	92 等	113 今天	134 使	155 元
9 人	30 大	51 里	72 点	93 者	114 比	135 于	156 水
10 上	31 中	52 没有	73 之	94 工作	115 像	136 头	157 学生
11 这	32 还	53 但	74 下	95 已	116 时间	137 现在	158 认识
12 要	33 好	54 带	75 月	96 手	117 米	138 可能	159 第
13 和	34 多	55 而	76 想	97 走	118 开	139 知道	160 日
14 他	35 用	56 让	77 去	98 四	119 所	140 老	161 医院
15 从	36 成	57 更	78 十	99 这样	120 什么	141 请	162 钱
16 地	37 后	58 最	79 只	100 生活	121 开始	142 五	163 如果
17 到	38 把	59 次	80 就是	101 当	122 车	143 新	164 或
18 个	39 小	60 她	81 字	102 出	123 个人	144 前	165 生
19 对	40 你	61 家	82 可	103 才	124 却	145 书	166 拉
20 也	41 种	62 将	83 们	104 每	125 世界	146 学校	167 件
21 就	42 做	63 又	84 几	105 以	126 公司	147 先	168 出现

271

续表

169 起来	202 女	235 阿	268 办法	301 贫困	334 进行	367 来到	400 热
170 名	203 其	236 边	269 便	302 其中	335 学习	368 克	401 有些
171 一定	204 千	237 但是	270 因	303 由于	336 拿	369 事情	402 吧
172 发生	205 信	238 重要	271 七	304 步	337 加	370 通过	403 接
173 离	206 全	239 城市	272 呢	305 利	338 真正	371 怎么	404 南
174 成为	207 特别	240 难	273 准备	306 并不	339 出来	372 李	405 为什么
175 认为	208 决定	241 些	274 甚至	307 断	340 教授	373 片	406 佝偻
176 看到	209 张	242 金	275 写	308 坐	341 住	374 男	407 巴
177 时候	210 问	243 明	276 北京	309 因此	342 原因	375 跟	408 言
178 美国	211 话	244 则	277 真	310 门	343 份	376 句	409 朋友
179 子	212 少	245 行	278 越来越	311 送	344 布	377 志愿	410 亮
180 站	213 之间	246 辈	279 继续	312 层	345 参加	378 风险	411 以后
181 谁	214 总	247 回	280 之后	313 自然	346 日本	379 研究	412 某
182 希望	215 根本	248 非常	281 树	314 找	347 一切	380 全部	413 红
183 只有	216 一直	249 见	282 到了	315 副	348 马	381 努力	414 表现
184 无	217 有的	250 进	283 海	316 关系	349 一般	382 其实	415 近
185 如	218 一起	251 分	284 段	317 要求	350 画	383 时代	416 杯
186 应该	219 儿	252 买	285 最后	318 任何	351 外	384 受	417 养老
187 十分	220 西	253 双	286 完全	319 八	352 啦	385 年轻	418 整个
188 为了	221 其他	254 情况	287 太	320 同	353 设备	386 王	419 笑
189 许多	222 放	255 下去	288 大学	321 约	354 家庭	387 当时	420 算
190 发现	223 必须	256 爱	289 同时	322 作为	355 怎样	388 此	421 影响
191 山	224 由	257 成功	290 社会	323 大家	356 数	389 以及	422 啊
192 半	225 间	258 如何	291 那么	324 极	357 精神	390 各种	423 涉及
193 六	226 而且	259 比较	292 学	325 医	358 接受	391 九	424 多少
194 打	227 一样	260 期	293 对于	326 发	359 东西	392 结束	425 上海
195 留	228 这里	261 德	294 曾	327 达	360 叫	393 指	426 谈
196 花	229 吃	262 处	295 结果	328 麦	361 觉得	394 朝	427 了解
197 没	230 得到	263 另	296 所以	329 听	362 强	395 按	428 生命
198 本	231 过去	264 越	297 经过	330 林	363 电话	396 选择	429 考虑
199 或者	232 变	265 斯	298 百	331 读	364 小时	397 电视	430 汽车
200 场	233 所有	266 声	299 能够	332 华	365 不过	398 口	431 工资
201 岁	234 活	267 告诉	300 连	333 国家	366 方式	399 先生	432 下来

433 表情	466 然后	499 当然	532 于是	565 然而	598 受到	631 充满	664 中方
434 村	467 班	500 动	533 感觉	566 关	599 试点	632 听到	665 快乐
435 文	468 存在	501 历史	534 英国	567 完成	600 白	633 差距	666 脸
436 帮助	469 喜欢	502 自觉	535 形象	568 根	601 流	634 繁荣	667 指挥
437 后来	470 道	503 号	536 虽然	569 制造	602 有人	635 课	668 成长
438 面对	471 领导	504 改变	537 眼	570 经济	603 现实	636 福	669 适应
439 机会	472 过程	505 哪	538 经贸	571 块	604 活动	637 别	670 成绩
440 合理	473 空间	506 早	539 包括	572 认真	605 交往	638 招聘	671 臂
441 仍	474 的话	507 找到	540 启动	573 声音	606 企业	639 故事	672 纳
442 除	475 回答	508 管	541 值	574 突破	607 未来	640 夫	673 方面
443 您	476 黑	509 打击	542 支	575 目光	608 陈	641 通知	674 员工
444 重	477 状况	510 毕业	543 人员	576 转	609 血	642 往	675 即
445 感到	478 刚	511 死	544 动物	577 诡异	610 主要	643 及	676 立
446 能力	479 产生	512 如今	545 深	578 职	611 关于	644 机遇	677 始终
447 部	480 国	513 加工	546 总是	579 股	612 围绕	645 伙伴	678 东
448 低	481 安	514 藏	547 教练	580 兽	613 一边	646 教师	679 资产
449 时刻	482 相信	515 巨大	548 关心	581 挑战	614 格	647 环境	680 控
450 远	483 气	516 发布	549 现象	582 供	615 共产党	648 海洋	681 单位
451 干	484 例	517 跑	550 安排	583 使用	616 法国	649 有点	682 一会儿
452 尤其	485 如此	518 胡	551 各	584 任	617 改造	650 数字	683 功能
453 周	486 获得	519 面	552 人士	585 项	618 从而	651 湖南	684 资助
454 病	487 一家	520 最终	553 意义	586 排	619 住房	652 有关	685 方案
455 统筹	488 终于	521 直接	554 世纪	587 首	620 友谊	653 名字	686 台
456 这么	489 矿	522 未	555 房	588 太阳	621 包	654 每天	687 难以
457 政府	490 罗	523 发展	556 表示	589 倒	622 家里	655 方	688 选举
458 平	491 状态	524 楼	557 河北	590 举措	623 市场	656 程	689 很多
459 几乎	492 草	525 更加	558 记者	591 哭	624 纪念	657 妈妈	690 补
460 可是	493 既	526 无法	559 方向	592 累	625 公众	658 保持	691 变化
461 文化	494 教	527 自	560 宝	593 宇	626 强烈	659 热情	692 东盟
462 光	495 习惯	528 特	561 坚持	594 晚上	627 观众	660 银行	693 吸
463 内	496 别人	529 增进	562 力量	595 非	628 除了	661 数量	694 洗
464 电影	497 教育	530 科	563 青年	596 坚定	629 眼睛	662 介绍	695 人类
465 卡	498 提	531 猴	564 章	597 官兵	630 回到	663 火	696 我们

697 最近	730 条件	763 不要	796 收	829 香港	862 逐步	895 娱乐	928 运动
698 身	731 货	764 提供	797 新疆	830 行动	863 争	896 他们	929 利用
699 办	732 严重	765 人生	798 知识	831 人民网	864 保护	897 建筑	930 配
700 春节	733 高校	766 直	799 环节	832 局长	865 剧	898 鲁	931 鸡
701 印度	734 注	767 比赛	800 学会	833 福建	866 一生	899 湖北	932 求
702 空	735 感	768 星	801 比例	834 苦	867 推	900 飞机	933 民间
703 当年	736 导	769 经验	802 广告	835 第一	868 考核	901 期待	934 喜
704 朱	737 秘书	770 邓	803 信息	836 市	869 思想	902 消	935 大陆
705 那里	738 公路	771 艺术	804 抓	837 器	870 困难	903 扶持	936 度
706 招	739 联系	772 土地	805 计划	838 职能	871 战争	904 给予	937 幸
707 也许	740 一片	773 力	806 收入	839 建成	872 胜利	905 基	938 学院
708 费	741 刘	774 相	807 孙	840 组织	873 县	906 队	939 坚决
709 运行	742 类	775 产权	808 古	841 处理	874 亿	907 占	940 微笑
710 它们	743 梦	776 图	809 出去	842 邀请	875 第一次	908 式	941 吴
711 建	744 不再	777 义务	810 妇女	843 民	876 浙江	909 依靠	942 为主
712 下午	745 容易	778 培育	811 主任	844 资本	877 内容	910 调查	943 称
713 养	746 态度	779 客	812 船	845 抢	878 按照	911 速度	944 语言
714 妈	747 系	780 深圳	813 以前	846 交	879 控制	912 郑	945 生存
715 兴	748 北	781 过来	814 装备	847 明天	880 促	913 草案	946 管理
716 毛	749 新闻	782 必要	815 技术	848 江	881 撞	914 抓住	947 伟大
717 题	750 至	783 报	816 镇	849 七大	882 之前	915 造成	948 丁
718 拥有	751 菜	784 健康	817 图书	850 援助	883 概况	916 借	949 事件
719 垃圾	752 目标	785 美元	818 顶	851 啥	884 曾经	917 显	950 对话
720 景	753 之一	786 令	819 决策	852 列	885 建议	918 忙	951 酒
721 清	754 设计	787 应	820 随	853 遇到	886 调研	919 现场	952 服务
722 止	755 节约	788 修	821 喝	854 黄	887 事业	920 掌握	953 广场
723 军	756 哪里	789 土	822 性	855 质	888 姑娘	921 观念	954 铁
724 行为	757 运输	790 相对	823 原	856 感谢	889 山区	922 云	955 树立
725 部署	758 龙	791 配合	824 职业	857 迎	890 解释	923 摘自	956 联盟
726 解决	759 韩	792 至今	825 人们	858 不得	891 有时	924 今年	957 达到
727 法	760 篇	793 波	826 文艺	859 价格	892 中心	925 鱼	958 虽
728 定	761 产品	794 批准	827 价值	860 奇	893 套	926 议	959 巨
729 回来	762 安全	795 田	828 代表	861 背	894 运用	927 当地	960 审议

961 发表	995 亲	1028 全省	1061 康	1094 旱	1127 情感	1160 现代	1193 石
962 值得	996 架	1029 害	1062 秒	1095 武警	1128 奖	1161 男子	1194 正式
963 投资	997 司	1030 几个	1063 气象	1096 格局	1129 经	1162 扶贫	1195 派
964 何	998 晓	1031 哥	1064 识	1097 操作	1130 若	1163 都会	1196 检察
965 福利	999 文章	1032 推广	1065 电力	1098 公	1131 温	1164 科学	1197 程序
966 气候	1000 夜	1033 创造	1066 不敢	1099 生产	1132 抓好	1165 松	1198 杀
967 既是	1001 腐败	1034 意见	1067 化	1100 反	1133 地区	1166 规定	1199 冲击
968 简单	1002 纸	1035 任务	1068 清楚	1101 转移	1134 印	1167 互	1200 秀
969 遍	1003 还要	1036 身上	1069 上面	1102 关键	1135 位置	1168 衣服	1201 梦想
970 美好	1004 群	1037 炬	1070 承包	1103 固定	1136 复杂	1169 跨	1202 分析
971 秩序	1005 具有	1038 大大	1071 网络	1104 初	1137 批	1170 名单	1203 显著
972 理想	1006 以下	1039 采	1072 立即	1105 纷纷	1138 电脑	1171 恢复	1204 人民
973 竟	1007 责任	1040 复	1073 训练	1106 探	1139 武汉	1172 时期	1205 线
974 武装	1008 增加	1041 抱	1074 仅	1107 较	1140 应用	1173 破	1206 入
975 出发	1009 选	1042 不但	1075 杰	1108 绿	1141 构成	1174 再次	1207 棵
976 册	1010 总统	1043 萨	1076 报告	1109 游戏	1142 厂	1175 反复	1208 泰
977 农民	1011 园	1044 错	1077 优秀	1110 那样	1143 当代	1176 编	1209 女孩
978 样子	1012 标准	1045 摸	1078 许	1111 寰	1144 犯	1177 衡	1210 议会
979 以色列	1013 多年	1046 公正	1079 紧张	1112 辽宁	1145 大连	1178 联	1211 台湾
980 展示	1014 整治	1047 共和	1080 自身	1113 人物	1146 工	1179 怀	1212 无数
981 救	1015 目前	1048 成效	1081 发行	1114 多么	1147 透明	1180 以上	1213 瑞
982 短	1016 采访	1049 情	1082 部门	1115 媒体	1148 评	1181 从事	1214 沃
983 明显	1017 国际	1050 亲切	1083 咱	1116 迅速	1149 标	1182 实现	1215 传递
984 政治	1018 全国	1051 播	1084 且	1117 红军	1150 落	1183 全市	1216 继承
985 输	1019 左	1052 想到	1085 沈阳	1118 智慧	1151 车辆	1184 互联	1217 设立
986 监察	1020 富	1053 流感	1086 传	1119 灾害	1152 年龄	1185 尾	1218 采购
987 安置	1021 协议	1054 密切	1087 评估	1120 攻	1153 师	1186 激励	1219 秘密
988 市委	1022 小平	1055 整	1088 儿童	1121 娃	1154 采用	1187 懂	1220 种植
989 节目	1023 空气	1056 宗教	1089 普	1122 马克思	1155 网	1188 恶	1221 关闭
990 检查	1024 成就	1057 进展	1090 基本	1123 保证	1156 身高	1189 关注	1222 杨
991 课题	1025 担心	1058 平等	1091 经理	1124 业	1157 正确	1190 好像	1223 君
992 财	1026 药	1059 赶	1092 改	1125 纪录	1158 芳	1191 前提	1224 胜
994 根据	1027 传统	1060 澳大利亚	1093 逐渐	1126 落后	1159 记录	1192 热烈	1225 毒

1226 油	1259 百年	1292 主管	1325 互利	1358 先后	1391 相互	1424 横	1457 甘肃
1227 事故	1260 困	1293 特点	1326 竟然	1359 分子	1392 救助	1425 建立	1458 她们
1228 室	1261 大约	1294 密	1327 查处	1360 宝贵	1393 部队	1426 检测	1459 纪律
1229 禽	1262 水利	1295 代	1328 色	1361 激烈	1394 区	1427 具备	1460 节
1230 支持	1263 圣	1296 干部	1329 异	1362 道路	1395 阳光	1428 知	1461 坏
1231 把握	1264 预计	1297 乡镇	1330 罚	1363 里面	1396 项目	1429 书记	1462 谋
1232 呀	1265 才能	1298 本来	1331 峰会	1364 房子	1397 引发	1430 别的	1463 笔
1233 显得	1266 蒙	1299 蒙古	1332 通讯	1365 母	1398 信念	1431 信任	1464 仁
1234 球	1267 决赛	1300 内部	1333 旁边	1366 季度	1399 机	1432 熟悉	1465 须
1235 部分	1268 妻子	1301 扎	1334 警	1367 相同	1400 普及	1433 哲学	1466 超
1236 象征	1269 成都	1302 共同	1335 相当	1368 保	1401 危险	1434 省	1467 角度
1237 发放	1270 献	1303 物	1336 偶尔	1369 移	1402 一半	1435 培养	1468 煤炭
1238 民众	1271 鼓励	1304 菲	1337 夏	1370 茶	1403 感染	1436 角	1469 类似
1239 功	1272 事务	1305 忽然	1338 救援	1371 交流	1404 右	1437 主权	1470 年代
1240 融	1273 深刻	1306 专题	1339 以来	1372 震	1405 认同	1438 首都	1471 平衡
1241 手段	1274 登	1307 贝	1340 床上	1373 赛事	1406 遭遇	1439 民族	1472 规律
1242 贴	1275 法律	1308 起点	1341 支出	1374 不错	1407 战斗	1440 为何	1473 分别
1243 报纸	1276 创作	1309 帮	1342 若干	1375 早已	1408 生动	1441 词	1474 情绪
1244 壮	1277 翻	1310 目	1343 公园	1376 感情	1409 系统	1442 纲要	1475 页
1245 主人	1278 烟	1311 提高	1344 水泥	1377 直到	1410 湖	1443 房地	1476 没想到
1246 安徽	1279 硬	1312 就要	1345 西部	1378 违反	1411 去年	1444 趋势	1477 伐
1247 材料	1280 审批	1313 办理	1346 组	1379 予以	1412 朝鲜	1445 广西	1478 不出
1248 拒绝	1281 信用	1314 本身	1347 据	1380 高中	1413 益	1446 停止	1479 考试
1249 舞台	1282 透	1315 农村	1348 精心	1381 博物	1414 革命	1447 旅游	1480 雷
1250 语	1283 埋	1316 文明	1349 颗	1382 局	1415 卫星	1448 战	1481 艾
1251 长江	1284 路上	1317 广	1350 突然	1383 报道	1416 进来	1449 试验	1482 南京
1252 迪	1285 暖	1318 唐	1351 道理	1384 业绩	1417 面前	1450 遗	1483 今
1253 水平	1286 软	1319 百姓	1352 灭	1385 慈善	1418 依	1451 古老	1484 司令
1254 泽东	1287 穿	1320 娘	1353 签	1386 替	1419 唱	1452 压	1485 玉米
1255 交换	1288 理解	1321 旗帜	1354 儿子	1387 主	1420 泪	1453 搞	1486 海关
1256 锻炼	1289 官	1322 圈	1355 舞蹈	1388 毕竟	1421 千万	1454 半天	1487 生物
1257 足	1290 人才	1323 鸟	1356 记得	1389 厚	1422 缓	1455 一路	1488 后面
1258 典型	1291 主持	1324 竞争	1357 设置	1390 汤	1423 斗争	1456 牌	1489 新加坡

1490 舆论	1523 三十	1556 确定	1589 存	1622 踩	1655 欧盟	1688 公务	1721 取得
1491 京	1524 又是	1557 慢慢	1590 型	1623 意识	1656 考验	1689 表	1722 居住
1492 特大	1525 返	1558 消息	1591 场所	1624 地震	1657 基金	1690 供应	1723 安装
1493 赛	1526 风力	1559 至少	1592 反对	1625 底	1658 大使	1691 详细	1724 韩国
1494 设	1527 化解	1560 养殖	1593 延伸	1626 高度	1659 牺牲	1692 法规	1725 政党
1495 灯	1528 有一天	1561 荣誉	1594 双方	1627 抗日	1660 薪	1693 印尼	1726 预报
1496 迎接	1529 户	1562 乱	1595 团	1628 插	1661 判断	1694 临	1727 敬
1497 妥善	1530 效果	1563 无论	1596 遗产	1629 当天	1662 适用	1695 秋	1728 第三
1498 物资	1531 权威	1564 储备	1597 全球	1630 切	1663 不了	1696 年度	1729 谈到
1499 险	1532 休息	1565 莫斯科	1598 平台	1631 素	1664 需	1697 家人	1730 询问
1500 消防	1533 常委	1566 化学	1599 妻	1632 量	1665 很快	1698 崛	1731 期望
1501 登记	1534 跟着	1567 流行	1600 记忆	1633 出口	1666 消费	1699 同志	1732 愿
1502 权利	1535 经营	1568 分裂	1601 弗	1634 接待	1667 随后	1700 森	1733 限制
1503 想象	1536 带领	1569 尼	1602 群体	1635 急	1668 外资	1701 灾难	1734 原则
1504 员	1537 演	1570 巴基斯坦	1603 伊斯兰	1636 苏	1669 依据	1702 合	1735 牵
1505 分配	1538 增	1571 满意	1604 防治	1637 出版	1670 沟通	1703 专利	1736 棋
1506 脑	1539 演讲	1572 吃饭	1605 从小	1638 明年	1671 争议	1704 尽管	1737 传承
1507 拨	1540 月底	1573 方便	1606 限	1639 钢铁	1672 文学	1705 公约	1738 意味
1508 高兴	1541 合作	1574 仔细	1607 伤害	1640 对待	1673 参与	1706 廉政	1739 党风
1509 争取	1542 会议	1575 卷	1608 闻	1641 监测	1674 肥	1707 减少	1740 机器
1510 床	1543 美术	1576 扎实	1609 旧	1642 手里	1675 效益	1708 模范	1741 南非
1511 盘	1544 批评	1577 理事	1610 编辑	1643 乐	1676 丝	1709 建设	1742 宽广
1512 洪	1545 钢	1578 状	1611 人均	1644 否则	1677 风格	1710 组成	1743 资源
1513 奇怪	1546 结婚	1579 分钟	1612 中央	1645 防御	1678 埃及	1711 重庆	1744 叶子
1514 必将	1547 版	1580 贵州	1613 共产	1646 利益	1679 公布	1712 品	1745 苗
1515 级	1548 挥	1581 倍	1614 最大	1647 会谈	1680 抹	1713 穿着	1746 振
1516 财产	1549 博	1582 森林	1615 吉	1648 适合	1681 天生	1714 都市	1747 甲
1517 意	1550 便利	1583 丰富	1616 确实	1649 哈	1682 捐赠	1715 司机	1748 骂
1518 壮大	1551 举行	1584 理论	1617 箱	1650 年初	1683 排放	1716 防范	1749 祖国
1519 中午	1552 一旦	1585 具体	1618 食	1651 凭	1684 总结	1717 马上	1750 一下子
1520 获悉	1553 比如	1586 突	1619 广阔	1652 涉	1685 实际	1718 通道	1751 协会
1521 琳	1554 喂	1587 队伍	1620 不久	1653 其他	1686 破坏	1719 无奈	1752 袭击
1522 早晨	1555 局势	1588 绝	1621 日常	1654 兰	1687 赋予	1720 多元	1753 民警

1754 携	1787 软件	1820 耐心	1853 通	1886 紧紧	1919 刻	1952 煤	1985 要么
1755 走到	1788 强制	1821 前往	1854 青岛	1887 族	1920 公开	1953 易	1986 线路
1756 一眼	1789 骨干	1822 提案	1855 新鲜	1888 院士	1921 怎么样	1954 电	1987 建交
1757 集中	1790 感动	1823 票	1856 呼吁	1889 拜	1922 当今	1955 达成	1988 果
1758 人为	1791 商	1824 互相	1857 天然	1890 居然	1923 印象	1956 宗旨	1989 金属
1759 爱国	1792 作物	1825 人口	1858 一块	1891 玛	1924 嘉	1957 少年	1990 脱
1760 刀	1793 接到	1826 嫌	1859 理	1892 枪	1925 国内外	1958 补偿	1991 观点
1761 阶段	1794 工程	1827 届	1860 持续	1893 好几	1926 检验	1959 院	1992 网站
1762 平静	1795 子女	1828 出行	1861 留下	1894 居民	1927 盆	1960 克服	1993 礼物
1763 挖	1796 丹	1829 色彩	1862 工艺	1895 充分	1928 奥林匹克	1961 过于	1994 收拾
1764 平稳	1797 显然	1830 照顾	1863 填	1896 款	1929 澳	1962 美丽	1995 杆
1765 中文	1798 工具	1831 青海	1864 接触	1897 劳动	1930 蒋	1963 随时	1996 俺
1766 导演	1799 早在	1832 法治	1865 办公室	1898 失败	1931 俱	1964 戈	1997 危机
1767 魅力	1800 开创	1833 连续	1866 俄罗斯	1899 客运	1932 墙	1965 严格	1998 威
1768 乃至	1801 家乡	1834 地面	1867 正常	1900 雨	1933 风景	1966 夏天	1999 开发
1769 爸爸	1802 陕西	1835 满足	1868 面临	1901 正义	1934 四十	1967 处置	2000 调控
1770 积极	1803 天津	1836 成立	1869 夺	1902 忠诚	1935 季	1968 大胆	2001 茨
1771 付	1804 上下	1837 饮	1870 稳步	1903 朵	1936 担任	1969 颁布	2002 欧洲
1772 专门	1805 造就	1838 乎	1871 试	1904 奋斗	1937 太太	1970 信号	2003 政策
1773 惠	1806 危害	1839 悄悄	1872 虫	1905 疾病	1938 经历	1971 黄河	2004 抽
1774 鼓	1807 致	1840 感受	1873 纪检	1906 湾	1939 很少	1972 幅	2005 蔡
1775 真诚	1808 人群	1841 不论	1874 迈	1907 不是	1940 县级	1973 伸出	2006 编制
1776 通常	1809 法制	1842 参	1875 审判	1908 珠	1941 祖	1974 误	2007 豆
1777 听取	1810 完美	1843 保安	1876 部长	1909 前面	1942 灵魂	1975 列车	2008 表述
1778 小姐	1811 早上	1844 民营	1877 小区	1910 缺	1943 春天	1976 曼	2009 完
1779 残奥会	1812 打电话	1845 内需	1878 经典	1911 收到	1944 自由	1977 老板	2010 严厉
1780 相关	1813 发出	1846 及时	1879 潜力	1912 阿富汗	1945 陆	1978 等待	2011 形式
1781 债	1814 端	1847 寄	1880 江苏	1913 订	1946 不太	1979 潘	2012 决
1782 换	1815 最好	1848 肺	1881 气氛	1914 冬天	1947 只好	1980 同样	2013 彩
1783 武器	1816 势力	1849 回忆	1882 对口	1915 陆续	1948 劳务	1981 蔓延	2014 申
1784 成年	1817 舍	1850 有机	1883 难道	1916 南方	1949 展览	1982 质量	2015 石头
1785 国会	1818 足球	1851 治理	1884 偿	1917 东部	1950 恩	1983 署	2016 勤
1786 通信	1819 参谋	1852 外长	1885 年级	1918 外面	1951 赢得	1984 添	2017 机构

2018 交通	2051 加拿大	2084 创意	2117 省委	2150 重点	2183 图片	2216 地带	2249 星期
2019 稳定	2052 卢	2085 予	2118 微	2151 呼吸	2184 终	2217 支付	2250 一面
2020 三峡	2053 证书	2086 失误	2119 河	2152 抓紧	2185 花园	2218 旅客	2251 科技
2021 领取	2054 脱颖而出	2087 滑	2120 刑	2153 安理会	2186 拍摄	2219 往往	2252 那年
2022 有一次	2055 跟踪	2088 林业	2121 碰到	2154 耶	2187 放弃	2220 平民	2253 昌
2023 爷	2056 纠纷	2089 似乎	2122 变成	2155 弱	2188 手机	2221 聚	2254 闭幕
2024 收获	2057 品牌	2090 损失	2123 石油	2156 权	2189 公共	2222 优势	2255 亚洲
2025 周边	2058 水果	2091 汇报	2124 不时	2157 感慨	2190 避	2223 哥哥	2256 笑容
2026 相继	2059 非洲	2092 砖	2125 使得	2158 轻	2191 更新	2224 督促	2257 十年
2027 忍不住	2060 学科	2093 极端	2126 来自	2159 答案	2192 即将	2225 黎	2258 海峡
2028 仿佛	2061 强调	2094 调	2127 惩治	2160 塑料	2193 请求	2226 国产	2259 父母
2029 伊	2062 即使	2095 成员	2128 寻找	2161 自豪	2194 皮	2227 有限	2260 移动
2030 周年	2063 基础	2096 知名	2129 望	2162 干脆	2195 兼	2228 地处	2261 场面
2031 事项	2064 下岗	2097 明星	2130 大多	2163 女排	2196 场地	2229 么	2262 调节
2032 人数	2065 重大	2098 艾滋	2131 搬	2164 明确	2197 扇	2230 四大	2263 以外
2033 贺国强	2066 重视	2099 不用	2132 开辟	2165 诞生	2198 听证	2231 史	2264 侧
2034 东方	2067 矛盾	2100 保留	2133 佳	2166 动力	2199 拼搏	2232 禁止	2265 抗
2035 安静	2068 骑	2101 应当	2134 邻居	2167 主席	2200 寒	2233 守	2266 领域
2036 想起	2069 遵守	2102 夜里	2135 隐患	2168 剩下	2201 当日	2234 途	2267 摆脱
2037 北部	2070 遗憾	2103 到底	2136 短短	2169 辛	2202 薄	2235 省市	2268 约束
2038 清晰	2071 体现	2104 家电	2137 正当	2170 启示	2203 厦门	2236 公有	2269 焦
2039 液	2072 顺	2105 堂	2138 韦	2171 跑到	2204 脚	2237 资金	2270 估计
2040 回国	2073 现	2106 思考	2139 融合	2172 病人	2205 代理	2238 果然	2271 币
2041 痛苦	2074 发挥	2107 诗人	2140 角色	2173 广播	2206 证	2239 敢	2272 背后
2042 共	2075 讨论	2108 德国	2141 天下	2174 区别	2207 一度	2240 讯	2273 阅
2043 牙	2076 经常	2109 心情	2142 享有	2175 卫生	2208 口号	2241 初中	2274 待遇
2044 满	2077 鉴定	2110 财富	2143 飞行	2176 模式	2209 不少	2242 富裕	2275 引
2045 贴近	2078 校园	2111 轮	2144 宣传	2177 命运	2210 却是	2243 那时	2276 隧道
2046 美国人	2079 借鉴	2112 餐	2145 渐	2178 酒店	2211 超市	2244 退	2277 立刻
2047 稻	2080 节日	2113 孔	2146 诚信	2179 兆国	2212 师傅	2245 联通	2278 开放
2048 规则	2081 测试	2114 导弹	2147 诗歌	2180 旨	2213 欢迎	2246 院子	2279 封
2049 同一	2082 良好	2115 造	2148 法庭	2181 好事	2214 博士	2247 省长	2280 塘
2050 采取	2083 范围	2116 有效	2149 嘛	2182 顾客	2215 恐	2248 心态	2281 原来

2282 考生	2315 港口	2348 阶级	2381 冠	2414 承载	2447 聪明	2480 似的	2513 常常
2283 练	2316 再生	2349 食品	2382 黑色	2415 性质	2448 肌肉	2481 学历	2514 素质
2284 合适	2317 全会	2350 执行	2383 首脑	2416 仪	2449 监狱	2482 沙漠	2515 不禁
2285 载体	2318 命	2351 是的	2384 束	2417 尚未	2450 选拔	2483 时光	2516 回去
2286 领先	2319 此时	2352 昆明	2385 铁路	2418 集团	2451 苏丹	2484 浮动	2517 评为
2287 爹	2320 话题	2353 作家	2386 解读	2419 烧	2452 爆发	2485 制约	2518 兵
2288 化工	2321 空调	2354 分布	2387 读书	2420 班长	2453 振兴	2486 光明	2519 倾听
2289 成本	2322 遭到	2355 穆	2388 继	2421 简化	2454 贡献	2487 信仰	2520 武
2290 制度	2323 口气	2356 消失	2389 线索	2422 外地	2455 害怕	2488 来源	2521 何况
2291 众	2324 规章	2357 越南	2390 中等	2423 回顾	2456 半岛	2489 英语	2522 护士
2292 今日	2325 引领	2358 常务	2391 开设	2424 庭	2457 这位	2490 大哥	2523 久
2293 体	2326 运作	2359 兹	2392 垄断	2425 敏	2458 长达	2491 明明	2524 沙发
2294 逐	2327 调整	2360 案	2393 植物	2426 不说	2459 鼓舞	2492 进一步	2525 彭
2295 离婚	2328 军区	2361 要素	2394 挑	2427 自信	2460 抗震救灾	2493 常	2526 拿出
2296 精彩	2329 封闭	2362 预案	2395 战役	2428 银	2461 长远	2494 投身	2527 拉美
2297 好多	2330 乒乓	2363 客人	2396 搬迁	2429 债券	2462 遵循	2495 辆	2528 英文
2298 性格	2331 放下	2364 深厚	2397 独自	2430 和平	2463 娟	2496 痛	2529 保险
2299 表彰	2332 一对	2365 坚定不移	2398 得以	2431 不懈	2464 法院	2497 可谓	2530 干扰
2300 失去	2333 军委	2366 天地	2399 金融	2432 或许	2465 限度	2498 出生	2531 人体
2301 婚姻	2334 疫苗	2367 刚刚	2400 消化	2433 海军	2466 焦点	2499 针	2532 拓宽
2302 诺	2335 效率	2368 地铁	2401 体育	2434 现状	2467 中部	2500 检	2533 外国
2303 歧视	2336 外商	2369 写作	2402 视觉	2435 内在	2468 著作	2501 当事	2534 严峻
2304 出让	2337 极为	2370 酸	2403 蔬菜	2436 与此同时	2469 开采	2502 中国人	2535 景观
2305 淡	2338 投	2371 下乡	2404 领	2437 亚太	2470 购	2503 界	2536 天使
2306 合同	2339 人文	2372 贾庆林	2405 孟	2438 率	2471 欧	2504 菲律宾	2537 反映
2307 吻	2340 姚	2373 单一	2406 倡导	2439 涨	2472 紫	2505 贯穿	2538 解
2308 逃	2341 心理	2374 形态	2407 诸	2440 准则	2473 乡亲	2506 频道	2539 营销
2309 山上	2342 另外	2375 十一	2408 增收	2441 盐	2474 股市	2507 青少年	2540 关税
2310 本质	2343 欢	2376 电台	2409 手指	2442 态势	2475 均	2508 土壤	2541 拍卖
2311 恨	2344 车间	2377 阐述	2410 撤	2443 袋	2476 碳	2509 考	2542 院长
2312 优良	2345 走进	2378 周永康	2411 丈夫	2444 古巴	2477 楚	2510 帕	2543 五一
2313 反而	2346 中介	2379 活儿	2412 补充	2445 聚集	2478 商品	2511 人事	2544 博览会
2314 机关	2347 特意	2380 报酬	2413 故意	2446 反应	2479 说到	2512 男人	2545 民航

2546 昨天	2579 好了	2612 最初	2645 同学	2678 老家	2711 逊	2744 自行	2777 下班
2547 姐	2580 安慰	2613 锡	2646 祝	2679 院校	2712 置	2745 挽	2778 阿姨
2548 修改	2581 空军	2614 奠定	2647 称号	2680 举办	2713 校	2746 主动	2779 不知
2549 送给	2582 甘	2615 进而	2648 敲	2681 偷偷	2714 盲目	2747 局面	2780 泛
2550 开阔	2583 卓	2616 而已	2649 和谐	2682 夹	2715 真的	2748 搞好	2781 合资
2551 书店	2584 奇迹	2617 丘	2650 症	2683 幅度	2716 身着	2749 担	2782 候选
2552 香	2585 属	2618 峰	2651 铜	2684 柴	2717 评议	2750 警示	2783 能不能
2553 推向	2586 未经	2619 马路	2652 精	2685 顿时	2718 荒	2751 并非	2784 恐怕
2554 枝	2587 时机	2620 宁波	2653 嫌疑	2686 不到	2719 重任	2752 健	2785 席
2555 维持	2588 体会	2621 体操	2654 形	2687 态	2720 如同	2753 玩	2786 叔叔
2556 挖掘	2589 走访	2622 汶	2655 敌	2688 故乡	2721 荷兰	2754 活跃	2787 可惜
2557 爸	2590 热线	2623 共青团	2656 补贴	2689 岁月	2722 制止	2755 砸	2788 公里
2558 岛	2591 刑事	2624 巴黎	2657 失	2690 麻烦	2723 确认	2756 实	2789 同意
2559 念	2592 以便	2625 结构	2658 认定	2691 催	2724 厦	2757 人人	2790 边境
2560 桂	2593 党校	2626 脑袋	2659 己	2692 宪法	2725 自律	2758 巧	2791 威胁
2561 增长	2594 东亚	2627 房间	2660 测量	2693 泰国	2726 承诺	2759 远处	2792 榜
2562 符合	2595 起草	2628 公平	2661 南宁	2694 身影	2727 父	2760 指数	2793 指导
2563 货币	2596 总之	2629 分为	2662 包装	2695 一辈子	2728 井冈	2761 追	2794 深入
2564 珍贵	2597 场景	2630 伟	2663 政法	2696 相连	2729 头上	2762 肖	2795 布什
2565 世锦赛	2598 愣	2631 局部	2664 赔	2697 泪水	2730 课堂	2763 庄	2796 宾馆
2566 发送	2599 扫	2632 英	2665 折射	2698 统一	2731 大国	2764 梅	2797 急需
2567 同事	2600 红色	2633 历	2666 回收	2699 略	2732 独	2765 屋里	2798 那一刻
2568 牢	2601 灰	2634 坚强	2667 腿	2700 同年	2733 干什么	2766 清晨	2799 回归
2569 紧迫	2602 莎	2635 并不是	2668 频繁	2701 中年	2734 一套	2767 祝福	2800 柜
2570 奥运会	2603 门前	2636 一句话	2669 意识到	2702 协作	2735 长效	2768 特区	2801 在场
2571 细胞	2604 攻击	2637 狠	2670 村庄	2703 上班	2736 伦	2769 商标	2802 味
2572 看见	2605 难得	2638 蓬勃	2671 东北	2704 平安	2737 当作	2770 点头	2803 解放
2573 淘汰	2606 奥委会	2639 升	2672 郑州	2705 参观	2738 啃	2771 方位	2804 制作
2574 黑龙江	2607 平时	2640 收集	2673 动员	2706 抑制	2739 脏	2772 影视	2805 坑
2575 宫	2608 散	2641 四川	2674 赛场	2707 姜	2740 对着	2773 医疗	2806 艰苦
2576 出门	2609 替代	2642 陪同	2675 旺	2708 铝	2741 郎	2774 将军	2807 滩
2577 空前	2610 制	2643 揭	2676 看上去	2709 争夺	2742 不仅	2775 诗	2808 衡量
2578 摩托	2611 回应	2644 污染	2677 贾	2710 无私	2743 情形	2776 耳	2809 十五

2810 苏联	2843 从来	2876 主义	2909 不得不	2942 国民	2975 任用	3008 致使	3041 废弃
2811 色情	2844 管道	2877 船舶	2910 附近	2943 党组	2976 男生	3009 侵略	3042 容
2812 差别	2845 改革	2878 方针	2911 伞	2944 层面	2977 委内瑞拉	3010 身份	3043 证明
2813 答	2846 小学	2879 贵阳	2912 挣扎	2945 灌	2978 户口	3011 肩膀	3044 年纪
2814 围	2847 党	2880 口袋	2913 扑	2946 关爱	2979 羊	3012 节奏	3045 罪
2815 驾驶	2848 有时候	2881 使馆	2914 宏	2947 出色	2980 总裁	3013 承认	3046 相比
2816 题材	2849 奔	2882 反响	2915 违规	2948 鲍	2981 帝国	3014 随意	3047 杰出
2817 参考	2850 培训	2883 植	2916 珍惜	2949 上去	2982 燃	3015 荣辱	3048 牢牢
2818 号召	2851 福州	2884 燕	2917 小镇	2950 缓慢	2983 其余	3016 央	3049 大会
2819 权力	2852 战友	2885 哩	2918 捡	2951 靠近	2984 成果	3017 春	3050 庆
2820 原料	2853 谈起	2886 遇	2919 社	2952 惊	2985 女孩子	3018 挤	3051 碎
2821 各个	2854 违背	2887 便宜	2920 先进	2953 冬季	2986 启	3019 传播	3052 论证
2822 济南	2855 预测	2888 实施	2921 滞	2954 秋天	2987 拐	3020 飘	3053 宿舍
2823 邮件	2856 亩	2889 冷静	2922 随即	2955 不停	2988 衣	3021 丑	3054 会儿
2824 犹如	2857 牢固	2890 珊	2923 药物	2956 很久	2989 汉	3022 总理	3055 起到
2825 摘	2858 愉快	2891 头发	2924 台北	2957 含量	2990 脑子	3023 帐	3056 日报
2826 群众	2859 吨	2892 掏出	2925 澳门	2958 倾	2991 慢	3024 今晚	3057 挣
2827 瓦斯	2860 陶	2893 馆	2926 勘察	2959 麻	2992 服	3025 幸福	3058 人和
2828 工会	2861 抬	2894 上市	2927 不安	2960 立场	2993 手续	3026 成才	3059 微微
2829 寿	2862 倾向	2895 结合	2928 好奇	2961 嘴里	2994 从不	3027 运转	3060 巴西
2830 命令	2863 辖	2896 处方	2929 跌	2962 充实	2995 川	3028 什	3061 传染
2831 老鼠	2864 进取	2897 玉	2930 侯	2963 经受	2996 破产	3029 接近	3062 拿到
2832 因素	2865 资料	2898 简易	2931 扩大	2964 朝阳	2997 游	3030 点点头	3063 眼泪
2833 猛	2866 隔离	2899 递	2932 疫情	2965 打印	2998 稿	3031 突出	3064 同行
2834 规模	2867 哪个	2900 会计	2933 提拔	2966 炉	2999 外汇	3032 查询	3065 规划
2835 平方米	2868 怀疑	2901 篚	2934 玻璃	2967 只要	3000 访问	3033 复兴	3066 形成
2836 聊	2869 统计	2902 任命	2935 董	2968 浑	3001 愁	3034 绩效	3067 准入
2837 引起	2870 文献	2903 西安	2936 端方	2969 鲁迅	3002 视听	3035 观	3068 跨越
2838 寂寞	2871 小孩	2904 远离	2937 刮	2970 一定会	3003 不怕	3036 碗	3069 通行
2839 具	2872 娅	2905 建造	2938 价	2971 脚步	3004 批发	3037 统治	3070 作品
2840 瓶	2873 修养	2906 病例	2939 沪	2972 往年	3005 那边	3038 档案	3071 原油
2841 光辉	2874 锦标	2907 因而	2940 台独	2973 永远	3006 再说	3039 适度	3072 交给
2842 毫不	2875 扩	2908 静	2941 有望	2974 书法	3007 不住	3040 南昌	3073 末

续表

3074 娃娃	3107 商场	3140 一国两制	3173 整合	3206 预期	3239 等级	3272 郊区	3305 等候
3075 履行	3108 啤酒	3141 显现	3174 心脏	3207 拖欠	3240 延长	3273 特有	3306 正气
3076 短缺	3109 江南	3142 连锁	3175 电器	3208 机电	3241 余名	3274 诉求	3307 剧院
3077 离开	3110 期间	3143 地上	3176 珍	3209 去世	3242 难民	3275 政	3308 相邻
3078 战场	3111 搭	3144 疫	3177 邹	3210 扁	3243 航班	3276 本领	3309 讲究
3079 学期	3112 构筑	3145 社区	3178 莉	3211 接下来	3244 温州	3277 有趣	3310 苏区
3080 在于	3113 盼	3146 涵盖	3179 拖	3212 五大	3245 涂	3278 歌曲	3311 占用
3081 情节	3114 患	3147 征收	3180 团体	3213 眼看	3246 牛奶	3279 带来	3312 确诊
3082 表面	3115 号码	3148 战线	3181 轻松	3214 图案	3247 说完	3280 书籍	3313 展
3083 流转	3116 街上	3149 激发	3182 街	3215 营业	3248 法官	3281 争论	3314 大概
3084 容量	3117 超越	3150 畅	3183 忙碌	3216 干预	3249 暂时	3282 星星	3315 住院
3085 扯	3118 气息	3151 带有	3184 摊	3217 乘坐	3250 产	3283 自愿	3316 还是
3086 上帝	3119 马来西亚	3152 起床	3185 实事求是	3218 说话	3251 意志	3284 扛	3317 长期以来
3087 暴露	3120 游客	3153 西方	3186 集	3219 礼仪	3252 筹集	3285 携带	3318 症状
3088 担当	3121 主办	3154 朗	3187 实力	3220 猜	3253 烂	3286 率领	3319 损
3089 萌	3122 律师	3155 标识	3188 燃烧	3221 一贯	3254 方法	3287 电信	3320 丰硕
3090 依照	3123 冲刺	3156 验收	3189 借口	3222 大都	3255 上演	3288 籍	3321 州
3091 当场	3124 心想	3157 权益	3190 师生	3223 委屈	3256 身子	3289 永恒	3322 四周
3092 客观	3125 测算	3158 利润	3191 怕	3224 戏剧	3257 期货	3290 东莞	3323 全军
3093 赚	3126 步骤	3159 谴责	3192 万里	3225 西班牙	3258 大桥	3291 惊喜	3324 决议
3094 大庆	3127 对抗	3160 总的	3193 被迫	3226 渠	3259 目录	3292 就算	3325 风向
3095 物理	3128 柏	3161 独特	3194 操	3227 露	3260 眼神	3293 像是	3326 经济危机
3096 贫	3129 开拓	3162 印第安	3195 炒	3228 尴尬	3261 原先	3294 部委	3327 默默
3097 挺	3130 丢	3163 救治	3196 特定	3229 颁发	3262 措施	3295 火箭	3328 膜
3098 点评	3131 民兵	3164 地址	3197 谭	3230 教训	3263 名称	3296 五四	3329 之际
3099 窗口	3132 灌溉	3165 优	3198 敏感	3231 岳	3264 分歧	3297 孤儿	3330 审核
3100 人权	3133 扩展	3166 增速	3199 浩	3232 护	3265 维护	3298 低头	3331 射
3101 平均	3134 保卫	3167 全面	3200 大气	3233 择	3266 污	3299 遭受	3332 西藏
3102 招呼	3135 县长	3168 订单	3201 拆除	3234 他人	3267 住宅	3300 代替	3333 这天
3103 伤	3136 环保	3169 摇	3202 巴掌	3235 认	3268 其次	3301 发动	3334 尽量
3104 黛	3137 面积	3170 扣	3203 尊敬	3236 装置	3269 核实	3302 对不起	3335 钉
3105 被告	3138 委	3171 演唱	3204 顺应	3237 沿	3270 纪委	3303 职位	3336 动画
3106 变为	3139 女性	3172 改善	3205 专	3238 汗	3271 不好	3304 创新	3337 这儿

3338 流动	3371 生意	3404 大事	3437 神情	3470 大厅	3503 港	3536 电池	3569 模拟
3339 是非	3372 担忧	3405 买卖	3438 实行	3471 异常	3504 塞	3537 中学	3570 丰收
3340 食堂	3373 打动	3406 夯	3439 狂	3472 领会	3505 瑟	3538 机动	3571 戏曲
3341 家属	3374 充足	3407 孩子	3440 不好意思	3473 申报	3506 针对	3539 库存	3572 气温
3342 河流	3375 条约	3408 传媒	3441 变动	3474 灾民	3507 搜	3540 内阁	3573 应对
3343 阻止	3376 肉	3409 上访	3442 同类	3475 到来	3508 赠送	3541 创	3574 贵
3344 瓶颈	3377 绘画	3410 据说	3443 戏	3476 那天	3509 注射	3542 莲	3575 十二
3345 出售	3378 稳	3411 永久	3444 温暖	3477 级别	3510 饮用	3543 资费	3576 武术
3346 崇高	3379 长久	3412 残酷	3445 职工	3478 奋战	3511 神经	3544 竣	3577 体检
3347 阶层	3380 奋	3413 翻译	3446 持	3479 每年	3512 运力	3545 适	3578 生态
3348 桌上	3381 贫穷	3414 豪华	3447 沉	3480 治疗	3513 北大	3546 由此	3579 戴
3349 庞大	3382 报名	3415 议论	3448 中长期	3481 实质	3514 世博会	3547 友好	3580 别墅
3350 踏实	3383 广泛	3416 职权	3449 实践	3482 拱	3515 压力	3548 完毕	3581 家园
3351 含	3384 童年	3417 绩	3450 父亲	3483 称赞	3516 崭新	3549 桌子	3582 护卫
3352 臭	3385 所得	3418 遍布	3451 提倡	3484 挑选	3517 难过	3550 打造	3583 勤劳
3353 肩	3386 浪漫	3419 刷	3452 高尚	3485 元旦	3518 延	3551 储	3584 城区
3354 般	3387 名胜	3420 禾	3453 促使	3486 进入	3519 水库	3552 死刑	3585 保障
3355 玩笑	3388 清华	3421 目的	3454 聘请	3487 新区	3520 削	3553 集聚	3586 好转
3356 景区	3389 预备	3422 烦	3455 摸索	3488 复苏	3521 伏	3554 联络	3587 染
3357 寺	3390 说法	3423 株	3456 票价	3489 打开	3522 姿态	3555 被动	3588 障碍
3358 缩小	3391 省级	3424 联赛	3457 高潮	3490 自来	3523 研发	3556 期盼	3589 之初
3359 庄严	3392 机械	3425 一律	3458 一时	3491 赞赏	3524 余震	3557 广东	3590 停留
3360 没人	3393 优美	3426 综	3459 列宁	3492 畅通	3525 晚餐	3558 查找	3591 好人
3361 友	3394 斤	3427 英雄	3460 大局	3493 阿拉伯	3526 忧虑	3559 余	3592 象棋
3362 墨	3395 依赖	3428 勘探	3461 后勤	3494 门外	3527 陪	3560 四五	3593 下列
3363 中断	3396 烦恼	3429 南北	3462 人身	3495 一场	3528 宁	3561 楼下	3594 转到
3364 流浪	3397 文物	3430 成分	3463 鸡蛋	3496 良	3529 客厅	3562 连接	3595 想象
3365 联合	3398 甩	3431 大多数	3464 放映	3497 法西斯	3530 公用	3563 网球	3596 菊
3366 行列	3399 忍	3432 无锡	3465 吃完	3498 划	3531 廉	3564 纵	3597 餐饮
3367 效	3400 农	3433 落到实处	3466 军事	3499 凝聚	3532 握	3565 奉献	3598 砍
3368 只见	3401 外贸	3434 居	3467 取	3500 屏幕	3533 改正	3566 庄稼	3599 热潮
3369 压缩	3402 弥补	3435 天气	3468 树林	3501 认证	3534 壁	3567 京剧	3600 那个
3370 负	3403 饿	3436 包容	3469 刚才	3502 单独	3535 凭借	3568 程度	3601 冷战

续表

3602 谋划	3635 赤	3668 便是	3701 流传	3734 国立	3767 中外	3800 商务	3833 吉利
3603 学问	3636 糖	3669 记载	3702 撒	3735 奖金	3768 行情	3801 宽容	3834 秸秆
3604 全家	3637 平凡	3670 答复	3703 降	3736 泥土	3769 辞	3802 国事	3835 筹办
3605 爱人	3638 事实上	3671 结算	3704 爱心	3737 嫂	3770 商定	3803 惜	3836 冰
3606 身心	3639 感叹	3672 坪	3705 媛	3738 检疫	3771 反思	3804 工伤	3837 思维
3607 投放	3640 敢于	3673 测绘	3706 召开	3739 逛	3772 农场	3805 老乡	3838 感人
3608 难忘	3641 技	3674 伸	3707 制定	3740 播放	3773 坚守	3806 琴	3839 滞留
3609 初次	3642 务必	3675 日期	3708 回升	3741 国防	3774 亚	3807 内心	3840 乌克兰
3610 风雪	3643 捐献	3676 损害	3709 整洁	3742 王国	3775 申请	3808 相机	3841 只是
3611 特色	3644 改为	3677 汉字	3710 对接	3743 民主	3776 降到	3809 台阶	3842 富强
3612 智力	3645 债权	3678 不止	3711 寒冷	3744 仅仅是	3777 反馈	3810 提示	3843 视角
3613 不能	3646 撤离	3679 水准	3712 醒来	3745 互访	3778 寻	3811 国旗	3844 还有
3614 上网	3647 透露	3680 眼镜	3713 全新	3746 明亮	3779 男朋友	3812 交叉	3845 覆盖
3615 春风	3648 审	3681 自从	3714 徒刑	3747 边缘	3780 画面	3813 黄金	3846 之上
3616 排查	3649 行政	3682 周期	3715 转变	3748 捆绑	3781 全年	3814 任期	3847 油田
3617 肩负	3650 业务	3683 作文	3716 粒	3749 罗马	3782 小心翼翼	3815 抛	3848 委托
3618 建材	3651 私	3684 塑造	3717 正规	3750 鉴	3783 打听	3816 最高	3849 驻
3619 境	3652 束缚	3685 链条	3718 游泳	3751 护理	3784 拒	3817 前方	3850 冶
3620 与其	3653 组建	3686 来访	3719 只不过	3752 盖	3785 含义	3818 呼唤	3851 保姆
3621 医药	3654 案例	3687 廉洁	3720 坤	3753 支书	3786 癌症	3819 监控	3852 素养
3622 海啸	3655 拥护	3688 爱好	3721 悠久	3754 特困	3787 加入	3820 录	3853 八路
3623 什么样	3656 涛	3689 尾巴	3722 诊断	3755 亲爱的	3788 凌晨	3821 楼	3854 布朗
3624 凡是	3657 公款	3690 概括	3723 资	3756 徒	3789 海口	3822 市长	3855 游行
3625 园区	3658 大姐	3691 街头	3724 不会	3757 马克	3790 迅猛	3823 着急	3856 俄
3626 全村	3659 漏	3692 沙	3725 长沙	3758 乌	3791 印制	3824 迟	3857 数据
3627 幽默	3660 躲	3693 危急	3726 屁股	3759 振奋	3792 并举	3825 主角	3858 反腐倡廉
3628 尘	3661 罕见	3694 储蓄	3727 开启	3760 典	3793 操场	3826 墙上	3859 农技
3629 非法	3662 盒	3695 规	3728 就算是	3761 判决	3794 世	3827 科研	3860 看重
3630 杭州	3663 鼻子	3696 傍晚	3729 缺失	3762 制订	3795 默	3828 宏大	3861 昆曲
3631 越是	3664 备案	3697 愈	3730 评价	3763 免	3796 诉	3829 打算	3862 派遣
3632 阴	3665 承受	3698 步行	3731 往事	3764 宋	3797 弃	3830 宏伟	3863 家住
3633 冬	3666 领到	3699 盾	3732 赞助	3765 海拔	3798 蓓	3831 干啥	3864 中间
3634 金钱	3667 计	3700 冀	3733 细	3766 持有	3799 老人	3832 缺口	3865 演员

3866 每当	3899 站起来	3932 当家作主	3965 库区	3998 问世	4031 葡萄牙	4064 智能	4097 露出
3867 互补	3900 用户	3933 故宫	3966 法定	3999 喜庆	4032 左右	4065 汽油	4098 及其
3868 回落	3901 优越	3934 散发	3967 应邀	4000 美洲	4033 好几个	4066 科考	4099 大夫
3869 雪山	3902 减	3935 桑	3968 视频	4001 抵押	4034 标志	4067 谢	4100 不幸
3870 分量	3903 众人	3936 捞	3969 蓝天	4002 逸	4035 哥伦比亚	4068 艰辛	4101 否
3871 偏	3904 抱怨	3937 演绎	3970 会晤	4003 航	4036 高龄	4069 熊	4102 清明
3872 无不	3905 就读	3938 战略	3971 拆	4004 区域	4037 借助	4070 有可能	4103 唉
3873 没收	3906 芽	3939 筹备	3972 再度	4005 乃	4038 足迹	4071 令人	4104 总局
3874 屋	3907 适宜	3940 屠杀	3973 华盛顿	4006 术	4039 分行	4072 难受	4105 备
3875 中华	3908 余额	3941 尼日利亚	3974 从容	4007 宪	4040 指示	4073 生机	4106 熟练
3876 无效	3909 常态	3942 逝	3975 商人	4008 洁	4041 誉为	4074 录用	4107 着力
3877 强劲	3910 地位	3943 界限	3976 奔赴	4009 终止	4042 告别	4075 区委	4108 立方米
3878 设施	3911 防	3944 孩	3977 热心	4010 探索	4043 见习	4076 古典	4109 周末
3879 看好	3912 试用	3945 赫	3978 肚子	4011 产业	4044 不光	4077 转化	4110 接收
3880 淮	3913 暂行	3946 挂	3979 晋	4012 暂停	4045 潘跃	4078 电动	4111 震惊
3881 走近	3914 幢	3947 估算	3980 谋求	4013 辛苦	4046 身材	4079 节假日	4112 弟弟
3882 抵制	3915 柏林	3948 综合	3981 信誉	4014 科目	4047 营	4080 诈骗	4113 转换
3883 科学家	3916 充	3949 倡议	3982 人道	4015 技巧	4048 民进	4081 救济	4114 神
3884 拎	3917 扰乱	3950 困惑	3983 通关	4016 有意	4049 友人	4082 成熟	4115 老师
3885 红包	3918 始	3951 财政	3984 一点	4017 迄	4050 早日	4083 质检	4116 流量
3886 岸	3919 形势	3952 改编	3985 讲解	4018 的确	4051 幕	4084 频频	4117 剧烈
3887 热水	3920 税	3953 那些	3986 医务	4019 在线	4052 键	4085 原理	4118 起义
3888 幼儿	3921 魂	3954 皆	3987 隔	4020 重灾区	4053 癌	4086 不可或缺	4119 也是
3889 看望	3922 长期	3955 才是	3988 预定	4021 鹿	4054 窄	4087 好处	4120 一味
3890 离去	3923 土豆	3956 撤销	3989 淡淡	4022 沙滩	4055 遗留	4088 测评	4121 装饰
3891 战士	3924 钢琴	3957 沾	3990 温室	4023 贼	4056 下载	4089 是以	4122 脱贫
3892 长官	3925 卸	3958 器械	3991 他家	4024 敬意	4057 沉默	4090 黄金周	4123 豪
3893 老挝	3926 赔偿	3959 依旧	3992 赌博	4025 岗位	4058 兼顾	4091 作风	4124 前途
3894 漂亮	3927 姐妹	3960 凑	3993 语文	4026 品行	4059 流水	4092 民生	4125 欢快
3895 北极	3928 这些	3961 鼠	3994 桩	4027 擅自	4060 哪儿	4093 千方百计	4126 会场
3896 加快	3929 退役	3962 吊	3995 水土	4028 陷入	4061 粮	4094 奥迪	4127 分散
3897 厅	3930 雁	3963 引导	3996 誓言	4029 带到	4062 浓厚	4095 邦	4128 勤奋
3898 声誉	3931 浮躁	3964 前所未有	3997 蛇	4030 以为	4063 老区	4096 自救	4129 改建

4130 编写	4163 可以说	4196 披露	4229 首先	4262 切身	4295 惯	4328 哟	4361 晚报
4131 实用	4164 病房	4197 竞赛	4230 刘翔	4263 阴影	4296 温度	4329 收取	4362 爆炸
4132 盛	4165 工委	4198 诊	4231 彼此	4264 踢	4297 瞄准	4330 包围	4363 对策
4133 手上	4166 选定	4199 运河	4232 对面	4265 大道	4298 仪器	4331 漫长	4364 名利
4134 使命	4167 丫	4200 镜头	4233 监督	4266 悼念	4299 后任	4332 意愿	4365 承接
4135 账	4168 分手	4201 关切	4234 弄	4267 再现	4300 出席	4333 义	4366 组合
4136 维权	4169 犹豫	4202 勘查	4235 手持	4268 原本	4301 飚	4334 有用	4367 规范
4137 委员	4170 察看	4203 有事	4236 窗户	4269 瀚	4302 拟	4335 产量	4368 呼
4138 甜	4171 十万	4204 神秘	4237 倾斜	4270 征求	4303 范	4336 激光	4369 民俗
4139 赠	4172 店里	4205 开支	4238 兔	4271 逻辑	4304 倒塌	4337 加之	4370 基因
4140 走私	4173 渤海	4206 姆	4239 华东	4272 聚会	4305 夺取	4338 持久	4371 生死
4141 维	4174 经纪	4207 抵达	4240 严密	4273 盲人	4306 模	4339 紧密	4372 网吧
4142 尊严	4175 冰雪	4208 收支	4241 良心	4274 豆腐	4307 荞	4340 自家	4373 促销
4143 品德	4176 娶	4209 势	4242 战术	4275 接纳	4308 内涵	4341 出访	4374 文书
4144 穷	4177 营养	4210 隆	4243 华侨	4276 山东	4309 加强	4342 机场	4375 新生
4145 重量	4178 休	4211 从前	4244 典礼	4277 追切	4310 生出	4343 墨西哥	4376 涌现
4146 干净	4179 智利	4212 踏	4245 报考	4278 皇帝	4311 剧场	4344 总算	4377 事实
4147 清新	4180 书包	4213 释	4246 矮	4279 火车站	4312 诠释	4345 歌唱	4378 中队
4148 连队	4181 丰田	4214 出身	4247 播种	4280 实在	4313 航线	4346 时尚	4379 山村
4149 地下	4182 一向	4215 长安	4248 从未	4281 胖	4314 祝贺	4347 享受	4380 鹰
4150 和睦	4183 流淌	4216 冰箱	4249 次数	4282 制成	4315 大雪	4348 示	4381 圆明园
4151 足以	4184 亟待	4217 颁奖	4250 防线	4283 月初	4316 大风	4349 最多	4382 一开始
4152 念头	4185 辉煌	4218 贪污	4251 资格	4284 琢磨	4317 高效	4350 保健	4383 辅
4153 专栏	4186 犹太	4219 定价	4252 老爷子	4285 淇	4318 会同	4351 汲取	4384 遏制
4154 羽毛	4187 主编	4220 锅炉	4253 旋律	4286 担保	4319 山水	4352 格外	4385 低廉
4155 既然	4188 背着	4221 射击	4254 转达	4287 求助	4320 恐惧	4353 奴隶	4386 毕
4156 观测	4189 扬	4222 窝	4255 正好	4288 办成	4321 偏远	4354 屏	4387 说过
4157 公主	4190 抬起	4223 鲜	4256 肝	4289 正是	4322 渴	4355 脸上	4388 原始
4158 商家	4191 画家	4224 明说	4257 扭	4290 宇航	4323 拯救	4356 江西	4389 更具
4159 拘留	4192 视野	4225 书写	4258 支配	4291 坚持不懈	4324 福祉	4357 解除	4390 那一天
4160 风气	4193 吵	4226 日益	4259 器材	4292 司马	4325 裁决	4358 主题	4391 寄托
4161 混合	4194 旺盛	4227 抚摸	4260 忠实	4293 依次	4326 逾	4359 贯通	4392 扔
4162 变革	4195 流程	4228 结	4261 巡回	4294 尿	4327 拆迁	4360 肯定	4393 论坛

4394 大洋	4427 国企	4460 烈士	4493 极限	4526 好做	4559 侵犯	4592 胶	4625 动用
4395 岭	4428 衰退	4461 湖泊	4494 一举	4527 巩固	4560 京城	4593 兴趣	4626 停
4396 期限	4429 饭菜	4462 获取	4495 照明	4528 快速	4561 亏损	4594 聆听	4627 必需
4397 日夜	4430 力气	4463 职务	4496 中巴	4529 华夏	4562 背景	4595 续	4628 职称
4398 审视	4431 杂技	4464 羽	4497 缺乏	4530 警告	4563 理由	4596 迫	4629 役
4399 陈述	4432 上任	4465 奶牛	4498 可靠	4531 之余	4564 大致	4597 民歌	4630 英镑
4400 外交	4433 纲领	4466 徐才厚	4499 浓度	4532 大会堂	4565 欲望	4598 推动	4631 八一
4401 舍不得	4434 兄	4467 坚信	4500 欺骗	4533 差不多	4566 印发	4599 同步	4632 营利
4402 诚挚	4435 为止	4468 昼夜	4501 碑	4534 二战	4567 盼望	4600 叶	4633 计生
4403 桌	4436 抵御	4469 绘	4502 源	4535 全区	4568 必然	4601 促成	4634 行星
4404 风云	4437 嗨	4470 水稻	4503 隐	4536 田野	4569 编剧	4602 道歉	4635 同心
4405 运送	4438 尝	4471 反击	4504 位居	4537 胡同	4570 阿根廷	4603 沙龙	4636 瑶
4406 彻底	4439 演奏	4472 渔民	4505 加州	4538 指南	4571 暴力	4604 一小	4637 剥夺
4407 编织	4440 牵引	4473 津贴	4506 夜色	4539 竞选	4572 门诊	4605 钓	4638 溜
4408 载	4441 搜索	4474 拦	4507 牵挂	4540 亏	4573 专注	4606 掀	4639 降临
4409 漠	4442 指引	4475 租赁	4508 溢	4541 跑去	4574 文体	4607 公信	4640 疑问
4410 便民	4443 连夜	4476 凉	4509 女王	4542 浓郁	4575 话说	4608 干涉	4641 乌云
4411 新颖	4444 人流	4477 藤	4510 旅馆	4543 钻进	4576 采摘	4609 军队	4642 幻想
4412 贸易	4445 瞎	4478 来回	4511 右手	4544 睡着	4577 腾	4610 谁知	4643 铃
4413 窦	4446 你们	4479 尽早	4512 传说	4545 店	4578 时节	4611 体系	4644 设定
4414 上报	4447 电站	4480 屡	4513 创立	4546 朴素	4579 付出	4612 购物	4645 寸
4415 维吾尔	4448 党政	4481 介	4514 精细	4547 跋	4580 案件	4613 有待	4646 老是
4416 客户	4449 奖项	4482 可观	4515 高三	4548 听说	4581 赛季	4614 彭	4647 积累
4417 归	4450 剩余	4483 郑重	4516 奥运	4549 清单	4582 安心	4615 骤	4648 分享
4418 瞪	4451 桃花	4484 镜	4517 绝活	4550 实习	4583 石家庄	4616 下子	4649 急救
4419 身体	4452 伸手	4485 配置	4518 再见	4551 走去	4584 警惕	4617 板	4650 打死
4420 物流	4453 梳理	4486 定义	4519 招牌	4552 欣喜	4585 喇叭	4618 眼里	4651 士兵
4421 乡	4454 姿势	4487 连日	4520 延续	4553 游人	4586 帮忙	4619 腐	4652 重心
4422 往返	4455 诚意	4488 炮兵	4521 为此	4554 国歌	4587 抵抗	4620 中原	4653 搭建
4423 誓	4456 地产	4489 上路	4522 惯例	4555 陈列	4588 解放军	4621 卜	4654 毫米
4424 饲料	4457 家族	4490 营造	4523 发育	4556 经销	4589 推行	4622 电线	4655 约会
4425 当局	4458 诺贝尔	4491 捐助	4524 虎	4557 打通	4590 相似	4623 只得	4656 飞
4426 交代	4459 丰厚	4492 记	4525 全体	4558 贯	4591 台上	4624 草场	4657 罗马尼亚

续表

4658 彩色	4691 风貌	4724 国国	4757 坦诚	4790 男女	4823 管好	4856 丢失	4889 亲近
4659 病毒	4692 整理	4725 结成	4758 精英	4791 笔记	4824 兔子	4857 盛会	4890 朴实
4660 开展	4693 光彩	4726 湿	4759 天安门	4792 基本上	4825 占全	4858 掏	4891 高山
4661 算了	4694 笨	4727 赞扬	4760 学者	4793 历史上	4826 进门	4859 繁忙	4892 时时
4662 效能	4695 招收	4728 浮	4761 开来	4794 防疫	4827 拍	4860 运	4893 村务
4663 议案	4696 女的	4729 罩	4762 说不定	4795 发达	4828 大学生	4861 渠道	4894 起诉
4664 特长	4697 第二	4730 照亮	4763 突如其来	4796 行径	4829 秘鲁	4862 仓	4895 罢
4665 阅读	4698 一线	4731 驻地	4764 回头	4797 白杨	4830 理智	4863 冰冻	4896 危难
4666 升值	4699 陆军	4732 恐慌	4765 初级	4798 跪	4831 餐馆	4864 田家	4897 真挚
4667 勉强	4700 学术	4733 曼谷	4766 存款	4799 大雨	4832 杯子	4865 皇	4898 在意
4668 盏	4701 一下	4734 铜牌	4767 观察	4800 进修	4833 能源	4866 舞	4899 掩饰
4669 茫茫	4702 感触	4735 告知	4768 寻常	4801 丹麦	4834 送往	4867 球场	4900 冲动
4670 哇	4703 个大	4736 助	4769 追求	4802 托	4835 秦刚	4868 取代	4901 分解
4671 树枝	4704 誉	4737 碰撞	4770 楷模	4803 照片	4836 原有	4869 牵动	4902 伤口
4672 便捷	4705 农历	4738 洁净	4771 危	4804 作坊	4837 打好	4870 下面	4903 养成
4673 晕	4706 形容	4739 毅	4772 鞭炮	4805 无声	4838 月份	4871 一口	4904 动作
4674 精致	4707 大江	4740 仗	4773 白色	4806 丧失	4839 息	4872 紧接着	4905 同伴
4675 速	4708 下雨	4741 温和	4774 惊醒	4807 特殊	4840 赢	4873 富有	4906 歪
4676 真相	4709 磷	4742 灶	4775 获胜	4808 可喜	4841 理工	4874 健全	4907 选票
4677 叙述	4710 而是	4743 栏	4776 体制	4809 一带	4842 运营	4875 贪	4908 防守
4678 灵活	4711 敏锐	4744 死去	4777 跟随	4810 落下	4843 高超	4876 社团	4909 配送
4679 用来	4712 掉	4745 个体	4778 处境	4811 奔波	4844 大选	4877 英才	4910 岐山
4680 度过	4713 时常	4746 熏	4779 乙	4812 仔	4845 动静	4878 秦皇岛	4911 乐曲
4681 营救	4714 范畴	4747 图书馆	4780 有着	4813 收购	4846 鸣	4879 符号	4912 巴勒斯坦
4682 伤亡	4715 身处	4748 宁静	4781 美军	4814 调到	4847 辩证	4880 诊所	4913 调度
4683 追问	4716 天鹅	4749 连长	4782 辜负	4815 筑	4848 感悟	4881 公顷	4914 芬兰
4684 子孙	4717 转为	4750 和平共处	4783 先锋	4816 启发	4849 吴仪	4882 林权	4915 出任
4685 守护	4718 议程	4751 三中全会	4784 府	4817 纪实	4850 上缴	4883 额	4916 终究
4686 学家	4719 各行各业	4752 村落	4785 性别	4818 抽象	4851 泥	4884 下旬	4917 歌剧
4687 进步	4720 治安	4753 疲劳	4786 引人注目	4819 查阅	4852 当务之急	4885 浅	4918 复议
4688 描写	4721 实事	4754 诗词	4787 提前	4820 传记	4853 对称	4886 识别	4919 瘫痪
4689 青山	4722 条例	4755 发掘	4788 放进	4821 村长	4854 成千上万	4887 司长	4920 拥挤
4690 脚下	4723 团聚	4756 物业	4789 带动	4822 美女	4855 暴雨	4888 心里	4921 车祸

4922 台海	4955 哑巴	4988 排量	5021 抗议	5054 公道	5087 红火	5120 提琴	5153 笼罩
4923 大院	4956 可不	4989 耽误	5022 阵	5055 卡通	5088 纳粹	5121 锅	5154 人情
4924 名词	4957 声响	4990 患者	5023 工人	5056 瞩目	5089 葫芦	5122 在校	5155 碧
4925 悉	4958 拿起	4991 扎根	5024 俄国	5057 事宜	5090 精华	5123 治	5156 在职
4926 热门	4959 看作	4992 八成	5025 圆满	5058 大象	5091 圣诞	5124 对立	5157 分成
4927 宜昌	4960 富余	4993 所致	5026 越野	5059 疲惫	5092 记住	5125 外边	5158 参赛
4928 完整	4961 必	4994 谢谢	5027 音像	5060 黑暗	5093 回荡	5126 中小学	5159 饭碗
4929 愿意	4962 纯洁	4995 跨国	5028 闲	5061 整齐	5094 血压	5127 影子	5160 体能
4930 农牧民	4963 艇	4996 走廊	5029 全运会	5062 桐	5095 调动	5128 乳	5161 偷
4931 不行	4964 奶粉	4997 总支	5030 就近	5063 核	5096 维也纳	5129 味道	5162 缕
4932 冷漠	4965 流域	4998 完善	5031 农药	5064 逼	5097 贿	5130 买到	5163 欣慰
4933 兜	4966 标签	4999 一系列	5032 潜艇	5065 系列	5098 修理	5131 白天	5164 池
4934 干旱	4967 优先	5000 强大	5033 街道	5066 和解	5099 妨碍	5132 功勋	5165 竟
4935 采集	4968 赵	5001 悬挂	5034 早早	5067 距离	5100 提问	5133 亚非	5166 垮
4936 时空	4969 太极	5002 糟糕	5035 北方	5068 滑坡	5101 千克	5134 不予	5167 缩短
4937 上述	4970 果园	5003 全心全意	5036 那是	5069 复合	5102 触	5135 排队	5168 早就
4938 本色	4971 清澈	5004 叛乱	5037 京都	5070 情谊	5103 嫁给	5136 缅甸	5169 曲折
4939 陪伴	4972 名副其实	5005 南极	5038 风采	5071 北美	5104 闻发	5137 条条	5170 妥协
4940 宠物	4973 环绕	5006 徘徊	5039 水电	5072 风尚	5105 源泉	5138 贷	5171 上诉
4941 清醒	4974 爱尔兰	5007 来得	5040 中山	5073 邻	5106 全场	5139 中南	5172 慌
4942 开门	4975 联军	5008 版权	5041 名家	5074 渣	5107 扩散	5140 校长	5173 不肯
4943 相反	4976 确立	5009 卫	5042 哭泣	5075 主体	5108 故	5141 炎	5174 唯有
4944 沿岸	4977 反抗	5010 秧	5043 脚步声	5076 焕发	5109 叙利亚	5142 城	5175 勇士
4945 疏	4978 周到	5011 阻碍	5044 广大	5077 高考	5110 递交	5143 厘米	5176 蛮
4946 子弹	4979 时有发生	5012 祥	5045 蟹	5078 熙	5111 祈祷	5144 疯狂	5177 宽敞
4947 打扫	4980 同胞	5013 厚度	5046 死亡	5079 家喻户晓	5112 亚军	5145 官司	5178 汇集
4948 单元	4981 囊	5014 冲锋	5047 嘱咐	5080 下水	5113 巴格达	5146 油气	5179 辛勤
4949 肿瘤	4982 时而	5015 趋	5048 投诉	5081 纠正	5114 说明	5147 设想	5180 读到
4950 旅	4983 唐山	5016 熊猫	5049 评委	5082 见义勇为	5115 附	5148 假	5181 非凡
4951 踊跃	4984 万分	5017 对方	5050 怎么说	5083 房屋	5116 侦察	5149 核准	5182 伦理
4952 貌	4985 音	5018 周岁	5051 解答	5084 怀里	5117 容忍	5150 打赢	5183 香烟
4953 西湖	4986 切断	5019 今后	5052 无非	5085 自我	5118 女人	5151 钞票	5184 春季
4954 英勇	4987 费用	5020 亲友	5053 簿	5086 当下	5119 薇	5152 瓜	5185 爽

续表

5186 对手	5219 邮政	5252 动机	5285 大爷	5318 倾注	5351 雷锋	5384 开除	5417 掩
5187 舒适	5220 增大	5253 兰州	5286 峡谷	5319 灯笼	5352 看来	5385 关联	5418 出击
5188 根源	5221 伙	5254 上山	5287 养护	5320 名列	5353 报销	5386 取消	5419 在乎
5189 罪犯	5222 判处	5255 苍蝇	5288 狼	5321 鹏	5354 饱受	5387 壁垒	5420 撞击
5190 团结	5223 传来	5256 公交	5289 核能	5322 月光	5355 闪	5388 数码	5421 香蕉
5191 僵	5224 感激	5257 描述	5290 齐	5323 风波	5356 微观	5389 配偶	5422 遍地
5192 角逐	5225 上扬	5258 眼角	5291 迟迟	5324 沿	5357 猛烈	5390 拳	5423 反倒
5193 丝绸	5226 耗	5259 生理	5292 电气	5325 北海	5358 服饰	5391 兴奋	5424 中欧
5194 写信	5227 党员	5260 无比	5293 夫人	5326 人性	5359 供求	5392 鄂	5425 灭绝
5195 回家	5228 军校	5261 纵横	5294 走出	5327 大力	5360 妇联	5393 历来	5426 有利
5196 特种	5229 冲破	5262 起飞	5295 过后	5328 风范	5361 地道	5394 细菌	5427 迷
5197 河南	5230 汇聚	5263 傻子	5296 黄菊	5329 站点	5362 商业	5395 哈佛	5428 募集
5198 常规	5231 困苦	5264 无从	5297 凸显	5330 募捐	5363 战绩	5396 席卷	5429 锤
5199 声明	5232 闹	5265 躺	5298 搜集	5331 摇篮	5364 光线	5397 评定	5430 划分
5200 只能	5233 向全	5266 小女孩	5299 火星	5332 尺度	5365 冰川	5398 垒	5431 照耀
5201 榜样	5234 头脑	5267 轿	5300 下降	5333 左手	5366 不必	5399 譬如	5432 军用
5202 研究生	5235 众议	5268 社科院	5301 批判	5334 舅舅	5367 优雅	5400 聂	5433 指标
5203 筛选	5236 浏览	5269 市里	5302 蕴含	5335 取决	5368 黄色	5401 性能	5434 追逐
5204 甚	5237 树叶	5270 写给	5303 奉行	5336 施行	5369 捕	5402 抚养	5435 乐趣
5205 不下	5238 轻微	5271 豫	5304 征服	5337 道德	5370 非同寻常	5403 对照	5436 料
5206 之类	5239 留守	5272 读本	5305 坚韧	5338 违章	5371 端正	5404 三国	5437 国道
5207 手枪	5240 陆地	5273 好比	5306 赶到	5339 好听	5372 工业区	5405 日照	5438 吐
5208 加重	5241 黑白	5274 听众	5307 东风	5340 实地	5373 高楼	5406 潮流	5439 汇
5209 相应	5242 厚重	5275 南通	5308 裁定	5341 反弹	5374 评选	5407 实验	5440 明代
5210 少数	5243 公元	5276 全文	5309 公办	5342 裁判	5375 过渡	5408 入口	5441 嫩
5211 平息	5244 幼儿园	5277 气派	5310 缺点	5343 暗示	5376 绑架	5409 保存	5442 盗
5212 余年	5245 灾区	5278 品质	5311 太原	5344 回乡	5377 爆竹	5410 电源	5443 钙
5213 奖励	5246 一说	5279 祥和	5312 齐全	5345 太平洋	5378 墙壁	5411 粗糙	5444 个别
5214 白宫	5247 吵架	5280 轰炸	5313 外部	5346 专访	5379 讨	5412 梦中	5445 看守
5215 徐	5248 淹没	5281 祖先	5314 麦子	5347 走路	5380 当前	5413 绒	5446 证券
5216 帝	5249 技艺	5282 规格	5315 脱离	5348 宗	5381 湖区	5414 缓和	5447 重新
5217 种子	5250 历届	5283 督办	5316 传输	5349 衫	5382 注视	5415 拜访	5448 自有
5218 指望	5251 肠	5284 匹	5317 上街	5350 失落	5383 冬奥会	5416 侵	5449 弊

续表

5450 辩论	5483 衰	5516 扭转	5549 廊	5582 毁灭	5615 慷慨	5648 降落	5681 减缓
5451 裹	5484 一早	5517 昂贵	5550 漫游	5583 顺畅	5616 赶往	5649 炸	5682 就座
5452 倪	5485 署名	5518 浓浓	5551 硬件	5584 站长	5617 遵义	5650 冒	5683 张扬
5453 板块	5486 蜡烛	5519 比喻	5552 请教	5585 执著	5618 除此之外	5651 屈	5684 激
5454 肥料	5487 槽	5520 津巴布韦	5553 青	5586 废	5619 自立	5652 场馆	5685 传到
5455 印证	5488 航行	5521 精神文明	5554 可笑	5587 否定	5620 四处	5653 数目	5686 驻扎
5456 起伏	5489 毫无疑问	5522 公墓	5555 途经	5588 代价	5621 日元	5654 家教	5687 沉思
5457 出具	5490 匮乏	5523 天价	5556 蹬	5589 防护	5622 品格	5655 侵占	5688 一二
5458 人选	5491 预防	5524 冷笑	5557 回想	5590 意思	5623 大军	5656 门户	5689 罕
5459 吸引	5492 之中	5525 广州	5558 矿石	5591 普通	5624 强度	5657 难度	5690 女篮
5460 交纳	5493 王朝	5526 过错	5559 亲自	5592 牛	5625 仅仅	5658 设有	5691 接见
5461 灯光	5494 换成	5527 三星	5560 芹	5593 弯	5626 车票	5659 名次	5692 定格
5462 预言	5495 毅力	5528 着呢	5561 某某	5594 启迪	5627 昏迷	5660 手册	5693 早年
5463 幼	5496 斗志	5529 铭	5562 其一	5595 敌对	5628 见识	5661 一年一度	5694 团团
5464 南开	5497 钧	5530 扭曲	5563 枯竭	5596 厘	5629 珠峰	5662 游览	5695 泼
5465 依托	5498 表达	5531 一同	5564 抽调	5597 姿	5630 近来	5663 走势	5696 茬
5466 核算	5499 突发	5532 苦苦	5565 讨厌	5598 背影	5631 话筒	5664 田里	5697 边防
5467 万众一心	5500 成交	5533 心思	5566 西洋	5599 十运会	5632 庭院	5665 苹果	5698 预料
5468 投入	5501 双手	5534 竹	5567 远大	5600 扎扎实实	5633 施展	5666 二氧化碳	5699 而今
5469 黄山	5502 途径	5535 一心一意	5568 直面	5601 视线	5634 胆	5667 核桃	5700 电视台
5470 爷爷	5503 悬崖	5536 波动	5569 书房	5602 差	5635 陈水	5668 那儿	5701 板凳
5471 查	5504 杜绝	5537 喉咙	5570 师范	5603 澡	5636 灿烂	5669 全力以赴	5702 番
5472 爆破	5505 喷	5538 某种	5571 征	5604 疾	5637 白人	5670 呼喊	5703 起源
5473 牧场	5506 清代	5539 位数	5572 道光	5605 北平	5638 无所谓	5671 遗忘	5704 远去
5474 强硬	5507 转播	5540 白银	5573 过往	5606 沉浸	5639 茵	5672 保有	5705 锁定
5475 台资	5508 丽江	5541 始终不渝	5574 推翻	5607 供养	5640 承担	5673 沙尘暴	5706 焦虑
5476 跑道	5509 熄	5542 卢布	5575 浓缩	5608 衣物	5641 谈判	5674 善	5707 种族
5477 无愧	5510 乐器	5543 认出	5576 草地	5609 名校	5642 剑	5675 教会	5708 国度
5478 钩	5511 绍	5544 甜蜜	5577 政绩	5610 情怀	5643 抢救	5676 规避	5709 沧桑
5479 关节	5512 坎坷	5545 写成	5578 吃饱	5611 滚动	5644 不已	5677 栽培	5710 亿万
5480 干事	5513 改良	5546 疑虑	5579 装	5612 歌词	5645 乘客	5678 裹	5711 轴
5481 香气	5514 巡视	5547 等等	5580 姥姥	5613 中非	5646 特许	5679 融洽	5712 触动
5482 地名	5515 眉	5548 喜爱	5581 光盘	5614 被捕	5647 更有	5680 多次	5713 序

续表

5714 江山	5747 来往	5780 加大	5813 壮丽	5846 摄氏	5879 网民	5912 统领	5945 拥堵
5715 哥本哈根	5748 共鸣	5781 白雪	5814 晨曦	5847 高扬	5880 规矩	5913 暂	5946 壮观
5716 热血	5749 隐瞒	5782 误解	5815 卫国	5848 社长	5881 归还	5914 扒	5947 撕
5717 盲	5750 残留	5783 奔向	5816 务实	5849 爱上	5882 笑意	5915 宽阔	5948 刷新
5718 远方	5751 宴会	5784 冠军	5817 蒸	5850 跳动	5883 官僚	5916 腹	5949 换取
5719 援	5752 不在乎	5785 简历	5818 技能	5851 太多	5884 略有	5917 口味	5950 大口
5720 栋	5753 伤痛	5786 海里	5819 集合	5852 亚欧	5885 毛巾	5918 殷切	5951 否决
5721 屋子	5754 享	5787 袖	5820 名额	5853 计算机	5886 指明	5919 顾不上	5952 情景
5722 增强	5755 恋	5788 志	5821 第一家	5854 连同	5887 半数	5920 跳跃	5953 孩儿
5723 温情	5756 平和	5789 忽	5822 自在	5855 教学	5888 周密	5921 亩产	5954 根基
5724 教书	5757 翰	5790 准时	5823 华丽	5856 学界	5889 克林顿	5922 看待	5955 眯
5725 操纵	5758 通报	5791 混乱	5824 克隆	5857 揣	5890 手掌	5923 商会	5956 击
5726 往后	5759 极具	5792 落成	5825 凤	5858 帷幕	5891 网友	5924 巡	5957 打到
5727 馆长	5760 反省	5793 畅销	5826 谈会	5859 班车	5892 召唤	5925 师长	5958 斯里兰卡
5728 审计	5761 屠宰	5794 速递	5827 激动	5860 及早	5893 装甲	5926 一团	5959 电工
5729 头部	5762 住所	5795 隆重	5828 追赶	5861 硅	5894 演变	5927 大坝	5960 策划
5730 攀登	5763 四面八方	5796 微机	5829 教堂	5862 有幸	5895 玫瑰	5928 玩耍	5961 截止
5731 陈旧	5764 声称	5797 睡眠	5830 斗	5863 交涉	5896 大米	5929 考察	5962 字母
5732 气味	5765 一块儿	5798 爸妈	5831 茫然	5864 叮嘱	5897 报国	5930 即时	5963 莲花
5733 鞋	5766 折扣	5799 殖民	5832 版本	5865 史诗	5898 坦	5931 铸	5964 弦
5734 泛滥	5767 得失	5800 邱	5833 高大	5866 飞扬	5899 堵塞	5932 博弈	5965 城墙
5735 阴谋	5768 浆	5801 工商联	5834 工厂	5867 趣味	5900 当成	5933 黎明	5966 繁华
5736 海湾	5769 鸽子	5802 细微	5835 小城	5868 导向	5901 长春	5934 上场	5967 触摸
5737 哭声	5770 告诫	5803 泵	5836 飞快	5869 伤病	5902 宣	5935 讲话	5968 脂
5738 双双	5771 有力	5804 应试	5837 雅	5870 铅	5903 梦幻	5936 封建	5969 时装
5739 一天	5772 农奴	5805 公认	5838 地质	5871 占到	5904 听起来	5937 懈怠	5970 达标
5740 前行	5773 仇	5806 火爆	5839 款项	5872 绳	5905 公民	5938 泰山	5971 人马
5741 地中海	5774 唯一	5807 视察	5840 观赏	5873 手术	5906 参保	5939 沙尘	5972 旁听
5742 诚恳	5775 舒	5808 炼	5841 外界	5874 收割	5907 陕	5940 奎	5973 合肥
5743 环	5776 金华	5809 寺庙	5842 友善	5875 乡村	5908 家伙	5941 国籍	5974 稍
5744 顾秀莲	5777 辅导	5810 西侧	5843 喊	5876 手脚	5909 化石	5942 屯	5975 残疾
5745 顺序	5778 贷款	5811 法语	5844 讴歌	5877 生计	5910 扩建	5943 有所作为	5976 哽咽
5746 域	5779 对象	5812 手势	5845 尖锐	5878 获	5911 动感	5944 瓦	5977 印有

5978 车轮	6011 策略	6044 人工	6077 备忘	6110 庄重	6143 动工	6176 哈哈	6209 清水
5979 闪耀	6012 揪	6045 淡水	6078 萍	6111 治愈	6144 韩启德	6177 后方	6210 趋向
5980 集约	6013 厂房	6046 零部件	6079 电子	6112 渴望	6145 材	6178 连云	6211 奇妙
5981 维系	6014 名声	6047 瀑布	6080 习俗	6113 银幕	6146 闻到	6179 帖	6212 桂花
5982 纠缠	6015 辣	6048 鸟巢	6081 忘	6114 甘心	6147 泪流满面	6180 随地	6213 堆
5983 顾	6016 固体	6049 朱剑红	6082 劣	6115 技工	6148 特权	6181 中止	6214 榻
5984 大专	6017 先是	6050 剪	6083 骨	6116 维纳斯	6149 滨海	6182 家常	6215 执
5985 追溯	6018 山里	6051 拿走	6084 看起来	6117 耕耘	6150 疯	6183 深远	6216 协
5986 原告	6019 虾	6052 器官	6085 入侵	6118 啸	6151 忘记	6184 萧	6217 盛世
5987 够	6020 盘子	6053 言语	6086 咨询	6119 巢	6152 这么说	6185 机制	6218 倩
5988 瘾	6021 亲属	6054 沉重	6087 卡尔	6120 自主	6153 债务	6186 女子	6219 脂肪
5989 飞速	6022 净	6055 庙	6088 大师	6121 曙光	6154 全校	6187 停滞	6220 兵器
5990 花木	6023 保定	6056 之于	6089 改写	6122 任教	6155 寓意	6188 外向	6221 搭档
5991 帽	6024 心跳	6057 荷花	6090 挂钩	6123 逮捕	6156 科普	6189 服用	6222 步枪
5992 关门	6025 折磨	6058 墩	6091 标本	6124 耶路撒冷	6157 电梯	6190 若是	6223 安检
5993 美妙	6026 岩石	6059 企	6092 采纳	6125 璀璨	6158 差错	6191 觉悟	6224 不得了
5994 蕴藏	6027 餐厅	6060 菊花	6093 风俗	6126 廊坊	6159 交织	6192 例如	6225 冯
5995 陷阱	6028 区长	6061 膝盖	6094 农用	6127 佩	6160 协和	6193 常用	6226 打的
5996 督导	6029 真实	6062 锈	6095 不想	6128 爱情	6161 交融	6194 身亡	6227 丧
5997 一体	6030 没想	6063 合力	6096 底气	6129 倍感	6162 落实	6195 嗯	6228 来说
5998 偏僻	6031 利比亚	6064 上方	6097 发作	6130 东道	6163 户籍	6196 青蓝	6229 遭
5999 能效	6032 地域	6065 洒	6098 别看	6131 多哈	6164 交接	6197 顺差	6230 名气
6000 扩张	6033 自称	6066 圆圆	6099 穿越	6132 传导	6165 诸如	6198 归纳	6231 春秋
6001 泊	6034 制服	6067 尸体	6100 军阀	6133 揭示	6166 归宿	6199 尘土	6232 喝酒
6002 链接	6035 趟	6068 手中	6101 到时候	6134 看成	6167 多余	6200 表扬	6233 决战
6003 绘制	6036 病床	6069 合伙	6102 祭	6135 田园	6168 积雪	6201 牛羊	6234 掘
6004 盈利	6037 卡特	6070 初一	6103 践踏	6136 天赋	6169 纷争	6202 绝不	6235 间断
6005 才华	6038 颜色	6071 年华	6104 迄今为止	6137 为啥	6170 投保	6203 讲到	6236 住户
6006 反感	6039 不仅如此	6072 偿还	6105 税费	6138 寒风	6171 呼啸	6204 梅花	6237 纯
6007 顾虑	6040 恐龙	6073 中专	6106 军长	6139 随处可见	6172 花生	6205 婶	6238 这时
6008 小品	6041 井	6074 潮湿	6107 要是	6140 普遍	6173 宽裕	6206 提取	6239 存储
6009 争相	6042 企业家	6075 敬佩	6108 较量	6141 燃气	6174 宝马	6207 三亚	6240 举世瞩目
6010 这次	6043 忘我	6076 待	6109 抱住	6142 笼	6175 孤	6208 有声有色	6241 殊

6242 雕刻	6275 渝	6308 中新	6341 抢占	6374 沛	6407 山西	6440 帮扶	6473 并且
6243 浓	6276 苑	6309 断裂	6342 觅	6375 加深	6408 布鲁塞尔	6441 桥牌	6474 自费
6244 脊梁	6277 配件	6310 土耳其	6343 损伤	6376 混	6409 一代	6442 塌陷	6475 访
6245 毛衣	6278 撩	6311 海南	6344 赤字	6377 恰当	6410 冒险	6443 来不及	6476 尼斯
6246 谈恋爱	6279 功夫	6312 仰	6345 法宝	6378 不正之风	6411 孤寡	6444 联合国	6477 裙
6247 角落	6280 眼界	6313 眼下	6346 分数	6379 变迁	6412 劳累	6445 试卷	6478 刻意
6248 芦苇	6281 筐	6314 奋发	6347 大西洋	6380 优异	6413 饱	6446 窗子	6479 运到
6249 口碑	6282 思绪	6315 雕像	6348 超级	6381 赋	6414 教导	6447 乐园	6480 白酒
6250 闻讯	6283 尽	6316 耐人寻味	6349 得力	6382 多样	6415 上课	6448 着重	6481 温泉
6251 毁	6284 品尝	6317 紧急	6350 书信	6383 植被	6416 赐	6449 坠毁	6482 颜
6252 芯	6285 滋	6318 肆虐	6351 更换	6384 战胜	6417 提及	6450 分校	6483 明媚
6253 欢喜	6286 愉悦	6319 斯德哥尔摩	6352 匈牙利	6385 白领	6418 淮河	6451 实惠	6484 漠视
6254 特命	6287 白血病	6320 敬畏	6353 呐喊	6386 水兵	6419 动脉	6452 绑	6485 左边
6255 滋生	6288 离休	6321 筷	6354 沸腾	6387 严寒	6420 闷	6453 聪	6486 泄
6256 胜负	6289 摊位	6322 屏障	6355 怀有	6388 退还	6421 质朴	6454 亲人	6487 打响
6257 路段	6290 枕	6323 从此	6356 真理	6389 快餐	6422 伟人	6455 惟一	6488 百分
6258 不折不扣	6291 晓得	6324 南亚	6357 热带	6390 排斥	6423 疑难	6456 稳妥	6489 推介
6259 钟	6292 大纲	6325 铁塔	6358 坠	6391 珠江	6424 琦	6457 支部	6490 虔诚
6260 全县	6293 身穿	6326 悦	6359 仍是	6392 发明	6425 绝对	6458 驳	6491 搏斗
6261 窗	6294 冤	6327 尝到	6360 赴	6393 读物	6426 无意	6459 租房	6492 聚精会神
6262 年前	6295 回合	6328 通风	6361 车上	6394 支柱	6427 猛地	6460 团圆	6493 哀悼
6263 勿	6296 广为	6329 涨到	6362 养活	6395 货运	6428 击败	6461 人大	6494 索
6264 患有	6297 炒作	6330 漫漫	6363 展现	6396 并肩	6429 赖以	6462 缝隙	6495 人称
6265 鲜红	6298 电厂	6331 长廊	6364 写照	6397 清理	6430 参展	6463 人质	6496 流畅
6266 面粉	6299 住处	6332 时髦	6365 残忍	6398 著	6431 风	6464 防止	6497 奥秘
6267 珍视	6300 礼貌	6333 核查	6366 宝库	6399 袁	6432 道具	6465 要点	6498 单调
6268 一揽子	6301 揭露	6334 不通	6367 原地	6400 热切	6433 守信	6466 当面	6499 霞光
6269 悲痛	6302 粗暴	6335 讲师	6368 扳	6401 审定	6434 需求	6467 咳	6500 化作
6270 放大	6303 辽阔	6336 议题	6369 多场	6402 日记	6435 轨迹	6468 赞美	6501 药房
6271 佛教	6304 公安	6337 闪电	6370 月亮	6403 果真	6436 知晓	6469 年时	6502 白云
6272 在家	6305 公立	6338 吊销	6371 额度	6404 宣言	6437 槛	6470 躲避	6503 腾飞
6273 开场	6306 源自	6339 酿成	6372 辩护	6405 领队	6438 停产	6471 基地	6504 一书
6274 大街小巷	6307 海盗	6340 偶然	6373 投机	6406 日	6439 殿堂	6472 着手	6505 飞往

6506 福特	6539 见过	6572 领悟	6605 收成	6638 青睐	6671 报表	6704 招商引资	6737 创办
6507 线条	6540 颠簸	6573 彩票	6606 吃住	6639 新德里	6672 纪	6705 骨髓	6738 食物
6508 来人	6541 金银	6574 拨通	6607 壮举	6640 看完	6673 方略	6706 高昂	6739 山川
6509 滚	6542 加剧	6575 羌	6608 征文	6641 报答	6674 加固	6707 嚼	6740 蒂
6510 石块	6543 哪怕是	6576 追随	6609 气愤	6642 吃喝	6675 暨	6708 还给	6741 隐蔽
6511 高官	6544 辗转	6577 网页	6610 高声	6643 夏日	6676 争执	6709 负荷	6742 锄
6512 花样	6545 理所当然	6578 组装	6611 心地	6644 欧阳	6677 卡塔尔	6710 药材	6743 感知
6513 地委	6546 所谓	6579 将领	6612 听从	6645 东海	6678 过年	6711 可想而知	6744 稍稍
6514 慎重	6547 精简	6580 威力	6613 纯净	6646 消极	6679 表决	6712 靖国	6745 家用
6515 掩盖	6548 劳力	6581 画册	6614 得意	6647 谋生	6680 朦胧	6713 拨打	6746 集市
6516 复印	6549 拳击	6582 心得	6615 黑客	6648 临沂	6681 改成	6714 矿山	6747 人世
6517 翻天覆地	6550 破旧	6583 封锁	6616 夸	6649 不堪重负	6682 巴巴	6715 开端	6748 忍心
6518 父子	6551 唯	6584 思	6617 循环	6650 言行	6683 长发	6716 马铃薯	6749 监视
6519 平行	6552 万余	6585 西红柿	6618 西亚	6651 伊拉克	6684 欣	6717 缝	6750 冷却
6520 比如说	6553 魔鬼	6586 构造	6619 系数	6652 搬运	6685 士	6718 用以	6751 高处
6521 警报	6554 铲	6587 互动	6620 升起	6653 兵力	6686 蹦	6719 滋润	6752 政要
6522 密码	6555 兴旺	6588 经费	6621 迁徙	6654 工商	6687 蜜蜂	6720 张大	6753 电路
6523 留念	6556 秉国	6589 过分	6622 愧	6655 南美	6688 特务	6721 坝	6754 轰鸣
6524 摧毁	6557 犬	6590 刊物	6623 驱动	6656 条款	6689 氧气	6722 直径	6755 公证
6525 无形	6558 法则	6591 娜	6624 势必	6657 产地	6690 聘任	6723 国共	6756 砌
6526 打捞	6559 某些	6592 以内	6625 除夕	6658 冲突	6691 影像	6724 治好	6757 垂
6527 可贵	6560 大门	6593 竞相	6626 邮箱	6659 促进	6692 雪	6725 借贷	6758 一方
6528 剑桥	6561 神仙	6594 村委	6627 苦恼	6660 团长	6693 通货	6726 此事	6759 飞舞
6529 品位	6562 存折	6595 体面	6628 道义	6661 扰	6694 矗立	6727 积淀	6760 闽
6530 侮辱	6563 搅	6596 为生	6629 旋转	6662 举止	6695 自制	6728 本能	6761 海地
6531 悲剧	6564 南山	6597 邻近	6630 豪情	6663 照	6696 缩减	6729 掌	6762 追究
6532 千千万万	6565 预约	6598 红十字	6631 响应	6664 古今中外	6697 抚慰	6730 转过	6763 留给
6533 样	6566 踪影	6599 大红	6632 支撑	6665 飘扬	6698 纱	6731 纤维	6764 展会
6534 灾	6567 弱点	6600 滚滚	6633 猖獗	6666 执意	6699 以免	6732 镇长	6765 吻合
6535 侧面	6568 几率	6601 股份	6634 大娘	6667 药店	6700 标题	6733 睡觉	6766 准
6536 上交	6569 芬	6602 拔	6635 实物	6668 报社	6701 实业	6734 吃力	6767 绪
6537 省城	6570 船只	6603 金刚	6636 财力	6669 病痛	6702 孔雀	6735 取向	6768 戒
6538 怎	6571 沓	6604 送别	6637 汪洋	6670 挤压	6703 公社	6736 蚕	6769 事由

6770 稀缺	6772 乐队	6774 反之	6776 渲染	6778 厂商			
6771 升高	6773 炭	6775 身边	6777 源源不断				

附录2 基于常用度历时变化的高稳固度词表

1 的	29 把	57 好	85 家	113 最大	141 条	169 更加
2 在	30 到	58 问题	86 王	114 成为	142 却	170 关系
3 了	31 而	59 中国	87 所	115 城市	143 部	171 看到
4 是	32 将	60 世界	88 万	116 张	144 她	172 或
5 一	33 从	61 高	89 给	117 小	145 重要	173 点
6 和	34 但	62 以	90 新	118 其	146 进入	174 进行
7 上	35 来	63 开始	91 比	119 本	147 其中	175 随着
8 有	36 我	64 很	92 认为	120 由	148 德	176 同
9 多	37 三	65 可	93 几	121 看	149 近	177 第二
10 要	38 种	66 自己	94 也是	122 于	150 以及	178 发展
11 对	39 月	67 们	95 让	123 起来	151 起	179 而且
12 这	40 后	68 就是	96 出	124 再	152 位	180 公司
13 不	41 着	69 已经	97 现在	125 美国	153 去	181 一起
14 中	42 之	70 会	98 件	126 过去	154 北京	182 正在
15 也	43 大	71 能	99 这些	127 之后	155 才	183 站
16 我们	44 向	72 可以	100 使	128 得到	156 前	184 可能
17 个	45 他们	73 需要	101 得	129 五	157 如此	185 它
18 还	46 等	74 日	102 这样	130 元	158 各种	186 连
19 年	47 时	75 已	103 次	131 继续	159 还有	187 一定
20 地	48 用	76 四	104 一些	132 特别	160 但是	188 陈
21 与	49 没有	77 只有	105 作	133 名	161 同时	189 只要
22 说	50 并	78 不能	106 个人	134 过	162 开	190 断
23 他	51 工作	79 下	107 李	135 必须	163 决定	191 不是
24 都	52 最	80 被	108 天	136 二	164 者	192 发现
25 为	53 更	81 里	109 该	137 副	165 第一	193 斯
26 人	54 两	82 全	110 生活	138 地方	166 精神	194 过程
27 就	55 又	83 成	111 六	139 此	167 意义	195 作为
28 做	56 十	84 发生	112 时间	140 情况	168 如果	196 人们

续表

197 岁	229 方式	261 越	293 变	325 及	357 城	389 控制
198 第三	230 长	262 如	294 根	326 重	358 绿色	390 今年
199 还是	231 周	263 未来	295 学生	327 上海	359 不会	391 场
200 国家	232 努力	264 走	296 爱	328 则	360 教育	392 一家
201 老	233 林	265 钱	297 活动	329 提出	361 远	393 多少
202 内	234 参加	266 历史	298 力量	330 分	362 首先	394 明显
203 自	235 强	267 难	299 间	331 之一	363 就要	395 保持
204 建筑	236 你	268 以后	300 主要	332 坚持	364 完成	396 份
205 带来	237 由于	269 文化	301 马	333 报	365 达	397 日本
206 低	238 最后	270 接受	302 不到	334 巴	366 学校	398 写
207 因为	239 曾	271 之间	303 经济	335 环境	367 银行	399 认真
208 一直	240 刘	272 全部	304 先	336 单位	368 如何	400 条件
209 办法	241 影响	273 学习	305 不同	337 阿	369 八	401 受
210 只能	242 应该	274 变化	306 机会	338 严重	370 台	402 整个
211 那	243 虽然	275 道	307 几个	339 空	371 办	403 安全
212 事	244 水	276 特	308 金	340 到了	372 太	404 变成
213 第	245 正	277 其他	309 存在	341 花	373 有关	405 生
214 社会	246 使用	278 能力	310 帮助	342 山	374 市	406 想
215 记者	247 不仅	279 各	311 吴	343 即	375 无法	407 关于
216 要求	248 包括	280 当时	312 完全	344 方面	376 出来	408 这次
217 所有	249 根本	281 既	313 产生	345 领导	377 能够	409 一切
218 通过	250 了解	282 企业	314 还要	346 当	378 讲	410 那些
219 始终	251 心	283 研究	315 经过	347 价值	379 东	411 买
220 来自	252 目的	284 任何	316 期	348 医院	380 一面	412 服务
221 非常	253 拉	285 像	317 市场	349 边	381 百	413 门
222 每	254 只	286 大学	318 大家	350 另	382 座	414 车
223 受到	255 这里	287 表示	319 今天	351 解决	383 然而	415 确实
224 出现	256 引起	288 带	320 肯定	352 政府	384 介绍	416 类
225 许多	257 巨大	289 对于	321 克	353 相	385 准备	417 负责
226 什么	258 米	290 总	322 认识	354 美	386 原因	418 法
227 甚至	259 希望	291 获得	323 放	355 人员	387 因	419 成功
228 为了	260 时代	292 打	324 而是	356 才能	388 或者	420 结果

421 直接	453 罗	485 管理	517 比较	549 离开	581 层	613 合作
422 时候	454 一片	486 作品	518 坚决	550 行为	582 保护	614 根据
423 程度	455 县	487 离	519 制造	551 当然	583 传统	615 选择
424 必要	456 美元	488 联系	520 七	552 事业	584 年轻	616 保证
425 组织	457 目标	489 怎样	521 左右	553 坐	585 大量	617 部分
426 满	458 困难	490 国际	522 国	554 方向	586 汽车	618 伟大
427 因此	459 现实	491 如今	523 号	555 恢复	587 格	619 终于
428 现代	460 多次	492 思想	524 新闻	556 创造	588 便	620 性
429 无	461 一点	493 几乎	525 利用	557 所以	589 朋友	621 句
430 健康	462 先生	494 故事	526 专门	558 具有	590 显示	622 十分
431 真	463 孩子	495 外	527 杨	559 信	591 批	623 方法
432 段	464 告诉	496 学	528 树	560 正常	592 应	624 仍
433 不再	465 行动	497 目前	529 按照	561 感情	593 卡	625 安
434 靠	466 报告	498 地区	530 感到	562 产品	594 中间	626 式
435 村	467 电话	499 干	531 处理	563 吃	595 任务	627 分析
436 代表	468 黄	500 特殊	532 世纪	564 意见	596 借	628 发
437 刚刚	469 少	501 一般	533 以来	565 检查	597 那么	629 标准
438 并不	470 一半	502 真正	534 当地	566 农民	598 共同	630 明
439 形象	471 专家	503 计划	535 经验	567 华	599 结束	631 留下
440 表现	472 不少	504 生产	536 安排	568 提高	600 之前	632 每年
441 提供	473 强烈	505 笔	537 收入	569 发表	601 形成	633 采访
442 有些	474 听	506 住	538 政治	570 一开始	602 静	634 数
443 步	475 有人	507 进	539 来说	571 不得	603 项目	635 人民
444 亿	476 全国	508 项	540 不了	572 内容	604 刚	636 建设
445 按	477 白	509 一样	541 楼	573 方	605 效果	637 的话
446 有的	478 行	510 妇女	542 造成	574 遇到	606 没	638 支持
447 路	479 实现	511 仪式	543 并且	575 任	607 西	639 利
448 至	480 约	512 千	544 增加	576 书	608 呢	640 赵
449 南	481 家庭	513 仅	545 文	577 红	609 非	641 信息
450 相信	482 处	514 为此	546 年前	578 只是	610 有所	642 会议
451 中心	483 口	515 部门	547 极	579 电	611 愿意	643 艺术
452 见	484 技术	516 未	548 回答	580 建议	612 事情	644 问

645 关心	677 高兴	709 台湾	741 临时	773 拿出	805 工程	837 原
646 找到	678 顺利	710 必然	742 绝对	774 送	806 在于	838 出发
647 丰富	679 规定	711 是否	743 来到	775 简单	807 深刻	839 至今
648 摆	680 正是	712 久	744 早	776 法律	808 速度	840 电视
649 解释	681 迅速	713 称	745 讨论	777 留	809 缺乏	841 及时
650 越来越	682 一天	714 工资	746 年代	778 帮	810 平	842 高度
651 基本	683 以前	715 超过	747 那样	779 尊重	811 阶段	843 专业
652 谈	684 东西	716 处于	748 朱	780 独立	812 子	844 附近
653 关键	685 公里	717 轻	749 水平	781 群	813 投入	845 集中
654 经常	686 完整	718 改	750 永远	782 倍	814 同样	846 回到
655 包	687 品质	719 相互	751 尤其	783 集体	815 实际	847 块
656 原来	688 除了	720 职业	752 农村	784 期间	816 气	848 于是
657 价格	689 干部	721 投资	753 见到	785 双	817 州	849 队伍
658 代	690 为什么	722 声	754 海	786 强调	818 康	850 教授
659 正式	691 据	723 民族	755 自然	787 德国	819 热闹	851 状况
660 省	692 科	724 尽管	756 主动	788 面临	820 深	852 连续
661 失败	693 美丽	725 究竟	757 调查	789 拥有	821 忙	853 队
662 早已	694 晓	726 面对	758 寻找	790 远远	822 交给	854 运动
663 较	695 达到	727 以上	759 积极	791 香港	823 风	855 占
664 曾经	696 话	728 普通	760 主持	792 支	824 某	856 后来
665 区	697 改变	729 亚	761 展开	793 游客	825 多年	857 玉
666 尼	698 位于	730 确定	762 欧洲	794 知识	826 军	858 现象
667 生命	699 团	731 找	763 宣布	795 日子	827 说起	859 破坏
668 老人	700 搞	732 卖	764 指	796 关注	828 亮	860 最高
669 熟悉	701 举行	733 分别	765 光	797 收	829 出口	861 旅游
670 很快	702 系统	734 不要	766 飞	798 成长	830 容易	862 掌握
671 下去	703 责任	735 建	767 这位	799 比赛	831 青年	863 不止
672 云	704 很多	736 地位	768 面前	800 取得	832 时期	864 读
673 难以	705 更为	737 科学	769 失去	801 显得	833 照片	865 兰
674 事件	706 画	738 具体	770 遭受	802 清楚	834 小时	866 即使
675 九	707 不管	739 中央	771 组	803 从而	835 年龄	867 却是
676 建立	708 满意	740 第一次	772 福	804 您	836 损失	868 望

869 化	901 唱	933 雷	965 主任	997 重点	1029 道理	1061 基础
870 无论	902 威胁	934 最好	966 对话	998 争取	1030 重视	1062 梅
871 我国	903 因素	935 将来	967 证明	999 一旦	1031 成立	1063 总统
872 给予	904 享受	936 母亲	968 人类	1000 发挥	1032 宣传	1064 走向
873 众多	905 长期	937 现场	969 消息	1001 人物	1033 雨	1065 身上
874 下来	906 基	938 政策	970 食品	1002 反对	1034 乡	1066 展示
875 大大	907 其实	939 绝不	971 充满	1003 管	1035 另外	1067 艾
876 尚	908 上午	940 半	972 正确	1004 丽	1036 领域	1068 看来
877 火	909 秋	941 一时	973 邀请	1005 明天	1037 手段	1069 到处
878 拿	910 表明	942 牛	974 心中	1006 属于	1038 稳定	1070 资金
879 双方	911 再次	943 不好	975 不得不	1007 国内	1039 调整	1071 然后
880 理由	912 数字	944 理解	976 级	1008 又是	1040 你们	1072 的确
881 当年	913 利益	945 河	977 进一步	1009 毛	1041 知道	1073 局
882 般	914 换	946 夫	978 费	1010 叶	1042 成就	1074 辆
883 原则	915 胡	947 何	979 充分	1011 不久	1043 成员	1075 开发
884 房屋	916 方案	948 分钟	980 理论	1012 一套	1044 采取	1076 哪里
885 业	917 总是	949 怎么	981 自身	1013 挂	1045 其次	1077 这么
886 交流	918 谁	950 优秀	982 力	1014 道路	1046 抵达	1078 加入
887 雪	919 余	951 印度	983 眼前	1015 晚上	1047 考虑	1079 成绩
888 一块	920 意识	952 共	984 欢迎	1016 担心	1048 土地	1080 盘
889 似乎	921 办公室	953 经	985 广州	1017 深处	1049 梦	1081 良好
890 去年	922 资格	954 鼓励	986 轮	1018 呈现	1050 别人	1082 落后
891 关	923 适应	955 丹	987 忘记	1019 通知	1051 形式	1083 机构
892 娜	924 才是	956 追求	988 之下	1020 从事	1052 明确	1084 国外
893 英国	925 直到	957 加	989 反	1021 每天	1053 最近	1085 纪念
894 常	926 最终	958 上升	990 学会	1022 病	1054 承担	1086 重大
895 人生	927 多年来	959 纷纷	991 渴望	1023 满足	1055 把握	1087 人士
896 各地	928 流	960 户	992 发起	1024 落	1056 本质	1088 妻子
897 完	929 它们	961 担任	993 情绪	1025 不过	1057 范围	1089 制
898 春	930 孙	962 依然	994 减少	1026 叫	1058 出版	1090 深深
899 注意	931 设计	963 田	995 修	1027 外国	1059 吸引	1091 仍然
900 人才	932 提	964 惊人	996 足够	1028 理想	1060 权利	1092 大学生

续表

1093 可是	1125 恐怕	1157 负	1189 十五	1221 轻松	1253 配合	1285 父亲
1094 志	1126 坚定	1158 文学	1190 开放	1222 什么样	1254 业务	1286 名字
1095 深入	1127 训练	1159 以往	1191 到底	1223 下午	1255 一道	1287 杜
1096 制度	1128 一方面	1160 平衡	1192 广告	1224 状态	1256 经营	1288 评价
1097 请	1129 严格	1161 瑞	1193 科技	1225 之中	1257 敢	1289 手术
1098 行业	1130 内部	1162 病人	1194 足以	1226 不敢	1258 放弃	1290 顿
1099 苦	1131 心情	1163 生动	1195 乃至	1227 构成	1259 也就是	1291 赛
1100 蔬菜	1132 感觉	1164 之外	1196 青	1228 菜	1260 别	1292 离不开
1101 苏	1133 报道	1165 印	1197 持续	1229 竞争	1261 公平	1293 愿
1102 塑造	1134 教师	1166 首	1198 集团	1230 每当	1262 抓	1294 抓住
1103 不可	1135 湖	1167 并不是	1199 随	1231 整	1263 儿童	1295 莫
1104 森林	1136 战	1168 资源	1200 公路	1232 杰	1264 一下	1296 主题
1105 进步	1137 机场	1169 总结	1201 态度	1233 回	1265 网络	1297 体现
1106 组成	1138 某种	1170 质量	1202 居民	1234 女儿	1266 排	1298 重庆
1107 届	1139 打开	1171 活	1203 令	1235 改革	1267 发出	1299 黑
1108 音乐	1140 龙	1172 共有	1204 创作	1236 周围	1268 血	1300 博
1109 石	1141 哈	1173 标志	1205 清	1237 节目	1269 大门	1301 学者
1110 些	1142 文明	1174 那里	1206 快	1238 一致	1270 急	1302 劳动
1111 人民币	1143 相对	1175 宗教	1207 复杂	1239 除	1271 儿子	1303 如同
1112 听到	1144 奋斗	1176 蓝	1208 新鲜	1240 岛	1272 出去	1304 吧
1113 从此	1145 司机	1177 背景	1209 反映	1241 透	1273 永	1305 加强
1114 对象	1146 材料	1178 镇	1210 培养	1242 有效	1274 尖	1306 特点
1115 实施	1147 大约	1179 当代	1211 布	1243 心里	1275 最新	1307 重新
1116 装	1148 也许	1180 参与	1212 令人	1244 岗位	1276 和平	1308 英文
1117 厚	1149 英	1181 指出	1213 线	1245 压力	1277 更是	1309 著名
1118 毕业	1150 批评	1182 贵	1214 破	1246 舒	1278 以为	1310 觉得
1119 度	1151 字	1183 夜	1215 封	1247 升	1279 突然	1311 照
1120 显然	1152 跑	1184 导致	1216 各个	1248 看出	1280 值得	1312 想到
1121 工作人员	1153 通	1185 女	1217 颗	1249 透露	1281 过于	1313 增长
1122 奥	1154 韩国	1186 一边	1218 电影	1250 农业	1282 执行	1314 纳
1123 公开	1155 算	1187 应当	1219 若	1251 歌	1283 群众	1315 差
1124 欣赏	1156 立	1188 角度	1220 英雄	1252 演出	1284 法国	1316 不大

1317 至少	1349 森	1381 读者	1413 扩大	1445 阳光	1477 贷款	1509 锻炼
1318 治疗	1350 袭击	1382 父母	1414 费用	1446 发动	1478 程序	1510 待遇
1319 串	1351 兴趣	1383 保险	1415 障碍	1447 表达	1479 另一方面	1511 设备
1320 医生	1352 承诺	1384 毫无	1416 票	1448 世	1480 汉	1512 走上
1321 目光	1353 毕竟	1385 店	1417 玛	1449 之际	1481 销售	1513 晚
1322 青春	1354 陆续	1386 作家	1418 自由	1450 喜欢	1482 相当	1514 工业
1323 部队	1355 对方	1387 尚未	1419 丝	1451 她们	1483 款	1515 史
1324 班	1356 优势	1388 同志	1420 寻求	1452 懂	1484 苹果	1516 物质
1325 卫生	1357 初	1389 比如	1421 戴	1453 不出	1485 数量	1517 挑战
1326 紧张	1358 参观	1390 冠军	1422 免费	1454 有力	1486 错	1518 负担
1327 推出	1359 打击	1391 迪	1423 商品	1455 走出	1487 乐	1519 情
1328 江	1360 快速	1392 师	1424 道德	1456 太多	1488 相关	1520 反而
1329 允许	1361 实在	1393 网	1425 分子	1457 考察	1489 热	1521 资料
1330 矛盾	1362 人口	1394 印象	1426 相比	1458 一生	1490 流动	1522 乡村
1331 规模	1363 全面	1395 亲手	1427 哪	1459 中午	1491 规律	1523 办事
1332 身	1364 会上	1396 死	1428 亩	1460 待	1492 偏	1524 思
1333 手	1365 避免	1397 立即	1429 准确	1461 冲	1493 春节	1525 那个
1334 有着	1366 讲话	1398 文章	1430 亲切	1462 冲突	1494 不够	1526 宁静
1335 慢	1367 作出	1399 依靠	1431 交通	1463 篇	1495 通常	1527 种子
1336 英语	1368 原本	1400 措施	1432 突出	1464 交	1496 身边	1528 充足
1337 言	1369 举办	1401 不已	1433 观点	1465 实力	1497 物	1529 具备
1338 说明	1370 老师	1402 常常	1434 互相	1466 一句话	1498 明年	1530 富
1339 热情	1371 分配	1403 维	1435 人家	1467 柴	1499 强大	1531 有时
1340 忘	1372 委员会	1404 取	1436 整整	1468 反应	1500 贡献	1532 联合
1341 所谓	1373 不愿	1405 特征	1437 身体	1469 工人	1501 美国人	1533 清晨
1342 图	1374 统一	1406 节	1438 方便	1470 太阳	1502 亚洲	1534 以下
1343 冷	1375 选	1407 今后	1439 期待	1471 读书	1503 倒	1535 定
1344 均	1376 在内	1408 先后	1440 棵	1472 商业	1504 幅	1536 机
1345 冯	1377 人间	1409 千万	1441 面	1473 少年	1505 明白	1537 手机
1346 不如	1378 面的	1410 符合	1442 普遍	1474 即将	1506 星	1538 院
1347 结构	1379 皮	1411 停止	1443 需	1475 蒋	1507 落下	1539 当今
1348 日常	1380 荣誉	1412 吗	1444 姚	1476 兼	1508 战胜	1540 意大利

1541 实验	1573 赢得	1605 体育	1637 考试	1669 愿望	1701 生意	1733 药
1542 一部分	1574 气息	1606 报纸	1638 维护	1670 位置	1702 沙	1734 认可
1543 交往	1575 全家	1607 紧紧	1639 观察	1671 桥	1703 那是	1735 寄
1544 伊	1576 头	1608 谈到	1640 往	1672 战争	1704 经理	1736 不安
1545 宝	1577 大陆	1609 赋予	1641 冷静	1673 大会	1705 个体	1737 前进
1546 往往	1578 若干	1610 经历	1642 员工	1674 所在	1706 不但	1738 动手
1547 接	1579 怕	1611 警察	1643 胜利	1675 职工	1707 锦	1739 多种
1548 由此	1580 不知	1612 接着	1644 诸多	1676 多数	1708 针对	1740 提到
1549 眼光	1581 老板	1613 高达	1645 考验	1677 紧急	1709 伤	1741 推
1550 普	1582 很少	1614 激烈	1646 朝	1678 股	1710 塞	1742 支付
1551 此时	1583 空间	1615 特色	1647 夫妇	1679 习惯	1711 这时	1743 律师
1552 马上	1584 全球	1616 员	1648 供	1680 信心	1712 申请	1744 西方
1553 机关	1585 表演	1617 扣	1649 型	1681 半年	1713 角色	1745 光荣
1554 超	1586 便是	1618 改善	1650 跟	1682 党	1714 实	1746 片
1555 召开	1587 当天	1619 韩	1651 诗	1683 穿	1715 从来	1747 菲
1556 奖	1588 没想到	1620 官员	1652 文件	1684 协会	1716 先进	1748 试图
1557 长江	1589 活跃	1621 死亡	1653 保	1685 十年	1717 多么	1749 系
1558 听说	1590 安装	1622 改造	1654 购买	1686 品牌	1718 考	1750 培训
1559 设	1591 不住	1623 茶	1655 波	1687 协议	1719 兄弟	1751 单
1560 同意	1592 大海	1624 肉	1656 平时	1688 观众	1720 能不能	1752 岁月
1561 实践	1593 连接	1625 热烈	1657 主席	1689 绝大多数	1721 凭	1753 银
1562 指导	1594 艰难	1626 同学	1658 军队	1690 年底	1722 送到	1754 不用
1563 权力	1595 量	1627 春天	1659 旧	1691 美好	1723 此外	1755 不清
1564 一系列	1596 那时	1628 肯	1660 彻底	1692 灯	1724 徐	1756 限制
1565 厂	1597 面积	1629 精心	1661 大型	1693 地球	1725 媒体	1757 情景
1566 遍	1598 山区	1630 确认	1662 用于	1694 鲁	1726 天津	1758 家长
1567 支撑	1599 外出	1631 男	1663 交换	1695 平方米	1727 不错	1759 革命
1568 绿	1600 峰	1632 耐心	1664 生物	1696 仿佛	1728 不足	1760 传来
1569 结合	1601 公布	1633 语言	1665 鱼	1697 网上	1729 驻	1761 钟
1570 且	1602 灯光	1634 要不	1666 事实	1698 动作	1730 典型	1762 赶
1571 每个	1603 医疗	1635 工	1667 旁	1699 车辆	1731 等待	1763 延长
1572 辉煌	1604 上面	1636 一番	1668 跨	1700 百年	1732 各自	1764 来源

1765 实行	1797 意外	1829 老百姓	1861 吨	1893 军事	1925 稍	1957 短
1766 艺术家	1798 成果	1830 观念	1862 首都	1894 住宅	1926 环	1958 客户
1767 似	1799 别的	1831 信任	1863 眼睛	1895 脚下	1927 真实	1959 首次
1768 开展	1800 成本	1832 放到	1864 教	1896 贫困	1928 厅	1960 凡
1769 细	1801 接待	1833 乔	1865 堆	1897 翻	1929 末	1961 妈妈
1770 率	1802 独特	1834 创新	1866 意味	1898 旗帜	1930 主张	1962 否则
1771 家里	1803 学术	1835 一对	1867 历史上	1899 色	1931 保障	1963 全体
1772 主人	1804 笑	1836 啊	1868 答案	1900 取消	1932 意志	1964 宁
1773 儿	1805 下一步	1837 富裕	1869 休息	1901 清理	1933 超越	1965 校长
1774 尽快	1806 逐渐	1838 武汉	1870 事实上	1902 武	1934 命运	1966 谢
1775 合理	1807 沉重	1839 秀	1871 演讲	1903 前所未有	1935 鲜明	1967 懂得
1776 套	1808 产业	1840 罚款	1872 谷	1904 他人	1936 争夺	1968 里面
1777 战斗	1809 伟	1841 不怕	1873 沟通	1905 下降	1937 场合	1969 光辉
1778 加快	1810 西北	1842 消费	1874 盖	1906 难题	1938 每月	1970 接到
1779 指挥	1811 形势	1843 公园	1875 广东	1907 姆	1939 姑娘	1971 最为
1780 等等	1812 监督	1844 幢	1876 同一	1908 等于	1940 兴奋	1972 记得
1781 有权	1813 花园	1845 民	1877 有点	1909 性质	1941 都会	1973 放心
1782 告别	1814 见面	1846 铁路	1878 文艺	1910 运用	1942 转变	1974 牌
1783 至于	1815 心灵	1847 素质	1879 霞	1911 自我	1943 高中	1975 处在
1784 启动	1816 补	1848 各国	1880 是以	1912 无数	1944 感谢	1976 风景
1785 铺	1817 加速	1849 南京	1881 幸福	1913 局面	1945 围	1977 委员
1786 选手	1818 回家	1850 回忆	1882 日益	1914 犯罪	1946 四川	1978 财产
1787 广泛	1819 一线	1851 上来	1883 手中	1915 消费者	1947 月份	1979 拒绝
1788 养	1820 意识到	1852 需求	1884 丁	1916 香	1948 家人	1980 骑
1789 小说	1821 真的	1853 唐	1885 无奈	1917 少数	1949 秩序	1981 之所以
1790 基地	1822 线路	1854 圈	1886 铁	1918 不时	1950 民主	1982 类似
1791 俱乐部	1823 自家	1855 芳	1887 词	1919 茨	1951 步伐	1983 背后
1792 每次	1824 祖国	1856 走过	1888 痛苦	1920 心理	1952 展	1984 酒
1793 东方	1825 电子	1857 兵	1889 飞机	1921 琳	1953 延伸	1985 爱情
1794 平均	1826 中国人	1858 描述	1890 一代	1922 面貌	1954 派	1986 区别
1795 本来	1827 带领	1859 手续	1891 施	1923 声音	1955 提前	1987 获
1796 劲	1828 高级	1860 海洋	1892 走进	1924 每人	1956 哪些	1988 心头

续表

1989 堂	2021 瓦	2053 仅仅是	2085 资本	2117 大批	2149 理念	2181 墙上
1990 制定	2022 神奇	2054 抓紧	2086 早在	2118 澳大利亚	2150 修改	2182 案
1991 人数	2023 与此同时	2055 看法	2087 刀	2119 课程	2151 电脑	2183 草
1992 记录	2024 危险	2056 打破	2088 脚	2120 得以	2152 遗憾	2184 难得
1993 纸	2025 进展	2057 走到	2089 药物	2121 仅仅	2153 盲目	2185 无力
1994 思路	2026 自愿	2058 郭	2090 飞行	2122 分开	2154 亲自	2186 友好
1995 认定	2027 客观	2059 社区	2091 路上	2123 纠正	2155 融入	2187 平等
1996 回来	2028 成熟	2060 最多	2092 资产	2124 呀	2156 火车	2188 董事长
1997 台上	2029 风险	2061 新疆	2093 松	2125 密切	2157 接近	2189 好了
1998 木	2030 农	2062 拖	2094 仔细	2126 积累	2158 眼	2190 完善
1999 亲戚	2031 梁	2063 北方	2095 中学	2127 出路	2159 数据	2191 转
2000 竟然	2032 思维	2064 义务	2096 莉	2128 服装	2160 知	2192 签
2001 前往	2033 试	2065 招	2097 广大	2129 生态	2161 整体	2193 带回
2002 北	2034 姓	2066 距离	2098 近日	2130 功能	2162 适合	2194 博士
2003 发达	2035 打算	2067 平静	2099 对待	2131 教学	2163 行政	2195 捧
2004 样	2036 土	2068 活力	2100 伙伴	2132 失望	2164 莱	2196 北大
2005 当选	2037 细致	2069 促进	2101 交易	2133 一律	2165 规则	2197 现
2006 挤	2038 页	2070 打电话	2102 内地	2134 消失	2166 企业家	2198 起到
2007 迎接	2039 文字	2071 不禁	2103 或是	2135 前不久	2167 上级	2199 写道
2008 地点	2040 漂亮	2072 麻烦	2104 设施	2136 格外	2168 己	2200 防止
2009 不行	2041 替	2073 早晨	2105 奖励	2137 民间	2169 吉	2201 论
2010 达成	2042 伦	2074 推进	2106 颇	2138 及其	2170 生存	2202 时刻
2011 霍	2043 敏感	2075 奇	2107 不太	2139 宝贵	2171 征求	2203 辉
2012 转移	2044 明亮	2076 动力	2108 市民	2140 广场	2172 说过	2204 推动
2013 学院	2045 定会	2077 衡量	2109 规划	2141 协调	2173 神秘	2205 散
2014 收到	2046 灵活	2078 不远	2110 性格	2142 吹	2174 庆祝	2206 总理
2015 认同	2047 入	2079 架	2111 塔	2143 深度	2175 柱	2207 一身
2016 超市	2048 减轻	2080 效率	2112 居然	2144 村民	2176 舞台	2208 怀疑
2017 十万	2049 海外	2081 钻	2113 团体	2145 从未	2177 使得	2209 烟
2018 油	2050 既然	2082 不久前	2114 知名	2146 遥远	2178 事务	2210 大众
2019 就业	2051 雅	2083 合同	2115 欲	2147 扎	2179 保留	2211 关切
2020 出席	2052 指示	2084 萨	2116 玩	2148 是不是	2180 商	2212 俄罗斯

2213 出版社	2245 采用	2277 大部分	2309 尽可能	2341 郑	2373 查	2405 混
2214 周年	2246 体	2278 杰出	2310 男子	2342 随时	2374 也好	2406 守
2215 检验	2247 短暂	2279 太平洋	2311 疾病	2343 列	2375 大事	2407 门口
2216 贴	2248 西安	2280 消除	2312 大使	2344 协助	2376 采	2408 图书馆
2217 历程	2249 智慧	2281 徘徊	2313 许	2345 有可能	2377 上述	2409 各种各样
2218 只好	2250 治	2282 大地	2314 随后	2346 石头	2378 个性	2410 从小
2219 街道	2251 规范	2283 差距	2315 房地产	2347 他家	2379 果	2411 顶
2220 分钱	2252 接触	2284 鸟	2316 从不	2348 凯	2380 乐趣	2412 秘密
2221 累	2253 节日	2285 拍	2317 便宜	2349 增强	2381 等到	2413 怎么办
2222 旅	2254 真诚	2286 前提	2318 运	2350 宽	2382 谈判	2414 麦
2223 赴	2255 围绕	2287 创业	2319 一级	2351 展现	2383 戏	2415 分散
2224 并非	2256 依旧	2288 抱	2320 助	2352 注册	2384 涉及	2416 紧
2225 百万	2257 堵	2289 宋	2321 居住	2353 众	2385 京	2417 柯
2226 曼	2258 深厚	2290 动	2322 奉献	2354 博物馆	2386 便利	2418 祥和
2227 大街	2259 赚钱	2291 此次	2323 审美	2355 大规模	2387 最初	2419 继承
2228 小学	2260 权威	2292 再也	2324 喜	2356 弄	2388 前面	2420 西班牙
2229 公斤	2261 职责	2293 季节	2325 好事	2357 敢于	2389 种植	2421 秒
2230 能否	2262 近年来	2294 本地	2326 评论	2358 建成	2390 书记	2422 出生
2231 怀	2263 偶然	2295 地上	2327 机遇	2359 大力	2391 公正	2423 品
2232 虽	2264 负责人	2296 十一	2328 失业	2360 蒙	2392 野	2424 浪漫
2233 访问	2265 内心	2297 家中	2329 突破	2361 航空	2393 客	2425 界
2234 带到	2266 推荐	2298 华盛顿	2330 隔	2362 库	2394 吃饭	2426 伯
2235 决策	2267 既是	2299 公民	2331 模式	2363 事后	2395 事故	2427 先是
2236 追	2268 自觉	2300 损害	2332 家族	2364 频繁	2396 可靠	2428 垃圾
2237 权	2269 信念	2301 批准	2333 玲	2365 彼此	2397 实际上	2429 患者
2238 午餐	2270 洋	2302 房	2334 室	2366 多元	2398 两国	2430 背
2239 女子	2271 制作	2303 穆	2335 只用	2367 定位	2399 医学	2431 思考
2240 玻璃	2272 来看	2304 职务	2336 营养	2368 斗争	2400 制止	2432 冬季
2241 课	2273 傍晚	2305 本身	2337 财富	2369 现代化	2401 污染	2433 表
2242 探索	2274 联	2306 早就	2338 家乡	2370 战略	2402 对手	2434 比例
2243 利润	2275 圆	2307 引导	2339 观看	2371 自行车	2403 类型	2435 难道
2244 古	2276 不良	2308 联合国	2340 存	2372 夏	2404 整齐	2436 挑

2437 金钱	2469 村里	2501 确保	2533 好像	2565 气候	2597 打交道	2629 丈夫
2438 源	2470 上市	2502 友	2534 机制	2566 河北	2598 说话	2630 陆
2439 身份	2471 感受	2503 一路	2535 加上	2567 不幸	2599 城区	2631 适当
2440 生日	2472 清晰	2504 无限	2536 赚	2568 经典	2600 威	2632 部长
2441 概括	2473 一下子	2505 移动	2537 景	2569 氛围	2601 宾馆	2633 纪律
2442 隆重	2474 武器	2506 小组	2538 大多数	2570 女孩	2602 话题	2634 聪明
2443 追逐	2475 无疑	2507 错误	2539 看见	2571 降低	2603 包含	2635 天空
2444 军人	2476 恐怖	2508 齐	2540 法院	2572 乱	2604 贸易	2636 系列
2445 会长	2477 当初	2509 途径	2541 难度	2573 宏	2605 本人	2637 一阵
2446 最低	2478 场所	2510 环保	2542 综合	2574 相应	2606 历经	2638 艰苦
2447 杂志	2479 希	2511 绝	2543 财政	2575 瓶	2607 技能	2639 琴
2448 案件	2480 开辟	2512 核心	2544 压	2576 原理	2608 融合	2640 章
2449 泉	2481 向前	2513 好处	2545 严厉	2577 家园	2609 圆满	2641 好人
2450 乌	2482 密	2514 渐渐	2546 花钱	2578 地带	2610 泽	2642 遭到
2451 功	2483 从中	2515 说法	2547 降	2579 严密	2611 预测	2643 依据
2452 慧	2484 赢	2516 账	2548 逐步	2580 退出	2612 球	2644 鲜花
2453 注入	2485 自从	2517 咨询	2549 四处	2581 弗	2613 证书	2645 摄影
2454 井	2486 测试	2518 佩	2550 开花	2582 城镇	2614 停留	2646 主角
2455 称为	2487 替代	2519 零	2551 付	2583 运行	2615 红灯	2647 供应
2456 合	2488 放下	2520 枚	2552 拿起	2584 女性	2616 有利于	2648 例
2457 念	2489 之余	2521 限度	2553 谋	2585 金融	2617 引发	2649 垫
2458 不说	2490 猛	2522 上去	2554 学历	2586 竟	2618 首相	2650 顿时
2459 屋	2491 教室	2523 转折	2555 西部	2587 艺	2619 非洲	2651 收费
2460 团结	2492 激动	2524 属	2556 夜晚	2588 提升	2620 送给	2652 得了
2461 意愿	2493 枝	2525 加大	2557 蓝色	2589 想法	2621 坏	2653 勇气
2462 说到	2494 过分	2526 江苏	2558 盐	2590 极其	2622 团队	2654 归
2463 出租车	2495 那天	2527 社会主义	2559 台下	2591 覆盖	2623 上班	2655 缺
2464 冬天	2496 佳	2528 公认	2560 加工	2592 俄	2624 算是	2656 盛
2465 老年人	2497 善良	2529 转到	2561 意	2593 手里	2625 改进	2657 基础上
2466 提醒	2498 会场	2530 贝	2562 足	2594 山东	2626 角	2658 严肃
2467 传出	2499 停	2531 翰	2563 喝	2595 温暖	2627 石油	2659 繁荣
2468 操作	2500 消耗	2532 统计	2564 加拿大	2596 漫长	2628 承认	2660 回归

2661 迈出	2693 通道	2725 挂在	2757 薄	2789 吐	2821 保安	2853 进程
2662 桑	2694 欠	2726 惠	2758 答	2790 一则	2822 辛	2854 柳
2663 公共	2695 落实	2727 战友	2759 故意	2791 度过	2823 计算	2855 即可
2664 展览	2696 不应	2728 个大	2760 忠	2792 病情	2824 导演	2856 面向
2665 队员	2697 率先	2729 君	2761 头脑	2793 掉	2825 陷入	2857 内在
2666 街	2698 发言	2730 品种	2762 年轻人	2794 质	2826 栋	2858 华人
2667 持	2699 饭	2731 年初	2763 战士	2795 勇	2827 现状	2859 趋势
2668 拿到	2700 人工	2732 区域	2764 正好	2796 各项	2828 长达	2860 铜
2669 吸收	2701 挖	2733 搭	2765 履行	2797 论证	2829 俊	2861 脸
2670 跳	2702 册	2734 路线	2766 产	2798 例子	2830 业绩	2862 小城
2671 士兵	2703 汤	2735 云南	2767 暂时	2799 可以说	2831 校园	2863 爸爸
2672 味	2704 神	2736 高速公路	2768 尊严	2800 此后	2832 体制	2864 基层
2673 不必	2705 泰	2737 用来	2769 任命	2801 进来	2833 接过	2865 往来
2674 设立	2706 接收	2738 基金	2770 小镇	2802 写下	2834 严峻	2866 支出
2675 西藏	2707 住院	2739 办理	2771 感受到	2803 资	2835 帕	2867 不对
2676 有益	2708 重复	2740 后面	2772 模糊	2804 明星	2836 大多	2868 推广
2677 剩余	2709 重要性	2741 不堪	2773 为主	2805 北京市	2837 门前	2869 举
2678 授予	2710 受伤	2742 市区	2774 求	2806 剩下	2838 人为	2870 传
2679 旗	2711 发行	2743 沃	2775 国务院	2807 贾	2839 伤害	2871 选举
2680 趟	2712 善	2744 浪费	2776 弥漫	2808 丝毫	2840 气氛	2872 价
2681 迎来	2713 反复	2745 恩	2777 事先	2809 过度	2841 笑声	2873 开创
2682 某些	2714 哥	2746 少女	2778 好几	2810 诺	2842 不想	2874 搬到
2683 广	2715 题	2747 决心	2779 山上	2811 季	2843 粮食	2875 高大
2684 布置	2716 对外	2748 草原	2780 刊登	2812 赫	2844 现金	2876 十足
2685 高峰	2717 大概	2749 未能	2781 队长	2813 朵	2845 高尚	2877 体系
2686 劝	2718 善于	2750 毫不	2782 人事	2814 商店	2846 迈	2878 过来
2687 加以	2719 川	2751 阳	2783 下岗	2815 网站	2847 倾向	2879 浙江
2688 埃	2720 月底	2752 船	2784 天下	2816 残疾人	2848 洗	2880 高校
2689 即便	2721 脸上	2753 理	2785 到达	2817 怀念	2849 有一次	2881 运转
2690 觉	2722 承受	2754 领	2786 运输	2818 胜	2850 干脆	2882 警方
2691 激情	2723 回国	2755 珠	2787 退休	2819 繁华	2851 亲	2883 迫切
2692 着手	2724 聊天	2756 环节	2788 穷	2820 人文	2852 台阶	2884 发放

2885 解	2917 名叫	2949 悄悄	2981 顾	3013 移民	3045 杭州	3077 港
2886 也就是说	2918 画面	2950 候选人	2982 同胞	3014 逻辑	3046 显现	3078 四十
2887 须	2919 直	2951 精	2983 相反	3015 机器	3047 邀	3079 涛
2888 科学家	2920 诗人	2952 顽强	2984 莎	3016 白色	3048 晶	3080 感
2889 合适	2921 纽约	2953 工具	2985 传说	3017 同事	3049 致使	3081 阻碍
2890 携带	2922 改革开放	2954 沿着	2986 判断	3018 生长	3050 胡同	3082 荣
2891 写作	2923 幻想	2955 解放	2987 个别	3019 打下	3051 基因	3083 富有
2892 情感	2924 称号	2956 假如	2988 联邦	3020 一流	3052 大楼	3084 县城
2893 答应	2925 国有	2957 暖	2989 镜头	3021 进口	3053 同等	3085 中华
2894 十二	2926 照顾	2958 士	2990 晚会	3022 容	3054 整理	3086 研制
2895 灵	2927 黑色	2959 运作	2991 提起	3023 可爱	3055 药品	3087 补充
2896 兴	2928 为人	2960 不停	2992 一行	3024 鼓舞	3056 举动	3088 珍
2897 赶上	2929 谴责	2961 粒	2993 获取	3025 学术界	3057 最佳	3089 紧密
2898 中年	2930 南部	2962 托	2994 市政府	3026 足球	3058 琼	3090 活泼
2899 休闲	2931 墙	2963 响	2995 吕	3027 哲学	3059 黑龙江	3091 空气
2900 湖南	2932 庆	2964 望去	2996 时时	3028 树木	3060 快乐	3092 斌
2901 传播	2933 相继	2965 小伙子	2997 崭新	3029 爱心	3061 宗	3093 调
2902 拥挤	2934 原有	2966 院长	2998 钢	3030 危害	3062 桶	3094 左
2903 陕西	2935 单独	2967 摄	2999 提议	3031 注重	3063 激发	3095 急需
2904 仁	2936 表面上	2968 长大	3000 马路	3032 颜色	3064 露	3096 湖北
2905 人群	2937 杯	2969 一如既往	3001 简直	3033 含	3065 年级	3097 跟着
2906 转换	2938 呼吁	2970 日报	3002 认	3034 争	3066 园	3098 安徽
2907 牢牢	2939 切	2971 今日	3003 爆炸	3035 曲	3067 勒	3099 宇
2908 北京大学	2940 范	2972 乘	3004 保存	3036 友谊	3068 年内	3100 魅力
2909 行李	2941 杀	2973 可惜	3005 流行	3037 女士	3069 游	3101 剑
2910 研究所	2942 年度	2974 全世界	3006 关怀	3038 愉快	3070 登记	3102 不下
2911 选拔	2943 全力	2975 连同	3007 势力	3039 千方百计	3071 丰收	3103 一方
2912 积	2944 效益	2976 主管	3008 长久	3040 摸	3072 即使是	3104 指定
2913 年间	2945 凌晨	2977 拨	3009 样子	3041 签订	3073 遵守	3105 地面
2914 一带	2946 汗	2978 应用	3010 设置	3042 礼物	3074 好好	3106 一幕
2915 轿车	2947 软件	2979 组长	3011 房间	3043 试验	3075 浓厚	3107 依
2916 施工	2948 短短	2980 迷	3012 备受	3044 俱	3076 一度	3108 浓郁

3109 司	3141 商量	3173 下面	3205 当前	3237 色彩	3269 姐妹	3301 单纯
3110 官	3142 遭	3174 会见	3206 小事	3238 平安	3270 采购	3302 笼罩
3111 货	3143 应对	3175 到位	3207 住房	3239 戏剧	3271 收获	3303 事迹
3112 上网	3144 喜悦	3176 电视机	3208 内蒙古	3240 科研	3272 青少年	3304 思索
3113 牌子	3145 集	3177 邻居	3209 违反	3241 他用	3273 诉说	3305 向来
3114 法官	3146 自动	3178 路边	3210 日后	3242 异常	3274 耽误	3306 钢铁
3115 占有	3147 广阔	3179 详细	3211 默默	3243 深夜	3275 尴尬	3307 初中
3116 人人	3148 谈论	3180 河水	3212 抱怨	3244 袁	3276 干扰	3308 症
3117 珍惜	3149 回去	3181 景观	3213 得知	3245 水泥	3277 内涵	3309 记住
3118 承包	3150 啥	3182 打工	3214 沈	3246 黄色	3278 专	3310 仍是
3119 热爱	3151 百姓	3183 增	3215 力度	3247 引进	3279 安定	3311 警惕
3120 遍地	3152 岗	3184 总之	3216 水中	3248 岩	3280 发射	3312 财
3121 冲击	3153 预算	3185 与众不同	3217 孔	3249 关爱	3281 手表	3313 城里
3122 掌声	3154 市委	3186 出色	3218 久久	3250 相同	3282 父	3314 脆弱
3123 汇报	3155 临	3187 资助	3219 怪	3251 振	3283 无比	3315 意思
3124 衣服	3156 顶着	3188 心脏	3220 大片	3252 政	3284 梳理	3316 看完
3125 创建	3157 日记	3189 主	3221 攻击	3253 退	3285 看病	3317 价钱
3126 皆	3158 坚强	3190 东京	3222 卷	3254 刻	3286 结论	3318 举手
3127 合法	3159 折	3191 欢乐	3223 治理	3255 领导人	3287 低于	3319 清洁
3128 透过	3160 估计	3192 以外	3224 追究	3256 聚会	3288 进去	3320 清醒
3129 报名	3161 广播	3193 整天	3225 应有	3257 每到	3289 或许	3321 巨额
3130 淘汰	3162 发布	3194 有利	3226 有限公司	3258 彭	3290 连夜	3322 这儿
3131 精力	3163 援助	3195 海拔	3227 尽	3259 境界	3291 创办	3323 莫斯科
3132 硬	3164 危机	3196 造就	3228 之内	3260 予以	3292 轻易	3324 证
3133 牺牲	3165 使命	3197 校	3229 培育	3261 迎	3293 竹	3325 带动
3134 产量	3166 有限	3198 赔偿	3230 响起	3262 送来	3294 编	3326 转化
3135 子女	3167 宫	3199 名单	3231 准	3263 顾客	3295 登	3327 违法
3136 家门	3168 深沉	3200 索	3232 比起	3264 近期	3296 鸣	3328 车上
3137 运动员	3169 论坛	3201 美军	3233 冰	3265 了不起	3297 羊	3329 远处
3138 走近	3170 蔡	3202 咱	3234 冬	3266 带头	3298 何况	3330 减
3139 去世	3171 河南	3203 高于	3235 开设	3267 专用	3299 轻轻	3331 患
3140 显	3172 特意	3204 质疑	3236 早早	3268 蒂	3300 门槛	3332 基于

3333 动物	3365 汇	3397 发明	3429 浪	3461 角落	3493 据说	3525 简陋
3334 正当	3366 节省	3398 前夕	3430 平常	3462 四周	3494 新生	3526 必
3335 问候	3367 糖	3399 每每	3431 光明	3463 上下	3495 味道	3527 金额
3336 桌	3368 投	3400 雄	3432 赞赏	3464 抢救	3496 图案	3528 住所
3337 透明	3369 相当于	3401 房子	3433 然	3465 宿舍	3497 电视台	3529 眼看
3338 可怕	3370 不及	3402 初期	3434 礼	3466 何处	3498 更有	3530 四大
3339 双重	3371 主义	3403 伊拉克	3435 南方	3467 巴黎	3499 工地	3531 发达国家
3340 形状	3372 战场	3404 欧美	3436 驾驶	3468 不利	3500 进城	3532 钥匙
3341 抬头	3373 出任	3405 泰国	3437 各方面	3469 新年	3501 有助于	3533 地下
3342 舆论	3374 立场	3406 闹	3438 帷幕	3470 情节	3502 失	3534 优良
3343 必定	3375 境内	3407 忧	3439 例外	3471 丢	3503 看望	3535 干净
3344 摆脱	3376 风格	3408 演员	3440 韦	3472 公寓	3504 如果说	3536 纪录
3345 两岸	3377 棉花	3409 师生	3441 振奋	3473 食	3505 例如	3537 廉
3346 调动	3378 健身	3410 安置	3442 率领	3474 巴西	3506 初步	3538 留学
3347 受益	3379 凌	3411 推向	3443 调节	3475 抛	3507 渐	3539 版
3348 上学	3380 提问	3412 弥补	3444 层次	3476 田野	3508 一口	3540 宣
3349 中文	3381 跨越	3413 鸡	3445 值	3477 双手	3509 温	3541 时常
3350 日前	3382 工厂	3414 缕	3446 体会	3478 效应	3510 滴	3542 掌
3351 动员	3383 农场	3415 洛	3447 深情	3479 人均	3511 扩展	3543 冠
3352 内外	3384 焦	3416 深圳	3448 同行	3480 神圣	3512 论文	3544 外来
3353 用户	3385 天然	3417 犯	3449 馆	3481 哭	3513 工程师	3545 良
3354 天上	3386 程	3418 各级	3450 勃	3482 办好	3514 外交	3546 组建
3355 一会儿	3387 固定	3419 回顾	3451 立刻	3483 植物	3515 为止	3547 迷人
3356 缓解	3388 默	3420 闪烁	3452 细节	3484 湾	3516 头上	3548 指标
3357 成都	3389 小楼	3421 极端	3453 海南	3485 离去	3517 党员	3549 开会
3358 够	3390 前景	3422 进而	3454 防范	3486 奥运会	3518 夫妻	3550 水面
3359 近来	3391 品德	3423 感动	3455 记忆	3487 前来	3519 向往	3551 时分
3360 自行	3392 看待	3424 陪同	3456 康复	3488 促使	3520 幸运	3552 汉语
3361 精致	3393 温馨	3425 四五	3457 墨西哥	3489 考古	3521 称赞	3553 星期
3362 合格	3394 感激	3426 义	3458 鞋	3490 坦	3522 重重	3554 忠诚
3363 潜力	3395 激励	3427 关闭	3459 吃惊	3491 艘	3523 有趣	3555 得出
3364 丰	3396 一贯	3428 敏	3460 碗	3492 一再	3524 别墅	3556 兰州

3557 生机	3589 评	3621 田间	3653 天鹅	3685 远离	3717 呈	3749 农药
3558 图片	3590 疯狂	3622 只不过	3654 赠送	3686 诞生	3718 蓝天	3750 从头
3559 才华	3591 记	3623 营造	3655 列为	3687 收集	3719 碰	3751 幼儿园
3560 手脚	3592 挡	3624 去过	3656 阵地	3688 姿态	3720 聊	3752 醒
3561 佛	3593 基金会	3625 抽	3657 一时间	3689 丘	3721 副主席	3753 情怀
3562 门外	3594 旁边	3626 税	3658 克服	3690 再一次	3722 强化	3754 表彰
3563 见过	3595 前去	3627 享有	3659 研究生	3691 拉开	3723 开心	3755 公交
3564 探讨	3596 缺少	3628 输	3660 责任感	3692 飞到	3724 肖	3756 发掘
3565 动摇	3597 策划	3629 审查	3661 往事	3693 扬	3725 靠近	3757 引
3566 武装	3598 书籍	3630 高原	3662 场面	3694 农家	3726 结	3758 那位
3567 骄傲	3599 号码	3631 视为	3663 泥土	3695 曹	3727 新加坡	3759 秋天
3568 欲望	3600 播出	3632 紫	3664 只见	3696 凡是	3728 技巧	3760 辛苦
3569 留给	3601 藏	3633 本职工作	3665 痕迹	3697 当日	3729 定期	3761 到来
3570 慢慢	3602 存款	3634 水果	3666 逝世	3698 依赖	3730 结婚	3762 生命力
3571 酒店	3603 晴	3635 伦敦	3667 歇	3699 爱人	3731 猪	3763 情形
3572 特定	3604 江西	3636 委托	3668 经费	3700 增添	3732 深远	3764 命令
3573 洞	3605 形	3637 生气	3669 费力	3701 随便	3733 这些年	3765 劳
3574 孟	3606 患上	3638 渠道	3670 分明	3702 捐款	3734 常规	3766 为何
3575 假	3607 月初	3639 暗	3671 尽量	3703 原料	3735 回收	3767 乡镇
3576 打动	3608 名义	3640 开来	3672 婴儿	3704 示范	3736 带上	3768 伴随
3577 象征	3609 健全	3641 大山	3673 插	3705 有一天	3737 较为	3769 挖掘
3578 理性	3610 工作者	3642 弯	3674 料	3706 目	3738 之类	3770 情不自禁
3579 补偿	3611 电力	3643 沾	3675 分之	3707 极为	3739 济南	3771 助手
3580 欧盟	3612 黄金	3644 焦点	3676 议论	3708 踏实	3740 图书	3772 客人
3581 浅	3613 贫穷	3645 天气	3677 持久	3709 司法	3741 新华社	3773 参考
3582 洪	3614 某个	3646 无声	3678 题目	3710 快捷	3742 考虑到	3774 找出
3583 强劲	3615 优质	3647 独	3679 餐桌	3711 实实在在	3743 炒	3775 眼里
3584 没人	3616 处境	3648 赶到	3680 南北	3712 道上	3744 救助	3776 珍贵
3585 开拓	3617 失误	3649 宣言	3681 感染	3713 不小	3745 甲	3777 挥
3586 脱	3618 惋惜	3650 在场	3682 摩托车	3714 餐厅	3746 摘	3778 改成
3587 周边	3619 居	3651 自信	3683 素	3715 转向	3747 斗	3779 大自然
3588 体验	3620 陶	3652 碰到	3684 进攻	3716 被动	3748 身影	3780 彩

续表

3781 公	3813 歌曲	3845 降到	3877 感悟	3909 挺	3941 计	3973 卫
3782 蔓延	3814 戈	3846 救	3878 总经理	3910 好看	3942 统统	3974 闻
3783 一次性	3815 常年	3847 指责	3879 上演	3911 烂	3943 完美	3975 化学
3784 要素	3816 游泳	3848 实质	3880 亦	3912 修建	3944 不一定	3976 忽然
3785 概念	3817 潘	3849 志愿	3881 积蓄	3913 累计	3945 商人	3977 粉
3786 检测	3818 有必要	3850 帽子	3882 教材	3914 柜台	3946 古老	3978 赞美
3787 因而	3819 愈	3851 舍	3883 作风	3915 好转	3947 粗	3979 管理者
3788 留学生	3820 洁	3852 阔	3884 底	3916 夸张	3948 上都	3980 主办
3789 窗口	3821 心动	3853 泪	3885 侯	3917 获胜	3949 有名	3981 卢
3790 酝酿	3822 朝鲜	3854 消化	3886 差别	3918 躺	3950 毕业生	3982 梦想
3791 答复	3823 陪	3855 用人	3887 故乡	3919 人选	3951 制约	3983 除此之外
3792 不满	3824 几分	3856 秘书	3888 随即	3920 总部	3952 大胆	3984 打听
3793 其余	3825 访	3857 寻	3889 任凭	3921 短期	3953 开启	3985 视
3794 崇高	3826 冒	3858 乘客	3890 大小	3922 通用	3954 单调	3986 置
3795 当成	3827 处处	3859 学问	3891 研讨会	3923 仓库	3955 治安	3987 啦
3796 物理	3828 领会	3860 报刊	3892 名人	3924 祝贺	3956 爆发	3988 运营
3797 埃及	3829 全新	3861 实惠	3893 上课	3925 执法	3957 差异	3989 塑料
3798 跑到	3830 请教	3862 对照	3894 正如	3926 筹备	3958 巧	3990 总会
3799 奇迹	3831 职	3863 此刻	3895 江南	3927 交谈	3959 捕捉	3991 东北
3800 状	3832 旅客	3864 腿	3896 饱	3928 地处	3960 歧视	3992 磨
3801 付出	3833 群体	3865 散落	3897 呼	3929 匆匆	3961 储备	3993 荷兰
3802 飘	3834 美妙	3866 坚	3898 级别	3930 教训	3962 执	3994 游戏
3803 年中	3835 人和	3867 拓展	3899 瑟	3931 聚集	3963 坚实	3995 氏
3804 暴力	3836 出身	3868 英勇	3900 取决于	3932 代表团	3964 普及	3996 净
3805 军区	3837 复	3869 平日	3901 旅行	3933 有的是	3965 主流	3997 精彩
3806 坎	3838 以至于	3870 无人	3902 说出	3934 列入	3966 迟	3998 回报
3807 席	3839 机械	3871 共识	3903 感叹	3935 脱离	3967 智	3999 走廊
3808 确立	3840 发展中国家	3872 不甘	3904 无效	3936 通信	3968 等候	4000 签署
3809 写信	3841 顺	3873 板	3905 形容	3937 茫茫	3969 物品	4001 献
3810 行驶	3842 没收	3874 欧	3906 凝聚	3938 寸	3970 购物	4002 学到
3811 勤	3843 摇头	3875 审	3907 事物	3939 免	3971 幽默	4003 街头
3812 会计	3844 监狱	3876 纵	3908 抢	3940 有意	3972 平凡	4004 海上

4005 要么	4037 各界	4069 出门	4101 缺陷	4133 偷	4165 早上	4197 爱好
4006 夏天	4038 互	4070 天堂	4102 显著	4134 竞争力	4166 债务	4198 遵循
4007 神经	4039 力气	4071 贴近	4103 害	4135 路子	4167 审视	4199 课堂
4008 下达	4040 山顶	4072 小姐	4104 逃离	4136 一头	4168 羽	4200 泥
4009 成效	4041 跟踪	4073 维修	4105 配	4137 回味	4169 麻	4201 聘请
4010 不免	4042 法庭	4074 过渡	4106 思念	4138 肥	4170 去向	4202 招聘
4011 总体	4043 诊断	4075 惊喜	4107 更新	4139 易	4171 身后	4203 亭
4012 虚	4044 人性	4076 女人	4108 分为	4140 分量	4172 所能	4204 维持
4013 袋	4045 阵	4077 数学	4109 扶	4141 电视剧	4173 依法	4205 大师
4014 纯	4046 视野	4078 凤	4110 虫	4142 端	4174 本科	4206 忽
4015 砖	4047 传递	4079 公众	4111 而已	4143 福建	4175 轨道	4207 青岛
4016 距	4048 不肯	4080 体育馆	4112 增多	4144 困惑	4176 喊	4208 全球化
4017 妙	4049 腐败	4081 美术	4113 窗	4145 礼仪	4177 多久	4209 晴
4018 装备	4050 调研	4082 露出	4114 中方	4146 尾	4178 树立	4210 签字
4019 时机	4051 当事人	4083 在家	4115 睡	4147 难忘	4179 收购	4211 观
4020 尤	4052 事宜	4084 熊	4116 市场经济	4148 妹妹	4180 一眼	4212 一连
4021 只得	4053 行列	4085 穿过	4117 护	4149 会谈	4181 现任	4213 纠纷
4022 源头	4054 派出	4086 赖	4118 分布	4150 全村	4182 右	4214 憨厚
4023 跃	4055 周折	4087 泡	4119 束	4151 档次	4183 关照	4215 那一天
4024 诱惑	4056 未必	4088 乐观	4120 前途	4152 题材	4184 适时	4216 果然
4025 联盟	4057 出于	4089 燕	4121 财务	4153 市长	4185 数额	4217 想象
4026 肩上	4058 村庄	4090 好几个	4122 大厅	4154 画家	4186 虎	4218 证实
4027 包装	4059 主观	4091 西南	4123 大大小小	4155 高出	4187 为期	4219 大赛
4028 必将	4060 看中	4092 学科	4124 预计	4156 致	4188 惩罚	4220 总裁
4029 从容	4061 语	4093 挑选	4125 全省	4157 询问	4189 汇集	4221 虽说
4030 贯彻	4062 看过	4094 辽宁	4126 灿烂	4158 局长	4190 地道	4222 中期
4031 聚	4063 切实	4095 编辑	4127 东部	4159 相识	4191 分离	4223 最快
4032 高层	4064 牵	4096 运动会	4128 抽出	4160 严	4192 脊梁	4224 微
4033 吸引力	4065 担忧	4097 造	4129 昌	4161 颁发	4193 夜间	4225 泪水
4034 豪	4066 战役	4098 考核	4130 真心	4162 期望	4194 恶劣	4226 相遇
4035 这天	4067 喂	4099 沈阳	4131 暴雨	4163 封闭	4195 加深	4227 姜
4036 握	4068 返回	4100 嘴	4132 中山	4164 平民	4196 划	4228 人体

续表

4229 郎	4260 监测	4291 牢	4322 说道	4353 拳头	4384 博览会	4415 郊区
4230 中华人民共和国	4261 稿	4292 要知道	4323 灵魂	4354 支柱	4385 敬	4416 消防
4231 下车	4262 部署	4293 饮	4324 大队	4355 解除	4386 过后	4417 有意识
4232 动荡	4263 反思	4294 罚	4325 总要	4356 大人	4387 中介	4418 触摸
4233 大国	4264 身心	4295 嫌	4326 勇敢	4357 感人	4388 恶化	4419 江河
4234 具	4265 预防	4296 民众	4327 紧接着	4358 半天	4389 脚步	4420 穿上
4235 坚守	4266 长沙	4297 首要	4328 名称	4359 放松	4390 奔腾	4421 砸
4236 一号	4267 闲	4298 适用	4329 倡导	4360 盛开	4391 再度	4422 心思
4237 感慨	4268 上千	4299 轮流	4330 年头	4361 宪法	4392 眼中	4423 搭配
4238 初级	4269 十字路口	4300 外面	4331 执政	4362 占据	4393 壮大	4424 防
4239 洁白	4270 室内	4301 地址	4332 谅解	4363 职位	4394 港口	4425 处罚
4240 针	4271 启示	4302 沉	4333 都市	4364 族	4395 后果	4426 密集
4241 惊讶	4272 老家	4303 毫不犹豫	4334 借助	4365 纯粹	4396 寂寞	4427 软
4242 导游	4273 劳作	4304 告	4335 用途	4366 弃	4397 联想	4428 原先
4243 不容	4274 平房	4305 灌	4336 连连	4367 一侧	4398 上前	4429 推行
4244 代价	4275 打造	4306 崔	4337 填写	4368 县里	4399 不解	4430 朴素
4245 讲究	4276 新型	4307 课题	4338 悲观	4369 童年	4400 开幕	4431 看重
4246 声明	4277 报警	4308 桃	4339 价值观	4370 歌声	4401 错过	4432 参赛
4247 卖给	4278 决不	4309 尝试	4340 桩	4371 宣传部	4402 呼声	4433 穿着
4248 丧失	4279 无私	4310 更具	4341 尺	4372 祥	4403 大连	4434 掏出
4249 金色	4280 节奏	4311 加剧	4342 狗	4373 大都	4404 外汇	4435 对抗
4250 来得	4281 书法	4312 成分	4343 硕士	4374 倒是	4405 再有	4436 生涯
4251 来回	4282 鲁迅	4313 散发	4344 音	4375 揭示	4406 在线	4437 流露
4252 朝着	4283 一向	4314 送进	4345 命	4376 金牌	4407 准则	4438 好比
4253 思绪	4284 鲍	4315 府	4346 金属	4377 结成	4408 抑制	4439 拼命
4254 约束	4285 书面	4316 账户	4347 似的	4378 上门	4409 心底	4440 偶尔
4255 苦难	4286 开通	4317 街上	4348 旁的	4379 以色列	4410 愁	4441 涌现
4256 招生	4287 白天	4318 众人	4349 远方	4380 诸	4411 收益	4442 现金
4257 化解	4288 可能性	4319 陌生	4350 宣誓	4381 命名	4412 从前	4443 那年
4258 沟	4289 拒	4320 差不多	4351 死者	4382 笑容	4413 好在	4444 一体
4259 看似	4290 鹰	4321 平方公里	4352 甜	4383 高温	4414 优惠	4445 感觉到

4446 面对面	4478 保卫	4510 主体	4542 不知不觉	4574 执著	4606 跳出	4638 演
4447 院校	4479 驻华	4511 不顾	4543 继	4575 仅有	4607 不经意	4639 海关
4448 流通	4480 商务	4512 洋溢	4544 避开	4576 整治	4608 犹如	4640 如实
4449 怎么样	4481 禁止	4513 视线	4545 骑马	4577 气象	4609 按时	4641 兹
4450 非法	4482 起诉	4514 人格	4546 将于	4578 增大	4610 写出	4642 要是
4451 心态	4483 一口气	4515 设定	4547 听取	4579 厘米	4611 透出	4643 拔
4452 出租	4484 实用	4516 判决	4548 最小	4580 医	4612 哥伦比亚	4644 顾问
4453 边缘	4485 奇怪	4517 影响力	4549 还给	4581 愤怒	4613 山路	4645 上任
4454 红色	4486 企图	4518 取出	4550 瞧	4582 总数	4614 浓	4646 老总
4455 营	4487 盒	4519 另有	4551 身材	4583 番	4615 协作	4647 溪
4456 扇	4488 精美	4520 书本	4552 芬	4584 对不起	4616 却说	4648 风云
4457 头发	4489 清除	4521 中外	4553 出售	4585 增进	4617 箱	4649 无论如何
4458 跳起	4490 深层	4522 团长	4554 就此	4586 人民群众	4618 爱护	4650 记载
4459 悬	4491 淑	4523 倚	4555 买卖	4587 知识分子	4619 来临	4651 漏
4460 薛	4492 模仿	4524 早期	4556 男人	4588 来访	4620 高等教育	4652 容颜
4461 短缺	4493 面孔	4525 腰	4557 野生	4589 源泉	4621 难怪	4653 敬业
4462 人心	4494 盼望	4526 沉浸	4558 传达	4590 比喻	4622 含量	4654 逊
4463 充实	4495 等级	4527 随意	4559 眼泪	4591 布局	4623 人力资源	4655 祝
4464 小区	4496 北部	4528 列车	4560 牢固	4592 常委	4624 自豪	4656 买到
4465 来信	4497 规矩	4529 空中	4561 秘书长	4593 优美	4625 省委	4657 沙漠
4466 中华民族	4498 练	4530 遭遇	4562 手指	4594 模范	4626 像是	4658 势
4467 乐曲	4499 权益	4531 夹子	4563 广西	4595 英国人	4627 进出	4659 担负
4468 常有	4500 社	4532 著作	4564 汗水	4596 想起	4628 伸出	4660 乃
4469 所在地	4501 慰问	4533 阴影	4565 壮	4597 文物	4629 那儿	4661 天地
4470 当场	4502 以便	4534 自治区	4566 货物	4598 源于	4630 看去	4662 可谓
4471 伍	4503 微笑	4535 缓缓	4567 至此	4599 烧	4631 旺	4663 场地
4472 封锁	4504 发言人	4536 分工	4568 外地	4600 核	4632 站起来	4664 派出所
4473 伴	4505 影	4537 全身	4569 毛泽东	4601 提倡	4633 特大	4665 绕
4474 娃娃	4506 着急	4538 任职	4570 摊	4602 换来	4634 设法	4666 前后
4475 舞	4507 纯洁	4539 干什么	4571 擦	4603 贤	4635 梨	4667 大致
4476 旅馆	4508 鉴于	4540 此前	4572 反响	4604 制服	4636 应邀	4668 萧
4477 开车	4509 很久	4541 鸡蛋	4573 株	4605 评估	4637 清澈	4669 带给

4670 高举	4702 老年	4734 乡间	4766 皮肤	4798 收藏	4830 外交部	4862 传奇
4671 关门	4703 偏远	4735 逛	4767 和谐	4799 厕所	4831 朋友们	4863 永久
4672 备	4704 点燃	4736 评选	4768 时尚	4800 重组	4832 变迁	4864 法制
4673 简称	4705 踊跃	4737 读物	4769 三十	4801 工商	4833 太空	4865 丑
4674 全场	4706 陷	4738 床	4770 换上	4802 中美	4834 直奔	4866 永不
4675 电器	4707 名为	4739 辛勤	4771 共产党	4803 平稳	4835 延续	4867 拍摄
4676 浦	4708 题为	4740 其一	4772 下班	4804 看上去	4836 历时	4868 名将
4677 前几天	4709 今	4741 早日	4773 无暇	4805 平台	4837 打扮	4869 约定
4678 讲述	4710 嘉	4742 协商	4774 自尊	4806 醉	4838 射击	4870 保健
4679 大幅	4711 致力于	4743 组合	4775 告知	4807 请问	4839 岁时	4871 上半年
4680 基本上	4712 滋味	4744 报酬	4776 签约	4808 排名	4840 注意力	4872 容量
4681 寂静	4713 办公	4745 近乎	4777 毫无疑问	4809 墨	4841 祝福	4873 智力
4682 申	4714 讲解	4746 循环	4778 侵犯	4810 本领	4842 江苏省	4874 平淡
4683 发动机	4715 起步	4747 摇	4779 训	4811 扩张	4843 和尚	4875 场上
4684 桥梁	4716 厦门	4748 明媚	4780 契机	4812 一小	4844 助理	4876 至关重要
4685 庞大	4717 尽早	4749 两边	4781 相似	4813 亲密	4845 万分	4877 集会
4686 兴起	4718 世人	4750 再说	4782 尊敬	4814 暂停	4846 营业	4878 外资
4687 空前	4719 加重	4751 岳	4783 要好	4815 衣	4847 耸立	4879 缩短
4688 掏	4720 信号	4752 山坡	4784 借鉴	4816 母	4848 打招呼	4880 庄
4689 挣	4721 国会	4753 面世	4785 中国人民解放军	4817 二者	4849 年终	4881 长远
4690 车厢	4722 想见	4754 喜爱	4786 监控	4818 痛	4850 与其	4882 阅读
4691 细腻	4723 惨	4755 谈话	4787 圣	4819 还不是	4851 稳	4883 战后
4692 改正	4724 装置	4756 潜能	4788 不然	4820 长城	4852 模样	4884 滑
4693 小路	4725 篮球	4757 教练	4789 生前	4821 市中心	4853 遇	4885 盏
4694 地域	4726 儿女	4758 黄河	4790 无言	4822 动态	4854 栽	4886 议会
4695 烦恼	4727 声中	4759 生于	4791 偏僻	4823 地里	4855 流淌	4887 琢磨
4696 棚	4728 呼唤	4760 链	4792 层面	4824 翻开	4856 秦	4888 管道
4697 耐	4729 或者说	4761 翻译	4793 咸	4825 违背	4857 巩固	4889 阻止
4698 考生	4730 粮	4762 怎能	4794 招牌	4826 将要	4858 原始	4890 山地
4699 钧	4731 艰辛	4763 通讯	4795 处长	4827 废	4859 法规	4891 占用
4700 劳动力	4732 倾听	4764 多元化	4796 皇帝	4828 不论	4860 用心	4892 生活方式
4701 例行	4733 购置	4765 时光	4797 官兵	4829 景点	4861 全都	4893 牢记

4894 国内外	4925 决赛	4956 肩	4987 渗透	5018 害怕	5049 阿拉伯	5080 盼
4895 山西	4926 喇叭	4957 示	4988 气势	5019 投诉	5050 宽裕	5081 堪称
4896 拍卖	4927 俄国	4958 启	4989 南非	5020 厂里	5051 颁布	5082 修养
4897 额	4928 一大批	4959 一同	4990 难看	5021 踏	5052 辐射	5083 买来
4898 将军	4929 制品	4960 咱们	4991 刺激	5022 器	5053 呆	5084 踏上
4899 惊奇	4930 军官	4961 深受	4992 何时	5023 依照	5054 来往	5085 创造性
4900 推开	4931 国土	4962 凝固	4993 致命	5024 赞助	5055 乎	5086 夺得
4901 根本上	4932 牙	4963 前一天	4994 倾斜	5025 月亮	5056 左边	5087 势必
4902 刮	4933 踩	4964 照样	4995 请求	5026 树林	5057 弟弟	5088 擅长
4903 敲	4934 昨天	4965 瘦	4996 季度	5027 欢呼	5058 广东省	5089 脑子
4904 剩	4935 条约	4966 浩	4997 满怀	5028 弱	5059 本次	5090 谈起
4905 细细	4936 神情	4967 承	4998 影子	5029 可见	5060 纯真	5091 深化
4906 朗	4937 口号	4968 撒	4999 得罪	5030 小麦	5061 同情	5092 优先
4907 家属	4938 结局	4969 各方	5000 栏目	5031 宿	5062 工艺	5093 改观
4908 重量	4939 当面	4970 宣告	5001 开门	5032 好多	5063 食物	5094 当做
4909 利于	4940 游玩	4971 小孩	5002 舒适	5033 躲	5064 预期	5095 手上
4910 损坏	4941 所得	4972 人身	5003 评为	5034 创	5065 膨胀	5096 全人类
4911 高速	4942 用品	4973 密码	5004 健	5035 净化	5066 海滩	5097 悦耳
4912 婚姻	4943 考上	4974 配置	5005 有序	5036 裸露	5067 慷慨	5098 测
4913 全然	4944 迟迟	4975 忽略	5006 逼	5037 残酷	5068 挣钱	5099 法国人
4914 巧妙	4945 引人注目	4976 停产	5007 边境	5038 计算机	5069 浓烈	5100 枝头
4915 专题	4946 准时	4977 景象	5008 交警	5039 夸	5070 影片	5101 碰上
4916 风情	4947 看起来	4978 商场	5009 开出	5040 男女	5071 蛋糕	5102 比重
4917 促成	4948 分类	4979 哪儿	5010 讲座	5041 冒出	5072 灾难	5103 空调
4918 外界	4949 迄今	4980 长春	5011 财经	5042 娱乐	5073 奖金	5104 灰
4919 党委	4950 诉讼	4981 师傅	5012 鹏	5043 院士	5074 此事	5105 毁
4920 货币	4951 窗外	4982 赛事	5013 古代	5044 再现	5075 生活质量	5106 缓慢
4921 困扰	4952 有钱	4983 誉为	5014 终	5045 亲属	5076 主导	5107 中共
4922 最先	4953 空白	4984 身穿	5015 油画	5046 之首	5077 不干	5108 常人
4923 积极性	4954 病毒	4985 高科技	5016 当作	5047 职员	5078 单一	5109 张扬
4924 选中	4955 地震	4986 时下	5017 小学生	5048 莲	5079 外部	5110 局势

5111 腹地	5143 急切	5175 昂贵	5207 能量	5239 对策	5271 果实	5303 入学
5112 起初	5144 扮演	5176 绿化	5208 蒙上	5240 黑龙江省	5272 静谧	5304 持有
5113 等人	5145 政权	5177 盯	5209 较量	5241 赛场	5273 总量	5305 辞职
5114 脑海	5146 零售	5178 夫人	5210 分歧	5242 庄严	5274 响应	5306 尝
5115 税收	5147 触动	5179 刊	5211 苏州	5243 日常生活	5275 门票	5307 哥哥
5116 海水	5148 真理	5180 缩小	5212 亿万	5244 全国政协	5276 叠	5308 爆
5117 控	5149 口袋	5181 旺盛	5213 天真	5245 一丝不苟	5277 完毕	5309 亲人
5118 创造者	5150 舞蹈	5182 开头	5214 警告	5246 摸索	5278 姐姐	5310 排除
5119 扶持	5151 特有	5183 放开	5215 不光	5247 国民	5279 窒息	5311 饭店
5120 欣	5152 甘肃	5184 扭转	5216 打的	5248 意料	5280 桌上	5312 剧
5121 夹	5153 牵扯	5185 首批	5217 河南省	5249 盘旋	5281 总局	5313 编制
5122 开支	5154 细心	5186 男孩	5218 将近	5250 知情	5282 邓小平	5314 势头
5123 潮流	5155 时而	5187 鸿	5219 扩散	5251 汲取	5283 吊	5315 强制
5124 鼓	5156 纺织	5188 服从	5220 文献	5252 起点	5284 王子	5316 把好
5125 坝	5157 崩溃	5189 首位	5221 劝说	5253 美德	5285 可不	5317 一连串
5126 扎实	5158 抗	5190 中东	5222 值班	5254 不适	5286 出差	5318 成人
5127 公安	5159 不易	5191 全民	5223 超出	5255 弘扬	5287 刺	5319 职能
5128 汪	5160 娟	5192 恰恰	5224 瑞士	5256 管理局	5288 敏锐	5320 美化
5129 好日子	5161 立法	5193 堡	5225 胸前	5257 可怜	5289 长期以来	5321 接连
5130 留意	5162 日渐	5194 店主	5226 高潮	5258 扫	5290 遏制	5322 哪个
5131 骨干	5163 鉴定	5195 掩饰	5227 镇里	5259 越南	5291 标	5323 河流
5132 一经	5164 沿海	5196 优	5228 顺理成章	5260 越是	5292 呼啸	5324 各位
5133 开张	5165 领土	5197 福利	5229 在下	5261 心想	5293 实验室	5325 负面
5134 见证	5166 描绘	5198 好奇	5230 玫瑰	5262 正值	5294 自在	5326 警示
5135 迈进	5167 咖啡	5199 锁	5231 在座	5263 爱好者	5295 局部	5327 抵御
5136 适宜	5168 自发	5200 计划生育	5232 一家人	5264 共享	5296 盆	5328 董
5137 喜庆	5169 魏	5201 着眼	5233 继而	5265 下乡	5297 提炼	5329 行走
5138 黎	5170 谭	5202 猜测	5234 扶贫	5266 出入	5298 瓜	5330 石家庄
5139 带有	5171 经受	5203 提交	5235 耕地	5267 为生	5299 互联网	5331 茫然
5140 当过	5172 若是	5204 纳税人	5236 投票	5268 否	5300 领取	5332 受过
5141 工业化	5173 误导	5205 根部	5237 海军	5269 奠定	5301 冲出	5333 慈
5142 违规	5174 想不到	5206 鹿	5238 醒目	5270 联手	5302 耶	5334 一味

5335 由衷	5367 撑	5399 风貌	5431 贺	5463 翅膀	5495 呼吸	5527 期限
5336 后者	5368 魂	5400 不通	5432 终点	5464 讲过	5496 出类拔萃	5528 零食
5337 有用	5369 高涨	5401 不复	5433 兑现	5465 乡亲	5497 国防	5529 遇上
5338 终身	5370 地理	5402 丰富多彩	5434 干预	5466 证件	5498 问世	5530 动情
5339 加之	5371 亏	5403 心愿	5435 恋人	5467 伞	5499 手头	5531 报销
5340 选出	5372 佛教	5404 背诵	5436 凉	5468 起伏	5500 急于	5532 专利
5341 漫	5373 填	5405 线索	5437 听从	5469 哈尔滨	5501 通往	5533 建筑物
5342 大声	5374 共鸣	5406 交叉	5438 估算	5470 诚	5502 鲜血	5534 郑重
5343 籍	5375 诚实	5407 毕	5439 贯穿	5471 赔	5503 口中	5535 无关
5344 私人	5376 布什	5408 审判	5440 高档	5472 公务	5504 培	5536 勇于
5345 服	5377 举措	5409 妮	5441 流进	5473 奈	5505 凝视	5537 首届
5346 丰厚	5378 战术	5410 心目中	5442 永恒	5474 球队	5506 罪	5538 立体
5347 逾	5379 之上	5411 两地	5443 再三	5475 证据	5507 出境	5539 出动
5348 洪亮	5380 好似	5412 截至	5444 击败	5476 见识	5508 花样	5540 联谊
5349 实地	5381 升华	5413 险些	5445 算了	5477 不快	5509 是的	5541 拆
5350 童	5382 到家	5414 观测	5446 品尝	5478 新兴	5510 递交	5542 传媒
5351 伏	5383 好朋友	5415 保险公司	5447 举报	5479 打好	5511 日期	5543 全年
5352 再生	5384 发扬	5416 瑞典	5448 拟	5480 温柔	5512 致富	5544 地质
5353 开学	5385 正义	5417 困境	5449 爽	5481 中原	5513 火灾	5545 拥抱
5354 志愿者	5386 下定决心	5418 酸	5450 挺拔	5482 周期	5514 框架	5546 归来
5355 拓宽	5387 女孩子	5419 一事	5451 出台	5483 不妨	5515 接见	5547 业内
5356 踢	5388 古城	5420 过上	5452 业余	5484 效力	5516 猫	5548 友情
5357 眼下	5389 越过	5421 窝	5453 督促	5485 亲近	5517 暗示	5549 乘坐
5358 构筑	5390 通报	5422 培训班	5454 国情	5486 笔记本	5518 细微	5550 出资
5359 中部	5391 名誉	5423 法定	5455 未经	5487 许许多多	5519 对比	5551 右手
5360 建造	5392 黑白	5424 骗	5456 手工	5488 兮	5520 收取	5552 学员
5361 当晚	5393 专程	5425 岭	5457 起码	5489 或者是	5521 储蓄	5553 表决
5362 煤矿	5394 毁灭	5426 无所	5458 摆放	5490 竟是	5522 排队	5554 昔日
5363 当家	5395 掀起	5427 心境	5459 终生	5491 欧元	5523 昆明	5555 出国
5364 中看	5396 改为	5428 新闻发布会	5460 叫做	5492 尽头	5524 录用	5556 亲情
5365 养成	5397 研	5429 危及	5461 握手	5493 博士生	5525 垄断	5557 熟练
5366 反弹	5398 一角	5430 品位	5462 有待	5494 也罢	5526 挫折	5558 审理

5559 人大	5591 学费	5623 登上	5655 绝大部分	5687 提示	5719 中旬	5751 硬是
5560 轰动	5592 张大	5624 民意	5656 冒险	5688 不便	5720 清水	5752 纳入
5561 一辈子	5593 逮捕	5625 其间	5657 竖	5689 没什么	5721 潮湿	5753 跳跃
5562 中等	5594 上万	5626 证券	5658 马克	5690 纸上	5722 耀眼	5754 甚
5563 沉醉	5595 架起	5627 会后	5659 疑惑	5691 派人	5723 脸蛋	5755 议席
5564 开阔	5596 领先	5628 央行	5660 书写	5692 艳	5724 湿润	5756 节约
5565 宣读	5597 忍受	5629 帮忙	5661 常见	5693 华侨	5725 诠释	5757 相间
5566 清华大学	5598 踪影	5630 判定	5662 寒冷	5694 游览	5726 苦苦	5758 中央电视台
5567 欣喜	5599 阐述	5631 专项	5663 赞同	5695 学业	5727 混乱	5759 微薄
5568 务实	5600 餐饮	5632 党委书记	5664 风雨	5696 分裂	5728 葛	5760 尽力
5569 反馈	5601 撞	5633 深切	5665 设想	5697 年纪	5729 满脸	5761 回响
5570 突发	5602 换成	5634 气质	5666 言行	5698 试点	5730 品格	5762 是非
5571 扑	5603 惯例	5635 产物	5667 样样	5699 造福	5731 性能	5763 枪
5572 停车场	5604 舒展	5636 应付	5668 回乡	5700 服务员	5732 信中	5764 频频
5573 代理	5605 飞扬	5637 携手	5669 裁判	5701 分成	5733 花白	5765 生病
5574 得益于	5606 运气	5638 雨天	5670 懈怠	5702 其他	5734 勉强	5766 卫星
5575 促	5607 雾	5639 先前	5671 铭	5703 汽	5735 败	5767 报社
5576 优雅	5608 文革	5640 黯然	5672 院里	5704 倡议	5736 餐馆	5768 破旧
5577 弊端	5609 获奖	5641 熟	5673 配套	5705 可贵	5737 沿岸	5769 奇特
5578 唤醒	5610 投身	5642 特区	5674 洒	5706 安宁	5738 能为	5770 大桥
5579 录	5611 救援	5643 清清楚楚	5675 晒	5707 新奇	5739 总算	5771 首长
5580 信封	5612 足迹	5644 着重	5676 洪水	5708 调到	5740 结尾	5772 商家
5581 建起	5613 省份	5645 极力	5677 平原	5709 违纪	5741 余下	5773 连声
5582 恰	5614 全方位	5646 沉甸甸	5678 经贸	5710 举起	5742 任期	5774 流失
5583 不懈	5615 与会	5647 挽回	5679 笑话	5711 送上	5743 昏迷	5775 温饱
5584 而后	5616 不变	5648 用上	5680 鲜艳	5712 孤独	5744 险	5776 惊
5585 无不	5617 迟早	5649 举世瞩目	5681 安慰	5713 农户	5745 股东	5777 讨价还价
5586 往年	5618 会议室	5650 表面	5682 竞赛	5714 翔	5746 步入	5778 挡住
5587 除非	5619 烈	5651 过多	5683 案例	5715 偷偷	5747 亲眼	5779 介入
5588 指南	5620 行使	5652 速	5684 相比之下	5716 上路	5748 优化	5780 沿
5589 极度	5621 淡	5653 注视	5685 披露	5717 三轮车	5749 撰写	5781 收回
5590 前年	5622 畅通	5654 庆幸	5686 柔	5718 夜里	5750 燃烧	5782 政协

5783 全程	5815 平和	5847 跟随	5879 办案	5911 圣诞节	5943 落户	5975 前者
5784 澳门	5816 本土	5848 拾	5880 别说	5912 应该说	5944 学位	5976 老鼠
5785 装有	5817 血肉	5849 风气	5881 碧	5913 这样一来	5945 审批	5977 称之为
5786 先行	5818 心声	5850 摒弃	5882 共和国	5914 哀悼	5946 沉寂	5978 生出
5787 暴露	5819 摘自	5851 即便是	5883 省级	5915 不准	5947 切身	5979 引入
5788 信用	5820 监管	5852 毁掉	5884 步骤	5916 显出	5948 公告	5980 档案
5789 师范大学	5821 不等	5853 消极	5885 恰好	5917 营销	5949 诗歌	5981 饮食
5790 捐助	5822 寒	5854 台北	5886 身旁	5918 简	5950 譬如	5982 自律
5791 确切	5823 路面	5855 流向	5887 捐赠	5919 亏损	5951 罗伯特	5983 击
5792 百分点	5824 整洁	5856 睿智	5888 大幅度	5920 债券	5952 影视	5984 强度
5793 长出	5825 添	5857 拥	5889 听来	5921 沉默	5953 羽毛	5985 在外
5794 搬	5826 功夫	5858 或许是	5890 毅然	5922 返	5954 星星	5986 报考
5795 辽宁省	5827 操	5859 推迟	5891 凭借	5923 父子	5955 翻看	5987 楚
5796 名牌	5828 赶来	5860 忽视	5892 含蓄	5924 兆	5956 紫色	5988 沧桑
5797 水利	5829 播种	5861 诚恳	5893 流转	5925 争论	5957 粥	5989 五一
5798 固有	5830 果断	5862 点头	5894 大气	5926 车站	5958 算得上	5990 野生动物
5799 谢谢	5831 狂	5863 东亚	5895 微妙	5927 反倒	5959 古人	5991 宾
5800 后代	5832 社会保障	5864 蹲	5896 埋	5928 下旬	5960 折射	5992 拜访
5801 核实	5833 迹象	5865 来讲	5897 搞好	5929 新建	5961 小伙伴	5993 阶层
5802 哲	5834 发票	5866 不得已	5898 天才	5930 看成	5962 隆	5994 条例
5803 宗旨	5835 一手	5867 讽刺	5899 置于	5931 动物园	5963 环境保护	5995 饱满
5804 抓获	5836 口味	5868 细胞	5900 支配	5932 池	5964 隐藏	5996 管辖
5805 载	5837 供给	5869 播放	5901 辅导	5933 赤	5965 向上	5997 枯竭
5806 高价	5838 批发	5870 所属	5902 指望	5934 精华	5966 号召	5998 纪
5807 型号	5839 四川省	5871 恨	5903 降临	5935 设计师	5967 导	5999 艾滋病
5808 中国共产党	5840 指点	5872 民警	5904 什	5936 脑	5968 葡萄	6000 听得
5809 支援	5841 无形	5873 送回	5905 工会	5937 岸	5969 埋怨	6001 未曾
5810 途中	5842 征服	5874 农产品	5906 耳边	5938 东莞	5970 修复	6002 欣慰
5811 装上	5843 数目	5875 遇害	5907 代替	5939 扔	5971 开到	6003 水源
5812 林业	5844 笔记	5876 务必	5908 虚假	5940 火车站	5972 卧	6004 班子
5813 鲜	5845 背着	5877 楼房	5909 外科	5941 桌子	5973 丛	6005 拥护
5814 自然而然	5846 忠于	5878 棒	5910 相差	5942 走来	5974 翻动	6006 失利

6007 良心	6039 钢琴	6071 泥泞	6103 一举	6135 手法	6167 判处	6199 直至
6008 上方	6040 风光	6072 分割	6104 嘱咐	6136 认清	6168 传给	6200 立足
6009 国家主席	6041 前期	6073 明明	6105 滩	6137 菲律宾	6169 禁不住	6201 组织者
6010 庄稼	6042 戏曲	6074 后悔	6106 查询	6138 白云	6170 卖掉	6202 灌溉
6011 散步	6043 剪	6075 借口	6107 真相	6139 户口	6171 输入	6203 邦
6012 当即	6044 进取	6076 眉	6108 艰巨	6140 公益	6172 一说	6204 抢先
6013 销	6045 分享	6077 投资者	6109 多方面	6141 修好	6173 监	6205 说起来
6014 正面	6046 欢快	6078 取胜	6110 指数	6142 取代	6174 酸碱	6206 未免
6015 落到	6047 回头	6079 后期	6111 警	6143 组成部分	6175 称呼	6207 迟到
6016 围观	6048 玩具	6080 壁垒	6112 赌博	6144 龙头	6176 清单	6208 残
6017 奔走	6049 无情	6081 床上	6113 湖水	6145 小型	6177 携	6209 萍
6018 共计	6050 担保	6082 决	6114 变为	6146 大字	6178 路过	6210 理智
6019 接下	6051 气温	6083 姓名	6115 据统计	6147 乡亲们	6179 河北省	6211 体育场
6020 镜子	6052 不凡	6084 头天	6116 夏季	6148 公务员	6180 削减	6212 咋
6021 潇洒	6053 打出	6085 运送	6117 责任心	6149 拯救	6181 饮料	6213 安心
6022 走访	6054 处分	6086 根源	6118 古典	6150 高考	6182 干旱	6214 所长
6023 吾	6055 回避	6087 密密麻麻	6119 京剧	6151 大爷	6183 齐全	6215 栏
6024 不只是	6056 变革	6088 锅	6120 涂	6152 过年	6184 恒	6216 对人
6025 名声	6057 视察	6089 说说	6121 草地	6153 匹	6185 得意	6217 亮相
6026 毒品	6058 旅游局	6090 横	6122 热点	6154 夕阳	6186 困	6218 老外
6027 中断	6059 两者	6091 可持续发展	6123 世事	6155 棉	6187 乍	6219 花苞
6028 亮点	6060 紧迫	6092 当局	6124 对面	6156 有影响	6188 自此	6220 朴
6029 人中	6061 面子	6093 界限	6125 间接	6157 车间	6189 超级	6221 中学生
6030 认认真真	6062 诺贝尔	6094 赞扬	6126 地图	6158 此处	6190 奔	6222 湖北省
6031 出自	6063 回应	6095 说服力	6127 指挥部	6159 宽敞	6191 常识	6223 墙壁
6032 山村	6064 大厦	6096 全国人大	6128 柏	6160 对着	6192 干涉	6224 招待
6033 外国人	6065 城乡	6097 人次	6129 慈善	6161 谈及	6193 尽情	6225 网友
6034 读到	6066 下半年	6098 起草	6130 爬	6162 客厅	6194 不方便	6226 恶意
6035 本科生	6067 沉思	6099 注定	6131 人权	6163 路程	6195 隐患	6227 语文
6036 西瓜	6068 离家	6100 孝	6132 常委会	6164 一来	6196 散文	6228 联合会
6037 终究	6069 点缀	6101 情人	6133 日夜	6165 送行	6197 擅自	6229 茂密
6038 忙碌	6070 恰当	6102 滚	6134 跳动	6166 这点	6198 折磨	6230 回合

6231 占地	6263 僵持	6295 饲料	6327 光临	6359 建材	6391 伊朗	6423 千千万万
6232 吸	6264 踏进	6296 送去	6328 节假日	6360 田里	6392 配备	6424 镇上
6233 浮	6265 中途	6297 身为	6329 人民大会堂	6361 老乡	6393 田埂	6425 扭曲
6234 鬼	6266 壶	6298 忧虑	6330 好友	6362 清新	6394 黄瓜	6426 国王
6235 嘛	6267 从未有过	6299 大伙	6331 好办	6363 迅猛	6395 临近	6427 主意
6236 土壤	6268 干事	6300 匆忙	6332 茂	6364 精品	6396 协	6428 毅
6237 勤奋	6269 大家庭	6301 乒乓球	6333 万一	6365 大脑	6397 炎黄子孙	6429 现行
6238 装饰	6270 烤	6302 东南	6334 忍不住	6366 被迫	6398 指引	6430 态势
6239 钻进	6271 流程	6303 半数	6335 硕大	6367 实事求是	6399 社团	6431 处置
6240 全班	6272 惟一	6304 卡尔	6336 头顶	6368 吞噬	6400 化肥	6432 主持人
6241 双眼	6273 欺骗	6305 前方	6337 故	6369 丢失	6401 邓	6433 旧时
6242 缺点	6274 下滑	6306 球员	6338 站立	6370 租	6402 方方面面	6434 邮件
6243 一心	6275 亚军	6307 一旁	6339 下山	6371 不休	6403 研究院	6435 啧啧
6244 怀抱	6276 办学	6308 东风	6340 敌人	6372 高效	6404 温和	6436 罐
6245 血液	6277 慕	6309 工商局	6341 确有	6373 峡	6405 撤离	6437 截
6246 行人	6278 急忙	6310 花香	6342 遗留	6374 音乐家	6406 政党	6438 科目
6247 地毯	6279 仪	6311 查看	6343 内向	6375 坑	6407 庄重	6439 正规
6248 乡下	6280 尝到	6312 接下来	6344 信赖	6376 朝阳	6408 提名	6440 小心
6249 刑事	6281 驾驭	6313 了事	6345 航天	6377 出事	6409 议	6441 刚才
6250 晶莹	6282 上车	6314 赞成	6346 升起	6378 迎面	6410 自称	6442 希腊
6251 自治	6283 动心	6315 至交	6347 出访	6379 动人	6411 开口	6443 刊物
6252 单元	6284 历来	6316 海口	6348 青海	6380 流血	6412 写上	6444 丛书
6253 制订	6285 荤	6317 宏伟	6349 相机	6381 打字	6413 迷信	6445 红旗
6254 磊	6286 上游	6318 喝彩	6350 潮	6382 仪器	6414 录音	6446 大战
6255 届时	6287 对岸	6319 扎根	6351 航	6383 领悟	6415 周到	6447 不可思议
6256 与会者	6288 巷	6320 过硬	6352 感兴趣	6384 我军	6416 消灭	6448 求助
6257 窗户	6289 物业	6321 温度	6353 补贴	6385 有意义	6417 演唱	6449 同期
6258 按捺	6290 摩	6322 轻微	6354 此类	6386 服务业	6418 更换	6450 蛋
6259 往返	6291 高处	6323 胃	6355 疑问	6387 奇妙	6419 法案	6451 发光
6260 乐得	6292 坚定不移	6324 人力	6356 签证	6388 自主	6420 高超	6452 吉林
6261 动听	6293 上海市	6325 复兴	6357 力争	6389 尊	6421 回想	6453 抛弃
6262 黑板	6294 老先生	6326 出示	6358 医药	6390 个头	6422 后勤	6454 通知书

续表

6455 不要说	6487 可想而知	6519 家住	6551 强有力	6583 实战	6615 竣工	6647 坏事
6456 果真	6488 否认	6520 失职	6552 尸体	6584 鹤	6616 养育	6648 珊
6457 悠悠	6489 斜	6521 廉洁	6553 马克思主义	6585 索性	6617 演变	6649 各族
6458 大于	6490 园林	6522 上次	6554 纽带	6586 防治	6618 泪珠	6650 操心
6459 传到	6491 走红	6523 点名	6555 胸怀	6587 另类	6619 键	6651 内阁
6460 局限	6492 供电	6524 外婆	6556 灵感	6588 挨	6620 染	6652 一刻
6461 方针	6493 大局	6525 报纸上	6557 不定	6589 无知	6621 幅度	6653 闪亮
6462 疼痛	6494 日日	6526 拼	6558 版权	6590 晨	6622 划分	6654 幕
6463 流传	6495 上帝	6527 技术人员	6559 苏联	6591 陵	6623 攻	6655 奥地利
6464 余年	6496 聆听	6528 症状	6560 雯	6592 揭晓	6624 作文	6656 出头
6465 不如说	6497 亲爱的	6529 器材	6561 言语	6593 人民代表大会	6625 叔叔	6657 推销
6466 外语	6498 明了	6530 种地	6562 盆地	6594 妥善	6626 美味	6658 就地
6467 转为	6499 文人	6531 句子	6563 屏幕	6595 弦	6627 缠	6659 听众
6468 审议	6500 时髦	6532 女友	6564 误会	6596 中小学	6628 固然	6660 写好
6469 村子	6501 融资	6533 山谷	6565 旋律	6597 家门口	6629 事项	6661 猜
6470 同伴	6502 息	6534 祖	6566 出人意料	6598 早晚	6630 四面八方	6662 两样
6471 政治家	6503 名利	6535 对立	6567 狂风	6599 骨	6631 办公桌	6663 拦住
6472 店里	6504 宁夏	6536 癌症	6568 来之不易	6600 生死	6632 脱口而出	6664 讥讽
6473 舒畅	6505 遗产	6537 声称	6569 日趋	6601 狭窄	6633 狮子	6665 一个劲
6474 有数	6506 查出	6538 埋头	6570 舱	6602 侠	6634 新人	6666 农业部
6475 木板	6507 死于	6539 摇曳	6571 悄然	6603 格局	6635 自杀	6667 依托
6476 特地	6508 高手	6540 挂上	6572 展出	6604 小时候	6636 固	6668 人世
6477 兔	6509 古巴	6541 爱国	6573 化工	6605 放眼	6637 私	6669 据悉
6478 中共中央	6510 录像	6542 水分	6574 一跃	6606 干活	6638 会员	6670 如下
6479 地铁	6511 老大	6543 风采	6575 周末	6607 黑暗	6639 就职	6671 开工
6480 不至于	6512 拳	6544 灭绝	6576 高声	6608 背叛	6640 转让	6672 场景
6481 全局	6513 家具	6545 反过来	6577 昭	6609 摔	6641 乌发	6673 报到
6482 过人	6514 差错	6546 专人	6578 雕塑	6610 分支	6642 不许	6674 保密
6483 湖面	6515 默契	6547 尤为	6579 阴	6611 造型	6643 悠久	6675 奔赴
6484 获悉	6516 自来水	6548 坡	6580 弹	6612 仅次于	6644 食堂	6676 地头
6485 夺取	6517 公安机关	6549 常务	6581 直升机	6613 遗址	6645 想来	6677 揣摩
6486 王国	6518 遇难	6550 招呼	6582 反击	6614 榜样	6646 震撼	6678 聚焦

327

6679 多项	6694 成才	6709 误	6724 退路	6739 议题	6754 伸手	6769 灭
6680 奔向	6695 释放	6710 闯	6725 捍卫	6740 豆	6755 脏	6770 狼
6681 存量	6696 歪	6711 架子	6726 花费	6741 讨	6756 割	6771 说不定
6682 研究员	6697 吃药	6712 飞舞	6727 委	6742 抹	6757 破产	6772 俗
6683 羡慕	6698 剂	6713 煮	6728 税务	6743 国产	6758 一丝	6773 巨
6684 有机	6699 得上	6714 躲避	6729 演奏	6744 享用	6759 思潮	6774 公约
6685 外衣	6700 创下	6715 身子	6730 所剩无几	6745 颇具	6760 演绎	6775 半岛
6686 定居	6701 震	6716 蓬勃	6731 进村	6746 念头	6761 占领	6776 冲着
6687 官方	6702 联络	6717 升级	6732 首脑	6747 滔滔不绝	6762 桂	6777 包围
6688 值钱	6703 大树	6718 不计	6733 多样	6748 后方	6763 压抑	6778 喧嚣
6689 女生	6704 正直	6719 预言	6734 亲身	6749 真情	6764 就是说	
6690 登山	6705 当兵	6720 微软	6735 实质性	6750 真切	6765 国家级	
6691 足足	6706 娃	6721 拼搏	6736 多方	6751 毛病	6766 煤	
6692 丢掉	6707 成交	6722 重任	6737 说来	6752 献给	6767 扛	
6693 小女孩	6708 上一次	6723 区分	6738 总共	6753 中共中央政治局	6768 潜在	

附录3 高能产度单音节词表

1	上→698	26	名→256	55	前→200	82	一→171	108	公→153	135	油→135
2	出→593	29	道→254	55	书→200	82	转→171	108	石→153	137	铁→134
3	子→591	30	面→248	57	法→199	82	眼→171	111	空→152	138	线→133
4	人→519	31	车→243	57	事→199	85	本→169	111	意→152	138	草→133
5	下→516	31	花→243	57	重→199	86	力→168	113	房→150	140	化→132
6	大→485	33	入→242	60	光→196	86	流→168	114	电→149	140	看→132
7	水→398	34	内→241	61	学→192	86	神→168	114	女→149	140	落→132
8	中→381	35	门→236	62	山→191	89	军→166	114	交→149	143	对→130
9	到→364	36	回→230	63	高→190	90	走→165	117	调→147	144	民→129
10	开→357	37	成→225	64	住→189	91	为→164	117	酒→147	144	同→129
11	头→348	38	风→224	64	主→189	91	会→164	119	实→145	144	病→129
12	起→347	39	天→223	64	动→189	91	机→164	120	正→144	144	满→129
13	心→333	40	家→222	67	火→188	94	明→163	120	边→144	148	说→128
14	发→331	41	分→219	68	老→186	94	色→163	122	新→143	148	儿→128
15	不→324	42	无→215	68	工→186	96	合→160	123	战→142	148	求→128
16	好→319	43	白→211	70	声→183	97	金→159	123	平→142	148	场→128
17	地→316	44	里→209	71	于→181	97	干→159	123	完→142	148	药→128
18	有→304	45	打→208	71	路→181	99	收→158	126	带→141	148	传→128
19	手→298	45	自→208	73	直→180	100	方→157	126	见→141	154	物→126
20	气→292	45	文→208	73	死→180	100	海→157	126	装→141	154	数→126
21	进→280	48	情→206	73	清→180	100	通→157	126	皮→141	156	强→124
22	长→276	48	相→206	76	时→178	103	点→156	130	日→140	156	价→124
23	外→273	50	后→204	77	国→177	103	马→156	130	放→140	156	语→124
24	生→269	50	身→204	78	报→176	105	年→155	130	兵→140	156	球→124
25	行→262	52	用→203	79	来→175	105	红→155	133	教→139	156	掉→124
26	小→256	53	去→202	79	定→175	107	制→154	133	木→139	161	血→123
26	过→256	54	口→201	81	体→174	108	得→153	135	作→135	162	者→122

续表

162	热→122	192	食→112	227	月→103	255	脚→95	288	感→89	323	条→83
164	当→121	192	布→112	227	利→103	255	领→95	288	雨→89	323	推→83
164	倒→121	192	衣→112	227	特→103	255	复→95	288	骨→89	323	建→83
166	种→120	198	商→111	227	结→103	262	权→94	294	处→89	323	招→83
166	向→120	199	可→110	231	师→102	262	爱→94	294	写→88	323	雪→83
166	此→120	199	变→110	232	号→101	262	世→94	294	压→88	323	乐→83
166	言→120	199	音→110	232	送→101	262	烟→94	297	网→87	323	乱→83
166	运→120	202	远→109	232	香→101	262	苦→94	297	节→87	330	河→82
171	受→119	202	单→109	235	形→100	262	编→94	297	政→87	330	试→82
171	黑→119	202	伤→109	235	难→100	262	表→94	297	票→87	330	星→82
171	鱼→119	205	选→108	235	排→100	269	案→93	297	足→87	330	精→82
174	解→118	205	失→108	235	命→100	269	知→93	297	修→87	334	应→81
175	土→117	205	称→108	235	急→100	269	盘→93	297	旧→87	334	灯→81
175	菜→117	208	区→107	240	品→99	272	期→92	297	茶→87	334	集→81
175	取→117	208	包→107	240	至→99	272	度→92	297	守→87	334	冷→81
178	客→116	210	美→106	240	笑→99	272	底→92	306	片→86	334	杀→81
179	信→115	210	量→106	240	经→99	272	代→92	306	尽→86	339	总→80
179	亲→115	210	加→106	240	纸→99	272	养→92	306	毛→86	339	步→80
179	官→115	210	活→106	245	着→98	272	破→92	306	视→86	339	指→80
179	理→115	210	原→106	245	游→98	278	业→91	306	紧→86	339	约→80
183	市→114	210	接→106	247	要→97	278	改→91	311	防→85	339	任→80
183	话→114	210	画→106	247	微→97	278	青→91	311	货→85	339	顶→80
185	性→113	210	夜→106	249	和→96	278	记→91	311	查→85	339	毒→80
185	断→113	218	产→105	249	专→96	278	退→91	311	印→85	339	歌→80
185	深→113	218	办→105	249	问→96	278	服→91	315	连→84	339	角→80
185	管→113	218	板→105	249	拉→96	284	给→90	315	西→84	348	从→79
185	黄→113	221	全→104	249	树→96	284	职→90	315	图→84	348	叫→79
185	肉→113	221	钱→104	249	笔→96	284	影→90	315	安→84	348	别→79
185	飞→113	221	台→104	255	保→95	284	照→90	315	质→84	348	关→79
192	位→112	221	船→104	255	字→95	288	部→89	315	联→84	348	补→79
192	首→112	221	校→104	255	古→95	288	听→89	315	牛→84	348	增→79
192	立→112	221	轻→104	255	城→95	288	反→89	315	礼→84	348	枪→79

348	目→79	387	是→75	416	东→71	451	多→68	473	思→65	508	卷→62		
356	省→78	387	农→75	416	展→71	451	先→68	473	射→65	508	烧→62		
356	现→78	387	近→75	416	独→71	451	销→68	473	丝→65	508	念→62		
356	春→78	387	未→75	416	治→71	451	沙→68	473	洋→65	508	耳→62		
356	北→78	387	义→75	416	换→71	451	剧→68	473	敌→65	519	王→61		
356	饭→78	392	其→74	416	诗→71	451	警→68	473	杂→65	519	整→61		
356	银→78	392	间→74	416	料→71	451	硬→68	489	次→64	519	演→61		
356	击→78	392	低→74	416	竹→71	458	跑→67	489	朝→64	519	设→61		
356	提→77	392	母→74	416	暗→71	458	停→67	489	资→64	519	松→61		
364	引→77	392	脸→74	428	等→70	458	士→67	489	藏→64	519	齐→61		
364	南→77	392	配→74	428	将→70	458	斗→67	489	待→64	519	准→61		
364	假→77	392	何→74	428	想→70	462	在→66	489	残→64	519	备→61		
364	令→77	392	弄→74	428	费→70	462	如→66	489	沉→64	527	奇→60		
364	背→77	392	曲→74	428	投→70	462	税→66	496	队→63	527	便→60		
364	考→77	392	野→74	428	支→70	462	计→66	496	级→63	527	林→60		
364	翻→77	392	味→74	428	牌→70	462	乡→66	496	没→63	527	田→60		
364	嘴→77	403	读→73	435	初→70	462	晚→66	496	款→63	527	史→60		
364	存→77	403	容→73	435	望→70	462	唱→66	496	切→63	527	喜→60		
364	散→77	403	追→73	435	造→70	462	鸡→66	496	根→63	527	屋→60		
374	快→76	403	异→73	435	恶→70	462	冰→66	496	架→63	527	横→60		
374	团→76	403	痛→73	435	彩→70	462	戏→66	496	样→63	535	村→59		
374	派→76	408	院→72	435	圆→70	462	弹→66	496	具→63	535	早→59		
374	套→76	408	真→72	435	堂→70	473	才→65	496	围→63	535	楼→59		
374	谈→76	408	短→72	442	三→69	473	类→65	496	脱→63	535	穿→59		
374	常→76	408	离→72	442	务→69	473	势→65	496	粉→63	535	景→59		
374	居→76	408	轮→72	442	式→69	473	营→65	508	比→62	535	争→59		
374	绝→76	408	标→72	442	算→69	473	医→65	508	证→62	535	财→59		
374	果→76	408	端→72	442	云→69	473	题→65	508	请→62	535	采→59		
374	论→76	408	寒→72	442	举→69	473	冲→65	508	绿→62	535	密→59		
374	细→76	416	能→71	442	探→69	473	评→65	508	往→62	535	折→59		
374	刀→76	416	观→71	442	词→69	473	私→65	508	卖→62	545	员→58		
374	墙→76	416	留→71	442	告→69	473	归→65	508	夫→62	545	以→58		

续表

545	使→58	574	除→55	605	玉→53	620	虚→52	664	划→50	707	被→47
545	吃→58	574	差→55	605	系→53	620	预→52	664	息→50	707	座→47
545	升→58	574	街→55	605	鸟→53	645	像→51	664	侧→50	707	室→47
545	兴→58	574	露→55	605	劲→53	645	县→51	664	炮→50	707	极→47
545	群→58	574	顺→55	605	刻→53	645	男→51	679	共→49	707	良→47
545	错→58	574	灵→55	605	鼓→53	645	助→51	679	少→49	707	睡→47
545	床→58	574	泥→55	605	酸→53	645	历→51	679	站→49	707	购→47
545	征→58	574	洞→55	605	牙→53	645	险→51	679	粮→49	707	严→47
545	腰→58	574	惊→55	605	碎→53	645	叶→51	679	卡→49	707	载→47
556	局→57	574	刺→55	620	超→52	645	注→51	679	赛→49	707	测→47
556	闻→57	589	就→54	620	周→52	645	响→51	679	宝→49	707	滑→47
556	消→57	589	把→54	620	减→52	645	波→51	679	汉→49	707	吹→47
556	议→57	589	党→54	620	禁→52	645	跳→51	679	偏→49	707	雄→47
556	托→57	589	米→54	620	犯→52	645	软→51	679	贴→49	707	潮→47
556	钢→57	589	温→54	620	属→52	645	审→51	679	弱→49	707	灰→47
556	功→57	589	致→54	620	列→52	645	盛→51	679	置→49	722	还→46
556	婚→57	589	科→54	620	亮→52	645	迷→51	679	扬→49	722	二→46
556	护→57	589	龙→54	620	源→52	645	脑→51	679	佛→49	722	四→46
556	武→57	589	拍→54	620	器→52	645	状→51	679	熟→49	722	五→46
556	阴→57	589	抢→54	620	导→52	645	故→51	694	班→48	722	组→46
567	双→56	589	挂→54	620	封→52	645	暴→51	694	额→48	722	达→46
567	降→56	589	胜→54	620	巨→52	664	型→50	694	优→48	722	华→46
567	洗→56	589	秋→54	620	盖→52	664	及→50	694	右→48	722	奖→46
567	圣→56	589	参→54	620	害→52	664	批→50	694	课→48	722	矿→46
567	认→56	589	餐→54	620	鞋→52	664	左→50	694	效→48	722	移→46
567	粗→56	589	统→54	620	遗→52	664	境→50	694	桥→48	722	箱→46
567	狂→56	605	两→53	620	舞→52	664	程→50	694	逃→48	722	临→46
574	户→55	605	半→53	620	友→52	664	善→50	694	练→48	722	含→46
574	讲→55	605	航→53	620	怪→52	664	圈→50	694	艺→48	722	索→46
574	界→55	605	救→53	620	积→52	664	易→50	694	铜→48	722	素→46
574	速→55	605	委→53	620	铺→52	664	攻→50	694	壁→48	722	稿→46
574	罪→55	605	余→53	620	窗→52	664	闲→50	694	略→48	722	呼→46

722	鬼→46	766	聚→44	799	厂→42	835	更→40	858	雷→39	887	搭→38
722	麻→46	766	淡→44	799	猪→42	835	协→40	858	缺→39	887	剑→38
722	检→46	766	虫→44	799	怀→42	835	负→40	858	汇→39	887	疑→38
722	弃→46	766	刊→44	799	父→42	835	核→40	858	育→39	887	激→38
722	承→46	766	帐→44	799	井→42	835	太→40	858	持→39	887	扫→38
744	德→45	766	荡→44	799	订→42	835	非→40	858	旁→39	887	染→38
744	创→45	777	并→43	799	决→42	835	抓→40	858	雅→39	887	伏→38
744	抗→45	777	件→43	799	舍→42	835	付→40	858	误→39	887	锁→38
744	福→45	777	拿→43	799	习→42	835	羊→40	858	偷→39	887	丧→38
744	寻→45	777	施→43	799	胸→42	835	宽→40	858	觉→39	887	胆→38
744	贵→45	777	获→43	799	刑→42	835	乘→40	858	针→39	887	幽→38
744	厚→45	777	章→43	799	透→42	835	休→40	858	训→39	910	责→37
744	腿→45	777	登→43	799	浪→42	835	终→40	858	巧→39	910	股→37
744	录→45	777	例→43	799	豆→42	835	答→40	858	缝→39	910	块→37
744	冬→45	777	阵→43	799	浮→42	835	蛋→40	858	技→39	910	值→37
744	坏→45	777	识→43	818	了→41	835	辞→40	858	续→39	910	止→37
744	掌→45	777	环→43	818	基→41	835	俗→40	858	徒→39	910	帮→37
744	薄→45	777	摆→43	818	访→41	835	忧→40	858	尘→39	910	示→37
744	尖→45	777	蓝→43	818	均→41	835	奔→40	858	隐→39	910	梦→37
744	拜→45	777	末→43	818	免→41	835	炉→40	858	附→39	910	志→37
744	荒→45	777	甲→43	818	狗→41	835	童→40	887	率→38	910	夺→37
744	劳→45	777	谋→43	818	镇→41	835	译→40	887	灾→38	910	许→37
744	规→45	777	抽→43	818	静→41	835	迹→40	887	买→38	910	遍→37
744	磨→45	777	插→43	818	玩→41	858	万→39	887	因→38	910	扎→37
744	飘→45	777	扣→43	818	显→41	858	售→39	887	供→38	910	肥→37
744	败→45	777	尾→43	818	播→41	858	层→39	887	账→38	910	威→37
744	怒→45	777	混→43	818	汤→41	858	馆→39	887	签→38	910	奶→37
766	元→44	777	态→43	818	租→41	858	煤→39	887	塞→38	910	棋→37
766	江→44	799	张→42	818	糖→41	858	靠→39	887	席→38	910	阳→37
766	借→44	799	随→42	818	宫→41	858	格→39	887	赶→38	910	祖→37
766	久→44	799	越→42	818	锅→41	858	吸→39	887	简→38	910	壮→37
766	园→44	799	富→42	818	欢→41	858	限→39	887	挑→38	910	象→37

910	旗→37	942	帽→36	995	让→34	1025	幕→33	1043	烈→32	1075	典→31
910	逼→37	942	窝→36	995	据→34	1025	佳→33	1043	延→32	1075	迁→31
910	撞→37	942	判→36	995	依→34	1025	输→33	1043	猛→32	1075	艳→31
910	眉→37	942	避→36	995	纳→34	1025	港→33	1043	滚→32	1075	捕→31
910	府→37	942	术→36	995	广→34	1025	顾→33	1043	孤→32	1075	亡→31
910	喷→37	942	鸣→36	995	授→34	1025	纯→33	1043	巡→32	1075	赌→31
910	胶→37	942	斜→36	995	今→34	1025	隔→33	1043	抵→32	1075	卧→31
910	皇→37	942	述→36	995	迎→34	1025	突→33	1043	诚→32	1075	凶→31
910	魔→37	942	臣→36	995	暖→34	1025	灭→33	1043	贼→32	1075	棚→31
910	验→37	942	猎→36	995	塔→34	1025	材→33	1043	柔→32	1075	拔→31
910	饰→37	942	奸→36	995	娘→34	1025	寿→33	1043	怨→32	1075	宿→31
942	社→36	974	所→35	995	鲜→34	1025	缘→33	1043	疾→32	1075	趣→31
942	版→36	974	胡→35	995	卫→34	1025	夹→33	1043	疏→32	1103	做→30
942	坐→36	974	占→35	995	湿→34	1025	诉→33	1043	仰→32	1103	之→30
942	确→36	974	族→35	995	似→34	1025	妙→33	1043	旋→32	1103	巴→30
942	喝→36	974	钟→35	995	敬→34	1025	织→33	1043	娇→32	1103	百→30
942	英→36	974	抱→35	995	寄→34	1043	都→32	1075	益→31	1103	搞→30
942	控→36	974	耗→35	995	稳→34	1043	项→32	1075	厅→31	1103	零→30
942	众→36	974	震→35	995	债→34	1043	找→32	1075	瓦→31	1103	废→30
942	店→36	974	拖→35	995	饮→34	1043	岸→32	1075	献→31	1103	勇→30
942	遇→36	974	棉→35	995	琴→34	1043	镜→32	1075	库→31	1103	骂→30
942	珠→36	974	劝→35	995	伸→34	1043	污→32	1075	缓→31	1103	诸→30
942	袋→36	974	缩→35	995	监→34	1043	夏→32	1075	恩→31	1103	摇→30
942	桌→36	974	拳→35	995	浅→34	1043	困→32	1075	谢→31	1103	净→30
942	闹→36	974	乳→35	995	浓→34	1043	苗→32	1075	纪→31	1103	勤→30
942	擦→36	974	倾→35	995	仙→34	1043	冒→32	1075	拨→31	1103	援→30
942	谷→36	974	邮→35	995	柜→34	1043	泪→32	1075	虎→31	1103	盆→30
942	智→36	974	吊→35	995	肠→34	1043	君→32	1075	液→31	1103	汗→30
942	扑→36	974	坛→35	995	妇→34	1043	砖→32	1075	泡→31	1103	适→30
942	墨→36	974	垂→35	995	哀→34	1043	途→32	1075	跌→31	1103	坑→30
942	摊→36	974	赏→35	1025	个→33	1043	恨→32	1075	著→31	1103	瓜→30
942	凉→36	974	悲→35	1025	该→33	1043	危→32	1075	沟→31	1103	杆→30

1103	讨→30	1133	坡→29	1163	毁→28	1206	枝→27	1244	邻→26	1244	尸→26
1103	戒→30	1133	诊→29	1163	脉→28	1206	闪→27	1244	慢→26	1284	最→25
1103	聘→30	1133	裁→29	1163	始→28	1206	踏→27	1244	漫→26	1284	那→25
1103	醉→30	1133	豪→29	1163	尿→28	1206	柳→27	1244	挤→26	1284	跟→25
1103	奉→30	1133	扭→29	1163	谱→28	1206	码→27	1244	兄→26	1284	八→25
1103	鼻→30	1133	奏→29	1163	抛→28	1206	滴→27	1244	幸→26	1284	驻→25
1103	裤→30	1133	幼→29	1163	赤→28	1206	盐→27	1244	序→26	1284	即→25
1103	盗→30	1133	昏→29	1163	尊→28	1206	忠→27	1244	撤→26	1284	兽→25
1103	纱→30	1163	再→28	1163	溜→28	1206	拆→27	1244	遭→26	1284	欠→25
1103	腹→30	1163	京→28	1163	椅→28	1206	阅→27	1244	扶→26	1284	碗→25
1133	执→29	1163	按→28	1163	雾→28	1206	魂→27	1244	纵→26	1284	仁→25
1133	陈→29	1163	愿→28	1163	恋→28	1206	蛇→27	1244	漏→26	1284	陪→25
1133	沿→29	1163	累→28	1163	壳→28	1206	炸→27	1244	挥→26	1284	季→25
1133	段→29	1163	哭→28	1163	祭→28	1206	裂→27	1244	墓→26	1284	丰→25
1133	忙→29	1163	杯→28	1163	罢→28	1206	烦→27	1244	腾→26	1284	爬→25
1133	必→29	1163	荣→28	1163	贪→28	1206	充→27	1244	跃→26	1284	舟→25
1133	麦→29	1163	顿→28	1163	斑→28	1206	雕→27	1244	映→26	1284	搬→25
1133	健→29	1163	喊→28	1163	葬→28	1206	桃→27	1244	割→26	1284	庭→25
1133	逐→29	1163	币→28	1163	押→28	1206	惨→27	1244	貌→26	1284	爷→25
1133	醒→29	1163	互→28	1206	十→27	1206	候→27	1244	察→26	1284	甘→25
1133	须→29	1163	堆→28	1206	由→27	1206	抄→27	1244	赠→26	1284	骗→25
1133	孔→29	1163	湖→28	1206	阿→27	1206	筒→27	1244	婆→26	1284	庄→25
1133	峰→29	1163	瓶→28	1206	九→27	1206	裙→27	1244	阻→26	1284	绕→25
1133	牢→29	1163	牵→28	1206	臂→27	1206	辩→27	1244	屈→26	1284	植→25
1133	欲→29	1163	紫→28	1206	返→27	1206	御→27	1244	梯→26	1284	盒→25
1133	渡→29	1163	甜→28	1206	蒙→27	1244	副→26	1244	笼→26	1284	愁→25
1133	损→29	1163	拼→28	1206	罚→27	1244	句→26	1244	触→26	1284	频→25
1133	弯→29	1163	伴→28	1206	弟→27	1244	份→26	1244	枯→26	1284	叹→25
1133	剪→29	1163	肩→28	1206	骑→27	1244	罗→26	1244	劫→26	1284	挨→25
1133	驾→29	1163	撒→28	1206	策→27	1244	融→26	1244	纹→26	1284	潜→25
1133	闭→29	1163	栏→28	1206	焦→27	1244	摸→26	1244	径→26	1284	扯→25
1133	甚→29	1163	操→28	1206	抬→27	1244	旅→26	1244	宴→26	1284	柱→25

1284	腔→25	1327	筹→24	1361	箭→23	1405	兼→22	1405	灶→22	1458	旨→21
1284	贤→25	1327	模→24	1361	吐→23	1405	跨→22	1405	怎→22	1458	烂→21
1284	闷→25	1327	亭→24	1361	轨→23	1405	乌→22	1405	狱→22	1458	扩→21
1284	凝→25	1327	绳→24	1361	敲→23	1405	岛→22	1405	衫→22	1458	岩→21
1284	洒→25	1327	润→24	1361	狠→23	1405	宗→22	1405	邪→22	1458	忽→21
1284	祸→25	1327	肚→24	1361	冻→23	1405	埋→22	1405	掩→22	1458	饱→21
1284	攀→25	1327	秘→24	1361	耐→23	1405	妻→22	1405	苍→22	1458	粪→21
1284	赞→25	1327	稀→24	1361	炒→23	1405	填→22	1405	匠→22	1458	弦→21
1284	勾→25	1327	袖→24	1361	饼→23	1405	赖→22	1405	哑→22	1458	儒→21
1284	姑→25	1327	胎→24	1361	炼→23	1405	瘦→22	1405	抚→22	1458	扰→21
1284	蜂→25	1327	汁→24	1361	刷→23	1405	咬→22	1405	糊→22	1458	舌→21
1284	宠→25	1327	绒→24	1361	臭→23	1405	呆→22	1405	殿→22	1458	幻→21
1327	而→24	1327	他→24	1361	贫→23	1405	吓→22	1405	齿→22	1487	每→20
1327	已→24	1327	逆→24	1361	偶→23	1405	缴→22	1405	纤→22	1487	六→20
1327	岁→24	1361	的→23	1361	垫→23	1405	籍→22	1405	凄→22	1487	刚→20
1327	克→24	1361	只→23	1361	燃→23	1405	抹→22	1458	我→21	1487	盟→20
1327	丽→24	1361	违→23	1361	罩→23	1405	驶→22	1458	与→21	1487	忘→20
1327	赴→24	1361	幅→23	1361	律→23	1405	涌→22	1458	各→21	1487	姐→20
1327	梁→24	1361	截→23	1361	驱→23	1405	踢→22	1458	需→21	1487	涉→20
1327	陷→24	1361	篇→23	1361	磁→23	1405	摔→22	1458	宣→21	1487	涨→20
1327	狼→24	1361	够→23	1361	悟→23	1405	丑→22	1458	博→21	1487	丢→20
1327	珍→24	1361	秀→23	1361	衰→23	1405	涂→22	1458	耕→21	1487	桶→20
1327	舰→24	1361	若→23	1361	吞→23	1405	拐→22	1458	册→21	1487	渐→20
1327	摘→24	1361	丁→23	1361	冤→23	1405	汽→22	1458	挺→21	1487	碰→20
1327	池→24	1361	凭→23	1361	督→23	1405	悬→22	1458	旱→21	1487	扇→20
1327	启→24	1361	穷→23	1361	侍→23	1405	午→22	1458	洪→21	1487	薪→20
1327	畅→24	1361	冠→23	1405	几→22	1405	瓷→22	1458	泉→21	1487	担→20
1327	忍→24	1361	牧→23	1405	则→22	1405	释→22	1458	默→21	1487	催→20
1327	舱→24	1361	挖→23	1405	某→22	1405	繁→22	1458	际→21	1487	揭→20
1327	递→24	1361	渔→23	1405	司→22	1405	择→22	1458	呈→21	1487	鉴→20
1327	灌→24	1361	辈→23	1405	患→22	1405	侨→22	1458	晋→21	1487	颜→20
1327	鼠→24	1361	坚→23	1405	讯→22	1405	拥→22	1458	档→21	1487	岗→20

1487	篮→20	1539	这→19	1539	晕→19	1583	龄→18	1633	宁→17	1633	披→17
1487	挡→20	1539	却→19	1539	泳→19	1583	储→18	1633	陆→17	1633	荷→17
1487	洁→20	1539	促→19	1539	胃→19	1583	鹿→18	1633	域→17	1633	亏→17
1487	贺→20	1539	千→19	1539	宅→19	1583	猜→18	1633	猫→17	1633	艇→17
1487	孝→20	1539	搜→19	1539	详→19	1583	介→18	1633	永→17	1633	腐→17
1487	鹰→20	1539	仪→19	1539	疗→19	1583	犬→18	1633	丹→17	1633	屏→17
1487	妹→20	1539	凡→19	1539	鞭→19	1583	役→18	1633	畜→17	1633	哨→17
1487	伙→20	1539	傻→19	1539	匪→19	1583	惜→18	1633	陶→17	1633	构→17
1487	碧→20	1539	庆→19	1539	痴→19	1583	韵→18	1633	朗→17	1633	卸→17
1487	炎→20	1539	申→19	1539	诱→19	1583	阔→18	1633	佩→17	1633	姿→17
1487	晨→20	1539	奋→19	1539	淫→19	1583	誉→18	1633	闯→17	1633	兜→17
1487	袭→20	1539	乎→19	1539	叛→19	1583	浆→18	1633	赔→17	1633	庙→17
1487	膜→20	1539	削→19	1583	七→18	1583	屡→18	1633	拟→17	1633	逸→17
1487	帝→20	1539	钻→19	1583	怕→18	1583	塑→18	1633	翠→17	1633	霜→17
1487	砂→20	1539	固→19	1583	敢→18	1583	粘→18	1633	叔→17	1633	浴→17
1487	竞→20	1539	脏→19	1583	维→18	1583	皱→18	1633	己→17	1633	巷→17
1487	棍→20	1539	研→19	1583	捐→18	1583	锦→18	1633	翼→17	1633	仿→17
1487	嫩→20	1539	嫁→19	1583	尚→18	1583	坟→18	1633	贩→17	1633	遮→17
1487	爽→20	1539	锋→19	1583	碑→18	1583	弓→18	1633	菌→17	1633	缸→17
1487	囊→20	1539	拒→19	1583	柴→18	1583	巢→18	1633	塘→17	1633	阁→17
1487	迫→20	1539	仗→19	1583	剂→18	1583	痕→18	1633	撑→17	1633	僧→17
1487	盲→20	1539	鸭→19	1583	链→18	1583	伪→18	1633	罐→17	1633	慰→17
1487	漆→20	1539	仓→19	1583	继→18	1583	颈→18	1633	泄→17	1633	纺→17
1487	仇→20	1539	束→19	1583	趋→18	1583	郁→18	1633	煮→17	1633	贱→17
1487	羞→20	1539	姨→19	1583	添→18	1583	袍→18	1633	睛→17	1633	犹→17
1487	崖→20	1539	缠→19	1583	企→18	1583	傲→18	1633	砍→17	1633	驰→17
1487	忌→20	1539	堤→19	1583	姓→18	1583	窃→18	1633	甩→17	1633	框→17
1487	悔→20	1539	烤→19	1583	逢→18	1583	溶→18	1633	爆→17	1694	猴→16
1487	况→20	1539	铃→19	1583	棒→18	1583	妖→18	1633	矮→17	1694	孙→16
1487	酬→20	1539	丛→19	1583	宾→18	1583	寂→18	1633	抖→17	1694	范→16
1487	愤→20	1539	惯→19	1583	捧→18	1633	或→17	1633	歪→17	1694	州→16
1487	斥→20	1539	揽→19	1583	泛→18	1633	妈→17	1633	劣→17	1694	唐→16

续表

1694	哥→16	1694	肿→16	1744	迟→15	1744	贸→15	1812	摩→14	1812	肢→14
1694	禽→16	1694	葱→16	1744	偿→15	1744	骄→15	1812	盼→14	1812	舅→14
1694	疼→16	1694	寨→16	1744	函→15	1744	劈→15	1812	莲→14	1812	朴→14
1694	页→16	1694	浸→16	1744	蜜→15	1744	辨→15	1812	邦→14	1812	赐→14
1694	燕→16	1694	霸→16	1744	尝→15	1744	凿→15	1812	窑→14	1812	拢→14
1694	桑→16	1694	禅→16	1744	尺→15	1744	腻→15	1812	吟→14	1812	滋→14
1694	宜→16	1694	膝→16	1744	帅→15	1744	扮→15	1812	癌→14	1812	遣→14
1694	逝→16	1694	窜→16	1744	栽→15	1744	恭→15	1812	捷→14	1812	痒→14
1694	疯→16	1694	蜡→16	1744	济→15	1744	辱→15	1812	氧→14	1812	拂→14
1694	蓄→16	1694	穴→16	1744	凑→15	1744	悠→15	1812	沾→14	1812	媚→14
1694	刮→16	1694	巾→16	1744	壶→15	1744	囚→15	1812	拦→14	1812	妆→14
1694	畏→16	1694	帘→16	1744	僵→15	1744	绸→15	1812	雇→14	1812	柄→14
1694	舒→16	1694	描→16	1744	藤→15	1744	虑→15	1812	吵→14	1812	衬→14
1694	筑→16	1744	们→15	1744	裹→15	1744	毫→15	1812	乙→14	1812	掠→14
1694	毕→16	1744	第→15	1744	召→15	1744	怯→15	1812	惹→14	1812	喉→14
1694	轴→16	1744	摄→15	1744	拾→15	1744	仆→15	1812	蛮→14	1812	凳→14
1694	郊→16	1744	贷→15	1744	烫→15	1744	顽→15	1812	寸→14	1812	欺→14
1694	熬→16	1744	哪→15	1744	弥→15	1812	些→14	1812	夸→14	1812	窥→14
1694	概→16	1744	亚→15	1744	羽→15	1812	享→14	1812	眠→14	1812	厌→14
1694	钉→16	1744	普→15	1744	贯→15	1812	宇→14	1812	枣→14	1812	泻→14
1694	绑→16	1744	吉→15	1744	垮→15	1812	且→14	1812	溢→14	1812	卑→14
1694	浑→16	1744	戴→15	1744	厨→15	1812	予→14	1812	邀→14	1880	川→13
1694	肝→16	1744	址→15	1744	漂→15	1812	替→14	1812	纲→13	1880	梅→13
1694	炭→16	1744	握→15	1744	辣→15	1812	伯→14	1812	泼→14	1880	懂→13
1694	唇→16	1744	祝→15	1744	蒸→15	1812	坦→14	1812	估→14	1880	晓→13
1694	捉→16	1744	砸→15	1744	铸→15	1812	恐→14	1812	颤→14	1880	赢→13
1694	究→16	1744	串→15	1744	撕→15	1812	侵→14	1812	岂→14	1880	伐→13
1694	庸→16	1744	宏→15	1744	妥→15	1812	辉→14	1812	奴→14	1880	芳→13
1694	咽→16	1744	症→15	1744	酱→15	1812	篷→14	1812	鼎→14	1880	躲→13
1694	愚→16	1744	稻→15	1744	廊→15	1812	粒→14	1812	革→14	1880	郎→13
1694	轰→16	1744	熊→15	1744	惑→15	1812	榜→14	1812	叉→14	1880	泽→13
1694	脂→16	1744	署→15	1744	绵→15	1812	踩→14	1812	坠→14	1880	渴→13

1880	伞→13	1880	酷→13	1880	滩→13	1880	搅→13	1880	搏→13	1880	拙→13
1880	滞→13	1880	溪→13	1880	绣→13	1880	愧→13	1880	狐→13	1880	爵→13
1880	恰→13	1880	凌→13	1880	泊→13	1880	脆→13	1880	莽→13	1880	纷→13
1880	愈→13	1880	荫→13	1880	槽→13	1880	笛→13	1880	蠢→13	1880	谕→13
1880	浩→13	1880	帖→13	1880	暑→13	1880	烛→13	1880	雀→13	1880	僻→13
1880	踪→13	1880	辅→13	1880	剥→13	1880	览→13	1880	抑→13		
1880	隆→13	1880	叠→13	1880	遥→13	1880	覆→13	1880	浊→13		
1880	肺→13	1880	昂→13	1880	慕→13	1880	盈→13	1880	蚀→13		

附录4 基本词表

1	上	28	天	55	月	82	难	109	问	135	其	163	南	190	近
2	人	29	起	56	山	82	就	109	以	137	放	164	先	191	华
3	不	30	种	57	名	84	等	111	才	138	没	165	少	192	真
4	有	31	得	58	事	85	两	112	了	139	林	166	子	193	听
5	到	32	成	59	车	86	把	113	如	140	儿	167	树	194	门
6	大	33	要	60	在	87	生	114	利	141	王	167	站	195	周
6	地	34	前	61	无	88	发	115	使	142	像	169	首	196	病
8	好	34	和	62	新	88	明	116	约	143	并	170	部	197	任
9	中	36	作	63	当	90	想	117	强	144	自	171	件	198	号
9	一	37	水	64	能	91	同	118	手	145	管	172	头	199	边
11	后	38	于	65	条	92	数	119	加	146	回	173	元	200	台
12	用	39	看	66	场	93	进	120	四	147	见	174	低	201	清
13	下	40	向	67	多	94	打	121	花	148	间	174	做	202	远
14	小	41	着	68	三	95	心	122	书	149	国	176	安	203	黄
15	时	42	正	69	日	96	西	123	断	150	连	177	讲	204	步
15	来	43	长	70	海	97	美	124	二	150	快	178	吃	204	因
17	会	44	路	71	外	98	钱	125	爱	152	特	179	住	204	十
18	家	45	从	71	将	99	马	126	内	153	个	180	支	207	他
19	里	46	位	73	全	100	受	127	光	154	声	181	布	208	军
20	出	47	点	74	次	101	重	128	期	155	平	182	道	209	送
21	年	47	是	75	开	102	信	129	红	156	女	182	干	210	写
22	说	49	分	76	带	103	此	130	五	157	张	184	所	211	的
23	对	49	者	77	本	104	比	131	更	158	谈	185	该	212	公司
24	为	51	可	78	金	105	还	132	米	159	热	186	之	213	村
25	去	52	走	79	拉	106	被	133	座	160	都	187	万	214	东
26	高	53	老	80	学	107	总	134	行	161	让	188	言	215	力
27	过	53	给	81	文	108	处	135	变	162	德	189	办	216	最

217	情	247	与	277	黑	307	包	337	短	367	汽车	397	研究	427	笔
217	而	248	请	278	活	307	非	338	入	368	市	398	章	428	电影
219	便	249	这	279	半	309	油	339	药	369	值	399	化	429	输
220	叫	250	卡	280	死	310	片	340	代	370	官	399	养	430	兴
221	关	251	指	281	生活	311	应	341	基	370	电话	401	主	431	各
221	双	252	相	282	则	312	克	342	拿	372	朝	402	块	432	员
223	笑	253	几	283	自然	313	流	343	群	373	师	403	景	433	苦
224	白	254	口	284	坐	314	留	344	文化	374	报	404	项	434	雷
224	民	255	性	285	格	314	罗	345	铁	375	关系	405	脸	435	青年
226	交	256	提	286	八	316	招	346	改	376	至	406	职	436	政府
227	世界	257	百	287	胡	317	千	347	土	377	亮	407	句	437	火
228	话	258	动	287	副	318	们	348	原	378	及	408	松	438	队
229	再	259	立	289	初	319	度	349	派	379	接	409	算	439	直
230	极	260	太	290	段	320	令	349	抓	380	绿	410	亲	440	盘
231	方	261	只	291	法	321	气	351	类	381	画	411	教育	440	乐
232	我	262	古	292	楼	322	福	352	供	382	北	412	毛	442	架
233	越	263	线	293	何	323	离	353	图	383	股	413	即	443	厚
233	工作	264	买	294	却	324	精神	354	第	384	刚	414	宝	444	藏
235	夫	265	工	295	六	325	纳	355	跑	385	业	415	反	445	河
236	那	266	定	296	根	326	机	356	排	386	传	416	富	446	不得
237	靠	267	由	297	层	327	称	357	跟	387	求	417	经	447	男
238	费	268	修	298	科	328	经济	358	面	387	国家	418	牌	448	艺术
238	达	269	按	299	房	329	船	359	别	389	倒	418	切	449	顶
240	云	270	选	300	九	330	学校	359	江	390	往	420	星	450	球
241	龙	271	式	301	早	331	转	361	运动	391	波	421	厂	450	节
241	已	272	阿	302	田	332	份	362	电视	392	保	422	家庭	452	客
243	字	273	每	303	或	333	读	363	建	392	印	423	补	453	职业
244	未	274	岁	304	收	333	找	364	教	394	巴	424	随	454	存
245	深	275	班	305	陈	333	七	365	某	395	草	425	列	455	公
246	社会	276	系	306	套	336	石	366	争	396	空	426	身	456	市场

续表

457	室	487	货	517	压	547	网	577	恩	607	须	637	墙	667	烟
458	超	488	现	518	保护	548	玉	578	唱	608	园	637	余	668	答
459	菜	489	企业	519	临	549	秀	579	团	609	领	639	语	669	孔
460	批	490	组	520	环境	550	主义	580	银	610	游	640	堂	670	基本
461	夜	491	除	521	通	551	温	581	常	611	文学	641	威	671	造
462	篇	492	登	522	代表	552	信息	582	背	612	服务	642	鸟	672	皮
463	史	493	雨	523	奖	553	户	583	左	613	卷	643	产品	672	犯
464	乱	494	量	524	级	554	吉	584	破	614	幅	644	广	674	试
465	许	495	借	525	尾	555	精	585	理	615	丹	644	人民	675	演
466	合	496	省	526	且	556	茶	586	轻	616	弱	646	君	676	专
467	鱼	497	喝	527	退	557	果	587	革命	617	壮	647	香	677	暖
468	奇	498	活动	528	圣	558	战争	588	商	618	采	648	诗	678	电
469	怀	499	调	529	忙	559	区	589	软	619	晓	649	封	679	劳动
470	历史	500	杯	530	底	560	国际	590	秋	620	累	650	据	680	世
471	镇	501	落	531	生产	561	圈	591	实	621	标	651	救	681	升
472	蒙	501	配	532	占	562	财	592	顺	622	抱	652	科学	682	洪
473	县	503	抢	533	物	563	箱	593	密	623	战	653	湖	683	迎
474	编	504	品	534	普	564	今	594	急	624	守	654	含	684	赶
475	梦	505	夏	535	功	565	意	595	思想	625	遍	654	签	685	珠
476	血	506	眼	536	责任	566	武	596	具	626	彩	656	表	686	生物
477	孙	507	些	537	喜	567	满	597	春	627	完	657	色	687	设
478	感	508	帮	537	组织	568	换	598	汉	628	动物	658	付	688	体
479	票	509	程	539	丁	569	哪	599	麦	629	属	659	赛	689	依
480	扎	510	易	540	穿	570	新闻	600	投	630	错	660	案	690	愿
481	技术	511	知	541	酒	571	解	601	局	631	望	661	汤	691	友
482	器	512	整	542	自由	572	管理	602	端	632	翻	662	脚	692	罪
483	搞	513	款	543	安全	573	唐	603	太阳	633	轮	663	岛	693	族
484	旧	514	硬	544	洗	574	纸	604	兵	634	博	664	校	694	词
484	课	515	足	545	哭	575	英	605	缺	635	沙	664	鸡	695	拨
486	显	516	推	546	若	576	政治	606	巨	636	院	666	贴	696	街

续表

697	久	727	返	757	滑	787	账	817	害	847	持	877	红色	907	岸
698	型	728	众	758	儿童	788	透	818	细	848	店	878	寒	908	交通
699	素	729	价	759	护	789	宫	819	服	849	剧	879	珍	909	厅
700	司	730	祖	760	铜	790	托	820	伤	850	运	880	薄	910	卫
701	母	731	册	761	寄	791	冬	820	容	851	命	881	末	911	速
702	舍	732	取	762	偏	792	添	822	制	852	微	882	差	912	阵
703	考	733	英雄	762	塞	793	载	823	肉	853	引	883	洁	913	竹
704	静	734	胜	764	练	794	烧	824	闻	854	戴	884	伏	914	玻璃
705	横	735	宇	765	鼓	795	玩	825	盐	855	替	885	川	915	插
706	角	736	会议	766	需	796	目	826	归	856	哥	886	乡	916	瓶
707	灯	737	懂	767	指挥	797	枪	827	紫	857	灌	887	质	917	屋
708	题	738	梅	768	遇	798	盖	828	页	858	震	888	风	917	拍
709	居	739	困	769	沿	799	舞	829	念	859	味	889	幕	919	己
710	纪念	740	杀	770	州	800	扬	830	界	860	停	890	朗	920	备
711	结	741	刀	771	集	801	独	831	扣	861	追	891	填	921	掉
712	席	742	肥	772	聚	802	板	832	记	862	抽	892	牙	921	必
712	芳	743	坏	773	贵	803	盛	833	查	863	痛	893	京	923	拖
714	敬	744	摸	774	经营	804	戏	834	状	863	羊	894	挑	924	脱
715	渐	745	工程	775	中央	804	甲	835	降	865	骑	895	致	925	慢
716	季	746	谢	776	飞	806	治	836	围	866	泪	896	踏	926	滩
717	罚	747	庄	777	床	807	散	837	兼	867	挂	897	假	927	牢
718	佳	748	凭	778	食	807	敢	838	产	868	坑	898	尽	928	装
719	版	749	亚	779	权	809	共	839	警	869	私	899	志	929	浩
720	右	750	分子	780	埋	810	负	840	豆	870	虎	900	联	930	丝
721	资	751	煤	781	脑	811	馆	841	叶	871	魂	901	挺	931	置
722	患	752	终	782	冰	812	植物	842	腿	872	桑	902	酸	932	灰
722	系统	753	城	783	陆	813	宁	843	柴	873	天下	903	漏	933	虫
724	仁	754	复	784	形	814	青	844	齐	874	善	904	吸	934	默
725	失	754	义	785	砖	815	启	845	怕	875	例	905	宏	935	卫生
726	神	756	挖	786	证	816	维	846	袋	875	乌	906	计	936	瓦

续表

937	井	961	祝	989	党	1015	冒	1041	扑	1067	忘	1093	池	1119	爽
938	郎	964	评	990	猛	1016	解放	1042	鸣	1068	瓜	1094	鞋	1120	纪
939	牛	965	控	991	府	1017	纯	1043	防	1069	均	1095	偷	1121	旅
940	展	966	碗	992	化学	1018	恨	1044	摘	1070	脏	1096	躲	1122	够
941	汗	967	挤	993	饮	1019	燕	1044	赔	1071	舒	1097	烂	1123	击
942	稳	968	父	993	愈	1020	陶	1046	物理	1072	摊	1098	样	1124	弯
943	录	969	淡	995	剑	1021	陪	1047	骨	1073	撒	1099	毕	1125	混
944	巧	970	刻	996	搭	1022	琴	1048	士	1074	纵	1100	闹	1126	锅
945	穷	971	扇	997	呼	1023	丢	1049	鹿	1075	惊	1101	拒	1127	迷
946	弄	972	源	997	盼	1024	料	1050	稿	1076	堆	1102	甚	1128	执
947	认	973	抹	999	隔	1024	钟	1051	息	1077	飘	1103	获	1129	亏
948	焦	974	决	1000	熊	1026	浅	1052	束	1078	沉	1104	浓	1130	栏
949	音	975	冠	1001	港	1027	染	1053	审	1079	阴	1105	减	1131	尝
950	一时	976	露	1002	麻	1028	机械	1054	莲	1080	抛	1106	营	1132	洒
951	枝	977	雪	1003	鲜	1029	踩	1055	照	1081	准	1107	吊	1133	掌
952	拆	978	赤	1004	细胞	1030	环	1056	砸	1082	庆	1108	桌	1134	窗
953	弃	979	牵	1005	待	1031	社	1056	粒	1083	糖	1109	吐	1135	拳
954	盆	980	针	1006	雅	1032	峰	1058	净	1084	盒	1110	隆	1136	眉
955	钢	981	健	1007	思	1033	症	1059	握	1085	坦	1111	逼	1137	弦
956	衣	982	划	1008	范	1034	浮	1060	喊	1086	斗	1112	鹰	1138	电子
957	墨	983	粮	1009	甜	1035	挥	1061	赢	1087	碧	1113	狼	1139	赴
958	愁	984	废	1010	寻	1036	夹	1062	泥	1088	肩	1114	佩		
959	奔	985	神经	1011	摇	1037	保险	1063	故	1089	行政	1115	毁		
960	跨	986	豪	1012	农	1038	遭	1064	观	1090	邦	1116	凉		
961	增	987	灭	1013	诸	1039	顾	1065	乎	1091	炒	1117	踢		
961	率	988	宗	1014	搬	1040	索	1066	操	1092	势	1118	羽		

后　记

　　本书是语言实态研究理论的具体应用。笔者的语言实态研究思想启蒙于张普先生。有较长一段时间，笔者的语言研究兴趣在汉语语法。师从先生后，受先生影响，逐渐对基于动态流通语料库开展语言实态研究的重要价值有了深刻体会，产生了探索 21 世纪最初十年汉语词语使用实态的想法。语言实态研究对语料库和技术都有很高的要求，笔者最初对该想法并无多大的信心。有些忐忑地向先生汇报，不料得到了先生极大的鼓励和支持。后以此为课题申报了教育部人文社科规划青年基金项目。从此每次探望先生，他都会问及课题的进展。每遇难题向先生请教，先生也总能给出富有启发性的意见。是先生引导笔者走上了语言实态研究的道路。本书是该课题的最终成果，本书的出版，是先生学术思想的发扬，也是对先生的纪念。

　　课题主要采用了基于语料库和语料库驱动相结合的研究方法，需要做大量的数据自动提取和人工检验工作。这些工作由笔者带领湖南大学中国语言文学学院应用语言学专业的硕士研究生李晴、潘婷、夏安龙、汪维、张露、周力恒等共同完成。感谢几位同学，他们认真、细致的工作为课题的顺利开展作出了贡献。

　　课题结项时，书稿通过了五位匿名专家的鉴定。感谢几位专家的宝贵修改建议，这些建议为书稿的进一步完善指明了方向。

　　书稿的最终出版，离不开人民出版社武丛伟编辑的耐心指导和细致工作。

感谢武编辑，她的严谨使书稿增色，也令人感动。

最后，感谢一直在身边支持的家人。记得出版第一本学术专著时，后记里写到襁褓中的幼儿用笑容抚慰疲惫，如今，幼儿即将成年，岁月更迭，他给予的安慰始终未变。谢谢你，孩子，当我们身处困境时，你一直都在给我支撑，陪我坚强前行。

张　平

2023 年 11 月 26 日

责任编辑：武丛伟

封面设计：王欢欢

图书在版编目（CIP）数据

新世纪前十年汉语词语使用的实态及其应用／张平 著 . — 北京：

　人民出版社，2024.5

ISBN 978 - 7 - 01 - 026416 - 5

I.①新… II.①张… III.①现代汉语－词语－研究 IV.① H136

中国国家版本馆 CIP 数据核字（2024）第 057953 号

新世纪前十年汉语词语使用的实态及其应用

XINSHIJI QIANSHINIAN HANYU CIYU SHIYONG DE SHITAI JIQI YINGYONG

张 平 著

人民出版社 出版发行

（100706 北京市东城区隆福寺街 99 号）

中煤（北京）印务有限公司印刷 新华书店经销

2024 年 5 月第 1 版 2024 年 5 月北京第 1 次印刷

开本：710 毫米 ×1000 毫米 1/16 印张：22

字数：199 千字

ISBN 978 - 7 - 01 - 026416 - 5 定价：88.00 元

邮购地址 100706 北京市东城区隆福寺街 99 号

人民东方图书销售中心 电话（010）65250042 65289539